한국사 다시 보기

머리말

나의 중학생 시절, 60년 전 얘기로 시작한다.

"이놈의 국사 공부를 하지 않겠다. 커서, 내 마음대로 공부할 수 있을 때, 그때 제대로 하겠다."

그러고서 국사 교과서를 덮다시피 했다. 시험은 봐야 하는데, 다행히도 객관식 문제 찍기로 영점 맞은 건 없었다. 고등학교 입시에서는 국사 과목이 빠졌다.

시골 작은 중학교에서 쥐콩만 한 어린놈이 어떻게 이런 엉뚱한 생각을 했을까? 반만년 역사, 자랑스러운 민족의 자긍심을 가져야 할 텐데, 전혀 아니었다. 오히려 천박하고 비참하기만 한 민족으로 몰았고, 국사책이 국사책이 아니라 '조상 욕하는 책'으로 보였기 때문이다.

지리 시간, 새로 부임해 와서 나를 잘 모르는 선생님이 우리나라 5대 도시를 대라고 했다. 나는 '서울, 평양, 부산, 대구, 광주'라고 답했다. 그런데 사고가 터졌다. 선생님이 중간쯤에 앉은 나에게 와서 뒤통수를 갈기는데, 맞을 때는 목뼈가 부러진 줄 알았다. 학창 시절, 딱 한 번 있었던 벌(?)이라 잊을 수가 없다. 나중에, 그 선생님이 북에서 내려온 분이라는 걸 알고 웃고 말았다.

어느 쉬는 시간, 교실에서 '국시 논쟁'이 벌어졌다. 어찌해서 시작된 건지 자세한 기억은 없지만, 학생들이 양쪽으로 나눠 '반공'이 국시인지, 아닌지를 두고 치열한 입씨름을 벌였다.

박정희 대통령이 5·16 군사 쿠데타를 일으키며 '반공(反共)을 국시(國是)의 제일의(第一義)로 삼고 …'라는 '혁명 공약'을 발표한 뒤 반공이 국시의 머리로 자리 잡은 터였다. 중학생들이 이런 논쟁을 벌인다는 건 어려서 너무 겁이 없어서였을까? 그런데 더 겁 없는 선생님이 있었다.

다음이 사회 시간이었는데, 선생님이 들어오며 그 시끌벅적한 상황은 왜 일어났는지 물었다. 학생들이 상황을 설명하고, 우리나라 국시가 무엇인지를 여쭸다. 한참을 골똘히 생각하던 선생님은 "지금 당장 대답하기가 어렵구나." 라며 다음 시간에 대답하겠다고 미뤘다.

며칠 지난 다음 시간에 그 선생님이 들어와, 조심스럽게, 우리나라 국시는 '자유민주주의'라 하면 좋겠다고 했다. 학생들이 수긍한 듯 잠잠해졌다. 국시는 국가 이념이나 정책의 기본 방침이라고 한다.

그 뒤 20여 년이 지나, 국회에서 '국시 논란'이 일고 어떤 국회의원이 감옥까지 가는 지저분한 사태가 벌어졌다. 그 일을 보며 중학생 시절의 동무들과 그 선생님이 떠올랐다. 우리나라 참정권은 중학생부터 주는 것이 좋겠다는 생각까지도 했다. 나이 들어 머리에 때가 낀 국회의원들보다 그때의 그 중학생들 수준이 더 높았다는 생각이 들었기 때문이다.

과학 과목의 시험 중에 이런 문제가 나왔다.
<문제> 빨래가 잘 마르는 곳은?
① 바람이 잘 통하는 곳. ② 햇볕이 잘 드는 곳. ③④

물론 이 시험 문제의 정답은 ①번이었다. 교과서 공부를 하지 않았던지, 수업 시간에 잠을 잤던지 헷갈렸다. 나는 문제가 잘못되었다고 생각하면서도 한참을 망설이다 ②번을 찍어서 보기 좋게 틀렸다. 선생님께 문제가 잘못되었다고 항의했지만, 헛수고였다. 이게 60년 동안 품고 온 의문으로 여러 사람에게 물어온 문제이기도 하다. 대부분 ①번이 정답이라고 하지만, 사우디아라비아에서 살다 온 친구에게 이 문제를 들이댔더니 "당연히 ②번이지."라고 한다. 화학 전공 박사 친구에게 물었더니, 고심 끝에 "문제가 잘못되었다."라고 한다. 나에게는 이 문제를 틀린 게 기존의 지식·정보에 관해 의심하는 버릇이 생겼으며, 공부하는데 아주 좋은 계기가 되었다고 생각한다.

과학 선생님의 친구 한 분이 왔는데, 우주 로켓을 연구하는 학자라고 했었던 듯싶다. 전교생을 운동장에 모아 놓고 모형 로켓 시범을 보였다.

발사 뒤 우주 궤도를 돌 듯 돌며 3단 추진체를 차례대로 떨어뜨린 뒤 본체가 더 날다가 낙하산을 펴며 떨어지는데, 그야말로 대단했다. 그 학자는 "우리나라가 지금은 돈이 없어 못 하는데, 돈만 있으면 당장이라도 우주 로켓을 쏘아 올릴 수 있다."라고 했다. 그놈의 웬수 같은 돈 때문에 이런 좋은 능력을 펼쳐보지 못한다는 생각, 아쉽기 짝이 없었다.

학교 성적도 좋지 않은 녀석이 그래도 큰 관심을 가진 분야가 있었으니 핵무기였다. 당시에는 '핵무기'라는 말은 몰랐다. 원자폭탄은 개발되어 써먹은 일이 있었고 수소폭탄은 연구, 개발 중이라고 알았다. 학교 교과과정에는 조금 나오다 말았던 사항이었던 듯싶다. 다행히 학교 도서관에 관련 서적들이 있어서 그 어려운 책들을 탐독했다. 지금은 다 잊어버렸지만, 맨해튼 프로젝트나 아인슈타인 이론 등 이것저것 많이도 뒤졌다. 어린 중학생이 왜 이런 걸 알려 했을까?

자기 나라는 스스로 지켜야 한다. 지금도 마찬가지지만, 당시에 외침을 막는 데 원자폭탄보다 더 뛰어난 무기는 없어 보였다. 원자폭탄을 가지고 있으면 다른 나라가 함부로 침략하지 못할 거라는 게 그런 공부를 하게 된 이유였을 것이다. 맨날 외국의 침략만 받아 왔다는 국사책의 내용에 대한 반발 때문이었는지도 모르겠다.

임진왜란 때, 문인(文人)이었지만 무기를 들고 의병장으로 나서서 싸운 윗대 할아버지 얘기를 늘 들었다.

일제 침략기에 두 번이나 징용에 끌려가고, 일본인들에게 두들겨 맞아 골병이 들었다는 아버지의 얘기도 들으며 컸다. 징용에 끌려간 사람들이 모두 자진해서 갔다고 주장하는 사람들이 있는데, 아버지는 "다른 사람의 형편은 잘 모르지만, 나야 돈 벌겠다고 그 먼 곳까지 갔겠느냐? 홀어머니도 계시는데. 무슨 꼬투리를 잡아서 징용에 가지 않으면 감옥에 넣겠다고 해서 할 수 없이 가게 된 것이다."라고 했다.

우리 보성군에서는 500명 단위로 징용을 모집했다고 한다. 두 번 다 투표로 전체 대장에 선출되어 돈도 많이 모을 수 있는 아주 좋은 여건이었지만, 두 번 다 탈출했단다.

일본에서는 탈출 뒤 이리저리 도망 다니다가 걸려들어서 남양군도에 끌려갈 처지에 이르렀고, 실려 갈 배까지 직접 보았는데 요행이 빠져나왔단다.

함경도에 끌려가서는 두만강을 건너 만주로 내뺐는데, 어찌어찌 고향에 돌아온 한 달 뒤쯤 광복하였다고 한다. 그런데 그때 함경도에 함께 끌려간 500명 중 그 뒤로 단 두 사람밖에 보지 못했다고 한다. 나머지는 거의 못 돌아왔을 것이라고 했다. 과연 그들은 어찌 되었을까?

대일청구권 배상을 받게 됐다고 온 나라에 그야말로 난리가 났다. 정부에서 대상자 전체를 조사했기 때문이다. 일제에 의한 징병, 징용, 일제 침략기의 저축·보험 등등이었던 것 같다. 한일 협정이라고 하는 한일기본조약(韓日基本條

約)은 1965년 6월 22일 조인되고, 12월 18일 성립, 발효된다. 이때가 나의 중학교 2학년 시절이다.

　그런데 이 조사는 우리 집안에서 큰일이 되었다. 조사 과정에서 아버지의 심부름을 많이 했다. 아버지의 징용, 아버지와 할머니의 저축과 보험 등이 우리 보성군에서는 제일 많아 그걸 제대로 배상받게 되면 군 내에서 가장 큰 부자가 될 수 있다는 소문이 나돌았다. 우리 집 앞의 들판이 평야라고 할 수는 없었으나 상당히 큰 들판인데 그 들판을 다 살 수 있는 거부가 될 수 있다고도 했다. 하지만, 조사는 조사로 끝나버렸는지, 차츰차츰 시들시들해지더니 슬며시 사라져버렸다. 어느 날 아버지는 "깨끗하게 다 잊어버리겠다."라며 나에게 아무것도 기대하지 말라고 했다. 그 뒤 정부에서 몇 번 어떤 조처를 한다는 소문은 들었지만 모른 채 넘기고 말았다.

　광복 뒤, 나라가 두 동강이 나더니 참혹한 전쟁까지 일어났다.
　(고)조선이 일어서고 5000년이다. 고리(고구려) 땅 전체를 다 먹지 못해 아쉽긴 하지만, 신라가 삼국을 통일한 지 1300년이 넘었다. 그 오랜 세월을 한 민족으로 살아온 대한민국이 반 쪼가리로 나뉘어 서로 못 잡아먹어서 원통하다는 듯 으르렁거리며 다투고 있다.

　군에 입대하여 5군단 비서실에서 복무하다가 아버지의 인공 때 부역(?) 사실이 불거져 결국 말단 공병부대로 쫓겨났다. 비밀문서 취급에 부적당하다는 것이었다. 한문(유학) 공부만 좀 했을 뿐 소학교 문턱도 밟아보지 못한 아버지가 사회주의, 공산주의가 어떻고 자유민주주의가 어떻다는 것을 어찌 알았겠는가?
　아버지는 6·25동란 당시 우익단체라고 한 대한청년단 면 단장이었단다.

북한군이 쳐들어오며 잡히고 말았다. 죽일 거라 예상했는데, 죽이지는 않고 총을 겨누며 무슨 서류에 도장인지 지장인지를 찍으라 해서 덜덜 떨며 찍었단다. 총부리를 겨누고 있는데 무슨 정신으로 무슨 내용의 서류인지 알 수가 있었겠는가? 아버지는 그게 빌미가 된 듯하다고 했다. 진짜 조선공산당의 중요 직책을 맡았다던 박정희 대통령 시절이었다. 아버지와 박 대통령은 같은 해에 태어난 갑장이다. 그의 딸 박근혜 전 대통령은 나와 동갑내기다. 나야 별 볼 일 없는 놈이라 치더라도, 얼마나 아까운 수많은 인재가 이런 일로 자신의 능력을 제대로 펼쳐보지 못하고, 나라 발전에 이바지하지도 못 하게 하였는가.

 아버지의 부역(?) 사실이 정확하게 무엇이었는지를 알아보려고 경찰서, 국방부, 인권위 등에 문의해보았지만, 경찰서에서는 본인이 아니라서 안 되고, 나머지는 모두 다 '시간이 너무 지나서 알아보기가 어렵다.'였다.

 생각하면 기가 막히는 이런 일들이 누구 때문에 일어났는가?
 일본이다. 차이나(중국)나 러시아, 미국 등 여러 강대국의 장난도 컸지만, 일본의 침략이 가장 큰 근본적인 원인이다. 오랜 옛날부터 우리나라를 노략질하며 평화로운 우리 백성을 괴롭혀왔다. 우리나라 침략에 앞장선 인물들을 자기들의 영웅, 애국자로 여기는 나라가 일본이다. 나는 좀 멍청해선지, 슬리퍼를 보면 일본인들 특유의 게다짝이 생각난다. 그래서 평생 슬리퍼를 신지 못하고 산다.
 앙갚음해야 하는 게 아닌가? 당연히 해야 할 일이지만, 그들처럼 더럽고 악랄한 방법을 쓸 수는 없다. 또한, 생각하면 속이 뒤집히는 일이지만, 친하게 지내지 않을 수도 없다. 우리와 가장 가까운 족속인데다가 이웃 나라라서 친하게 지내지 않아 봐야 서로가 손해다. 가장 좋은 방법은 그들보다 국력을 더 키우는 것이다. 그들보다 국력을 더 키우면, 그들은 자기들의 잘못을 인정하고 용서를 빌게 될 것이다. 그걸로 앙갚음을 대신하면 된다. 그러면서 우리나라를 함부로 대하는 차이나에도 큰소리치며 살 수 있게 된다.

그렇다면 일본이나 차이나보다 다 큰 국력을 어떻게 키울 것인가? 남북이 통일하면 된다. 반 쪼가리들로서는 어려울 뿐만 아니라 그들의 놀림감만 된다. 또한, 언제 그들의 침략을 받아 나라를 빼앗기게 될지도 모른다.

세계적으로 가장 뛰어난 IQ와 신체 조건을 가진, 가장 부지런한 우리 민족이다. 발달한 의성어(擬聲語), 의태어(擬態語) 등을 보면 알 수 있듯이 예술성이 뛰어나다. 땅덩어리가 좁고 척박하다고 애석해할 필요 없다. 척박한 덕분에 별의별 것을 다 먹어 영양으로 삼는 후성유전(後成遺傳)의 복을 누린다. 산과 강, 들판이 어우러져 최고의 자연환경을 이루고 있다. 지진이나 태풍, 화산 폭발도 피해 가려 애를 쓴다. 흐르는 물이나 지하수를 마음 놓고 마실 수 있는 유일한 나라다. 물만 잘 관리해서 팔아먹고 살아도 배 두드리며 살 수 있다. 그뿐인가? 세계적인 강대국들이 우리나라를 에워싸고 보초를 서며 지켜주고 있다.

시대가 바뀌었다. 옛날 옛적의 인류 환경이 아니고, 옛날의 우리나라가 아니다. 남북이 통일되면 최소한 천년은 떵떵거리며 살 수 있는 세계적인 강국이 될 환경과 역량을 갖추고 있다. 우리 문화가 세계를 이끌면서 우리말과 한글이 세계어가 될 수도 있다. 정말 우리 조상께 늘 감사해야 할 일이다.

그러나 통일을 반대하는 사람이 늘어난단다. 누가 좋아할 건가? 일본, 다음이 차이나(중국)고 또 다른 나라들이 있을 것이다. 통탄할 일 아닌가?

이 책은, 다 같이 의논해보자는 의도로 내가 공부하면서 의문스러운 몇 가지를 골라 우리가 주로 쓰는, 의식을 좌우한다는 '말'을 중심으로 두서없이 구성하였다. 발로 뛰며 이곳저곳 살펴본 것도 아니고, 땅속에 묻힌 유물 한 점을 캐낸 적도 없다. 그저 남들이 연구한 걸 공부하고, 따고, 훔치고, 짜깁기하여 만든 글이다. 내 생각을 약간 끼워 넣었다. 고려해 읽으시길 바란다.

서예가·작가로서, 역사학자도 아닌 작자가 '역사' 문제를 다루는 게 너무 건방진 건 아니냐고 나무랄 수도 있을 것이다. 실제로, 어떤 역사학자가 다른 학문을 전공한 학자를 두고, 전공하지도 않았으면서 역사 문제를 다뤘다고 비방하는 걸 봤다. 하지만, 역사학이 다른 학문의 통합이나 협력 없이 제대로 분석되며, 역사학이 역사학자라는 사람들만의 전유물일까? 또한, 우리 역사를 비하하여 자긍심을 가질 수 없도록 만든 책임은 작지 않을 것이다. 우리 역사나 우리 조상이 그렇게도 시원치 않았다면 어찌 반만년을 이어올 수 있었겠는가.
역사를 바로잡으면 우리는 세계적인 일등 국가가 될 수 있다.

구성상 어쩔 수 없이 마지막에 넣은 <13장. 코로나 팬데믹은 세계적인 大 사기극? - 감기와 여러 질병의 예방과 치료~>를 먼저 읽어보면 좋으리라 생각한다. 모두의 건강을 바라서다. 건강치 않고서는 개개인의 안녕과 나라의 굳건한 장래도 기대할 수 없기 때문이다.

눈솔[雪松] 임영모 올림

차례

머리말 _3

1장. '고조선'이 우리의 최초 국가라고?(최초 국가는 '한국'이다.)_15

1. '고조선'은 나라 이름인가?_22   2. '환인'인가, '환국'인가?_23   3. '환인'은 '하느님'이다._25   4. (고)조선 이전의 '한국(환국)'은 언제까지 남아 있었을까?_30   5. 기원전 2333년에 나라를 세웠다고?_31   6. 우리가 '곰 할머니'의 자손이라고? '고수레'는?_33   7. '홍익인간'은 누가 세운 정신인가?_38   8. 신시시대에 '마늘'이 있었을까?_39   9. 아사달은?_40

2장. 해방인가, 광복인가?(말을 바르게 써야 생각도 바르게 한다.)_45

1. 독립_52   2. 해방_57   3. 광복_58   4. 개천절_62   5. 건국_63   6. 보수와 진보, 우와 좌_66   7. 식민, 식민지, 식민사학자_68   8. '차이나'를 '중국'으로 부르는 게 합당한가?_72   9. 일제강점기, 대일항쟁기, 일제침략기_77   10. 민족, 한민족, 한족_77   11. 친일파_80

3장. 고대 차이나 화족(華族)은 우리 한족(韓族, 동이족)의 노예였나?(차이나의 역사는 한족이 연다.)_81

4장. '발해'가 '발해'인가?(발해는 '고리<高麗>'다.)_95

1. 대조영은 고리인인가, 말갈인인가?_108   2. 발해인가, 고리인가?_112

5장. 나라 이름, 제대로 쓰고 있는가?(1919년부터 지금까지 대한민국이다.)_119

1. 나라 이름은 두 가지 의미로 활용된다._119   2. '(고)한국'과 '신시', '(고)조선(단군

조선)'_120   3. '원삼국시대('를 '열국시대'로~_121   4. 사국시대 - 가야·백제·고리·신라_122   5. 신라의 통일 문제_125   6. (소)고리_129   7. '발해 - '대씨고리'_130   8. 과연, '조선'은 없었어야 마땅한 나라였는가?_130   9. 대한제국_132   10. '대한제국'은 '조선'이 아니다._133   11. '일제강점기'와 '미군정기'가 '나라 이름'인가?_134   12. 일제 침략은 완전 불법이다. 그래서…?_137   12. 대한민국_138

6장. 대한민국이 반 쪼가리 섬(한반도, 韓半島)인가?('한대갑'으로~)_141

7장. 백두대간인가, 낭림산맥·태백산맥인가?('백두산맥<백두대간>'으로~)_159

1. 백두산과 곤륜산_162   2. 천지_171   3. 한국의 오악_172   4. 한대갑(한반도) 땅의 형성_176   5. 한국 지도의 역사_180   6. 백두산인가, 장백산인가?_191   7. 고토 분지로의 '조선 산맥론'_195   8. 산맥도_199   9. 『산경표』_202   10. <산경도>_205   11. '산맥도'와 '산경도' 비교_208   12. 산맥_211   13. 백두대간_214   14. 국토연구원 실측 산맥지도_218   15. 어떤 걸 선택해야 할까?_220

8장. '독도는 우리 땅', 노래로 부른다고?(이런 노래는 없애야 한다.)_225

9장. 태극기가 태극기인가?(통일 국기를 만들어야 한다.)_263

1. 세상의 중심, 통일한국을 향해_263   2. 태극기의 탄생_268   3. 태극, 팔괘의 발전_292   4. 양의와 올챙이 태극_301   5. 삼태극, 삼원태극, 삼일태극_322   6. 우리 '태극기'를 이대로 써야 하는가?_327

10장. '선비정신'을 버리자고?(홍익인간, 선비정신은 함께 가야 한다.)_329

1. '선비'의 천국_329   2. 韓족, 韓족의 말_331   3. 차이나 화족과 그들이 쓰는 말_334   4. 차이나의 역사시대는 韓족이 연다._335   5. '선비'라는 말_338   6.

선비 사(士)_344   7. '글(契)'과 '서(書)'로 보는 한자 얘기_347   8. '선비 사(士)'의 진행_349   9. 선비 유(儒)_350   10. 유가의 선비는 … ?_351   11. 『예기』 '유행'과 『사소절』_359   12. 우리 '선비정신'의 행로_362   13. 양반과 선비_366   14. 학자와 선비_373   15. 침략당한 대한제국과 선비_375   15. 일본의 '士'_378   16. 서양의 '士'_382   17. 선비의 책무_383

11장. 요하문명인가, '한(韓)'문명인가?(한 문명은 세계 최고<最古>의 문명이다.)_389

1. '문화'와 '문명'_389   2. '4대 문명'만이 '문명'인가?_392   3. 중국 문명(?)_394   4. 황하문명_397   5. 요하문명_399   6. 황제 헌원과 치우_401   7. '요하문명'이라는 말이 적합한가?_408   8. 발해연안문명_411   9. 대동강문명_413   10. 고조선문명_416   11. '한(韓)'문명_419

12장. 한민족이 인류 최고(最古)의 문명을…?(최고<最高>의 자질도 이어받았다.)_423

1. 내 나이 37억 살_423   2. 현생 인류의 아프리카 탈출_427   3. 순다랜드에서 한대갑(韓大岬, 한반도)으로_436   4. 북쪽에서 한대갑으로_440   5. 최고(最古)의 문명이 일어난 '한대갑(한반도)'_453   6. 최고(最高)의 자질을 갖춘 한국인_457

13장. 코로나 팬데믹은 세계적인 大 사기극?(감기와 여러 질병의 예방과 치료~)_463

1. 의사는 감기를 치료할 수 있는가?_465   2. 감기란?_469   3. 감기 치료, 다른 질병들까지~_473   4. 독감은?_492   5. 역사적인 유행성 감기, 독감_494   6. 코로나바이러스감염증-19_496   7. 코로나바이러스 백신_503   8. 코로나가 팬데믹이라고?_509

1장

'고조선'이 우리의 최초 국가라고?

최초 국가는 '한국'이다.

    우리 한민족의 조상 중에서 그 으뜸이 누구냐고 묻는다면 대체로 '단군 할아버지'라고 한다. 그 나라는 (고)조선, 건국 정신은 '홍익인간'이라고 한다.
    이 이야기는 일연 스님의 『삼국유사』에서 비롯되었다. 개국(건국) 연도는 기원전 2333년이다.
    1700년대 초, 우리나라에 와본 적이 없는, 차이나(China, 支那, 중국)에서 포교 활동을 하던 프랑스 출신 선교사 장 밥티스트 레지 신부가 그의 책 『18세기 프랑스 지식인이 쓴 고조선, 고구려의 역사(Histoire abrégée de la Corée, (영문) An Abridgment of the History of Corea)』1)에서 『삼국유사』의 내용과 똑같지는 않지만, (고)조선이 있었다고 비슷하게 서술한다. (고)조선 얘기가 차이나에서도 오랜 옛날부터 전해왔다고 볼 수도 있고, 연구 결과 (고)조선을 이해하고 인정한다고 볼 수도 있다.

---

1) 레지 저, 유정희·정은우 해제, 『18세기 프랑스 지식인이 쓴 고조선, 고구려의 역사』, 아이네아스, 2018.

서양 학자 중에서 (고)조선 연구에 가장 많은 힘을 쏟은 듯한 러시아 학자 유리 미하일로비치 부틴(Yuri Mikhailovich Butin)은 『고조선 연구』2)라는 책을 내며 (고)조선의 실재를 당연시하고 있다.

이 외국 학자들의 주장이 무조건 다 맞는다고 할 수는 없다. 모든 외국 학자들의 의견을 다 모아 대변하는 것도 아니다.

하지만, 레지 신부나 부틴, 이 학자들이 받아먹은 것도 없을 텐데 괜히 우리 민족의 역사를 늘려주려고 헛소리를 한 건 아닐 것이다. 얼마 전에 일본에서 뭔가를 받아먹은 미국 학자가 우리 역사를 두고 헛소리하는 일이 있어 하는 얘기다. 하기야 우리 학자 중에서도 일본의 어떤 혜택을 받고 우리 역사를 왜곡하는 이가 있어서 분통이 터질 때가 있긴 하다.

우리 안에서도 (고)조선이 있었다는 것은 허구라며 말도 안 되는 소리 하지 말라는 사람들이 있다. 그러나 그러든 말든 대부분은, 그 시기에 의문을 가질지라도, (고)조선과 단군 할아버지의 건국 얘기를 믿는다.

어제오늘 일어나는 일도 잘 모르는데 그토록 오래된 옛일을 어떻게 정확하게 알 수 있겠는가? 일연 스님도 어떤 옛 기록을 옮겨놓았을 뿐이다. 하지만 이걸 모르겠다며 그냥 지나쳐버리기엔 뭔가 개운치 않은 뒷맛이 남는다. 궁금하기 때문이다. 그걸 안다 해서 "밥이 나오냐, 죽이 나오냐?"라며 몰라도 된다는 사람들도 있겠지만, 인간의 궁금증은 140억 년 전의 빅뱅까지 파고 들어가는 마당에, 불과 5000~4000년 전, 더군다나 우리의 나라 세웠던 일이 궁금하지 않을 수도 없다.

믿고 안 믿고는 각자의 자유다. 과학자들이 그렇게도 진화론을 주장하지만, 그건 믿을 수 없다며 창조론만이 옳다고 주장하는 사람들도 많다. 하지만,

---

2) 부틴, 이병두 역, 『고조선 연구』, 아이네아스, 2019.

믿든 안 믿든 우리 민족의 뿌리를 밝히는 일이라서 버려두고 말 일도 아니다. 나아가 후예들에게 우리 역사를 어떻게 가르칠지의 문제도 있다.

어느 민족이나 나라를 막론하고 자기 조상이 어떠어떠했다고 자랑하기 바쁜데 우리라고 누가 물어보면 딴전을 피우거나 멍하니 하늘만 쳐다볼 수도 없는 일이다. 또한, 그게 뭐 대단한 일인지는 모르겠지만, 민족이나 나라를 누가 먼저 일으켰는지에 따라 자긍심이나 자부심을 느끼는데 차이가 나는 것도 같다. 그래서 자기 민족이나 나라, 그리고 문화·문명이 더 오래되고 위대했다고 입씨름을 하는지도 모르겠다.

우리는 단군 할아버지 얘기를 신화라고 해왔다. 이러한 얘기는 어느 나라, 어느 민족에게나 있기 마련이다.

기록문화가 형성되지 않은 시기의 일들은 입에서 입으로 전달되며 신화가 되기도 하고 역사가 되기도 한다. 곧 신화와 역사가 넘나드는 것이다. 그 경계는 모호하다. 『삼국유사』의 기록을 신화일 뿐이라고 몰아붙이는 사람들이 있긴 하지만, 무조건 신화라고 확정하고 말 일은 아니라는 얘기다. 깊이 연구해볼 일이다. 설령 신화라고 할지라도 그 어떤 이유가 있을 것이다. 신화에서 실마리를 찾고 그 이유와 원인, 진행과 결과를 찾아낸다면 그게 바로 역사가 되지 않을까?

또한, 어떤 나라나 민족을 막론하고 신화를 쌓아오기 마련인데 그 신화는 세계를 바라보는 인식을 담고 족속의 정서와 행위를 나타낸다.

신화를 갖는 족속은 대개 나라를 세운다. 그건 거꾸로 나라가 있었기 때문에 신화도 오랜 세월 유지됐다고 볼 수 있다. 신화든 역사든 오랜 세월 유지해왔다면 그 세월만큼 위대하다고 할 수도 있다. 거기에다 그 초기에 나라 세우는 일이 아름답다면 더욱 아름답다.

우리의 건국 역사는 세계의 어떤 역사보다 더 아름답고 위대하다고 해도 손색이 없을 정도다. 홍익인간을 내세웠기 때문이다. 그런 역사를 과학적이지도 않고 합리적이지도 않다며 날카로운 칼날을 들이대서, 어쩌면 자신만의 편견일 수도 있는 판단으로, 무조건 매도하며 깎아내릴 필요가 있을까? 어차피 역사는 추론이고 해석이다. 그런데 우리의 (고)조선 건국 역사는 분명히 그 실마리가 있다.

차이나(중국)에서도 황하문명 이전에 요하 유역에서 더 앞선 문명이 일어났다고 해 요하문명이라는 이름을 붙이고 있다. 한강·대동강·요하 등을 아우르는 (고)조선문명이나 발해연안문명 등의 이름으로 해야 한다고 주장하는 사람들도 있다. 어쩌면 이런 주장이 더 효과적일지도 모르겠다. 북한에서는 따로 대동강문명 논리를 펼치는데, 그것도 그럴만하다는 생각이 든다. 문명 이론은 뒤에 다시 논하기로 하고 여기서는 나라 이름에 집중하기로 한다.

문명이 일어나는 그 시기에 나라 이름이 없었다고는 할 수 없는 일, 분명 어떤 이름이 있기는 있었을 것이다. 작은 마을 이름이라도 좋다. 그 이름으로 한국(환국)이나 신시, 아사달, 조선(식신, 쥬신, 숙신 등)이 사용되지 않았을까? (고)조선이 있었다는 『삼국유사』의 기록을 크게 그른 일은 아니라고 할 수 있는 점이다. 그게 입맛에 맞지 않으면 아예 요하문명이나 (고)조선문명 등을 부정하든지, 고대 동북 아시아인들은 우리와 전연 관계가 없다고 하든지, 우리 쪽에는 사람들의 생활집단이 없었다는 등의 주장을 펴면 될 것이다.

그런데 사실 한국(환인, 환국)이나 신시, 아사달, (고)조선의 지역이 도대체 어디인지 확정하기가 어려운 점이 있긴 하다. 하지만, 황하문명의 시기보다 더 이른 시기에 만주의 요하나 발해 연안, 또는 차이나(중국)의 동부나 우리의 서해안 지역에서 한국(환인, 환국), 신시, 아사달, 조선 등의 나라가 있었으리라고 유추해 볼 수가 있다. 그 시기에 들이댈 만한 특별한 다른 나라 이름이 없다는 점 때문이기도 하다.

'홍익인간'은 단군 할아버지가 처음 표명한 것이 아니다. 『삼국유사』의 기록만 놓고 본다면 그렇다.

아무튼, 과학을 비롯한 여러 학문이 더 발달하고 더 정확한 유적, 유물이 발견되면 뒤바뀔지는 모르겠지만, 지금까지는 이 『삼국유사』의 기록이 가장 알맞게 우리 한민족의 시작을 알려주는 듯싶다. 그래서 이 『삼국유사』의 (고)조선 기록을 검토해보고자 한다.

고조선(왕검조선)

위서에서 이르길, 지금으로부터 2000년 전에 단군왕검이 있었다. 아사달(경에는 무엽산이라 하고 백악이라고도 했는데 백주에 있다. 혹은 개성 동쪽에 있다고도 한다. 이는 지금의 백악궁이다.)에 도읍을 정하고 새로 나라를 세워 조선이라 했다. 이것은 고[3]와 같은 시대였다.

고기에 이르기를, 옛날에 환인(국)(제석을 말한다.)의 서자 환웅이 천하에 자주 뜻을 두어 인간 세상을 구하고자 했다. 아버지가 아들의 뜻을 알고 삼위태백을 내려다보니 인간을 널리 이롭게 할 만한지라, 이에 천부인 세 개를 주며 가서 다스리게 하였다.

웅이 무리 삼천을 거느리고 태백산 정상(태백은 지금의 묘향산이다.) 신단수 아래에

---

3) 차이나(중국) 전설의 왕 '요(堯)'를 써야 하는데, 고려(고려) 정종의 이름 '堯'를 피휘(避諱)해 '高'를 씀.

내려와 신시라 했는데, 그를 일컬어 환웅천왕이라 했다. 풍백 · 우사 · 운사를 거느리고 곡식 · 생명 · 질병 · 형벌 · 선악 등 인간의 삼백육십여 가지 일을 주관하며 세상을 다스리고 교화하였다.

  이때 곰 한 마리와 호랑이 한 마리가 있어 같은 굴에 살면서 항상 신 환웅에게 기도하되 화하여 사람이 되기를 원했다. 이에 환웅은 신령스러운 쑥 한 타래와 마늘 스무 개를 주면서 말하기를 '너희들이 이것을 먹고 백일 동안 햇빛을 보지 않으면 곧 사람이 될 것이다.'라고 하였다. 곰과 호랑이는 그것을 받아서 먹어, 금기한 지 삼칠일 만에 곰은 여자의 몸이 되었으나, 범은 금기하지 못해서 사람의 몸이 되지 못하였다.

  웅녀는 혼인할 사람이 없었으므로 늘 단수 아래서 잉태하기를 빌었다. 웅이 이에 잠시 변하여 그녀와 혼인하였다. 잉태하여 아들을 낳으니 단군왕검이라 하였다. 당의 고 임금이 즉위한 지 50년인 경인(당의 요임금 즉위 원년은 무진으로 50년은 정사요 경인이 아니다. 사실이 아닐까 의심스럽다.)으로, 평양성(지금의 서경이다.)에 도읍하고 비로소 조선이라 하였다.

  또 도읍을 백악산 아사달에 옮겼는데, 궁(혹은 방이라고 한다.)홀산이라고도 하며 또는 금미달이라고도 한다. 그 후 1500년 동안 나라를 다스렸다. 주의 호왕이 즉위한 기묘에 기자를 조선에 봉하니 단군은 곧 장당경으로 옮겼다가 뒤에 아사달에 돌아와 숨어 산신이 되었으니 나이가 1908세다."라고 하였다.

  당의 배구전에 고리는 본시 고죽국(지금의 해쥬)인데 주나라에서 기자를 봉해 조선이라 했다. 한나라에서는 3군으로 나누었으니 현도 · 낙랑 · 대방(북대방)이다. 통전도 이 얘기와 같다(한서에는 진번 · 임둔 · 낙랑 · 현도 4군으로 되어있는데 그 이름이 같지 않으니 어쩐 일일까?).

古朝鮮(王儉朝鮮)

魏書云 乃往二千載 有壇君王儉 立都阿斯達(經云無葉山 亦云白岳 在白州地 或云在開城東 今白岳宮是) 開國號朝鮮 與高同時

古記云 昔有桓因(国)(謂帝釋也) 庶子桓雄 數意天下 貪求人世 父知子意 下視三危太伯 可以弘益人間 乃授天符印三箇 遣往理之 雄率徒三千 降於太伯山頂(卽太伯今妙香山) 神壇樹下 謂之神市 是謂桓雄天王也 將風伯雨師雲師 而主穀主命主病主刑主善惡 凡主人間三百六十餘事 在世理化 時有一熊一虎 同穴而居 常祈于神雄 願化爲人 時 神遺靈艾一炷 蒜二十枚曰 爾輩食之 不見日光百日 便得人形

熊虎得而食之忌三七日 熊得女身 虎不能忌而不得人身 熊女者無與爲婚 故每於壇樹下 呪願有孕 雄乃假化而婚之 孕生子 號曰壇君王儉 以唐高卽位五十年庚寅(唐高卽位元年戊辰 則五十年丁巳 非庚寅也 疑其未實) 都平壤城(今西京) 始稱朝鮮 又移都於白岳山阿斯達 又名弓(一作方)忽山 又今彌達 御國一千五百年 周虎王卽位己卯 封箕子於朝鮮 壇君乃移於藏唐京, 後還隱於阿斯達爲山神, 壽一千九百八歲

唐·裵矩傳云 高麗本孤竹國(今海州) 周以封箕子爲朝鮮 漢分置三郡 謂玄菟樂浪帶方(北帶方) 通典 亦同此說(漢書則眞臨樂玄四郡 今云三郡 名又不同 何耶)

1. '고조선(古朝鮮, 王儉朝鮮)'은 나라 이름인가?

고조선은 나라 이름이 아니다. 나라 이름은 '조선'이고 거기에 옛날을 뜻하는 고(古)가 붙었다. 그 뒤의 어느 조선에 견줘 옛날 조선이라는 의미로 썼던지, 그냥 오래된 옛날이라는 뜻으로 고(古)를 썼을 수도 있다. 많은 사람이 고조선을 나라 이름으로 착각하는데, 읽거나 얘기할 때 고(古)를 약간 길게 고ː조선으로 발음해서 분명하게 구분하는 것이 좋을 것이다.

『삼국유사』에 나온 (고)조선의 실재를 부정하는 사람들이 있지만, 이 사람들의 주장에도 귀 기울여 봐야 할 것이다. 그 주장을 들어보면 그것도 그럴듯하여 헷갈리기도 한다. 하지만, 전승돼 온 여러 기록이나 유물, 유적을 살펴보면 (고)조선의 실재를 굳이 부정할 필요가 있나 하는 의문이 일곤 한다.

(고)조선의 실재를 인정하면서도 그 시기를 문제 삼는 이들도 있다. 그렇다고 그게 잘못되었다고 매도할 수는 없다. 어떻게 그 정확한 시기를 알 수 있겠는가? "나라를 열어 조선이라 하니 그 시기가 차이나의 요임금과 같았다(開國號朝鮮與高同時)."라고 했다. 하지만, 요임금의 실체는 조작되었다고도 하고, 그 시기를 제대로 알 수 없다고도 하는데 (고)조선을 요임금 시기에 세웠다고 하는 걸 부정했다 해서 매도할 수 있겠는가?

그런데 이상한 게 있다. 연구가 거듭될수록 역사가 계속 기어올라, 굳이 요임금 시기에 갖다 붙이지 않더라도, 기원전 2333년 무렵에 나라를 세웠다는 주장이 어쩐지 조금씩 맞아들어가는 느낌이 드는 점이다.

『삼국유사』가 만들어진 시기보다 1000년여 전, 고리(고구리) 시대에 만들어진 각저총(角抵塚 씨름 무덤)에 곰과 호랑이가 등을 돌리고 앉아 있는 그림이 있는데,

꼭 『삼국유사』의 기록 한 편을 보는 듯하다. 물론 얘기는 변형되어 내려왔겠지만, 어떻든 비슷한 얘기가 전해 내려온 건 사실인 듯싶다.

어느 나라나 초기 건국의 역사가 대개는 비슷하지 않을까? 자기

각저총 씨름도, 원 안에 곰과 호랑이~

들이 주장하는 바를 정확하게 실증할 수 있을까? 어차피 불가능한 일이다. 그렇다면 세상의 보편적인 현상을 따르는 것도 나쁘지는 않을 것이다. 더군다나 『삼국유사』의 '(고)조선' 얘기는 역사 해석 방법으로 거의 실증할 수 있는 단계에 왔다고 해도 되지 않을까 하는 생각이다.

2. '환인(桓因)'인가, '환국(桓国)'인가?

'환인(桓因)'으로 나온 판본도 있고 '환국(桓国)'으로 나온 판본도 있다. 원래 '환국'이었는데, 우리 역사를 말아먹으려고 작정한 일본인 학자가 그걸 '환인'으로 바꿨다는 주장도 있다. 과연 어떤 게 맞을까? 학자들이 두 쪽으로

1장. 고조선이 최초 국가라고?

나눠 원수진 것처럼 싸우는데 나는, '환인'이라 해도 되고 '환국'이라 해도 된다고 본다. 무슨 개떡 같은 해석이냐고 나무랄 사람도 있겠지만, 다음 얘기를 들어보고 나서 나무라도 늦지 않을 것이다.

『삼국유사』의 기록을 보면 환인, 환웅, 단군이 나온다.

환웅이 무리 3000명을 이끌고 분가 또는 분국(分國)해 이동했다면 환인 집단과 더불어 상당히 큰 집단이었을 것이다.

어떤 문장이든 무엇무엇이 '있었다.'라고 하려면 반드시 나와야 하는 게 '곳', '장소'다.

그런데 환웅은 나라나 지역을 뜻하는 '신시'와 '태백산'이 있고, 단군은 '조선'과 '아사달'이 나온다. 하지만, 환인에게는 없다. 신이든 사람이든 그가 자리 잡은 데가 있어야 할 텐데 그게 없다. 거창한 '하늘나라'든 어디 산골짝 삿갓만 한 '마을'이든 뭔가 있기는 있었을 것 아닌가. 당연히 있어야 할 것이 없는 걸 보면 서툰 문장이 아닌가 하는 의심까지 든다.

하지만, 분명 다른 의도가 있었을 것이다. 일연 스님은 '위서'나 '고기'의 기록을 그대로 옮기기만 했다고 한다. 고기를 쓴 사람이나 그걸 옮긴 일연 스님이나 환인(桓因)이 사는 '나라(国)'도 그냥 '환인'이라고 했기 때문에 굳이 나라 이름을 따로 적지 않았을 것이며 트집 잡지도 않았을 것이다. 그래서 환인을 환국으로 봐도 무방하다는 것이다.

한자 '국(国, 國)'자도 애당초 '성곽(城郭)'이라 할 때의 '城'을 뜻하는 글자였다고 하니 당시의 상황에서 커봐야 얼마나 컸겠는가.

오늘날에도 '하늘'은, '님'을 붙이면 '하느님'이 되고 '나라'를 붙이면 '하늘나라'가 된다. 곧 하늘은 하느님이며 하늘나라다.

한자 '天'도 '하늘', '하느님', '하늘나라'의 뜻이 다 들어있지 않은가.

"모든 역사는 현대사다." 이탈리아의 철학자며 역사학자인 베네데토 크로체(1866년~1952년)가 한 말이라고 한다. 상당히 많은 사람이 즐겨 쓴다. 오늘의 해석과 판단이 역사를 결정한다는 말일 것이다. 먼 옛날의 일일지라도 모두 다 사실대로 기록할 수 있다면 얼마나 좋겠는가. 하지만, 가까운 시기의 일도 사실대로 기록하기 어려운데, 5000년 이전 시대로 추정되는 한국(환인, 환국) 시대를 어떻게 정확하게 사실대로 기록할 수 있으며, 어떤 것을 사실이라고 주장할 수 있겠는가? 다만, 최대한의 합리성을 이끌어 재구성하고 해석할 따름이다.

'환인'과 '환국'의 문제도 그렇다. '환국'으로 표기된 판본을 만든 사람들은 그렇게 한다 해도 무리가 없다고 보았을 것이다. 글의 첫머리 쪽, 앞쪽은 보기 싫어도 더 자주 보게 되고, 여러 사람이 볼 수밖에 없어서 더욱 엄밀히 검토하기 마련이다. 어찌 맞지 않는 글자를 넣었겠는가? 글자를 몰라 실수를 했겠는가?

환국(桓国)이 잘못되었다면서 억지로 떡칠하며 환인(桓因)으로 바꾼 사람이나, 이게 옳다거니 저게 옳다거니 하며 싸워대는 사람이나 한문을 배울 때, 가장 먼저 배우는 '하늘 천(天)'에 대한 이해도 없이 글자를 익힌 건 아닌지 의심해 봐야 하지 않을까 싶다.

3. '환인'은 '하느님'이다.

우리의 혈통 조상인 고대 한족(韓族, 하늘족, 주로 東夷族으로 부르는데, '한족(韓族)'이라 하는 것이 좋다고 본다.)이 초기 한자(漢字)를 만들었다. 우리말이 한자에 녹아들었고 상당수의 한자가 우리말에 기초를 두고 있다. 하지만, 한자는 주로 차이나의 화족(華族, 차이나의 중심 세력을 이 '화족'으로 부르는데, 온갖 족속이 모여 만들어진 집단을 화족으로 칭하는 것은 적절치 않다고 보지만…)이 발전시켜 왔다.

고대 차이나의 중부까지 진출하여 세력을 떨치며 살았던 한족(韓族, 동이족)이 점차 화족에게 밀리기도 하고 화족으로 변하기도 하며, 말까지도 화족의 말을 쓰게 되면서 한자(漢字) 역시 화족 문자처럼 돼버렸다. 어느 시기부턴지, 화족 집단이 우리 韓족보다 덩치가 더 커지고 세력도 더 커지면서 문명 역시 더 발전되었기 때문이기도 하다. 그래서 화족의 문자처럼 둔갑한 한자를 우리 쪽 韓족이 거꾸로 빌려 쓰는 처지가 돼버렸다.

차이나(중국)에서도 옛날 옛적 한자(漢字) 발음과 지금의 한자 발음이 다르고, 또한 차이나 말과 우리말이 달라서, 한자를 빌려 썼을 뿐, 그 뜻과 발음이 같아서 썼던 것은 아니다. 물론 될 수 있는 한 가까운 쪽을 택하기는 했을 것이다. 여기서는 '환(桓)', 한 글자만 검토해보겠다.

'환'은 언뜻 보기에 우리말 '환하다.'라는 뜻에서 온 것 같다. '환하다.' 발음을 '한하다.'로 하는 사람들도 있다. 애당초 '한'이었을 것이다. 왜 환해지는가? 해가 뜨면 높은 하늘이 열리고 환해진다. 그렇다면 '환'은 해, 높다, 하늘, 환하다 등의 여러 의미를 포함한다고 볼 수 있지 않을까?

아직 거대 국가가 이루어지기 전 작은 씨족, 부족이 서로 멀리서 살 때는 여기저기 쓰는 말이 달랐을 수밖에 없었을 것이다. 하늘을 '하', '한'이라고 했을 수도 있고, '환'이라고 했을 수도 있으며 '하늘'이나 '하눌', '할' 등으로, 또는 해가 중시되니까 '해', '세', '날', '일' 등으로 썼을 수도 있다. 오늘날에도 아버지보다 더 어른인 아버지의 아버지를 '할아버지'라고 하지만, '한아버지', '하네', '할배' 등으로 부르는 사람들이 있다.

인간사회의 규모가 커지고 문명이 발전되면 말도 많아지고 복잡해지지만 통합되는 경우도 많다. '환'과 '한', 어느 것이 앞선 말이었을까? '하'나 '한'이라고 더 간단하게 내뱉을 수 있는데, 굳이 처음부터 입 안쪽이 더 복잡하고 혀를 더 구부려야 하는 '환'이라고 했을까? 하 → 한 → 환 → 하늘 → 하님 → 한님 → 하느님, 하나님 등으로 변하기도 하고 나눠지기도 했을 것이다. 어린아이가 말을 배워가는 과정을 보면 이해할 수 있다. 지금도 '하느님' 발음을 잘하지 못해 '하나님'으로 하는 지역과 사람들이 있고, '환'이나 '확' 발음을 잘하지 못해 '한'이나 '학'으로 발음하는 사람들도 있다.

생각을 약간만 더 깊이 해보자. 환인(桓因)이 됐든 환국(桓國)이 됐든 처음 말은 '하', '한'이었지 않았을까? 거기에 '님'이 붙어 '하님'이나 '한님(桓因)', 나라의 뜻이 붙어 '한국(桓國)'이 되지 않았을까? 그게 '한(韓, 汗 등)'으로 남고, 상고(上古) 삼한(三韓)을 거친 이후 다시 마한(馬韓), 진한(辰韓), 변한(弁韓) 등이 있게 되지 않았을까? 그렇지 않으면 딱 부러지게 '한'을 설명할 길이 없다.

그럼 '환인'은 무슨 말인가? '신(神)'인 환웅의 아버지니까 당연히 신이다. 어떤 신인가? 하늘나라에 사는 하늘신이다. 하느님이다. 하늘과 통하는 신이다. 곧 제정일치 시대의 하늘과 통하는 무당이며 군장이다. 환인이니, 환국이니 하며 다툴 필요가 없다. 한자 '天'처럼 환인은 하느님이고 하느님이 사는 나라다.

일연 스님은 환인을 '帝釋(제석)'이라 했다. 제석은 인도의 하느님인 '인드라'며 인드라가 사는 나라이기도 하다. 곧 제석은 제석신(帝釋神)이며 제석천(帝釋天)이다. 우리의 표준국어대사전에도 그렇게 나와 있다. 인드라가 차이나식 '제석'으로, 다시 우리나라의 '한인', '환인'으로 바뀌게 되었을 것이다.

기독교에서는 중동 사막의 하늘신인 여호와를 우리말 하느님이나 하나님으로 부른다. 환경의 차이로 인해 말의 의미에도 차이가 있겠지만, 애당초 여호와와 여호와가 사는 곳을 칼로 무 자르듯 분리해서 불렀겠는가?

기독교가 우리나라에 들어오면서 여호와를 우리의 하늘신 이름인 '하느님', '하나님'으로 부르듯 불교가 들어오면서 인도의 신 '인드라'를 이미 우리가 일컫고 있었던 하늘신 이름인 '하님', '한님(하느님)', '환인' 등으로 불렀다고 본다.

반복하지만, '천(天)'은 하느님이고 하늘나라다. '제석(帝釋)'도 하느님이고 하늘나라다. '환인(桓因)'도 하느님이고 하늘나라다. 곧 '천(天)'이나 '제석(帝釋)'이나 '환인(桓因)'이 같은 말이다.

기록으로 보아 흉노와 조선(부여)은 같은 나라일 가능성이 상당히 높다. 다만, 중국인들이 후세에 조선을 멸시하는 의미에서 흉노라고 부르게 된 것으로 보인다. 사기의 기록을 보면 흉노족을 북융, 산융, 흉노로 부르고 있음을 알 수 있다. 여기서 공통음가는 '융' 또는 '흉'인데, 중앙아시아에서는 '군(Гун)'이라고 부른다. '군'은 태양을 뜻하는 쿤(KYH)과 어원이 같은 단어로 '태양'을 뜻한다. 카자흐어의 '쿤'은 한국어의 '한'과도 그 어원이 같은데 투르크 계통의 언어에서 나타나는 'ㅎ'의 'ㅋ'화 현상 때문이다. 따라서 '융', '흉', '군', '쿤', '칸', '한(韓)'은 모두 태양을 뜻하는 단어에서 유래한 단어로 스스로를 태양의 국가라고 부른 이유는 이들이 태양숭배를 하던 탱그리(단군)의 나라였기 때문이다. 지도자를 '칸'이라는 칭호를 써서 부른 이유는 앞에서 언급하였듯이 지도자는 신(태양)으로부터 왕권을 받은 '태양의 아들'이라는 생각이 있었기 때문에 지도자를 '태양', 즉 '칸' 또는 '한'이라고 불렀던 것이다.

한(韓)의 갑골문자를 보면 왼쪽에 태양을 손으로 떠받친 듯한 형태를 한 제단에서 사람들이 절을 하는 모습(🦶)을 볼 수 있다. 이러한 전통은 현재 카자흐스탄의 수도인 아스타나에 거탑의 형식으로 남아 있음을 볼 수 있다.

또한 이집트의 이시스신처럼 머리에 새, 깃털, 태양, 황금관 등등을 얹고 있는 자는 바로 하늘로부터 내려와 인간의 몸을 빌어 태어난 신, 즉 탱그리로 인식이 되어 많은 사람들이 지도자로서뿐만 아니라 숭배의 대상이 되었었다. 따라서 훈족, 한(韓)족은 그 어원이 같으며 천손민족(天孫民族)이라는 의미를 가지고 있다.[4]

우리 학자들이 별로 중시하지 않지만, 엄연한 역사서인 『흠정만주원류고(欽定滿洲源流考)』에서는 "무릇 우리나라 말과 몽골어에서는 군장(君長)을 한(汗)이라고 불렀다. 한(韓)과 한(汗)은 발음이 서로 혼용되었다. 사서에 삼한이 각각 수십 개 국이라고 기록되었으니, 당시에 필히 세 명의 한(汗)이 있어서 이를 나누어 다스렸을 것이다."[5]라고 한다.

우리의 옛 어른들은 군장이며 제사장이기도 한 통치자를 '한인', '환인', 곧 '하느님'이라 바로 불렀다. 그게 한, 칸, 간 등으로도 변화되었을 것이다. 하지만 차이나(중국)에서는 좀 달랐다. 통치자를 하느님, 곧 '天'이라고 바로 부르지 못하고, 하느님의 아들이라 해서 '천자(天子)'라고 불렀다. 아무래도 차이나에서는 자신을 '天'이라 부르라고 요구한다든지, 다른 사람을 '天'이라 부르는 건 무리한 일이라고 여겼을 수도 있다.

'昔有桓因(国)'은 "옛날에 '하늘나라'가 있었고, 그 나라를 다스리는 '하느님'이 있었다."라고 번역(의역)되어야 한다.

---

4) 김정민, 『단군의 나라 카자흐스탄』, 글로벌콘텐츠, 2019, 65~66쪽.
5) 남주성 역주 『흠정 만주원류고(欽定滿洲源流考) 상』, 글모아출판, 2019, 81쪽(蓋國語及蒙古語 皆謂君長為汗 韓與汗 音相混 史載三韓 各數十國 意當時必有三汗 分統之).

4. (고)조선 이전의 '한국(환국)'은 언제까지 남아있었을까?

『흠정만주원류고』「삼한(三韓)」조에는 "삼한은, 그 방향과 위치를 헤아려 보면, 대략 지금의 봉천, 길림 일대에 있었는데 그 땅이 조선과 더불어, 만주(청)가 처음 터를 잡은 지역과 가까웠다."6)라는 얘기가 실려있다. (고)조선 이전의 '한국'이 (고)조선 이후에도 남아 '삼한'으로 분리되어 만주 지역에 자리를 틀고 있었다는 얘기고, 또한 '조선'도 남아있었다는 얘기다. 이 '한'의 일부가 어떤 세력에 밀려 남쪽의 우리 한대갑(韓大岬, '반 쪼가리 섬'의 뜻인 '한반도(韓半島)'를 바르게 부르고자 하는 이름)으로 내려오지 않았나 싶다.

또한, 사국(고리, 백제, 신라, 가야)시대 이전에 한강 이남에 있었다는 마한, 진한, 변한만을 삼한이라고 한 건 아니다. 삼국통일을 하면서 '삼한일통'이라고 했듯이 고리(고구려), 백제, 신라의 삼국도 '삼한'이라 했다.

또 재밌는 기사가 있다.

우리의 『삼국사기 제15권』「고구려본기 제3」 태조대왕 69년(121년) 12월, "왕(태조대왕)은 마한과 예맥의 1만여 명 기병을 거느리고 나아가서 현도성을 포위하니, 부여왕이 아들 위구태를 보내서 군사 2만 명을 거느리고 나와 한나라 군사와 힘을 합해서 막아 싸우므로 우리 군사는 크게 패전하였다(王奉馬韓穢貊一萬餘騎 進圍玄菟城 扶餘王遣子尉仇台 領兵二萬 與漢兵并力拒戰 我軍大敗)."라고 실려있다. 여기에 역자 이재호 선생이 "마한은 백제 온조왕 27년에 멸망했는데, 지금 고구려 왕과 함께 군사를 보냈다 하니 아마 멸망되었다가 다시 일어난 것인지?"7)라고 중얼거리는 대목이 있다.

---

6) 남주성 역주 위의 책, 80쪽(以方位準之 盖在今奉天東北 吉林一帶 壤接朝鮮 與我國朝始基之地相近).
7) 김부식 저, 이재호 옮김, 『삼국사기 2』, 1997, 67~68쪽.

이때의 전쟁이, 과연 멸망한 마한이 다시 살아나고, 우리 한대갑(한반도) 남쪽에서 일어난 일일까? 그야말로 어불성설, 말도 안 되는 얘기다. 바로 만주 지역에서 일어난 일이다. 만주 지역의 삼한이 모두 다 밀려 내려온 것이 아니라 일부만 내려오고 일부는 남아있었는데, 예맥과 함께 1만여 기병을 일으킬 정도였다면, 그 세력이 대단했다고 볼 수 있다.

5. 기원전 2333년에 나라를 세웠다고?

세계의 고대사를 보면, 청동기시대나 돼야 나라가 설 수 있는데, 기원전 2333년 그 무렵이 청동기시대였고, '조선'이라는 나라를 세웠다고? 어림없는 소리라고 하는 사람들이 있다. '청동기를 쓰는 시대가 되지 못했을 뿐만 아니라, 나라가 섰다는 것은 다 사기다.'라고 한다.

꼭 그렇게만 봐야 할까? 꼭 청동기시대여야만 나라가 설 수 있고, 그 시대에 '조선'이라는 나라는 결코 설 수 없었다고 해야 할까? 청동기시대를 거치지 않고 바로 철기시대로 넘어간 나라가 있는 등 꼭 청동기시대만이 나라 구성의 필수 요건은 아니다. 더군다나 '(고)조선' 시기, 고인돌과 더불어 그 시대의 청동기 문화가 속속 밝혀지고 있다.

마지막 빙하기가 끝나고 날씨가 풀리면서 우리의 한강이나 대동강, 요하 유역은 사람들이 몰려 살 수 있는 아주 좋은 여건을 갖추게 된다. 하지만, 황하 하류를 비롯한 차이나의 동쪽은 넓은 지역이 습지로 가득해서 사람 살기에 적절하게 되려면 상당히 오랜 시간을 기다려야 했다.

따뜻한 남쪽의 해류가 우리의 서해안을 타고 올라오며, 더 올라가 발해,

고조선지역(요하유역)의 천단과 사직단
(5,500~5,000 년 전)   (이기훈 선생의 유튜브에서 따옴)

요하 유역을 거치면서 차가워지며 다시 차이나의 동쪽을 타고 내려간다.

따뜻해진 기후와 우리의 서해 갯벌 등은 세상에서 사람 살기 가장 좋은 여건을 만들었다. 또한, 한강이나 금강, 대동강 유역에는 동아시아에서 가장 많은 동굴이 널려 있는데, 빙하기에 동굴에서 지내던 사람들이 날씨가 풀리면서 밖으로 나오게 된 점도 한 몫 거든다. 이런 것 등이 차이나의 황하문명보다 더 먼저 문명을 일으킬 수 있었던 환경 조건이다.

이런 환경에 사람들이 모여들었다면, 차이나의 최초 왕국이라는 하(夏)나라보다 더 이른 시기의 나라가 동쪽이나 동북쪽에 있었다는 것은 당연한 얘기가 아닐까? 그런데 우리 조상 나라라고 할 수 있는 '한국(환인, 환국)', '신시', '조선' 등 몇 가지를 빼면 그럴듯한 이름이 없다.

황하문명보다 더 이른 문명이 그 동쪽이나 동북쪽에 있었다고 하며, 황하문명의 하(夏)나라는 인정하면서 동쪽이나 동북쪽의 더 이른 문명에 있었을 나라 이름은 왜 외면하려고 하는 걸까? 『삼국유사』뿐만 아니라, 사대주의 사서라고 일부의 비판을 받는 『삼국사기』에도 '조선'이 있었다고 한다.

역사학자들은 자기의 주장을 강하게 펼치지 않는 조심성이 있는 것 같다.

까딱 잘못하다가는 집중포화를 맞고, 명예에 손상을 입을 수 있기 때문일 것이다. 하지만, 과학이 발달하고, 계속해서 새로운 유적·유물이 발견되며 새로운 사실을 알게 되면 역사는 고쳐나가는 게 정상이다.

　동북아시아 韓족이 누비고 다니며 살았던 지역 여기저기서 많은 고인돌이나 청동기 유물 등이 발견되는데, 그 시대를 계속 기어 올라가고 있다. 단군이 나라를 세웠다는 그 시기까지 올라간다고 주장하는 사람들도 있어서 단군조선을 부정하는 사람들의 약을 올린다.

6. 우리가 '곰 할머니'의 자손이라고? '고수레'는?

　대략 20만~30만 년 전, 아프리카에서 현생인류 호모 사피엔스 사피엔스 (Homo sapiens sapiens)가 일어났다. 생물학의 발전으로, 여성으로만 유전되는 세포 안의 미토콘드리아 유전자를 추적하여 현생인류 최초의 조상을 찾았다고 한다. 당연히 그 짝인 Y 유전자의 남성도 있었을 것이다. '다지역 기원설'도 있어서 확실하게 밝혀내기에는 시간이 좀 더 필요한 듯싶긴 하다.

　그 최초의 여성, 이를 '미토콘드리아 이브'라고 한다. 나는, 그 여성을 미토콘드리아 이브 '할머니'라고 부른다. 이 이론을 그대로 믿었을 때, 현생인류로서 우리의 최초 할머니는 두툼한 입술이 앞으로 발랑 까지고, 얼굴은 까맣고 머리는 곱슬곱슬하며 젖가슴은 밑으로 축 늘어진, 그녀의 자손들, 곧 우리가 본다면 전혀 볼품이 없는, 그러면서도 수많은 위대한 자손을 둔 엄청나게 위대한 20만 년 전의 (또는 25만 년, 30만 년 전의) 한 여인이었다. 물론 그 이전으로 더 올라가면 호모 에렉투스나 오스트랄로피테쿠스 등을 거치고 유인원, 영장류 단계를 지나 멀리는 37억 년 전의 어떤 단세포 생물로까지 이어지겠지만 말이다.

『삼국유사』에 나온 곰 할머니도 우리의 위대한 할머니다.
(고)조선 시대라면 모계사회, 모권사회라고 봐도 될 텐데 남성으로 줄줄이 이어진 계보만 기록했다. 이후 어느 때부턴지 사회적으로 앞잡이 노릇을 하는 사람들이 주로 남성이고, 글을 쓴 이들이 주로 남성이라서 그러려니 싶지만, 그래도 이 곰 할머니 덕택에 얘기 전체가 모양이 좀 난다.
곰이 사람으로 변한다는 건 그냥 웃고 넘어갈 일, 환웅과 곰이 맺어졌다면 그것은 어느 종족 집단의 일을 신화화한 것이 분명하다. 소위 곰 토템 집단의 얘기다. 이 곰과 땅의 신 '곰'이 연결된다. 제정일치 시대를 고려하면 곰 토템의 집단을 이끄는 군장, 무당이며 신(神) 아가씨다. 또한, 하느님의 아들 환웅과 짝을 지으려면 이 정도는 돼야 말이 된다. 이게 인류 역사에서 보편적인 얘기가 아닐까?

나는, 남들에게 믿으라고 강요할 수는 없지만, 하늘신인 환웅과 짝을 이룬 '곰 할머니'는 '땅신'의 상징이라고 생각한다. 그게 '고수레'로 나타나 내려왔다고 본다. 우리는 하늘신과 땅신을 함께 받드는 민족이라는 얘기이기도 하다. '고수'가 농사를 관장하는 신이라는 얘기도 있고, 단군의 신하 '고시(高矢)'라는 얘기도 있다.
표준어로는 고수레지만, 고스레·고시레·고씨레·고씨네·곰씨네·기씨네 등등 다양하게 쓴다. 하지만 어떻게 해서 생긴 말인지, 어떤 뜻인지 정확하게 알 수는 없다. 여하튼 '고수레'를 한다. 산에서도 하고 들에서도 하고 물가에서도 한다. 어느 곳(땅)에서나, 심지어 바다에서도 한다.
고, 곰, 고마 등은 신(神), 곧 땅신의 이름이다. '고맙다.'는 '신이 보살핀 것처럼 해준 행위를 감사한다.'라는 뜻일 것이다. 단군의 어머니 '곰 할머니', 신이 되어 우리 민족을 지켜주는 바로 그 '고수(레)'다.

오래전에 우리 족속의 일파가 갈려 나가 형성된 걸로 보이는 몽골, 바이칼 호수 유역의 브리야트족, 심지어 남아메리카의 먼 남쪽 인디오[8]들까지 음식물을 먹기 전에 조금 떼어내 대지에 뿌리면서 "대지여, 어머님이시여!" 하며 고수레를 한단다.

나는 농촌에서 태어나 자라면서 어른들이 고수레하는 걸 자주 봐 왔다. 특히 산이나 들에서 숟가락으로 밥 한술을 정성껏 떠 놓는데 꼭 제사 지낼 때처럼 경건했다. 물론 시대나 지역에 따라 달랐고 다르겠지만, 던지거나 뿌리는 때도 있었던 것 같다. 내 기억으론, 대체로 숟가락을 썼다. 그것과

무령왕릉 출토 수저

더불어 우리가 밥을 먹을 때 꼭 숟가락을 쓰는 게 어떤 연관성이 있지 않을까 하는 생각을 많이 한다.

젓가락으로 밥을 먹는 어른들을 보기가 어려웠다. 깨알 하나를 집어들 수 있을 정도로 젓가락질 솜씨가 좋은데도 꼭 숟가락을 쓰는 건 아무래도 이상했다. 산에 나무하러 가면서 도시락을 싸는데, 국물이 없는데도 꼭 숟가락을 담는다. 찰밥을 비롯한 찰진 밥을 먹을 때 젓가락을 쓰면 들러붙지 않고

---

8) 남북 아메리카 대륙의 원주민, 우리 민족과 비슷하게 생긴 사람들을 얼토당토않게 '인디언', '인디오'로 부르는 것이 못마땅하지만, 일단은 이렇게 쓴다. 지금까지의 여러 연구를 검토해보면 그 조상이 우리 한국에서 건너간, 한민족과 가장 가까운 사람들이다. 따라서 '인디언'이나 '인디오'로 부를 게 아니라 '한인(韓人)'으로 부르는 것이 좋다고 본다.

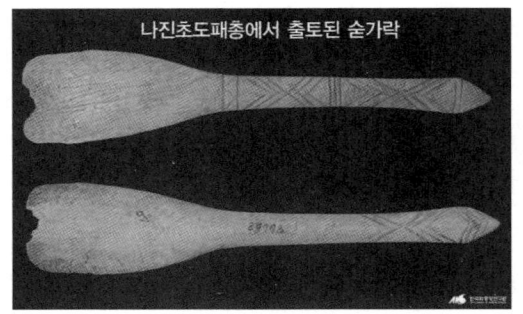
나진초도패총에서 출토된 숟가락

좋은데도 꼭 숟가락을 쓰는 건 이해할 수 없고 이상했지만, 그 확실한 이유를 찾기는 어려웠다.

젓가락으로 밥을 먹으면 경망스럽다 했고, 갓 시집온 새 색시가 젓가락으로 밥을 먹었다가는 못 배운 집안에서 버르장머리 없이 자랐다고 손가락질을 받기도 했다.

물론, 생산되는 농작물이나 식생활 문화가 어떻고 국물을 많이 먹는 영향 등의 이유를 든다는 걸 모르는 바는 아니다. 그러나 이상하다. 숟가락으로 밥을 떠먹는 자세가 꼭 제사 지낼 때처럼, 고수레할 때처럼 경건한 것이다.

나는 아이들을 기르며 밥을 먹을 때는 늘 "힘들게 농사지어 이렇게 먹을 수 있도록 해주신 농민들께 감사하며 먹어야 한다."라고 잔소리를 한다. 이건 어쩜 농민들뿐만 아니라 먹고 살게 해주신 '땅신'에 대한 감사의 마음 씀씀이를 어른들로부터 이어받은 건 아닐까 하는 생각이 든다. '땅신' 곧 '곰(신) 할머니'께 대한 감사의 인사는 아닐지?

일본이나 차이나(중국), 한국 모두 대략 고려 말엽까지는 숟가락과 젓가락을 함께 썼다고 한다. 그러다가 기후 환경이나 작물, 식생활 문화가 서로 다른 방향을 향했던지 우리만 밥을 숟가락으로 먹는 문화가 남았다. 그런데 신기한 일은, 내가 직접 본 바가 없어서 확언할 수는 없지만, 일본 왕실 사람들은 밥을 숟가락으로 먹는다는 것이다. 만일 그렇다면 우리처럼 '고수레', 곧 곰 할머니나 우리나라의 옛 조상에 대한 감사의 표현이 아닐지?

화가며 작가인 조영규 선생의 블로그에 실려있는 글 한 토막을 끌어다 붙인다.

일본 황실에 남아있는 백제의 문화, 풍습

첫 번째, '어머니'를 일본어로 오카상(おかあさん)이라고 하는데, 황실에서는 '오모'라고 말한다. '오모'는 어머니가 아닌가.
2번째, 일본 황실에서 젓가락을 잘 쓰지 않고 숟가락을 쓴다.
마지막으로, 일본인들의 기본적으로 앉는 자세인 정좌(正座)를 하지 않는다. 즉 무릎을 꿇지 않고 양반다리를 한다는 점이다."

출처 : 일본 고대사 연구가인 오다 노부오 씨가 2010년 JP NEWS와의 인터뷰에서 밝힌 바에 따르면, 쇼와 덴노가 에가미 나미오와의 담화에서 자신들의 뿌리가 조선(한반도)에 있다는 것을 밝혔다고 한다. 에가미 나미오는 도쿄대 교수로서 1948년 기마민족정복왕조설을 발표하여 일본의 최고학술상인 천황상을 받고 그 이후로 나온 '한반도 도래인설'을 탄생시킨 역사학자다.[9]

우리 민족의 신앙에 관해 얘기할 때 '하늘신'만 강조하는데, '땅신'도 함께 떠받들고 살아왔지 않았을까 하는 생각까지 든다. 『삼국유사』에서 환웅 할아버지의 짝꿍 '곰 할머니'만 얘기할 게 아니라 '환인' 할아버지의 짝꿍도 기록해 주었더라면 얼마나 좋았을까 하는 생각을 하면서다.

---

[9] 조영규, 「일본 천황은 백제인 혈통」, https://m.blog.naver.com/12hojung/223086574942

7. '홍익인간'은 누가 세운 정신인가?

'홍익인간'을 얘기하면 떠오르는 인물이 단군이다. 그러나 그 처음 단군이 윗대 어른들의 정신을 이어받았다고 하는 것은 맞지만, 그 단군 할아버지의 작품은 아니다. 홍익인간은 한인(하느님, 환인)이 세운 정신이고, 한웅(환웅)이 이어받아 실행한 정신이다. 많은 사람이 위의 『삼국유사』 번역은 잘하면서도 마지막으로 종합해서 정리하는 것은 왜 그리도 달리하는지 이해하기가 어렵다.

다른 족속이나 집단을 치고 **빼앗는** 전투가 보통으로 일어났을 그 옛날에 모든 인간을 이롭게 하겠다는 이념과 자세가 '홍익인간'이다. 고대에 이런 아름다운 족속이 우리 말고 더 있었을까? 우리 한민족이 그런 조상을 둔 족속이다. 심청의 아버지가 황후(皇后)가 된 딸 심청을 만나 눈을 뜨는데 결코 자기만 뜨지 않는다. 온 세상 시각장애인의 눈을 다 뜨게 한다. 우리가 그런 민족이다. 세상에 자랑할 만도 하고 한민족의 일원이란 데 자부심을 가질 만도 하지 않는가.
　물론, 홍익인간이라는 말이 어느 정도 집단 사회를 이룬 뒤에나 생겼을 법한 말이라서 5천 년 전에 그러한 뜻으로 쓸 수 있었을까 하는 의구심이 들 수 있다. 하지만 일연 스님이 삼국유사를 쓰기 이전, 고기가 쓰인 이전에 벌써 썼던 것만큼은 사실이라고 해야 할 것이다. 일연 스님이 살았던 시기에 이 말을 썼다고 해도 대단한 일인데, 그 이전부터 썼다는 데에는 그 훌륭함에 달리 토를 달 필요는 없을 것이다.

8. 신시(神市)시대에 '마늘(蒜)'이 있었을까?

　우리는 이 한자 蒜(산)을 '마늘'로 번역해왔다. 내가 이 蒜을 '달래'로 번역해야 한다고 주장한 지가 40년쯤 지났을 텐데, 지금은 같은 주장을 하는 사람들이 늘어나고 있는 것 같아 마음이 놓인다.

　사전에서 '마늘'은 '서부 아시아가 원산지로 한국, 일본, 인도, 열대 아시아 전역, 남유럽 등지에 분포한다.'라고 한다. 원산지가 서부 아시아면 환웅 할아버지 시대에는 동북아시아에, 우리가 지금 알고 있는 것과 같은, '마늘'이 없었다는 얘기가 된다. 그렇다면 마늘의 어원은 무엇이며, 어떻게 전파되었을까? '의성 마늘박물관' 홈페이지에서 따온 것을 간추려본다.

　원산지는 중앙아시아 지역이고, 기원전 4000년경 고대 이집트에서 유래되었다. 어원은 몽골어 '만끼르(manggir)'에서 ㄲ(gg)이 탈락한 '마닐(manir)', '마늘'로 불린 것으로 추정된다고 한다. 또한 명물기략(名物紀略)에서는 '맛이 매우 맵다.' 하여 '맹랄(猛辣)'이라 하였고 이게 '마랄', '마늘'이 되었다. 본초강목에서는 산에서 나는 마늘을 '산산', 들에서 나는 것을 '야산', 재배한 것을 '산'이라고 하였으며, 동의보감에서는 대산을 '마늘', 소산을 '족지', 야산을 '달랑괴'로 구분하였다. 오늘날 재배하는 마늘은 한나라 시기(기원전 150년 전) 차이나의 장건이 서역에서 큰 마늘을 가져왔다는 기록이 있다.

　몽골어의 '만끼르'가 오늘날의 '마늘'로 변했는지, 또는 '맹랄(猛辣)'이 '마늘'로 변했는지 헷갈리기는 하다. 하지만 오늘날의 마늘이 들어온 때가 그렇게 오래되지 않아서 환웅 시대에는 없었을 터라, '蒜'을 오늘날의 '마늘'로 번역해서 혼동을 일으키는 것보다 '달래'로 번역하는 것이 좋지 않을까 싶다.

9. 아사달(阿斯達)은?

　아사달은 (고)조선의 도읍지다. 아사는 아침이고 달은 땅이나 산이라고들 한다. 우리는 아침을 '아침'이라고 하지만 고기古記를 쓸 당시에는 '아사'라고 했을 법도 하고, 더 이른 시기의 말로 '아'나 '아스', '아시', '애시' 등 여러 말을 유추할 수가 있다. '아스라이'도 있다.
　'달'은 오늘날에도 '양달', '응달' 등에 남아 있고 비슷한 말로 '들', '들판', '뜰', '따' 등도 있다. 아무튼 아사달은 '아침의 땅(산)', '해가 뜨는 땅(산)'이라는 뜻으로 풀이할 수 있다. 한자로 표기하면서 그 의미를 따라 '조선朝鮮'으로 표기했을 수 있다. '쥬셴', '숙셴', '주스', '주잔', '숙신' 등으로 쓰던 말을 한자로 표기하면서 '朝鮮'으로 썼을 수도 있다(김정민 박사). 처음엔 마을 이름, 커지면서 고을 이름이었을 아사달이 그냥 나라 이름이 됐을 것이다.

　차이나 산동성의 대문구(大汶口) 문화에서 발굴된 토기에 해가 산 위로 떠 오르는 듯한 모양의 그림이 있는데 이게 (고)조선 문양, 아사달의 표현이라고도 한다(신용하 교수).
　비슷한 예를 하나 더 들자면, '아시아'는 고대 그리스 지방에서 '해가 뜨는 땅'인, 바다 건너 튀르키예(터키) 지역을 불렀던 이름이다. 이후 그 부르는 지역이 점차 넓어져서 결국 튀르키예 이동지역 전체가 '아시아'가 되어버렸다. 지금도 서양 언어와 우리말에 비슷한 말들이 많이 있고, 우리 조상이 아프리카에서 중동 지역을 거쳐 왔다는 점을 생각하면 세계적으로 간단한 기초 언어에 같은 말들이 많을 것이라고 본다.

주민의 대다수가 우리나라에서 건너가 세운 일본에도 '아스카' 등 비슷한 말들이 많이 있겠지만, 의미로 봐서는 아사달과 같은 말이라고 할 수 있는 '日本'이라는 말 하나만을 살펴보자.

'해가 뜨는 땅(산)'이다. 이 日本이 한자로 되어 있어서 그렇지 원래 아사달의 뜻이었을 수도 있다. '日本'은, 차이나(중국) 지역에서 우리 한대갑(韓大岬, 한반도)을 일컬을 때도 썼을 법한데, 기록으로 남은 예를 하나 들어보자.

예식진(禰寔進)은 백제의 마지막 왕 의자왕을 나당연합군에게 항복시킨 배신자이자 매국노다. 백제가 멸망한 후에 웅진도독부의 동명주자사(東明州刺史)를 지낸다. 이 예식진(禰寔進)을 도와 의자왕을 잡아 당나라에 바치고 벼슬을 얻은, 두 살 위 형인 예군(禰軍)의 묘지명(墓誌銘)에 '日本'이 나온다. 묘지명을 보면 당시 차이나에서 백제를 '日本'이라 했던 걸 알 수 있다. '日本'과 더불어 '扶桑(부상)', '三韓(삼한)', '靑丘(청구)' 등 자기들 기분 내키는 대로 썼는데, 공식적인 나라 이름으로 확정해서 쓴 게 아니고 그저 '해 뜨는 땅' 정도로, 글쟁이들이 멋 부리느라 가볍게 썼을 것이다. 그런데 이게 '倭(왜)'로 넘어가면서 상황이 달라진다.

우리 한대갑(韓大岬, 한반도)에서도 倭를 건너다보며 '日本'이라 했는데, 하필이면 백제가 멸망하면서 떼로 몰려가고, '倭'를 잡아먹으면서 결국 나라 이름까지 '日本'으로 바꿔버린다.

〈일본 국호의 생성〉 이완영의 유튜브 "한국역사문화 TV"에서 따옴

일본은 이후 이

이름이 대단한 것으로 여기며 계속해서 써오고 있다. 물론 대단한 이름으로 여기며 자랑스럽게 쓰는 데에 딴지를 걸 일은 아니다. 오히려 우리 조상이 지어준 이름을 그토록 애지중지하는 걸 칭송해야 할 일이다. 다만, 나라 이름 지어준 데에 대해 뻐기지는 않을 테니까 제발 우리나라 괴롭히는 짓만이라도 하지 않았으면 좋겠다. 아무리 우리나라에서 쫓겨난 사람들이라서 원망이 컸다 해도 조상의 나라를 그렇게도 괴롭히는 짓, 사람이라면 할 짓인가.

　우리 한족韓族이 건너가 먼저 터를 잡았던 아메리카 대륙의 아즈텍, 아스땅이나 유라시아 북방 동서 초원길의 아스타나 등처럼 비슷한 이름들도 같은 의미에서 나온 것이 아닐까?

　그런데 위의 (고)조선조에 보면, 환웅은 태백산에 자리를 잡아 신시神市라는 나라를 세웠고, 단군은 아사달에 자리를 잡아 '조선'이라는 나라를 세웠다. 아사달은 아침에 멀리서 해가 떠오르는 땅이다. 신시 바로 앞에서 해가 떠오른다고 할 수는 없는 노릇이라서 상당히 먼 곳이라고 해야 한다. 그렇다면 신시에서 보았을 때 상당히 먼 동쪽이나 동남쪽 지역에 아사달이 있었다고 봐야 할 것이다. 신시는 서쪽, 아사달은 동쪽이나 동남쪽이라는 얘기가 된다. 아사달의 위치가 정확하게 어디라는 것을 알게 되면 신시의 위치도 짐작할 수가 있을 것이다.

　하느님의 땅 '한국(환인, 환국)'은 이 글로만 봐서는 어느 쪽, 어느 지역인지 추단하기가 어렵다. 한강이나 대동강 유역인지, 요하 유역인지, 바이칼호수나 흑룡강 지역인지, 데니소바 동굴 지역인지, 그것도 아니면 파미르고원 지역 어디인지 알기가 어렵다. 다른 자료나 유적, 유물, 기후 환경 등을 활용해 더욱 세밀히 찾아봐야 할 것으로 보인다. 과학을 비롯한 여러 학문이 발달하다 보면 언젠가는 찾을 날이 올 것이다.

고조선 지역을 하가점 문화권 지역으로 보는 견해가 많아져 가고 있는 것처럼 보이는데, 이게 확실하게 정립된다면 '한국'을 찾는 일도 그렇게 어렵기만 한 일은 아니지 않겠나 싶다.

물론 유추할 수 있는 지역이 없는 건 아니다. 한인 지역이 어디라고 주장하는 학자도 있고, 그곳을 직접 찾아 연구한다는 학자도 있다. 나 역시 그곳이 어디라고 얘기하고 싶은 마음도 있지만, 아직은 섣부르다는 생각이 든다.

2장
해방인가, 광복인가?
말을 바르게 써야 생각도 바르게 한다.

　말은 의식(意識)을 좌우한단다. 그것은 말을 잘못 쓰면 의식까지 덩달아 잘못된다는 얘기도 될 것이다. 우리가 별다른 생각 없이 쓰는 말 가운데 잘못 쓰는 말은 없을까, 또는 더 좋은 말을 놔두고 별로 좋지 않은 말을 쓸 때가 있는 건 아닐까? 그런 말이 있다면 바로 잡아 쓰는 것이 바른 의식을 가질 수 있게 도움이 될 듯싶지만, 우리는 그런 노력을 하며 사는지 의문스러울 때가 많다. 나부터 제대로 쓰자고 다짐하곤 하지만 미숙한 원인으로 잘못을 저지르는 경우가 있는 듯싶어 걱정되기도 한다.
　학식이 높다는 사람도 잘못 쓰는 게 많다고 지적하며, 말을 제대로 쓰자면서 『아언각비雅言覺非』10)라는 책을 편 다산 정약용 선생도 비슷한 생각을 가지지 않았을까?

---

10) 조선 후기 정약용(1762-1836) 선생이 어휘에 대한 풀이와 올바른 용법을 제시하여 1819년에 저술한 책이다. 국민의 언어·문자 생활을 바로잡기 위하여 당시에 널리 쓰이고 있던 말과 글 가운데서 잘못 쓰이고 있는 것을 골라 문헌을 상세히 검토하여 그 참뜻과 어원을 밝히고, 아울러 용례를 들어 합리적으로 설명한다.

의사를 표현할 때 서로 이해하기 쉬운 매개체로써 각종 동작이나 표정, 음성, 문자, 그림 등을 활용한다. 하지만 집단이나 사회의 약속이 없으면 효과가 없다. 그런데, 아무리 집단이나 사회의 약속이라 해도 잘못된 말을 쓰는 경우가 있다. 한 나라 안에서도 지역이나 나이, 직업 등의 차이로 인해 같은 말을 서로 다르게 쓰며 다르게 이해하기도 한다. 우리나라는 하나의 언어를 쓰기 때문에 의사 표현에서 그런대로 통일성을 가진다고 볼 수도 있지만, 모두 다 정확하게 이해하며 정확하게 쓰기는 어려운 것 같다.

시대에 따라 언어는 변하기 마련이다. 백 년 전 할아버지들이 썼던 말을 지금의 우리가 온전히 이해한다는 것은 쉬운 일이 아니다. 지금 우리가 쓰고 있는 말을 백 년 뒤의 후손들이 잘 못 알아먹을 수도 있다. 그런데, 나라와 환경이 달라지면 그 틈새가 얼마나 많이 벌어지겠는가. 우리말을 입에 걸고 건너가기도 하고, 우리말을 받아들이기도 했던 일본의 말이 그 발음과 의미가 변하여 우리가 알아먹을 수 없게 된 것은 좋은 예가 될 것이다.

백여 년 전쯤부터 주로 일본을 통해 들어온 서양 문물은 우리의 유사 이래 가장 큰 충격과 혼란을 가져왔다. 그 가운데 우리말이 큰 상처를 입었다. 그 원인의 하나로 서양 말의 일본 번역어를 꼽을 수 있으며, 그중에서도 한자(漢字) 말이 많이 있다. 차이나(China. 중국) 번역어가 없는 건 아니지만, 우리는 주로 일본 번역어를 받아들였다. 물론 같은 한자를 쓰는 일본이 먼저 번역하고 우리는 그걸 받아서 쓰기만 해도 됐으니까 고생을 덜었다고 할 수도 있다. 하지만, 오랜 세월 이어온 우리의 언어체계와 의식을 혼란스럽게 한 것도 사실이다.

일본어 중 물질명사는 뭔가 표가 나서 알아보기 쉽지만, 추상어나 개념어 등은 일본식 말이라는 걸 쉽게 구분하기도 어렵다. 또한 중의성[11]으로 인한 혼란도 작지 않다. 곧 하나의 낱말을 여러 의미로 쓰게 되는데, 일본 제국주의의 영향인지 우리는 꼭 안 좋은 쪽을 골라서 유식한 양 자랑스럽게 쓰는 경향이 있다.

큰소리치며 떵떵거리고 살다가 서양의 대포 몇 방에 무릎을 꿇은 차이나도 크게 다르지 않았다. 서양 문물을 먼저 받아들여 강대국이 된 일본을 배우자며 많은 차이나인이 일본에 유학했다. 머나먼 서양까지 가느니 비용이 덜 먹히는 가까운 일본에서 배우자는 등의 이유도 있었을 것이다. 높은 지식을 갖춘 학자나 문인들이 일본에 자주 방문하고 살기도 했다. 장사꾼 등의 내왕도 많았다. 그러면서 많은 일본 번역어를 받아들였다.

우리는 한자 말을 많이 써오고 있다. 차이나는 자기들의 문자라고 통째로 써왔고, 한자 말을 안 쓰면 소통에 큰 문제가 생기는 일본도 많이 써오고 있다. 옛날부터 차이나에서 우리나라를 통해 일본으로 건너간 한자 말이, 흘러오고 흘러가면서, 그 의미가 상당히 변하기도 했다. 그런데 일본이 서양 말을 번역하면서 자기들이 주로 쓰던 말을 활용했기 때문에, 한자가 같다고 하여 세 나라에서 쓰는 의미가 완전히 같을 수는 없었다.

우리도 먹고사는 형편이 좋아지면서 서양 문물을 직접 받아들이며 서양 언어도 직접 번역하게 됐지만, 결국 그 번역어도 일본 번역어가 바탕을 이룬다. 그리하여 오랜 전통문화 속에 깃들어 있던 우리의 정신과 의식이 흔들리게 됐다. 정서와 상식이 다른데 어찌 그들이 쓰는 말의 의미를 정확하게 이해하며 정확하게 쓸 수가 있겠는가.

---

11) 중의성(重義性, ambiguity) 또는 애매성(曖昧性)은 하나의 언어 표현이 둘 이상으로 해석되는 특성 또는 현상이다. 어떤 요인이 중의성을 만들어내느냐에 따라 어휘적 중의성, 구조적 중의성, 작용적 중의성, 화용적 중의성 등으로 구분한다. 중의적 표현이 쓰여 중의적으로 해석되는 문장을 중의문(ambiguous sentence)이라고 한다(위키백과).

'뭐 그런 걸 따지느냐? 대충 알아먹고 살면 되는 거지'라며 어깃장을 놓을 사람도 있으리라. 그러나 지금 우리가 쓰고 있는 말은 나만 알고 쓰는 게 아니고 남들과도 소통해야 하며, 오늘의 우리만 쓰고 그만둘 것도 아니다. 후손에게도 물려주어야 한다. 정확한 이해 없이 대충 쓰고 대충 알아먹는 말들은 잘잘못을 가리지 않는, 곧 대충 행동해도 된다는 데까지 이르게 된다. 우리나라의 학자, 정치가, 법률가 등등이 이런 점에 둔감해서 여러 문제를 일으키는 건 아닌지 살펴볼 필요도 있을 것이다.

우리나라에 소송이 많은 것도 불확실한 말을 대충 쓰는 버릇 때문일 것이다.

'6·25동란(動亂)'에 관한 얘기를 좀 하고 넘어가자.

'임진왜란(壬辰倭亂)'이나 '병자호란(丙子胡亂)'처럼, 북한의 남침이었기 때문에 '6·25북란(北亂)'이라 했더라면 알아보기가 더 쉬웠겠지만, 일보 양보해서 '동란(動亂)'이라 했던 것 같다. 그런데 요즘은 '한국전쟁'이라는 괴상한 말을 주로 쓴다. 서양인들이 'Korean War'라 하니까 이걸 역으로 받아들여 그 번역어로 '한국전쟁'이라는 말을 쓴다. 서양인들이 그렇게 쓰는 것은 어쩔 수 없다 치자. 이게 우리가 쓰기에 적절할까? 고리(고려), 조선 시대, 어느 때 있었던 전쟁인지 헷갈리고, 우리는 맨날 전쟁만 치르고 있었던 나라라는 의식을 갖게 한다. 미국의 '남북전쟁(The American Civil War <The Civil War>)'을 '미국전쟁'이라 하지 않고 차이나(중국)의 '국공내전(國共內戰/国共内战)'을 '중국전쟁'이라고 하지 않는다.

말은 정신세계와 맞물려 있다. 말을 바르게 쓰지 않으면 정신세계도 혼탁해진다. 민족정신을 세우느냐 허무느냐도 말에 달려 있다. 한민족의 일원이란 게 자랑스러운지 부끄러운지도 말이 이끈다. 꼭 말을 비틀어서 쓰고 비틀어서 이해하자는 게 아니다. 말을 바르게 써야 바른 의식을 갖고 사람이 사람답게 바르게 살 수 있게 된다. 또한 나 아닌 다른 사람도 사람답게, 조상도 조상답게 여기게 되며 나아가, 나라를 나라답게 이끌게도 될 것이다.

　의식과 생활의 기본이 되는 말은 종교·철학 용어와 법률용어라고 할 수도 있다. 그런데 나는, 우리나라에서 가장 큰 언어 문제를 일으키는 주범은 '법률의 용어와 문장'이라고 생각한다. 법치국가에서 법률이 모든 걸 결정한다 해도, 또는 모든 국민에게 적용된다 해도 과언이 아닐 텐데 법률의 용어와 문장이 너무 어렵고 혼란스러우며 복잡하기 때문이다.
　완전히 일본식 한자(漢字) 말이 판을 친다. 종교·철학 용어도 마찬가지지만, 법률용어도 서양에서는 일상에서 쓰던 말이었는데, 번역 과정에서 일본이 자기들이 쓰던 어려운 한자 말을 활용했다. 그게, 말이 다른, 우리나라로 넘어오면서 고차원(?) 언어인 양 둔갑하며 언어생활을 더욱 어렵게 만들었다. 고쳐보자고 애들을 쓰는 듯도 싶지만, 거기서 거기다.
　100여 년을 써온 말들인데, 그걸 못 알아보는 사람의 잘못 아니냐고 할 수도 있다. 물론 그렇기는 하다. 하지만, 한문(漢文)을 전문적으로 공부해온 내가 '법학과' 졸업을 했는데도 이해하기 어려운 말과 문장이 태반이다. 다른 사람들은 어떨지를 생각하면 그저 아찔하다. 일반 국민은 법률을 잘 모를 거라는 전제 아래 입법기관의 국회의원이나 사법기관의 법률가들이 장난과 사기를 치는 일이 많지 않을까 하는 의심도 든다.
　용어나 문장뿐만이 아니다. 판결문 등을 보면, 길고 복잡한 글쓰기 경쟁, 뱅뱅 꼬기 경쟁이라도 하는 듯하다. 읽다 보면 정신줄을 놓기도 하고, 덮어버리게도 된다. 곧 상식적인 국민이라면 쉽게 알아야 할 법률을 아예 외면하게 만든다. 아마 법률을 다루는 인사들이 자기들만 법률을 독점하고자 이런 짓들을 저지르는 듯싶기까지 하다. 법률을 자신의 입맛에 맞게 뱰뱰 꼬는 것처럼 보일 때도 있다.

자기들이 써놓고도 무슨 말을 쓴 건지 이해하지 못하는 건 아닌지 의문스러울 때도 있다. 그건 최고의 사법기관이라고 할 수 있는 헌법재판소나 대법원의 법관들이 법률의 용어나 취지, 절차를 잘못(?) 이해하여 서로 다른 견해, 또는 잘못된 듯한 판단을 내리는 걸 보면 전혀 타당치 않은 의문은 아니라고 할 수도 있을 것이다. 물론, 성향과 호불호에 따라 법률을 왜곡하는 작태를 벌이는 건 아닌지도 살펴볼 일이다.

법률은 상식에 기초를 둔다. 법률가만이 튼튼한 상식을 가진다고 볼 수 있을까? 오히려 상식 없는 이들이 법률을 다루고 위세를 부리면서 더욱 큰 혼란을 일으킬 때가 있는 건 아닌지도 의심스럽다.

법률은 국회가 만든다. 국회가 법률을 만들지만, 그 법률을 우습게 보는 국회의원이 부지기수다. 그런 국회의원들의 상식이 부족하다고 하기는 좀 그렇고, 용어와 문장의 몰이해에서 오는 혼돈(混沌)이 하나의 원인으로 작용하지 않을까 하는 생각도 든다.

헌법은 국민이 누릴 수 있는 정당한 권리, 존엄한 생명과 가치를 지키는 마지막 보루다. 헌법재판소와 대법원이 그 업무를 담당한다. 하지만, 헌법재판소나 대법원이 정치권의 세력 논리나 진영 논리에 휘둘리는 경우가 있다. 여론의 향방을 따르기도 한다. 하지만, 정치 논리나 여론은 조장하는 세력이 있기 마련이다. 또한, 이념이나 성향에 따라 달라지기도 한다.

헌법재판소나 대법원이 무조건 정치 논리나 여론만을 따르는 것이 옳은 일일까? 그럴 일은 아니다. 정치권이나 다수의 국민이 맞다고 주장하는 일일지라도 그게 틀린 거라면 헌법재판소나 대법원만큼은 틀린 건 틀린 거라고 하며, 지킬 건 지켜내야 하지 않을까? 옳고 그른 것을 떠나 정치권의 세력 논리나 진영 논리, 여론, 이념이나 성향 등만을 따른다면 헌법재판소나 대법원이 왜 필요하겠는가. 차라리 헌법재판소나 대법원을 없애버리고 여론조사로 끝내고 마는 게 더 편리하지 않을까? AI에 맡기든지.

아무리 봐도 알아먹기 어려운 법률용어나 문장은 상식적인 일반 대중이 쉽게 이해할 수 있도록 바꿔야 한다. 진정한 민주사회가 되려면 일반인이 법관을 믿을 수 있어야 할 텐데, 어려운 말과 문장은 법관의 공정성을 의심케 한다. 법정까지 끌고 가는 갈등과 분쟁이 없으면 좋겠지만, 어쩔 수 없이 법정까지 가야 하는 일도 있을 것이다. 이럴 때는, 다른 일로 바쁘다거나 재판을 귀찮게 여기는 사람 등을 제외하고는, 변호사 도움 없이 재판에 참여할 수 있어야 한다. 그래야 법률가나 지식인들이 일반 대중을 바보 멍청이 취급하지 않게 되며, 더불어 살 수 있는 사회로 나아가게 될 듯싶은데, 글쎄 이런 의견을 받아들일지는 알 수 없다.

세상의 인식은 언어로부터 시작되고, 인식의 혼란은 언어 이해의 부족에서 온다. 언어가 이끄는 의식과 행위에 관한 사법부의 이해 부족, 또는 얼렁뚱땅 대충대충 넘기는 행위는 우리나라 대중의 사법부에 대한 신뢰도를 전 세계에서 가장 낮은 자리[12]로 떨어뜨리지 않나 싶다.

10여 년 전, 나는 서울의 모 대학병원에서 6개월 정도 입원 치료를 받았다. 그런데 입원 병동에 '처치실'과 '탕비실'이라는 게 있었다. 처치실이라는 데에 들어갈 때마다 어쩐지 섬뜩한 느낌이 들었다. 사전에는 '처리'한다는 뜻도 들어있지만, '죽여 버린다.'라는 뜻도 들어있다. 또한, 탕비실을 들락날락

---

12) 「법률신문」 2025년 1월 20일(월) - 영국 싱크탱크 레가툼이 발표한 '2023 번영 지수'를 한국경제연구원이 분석한 결과에 따르면, 대한민국 사법 시스템에 대한 신뢰 지수 순위는 전 세계 167개국 중 155위다.

하며, 이게 일본말 같기는 한데, 도대체 정확히 무슨 말인지 알 수가 없어 사전을 찾아보았지만, 찾을 수가 없었다.

그 뒤, 그 병원의 고객자문위원을 맡게 되었는데, 자문위원회 회의에서 이 두 말의 변경을 건의했다. 일반 병원이라면 모를까, 학생들을 가르치는 대학의 병원에서 이런 말을 버젓이 쓴다는 건 알맞지 않아 보인다고 했다. 병원 측의 회의 결과, 같은 법인의 대학병원이 여기저기 여러 군데 있어서 바꾸기가 어려운 일이지만, 어떻든 바꿔 나가기로 결정했다는 보고를 받았다. 몇 년이 지나서 그 병원에 아는 환자가 있어 위문차 들렀는데, '처치실'은 '치료실'로, '탕비실'은 '다용도실'로 바뀌어 있었다.

사실 내가 놀랐다. 별로 유명하지도 않은 일개 서예가, 작가의 말을 듣고서 어렵사리 검토하고, 오래도록 써왔던 말을 고친다는 게 결코 쉬운 일은 아니고 비용도 많이 들었을 것이다. 또한, 학자들의 자존심이 허락하기도 어려웠을 것이다. 하지만 바꿨다. 이게 진정한 학자들의 태도가 아닐까? 존중의 마음이 저절로 인다.

우리가 쓰는 말 중에서 몇 가지를 골라, 사전을 중심으로, 간략히 살펴보겠다.

1. 독립(獨立)

「1」 다른 것에 예속하거나 의존하지 아니하는 상태로 됨.
「2」 독자적으로 존재함.
「3」 [법률] 개인이 한집안을 이루고 완전히 사권(私權)을 행사하는 능력을 가짐.

「4」 [정치] 한 나라가 정치적으로 완전한 주권을 행사함.

사전에는 여러 뜻으로 나와 있지만, 간단하게 얘기해서, 독립(獨立)은 홀로 선다는 뜻이다. 우리나라가 차이나(중국)의 그늘에서 벗어났다며 썼던 말이고, 일제에 침략당하자 그들을 물리치기 위해 싸우면서 많이 쓰던 말이다. 광복 이후 8.15를 독립기념일로 하자는 논의가 있기도 했다. 독립기념관도 웅장하게 서 있다. 하지만 나는, 우리에게는 이렇게 쓰는 '독립'이라는 말이 적절치 않다고 본다.

우리가 독립이라는 말을 주로 쓰는 경우를 살펴보자.

어떤 회사에서 근무하던 직원이 그 회사를 그만두고 나와 사업을 따로 시작할 때 그가 독립했다고 한다. 형과 한집에서 같이 살던 아우가 결혼해서 분가하면 독립했다고 한다. 영국의 한쪽 구석이었던 미국이나 호주 등이 영국으로부터 떨어져나와 새 나라를 세우게 된 일을 독립이라 한다. 그러나 우리나라는 몇천 년을 이어온 독립국이다.

여기에서 아마도 조선이 독립국이 아닌, 차이나의 속국이어서 그 그늘을 벗어나며 독립문을 세운 것 아니냐고 반문하는 사람도 있으리라. 그렇다면 독립문에 관해서 약간이나마 더 깊은 논의를 해보자.

역대 우리나라가 차이나에 예속되어 왔기 때문에 독립문을 세우면서, 또는 '대한제국'을 세우면서 비로소 독립되었다고 본다면 이게 과연 맞는 말일까? 그래서 독립문을 세운 게 훌륭한 일이라고 해야 할까? 물론 당시에 독립문을 세운 어른들은 그게 훌륭한 일이라고 여겼을 수도 있다. 하지만, 그건 인류 역사 전체를 엄밀히 따져보지 않았기 때문이다. 우리의 역대 나라들과 당시의 '조선'이 독립국이 아니라면, 세상에 독립국이라 부를 수 있는 나라는 과연 몇이나 되겠는가? 아마 거의 없을 것이다.

인류 역사는 전쟁사라고 해도 과언이 아닐 만큼 많은 전쟁을 치러왔고, 지금도 계속되고 있다. 인력과 물자를 빼앗고 권위를 누리며 다른 나라의 복종을 요구한다. 강대국이 되고자 하고 주위의 약소국을 짓누르려고 한다. 그게 흡족하지 않으면 아예 나라를 없애버리기도 한다. 그러나 수많은 외침을 받았다 해도 어떤 체제를 이루고 버텨왔다면 그 나라는 독립국이다.

약소국이 강대국에 대항해보다 버티기 어려우면 머리를 숙이고 허리를 꺾는다. 신하를 자처하며 다른 나라의 임금을 황제로 모시기도 하고, 아우를 자처하며 형님으로 모시기도 한다. 소위 사대를 하는 것이다. 자신과 자신의 집단, 백성을 지켜내고자 그 짓을 하는 것이다.

역대 우리나라가 차이나(中國) 왕조로부터 책봉을 받거나 조공하기도 했는데, '우리가 허리 굽히며 형님으로 모실 테니까, 호위병 노릇 잘해 우리나라를 지켜주고 선진 문화도 전해주며, 먹고 입을 것도 좀 나눠 주라.'라고 한 게 아닌가.

빼앗기는 것이 왜 없었겠는가. 참고 견뎌야만 하는 그들의 만행이 왜 없었겠는가. 배알 뒤틀리는 일도 많았을 것이다. 하지만, 조선 시대에 오죽했으면 차이나에서 '제발 조공 좀 그만 보내라.'라는 말을 한 일이 있었을까. 광복 이후 우리가 미국에 대해 하는 행위를 짚어보며 우리의 역대 왕조에서 한 행위들을 비교 검토해 볼 일이다.

사대주의(事大主義)는 1880년대 일본의 후쿠자와 유키치가 '事大'에 서양 말 'ism(주의)'을 붙여 만든 말이라고 한다. 그는 한국을 말아먹자는 정한론(征韓論)을 주장한 사람이다.

사대는 사소(事小)와 더불어 맹자(孟子)에게서 나온 말이다. "오직 '어진 이'만이 큰 나라를 가지고서도 작은 나라를 섬길 수가 있고(惟仁者 爲能 以大事小),

오직 '지혜로운 이'만이 작은 나라를 가지고 큰 나라를 섬길 수가 있다(惟智者 爲能 以小事大)."라고 했는데, 후쿠자와 유키치는, 국제 관계를 평화롭게 도덕적으로 경영하자는, 이 맹자의 말을 악용한 것이다.

역사를 세밀히 따져보면, 사소(事小)를 제대로 하지 않아 곤욕을 치르고 나라를 거덜 낸 일이 수없이 많은데, 사람들은 이걸 잘 깨닫지 못하는 것 같다. 그런데 여기 '事小'에서 '事'를 '섬긴다.'로 해석한다? 어째 좀 이상하기는 하다. 우리 국어사전에서 보면 '섬기다.'는 '신이나 윗사람을 잘 모시어 받들다.'라고 되어 있다. 그래서 허성도 교수는 '事'를 '존중한다.'라고 해석하면 의미가 서로 잘 통한다고 한다. 실제로 그렇다. 서로 존중하며 나라를 경영한다면 평화롭게 지낼 수 있지 않겠는가.

어떻든, 나름의 국법을 갖고 지킨 나라라면 그건 바로 독립국이다. 그게 인류 역사고, 국제사회의 역학이다. 우리의 경우, 결코 서양의 'vassal state'나 'a part of ○○', 한자(漢字) 말의 '속국屬國'은 가당치가 않은 것이다. 같은 한자 말이라도 조선 시대의 '속(屬)'의 의미와 역사를 통 튼 '속(屬)'의 의미는 같을 수가 없다.

어쩌면 '독립'은, 자신들이 세운 왕조보다 훨씬 더 긴 세월 동안, 동·북방 이민족에게 지배를 받아 온 차이나의 자칭 화족(華族)이 '중화민국'이라는 나라를 세우면서나 쓰는 게 알맞을 수 있다. 미국에 완전히 깨진 뒤 저항 한 번 하지 못하고 지배를 받아 온 일본이 미국의 지배에서 벗어났다고 여긴다면, 그들에게나 적절한 말일 수도 있다.

'독립'이 영어 Independence를 번역한 말 같은데, 이는 in + dependence 로서 우리가 쓰는 '독립'과 어원적 차이가 있다.

2차대전, 또는 태평양전쟁 이후의 현실에서 '독립'을 살펴보자. 다른 나라의 영향을 받지 않고 그야말로 '완전히' 독자적으로, 고립하여 사는 나라가 몇이나 될까? 사대주의가 극에 달했다고 비난받는 '조선' 시대의 차이나와 광복 이후 좋은 일은 했지만, 우리나라를 떡 주무르듯 주무르는 미국 중 어느 나라의 영향력이 더 큰지를 따져보는 것도 좋을 것이다. 아무튼 지금의 차이나 일본, 한국을 독립국이라고 한다. 그렇다면 역대 우리의 나라들도 당연히 독립국이다.

  이러저러한 이유로, 그 '독립문'은 없애버려야 한다고 본다. 비록 우리 어른들이 한 일이라고는 하지만, 큰 틀에서 인류 역사와 국제사회가 돌아가는 힘의 논리를 이해하지 못하고서 한 일이니, 그 독립문을 신주처럼 모시며 세워둘 필요가 없다. 또한, 그 독립문을 그대로 세워둔다면, 깊이 생각하지 않는 사람들이나 후손들에게, 조선이 진짜 독립국이 아니어서, 독립하면서 만든 훌륭한 유물이라고 각인시키게 될 뿐이다.
  역사를 잘 모르는 차나인들이나 일본인들을 비롯하여 다른 나라 사람들이 그 독립문을 보면서 우리를 얼마나 조소하고 능멸하겠는가? 정말 끔찍한 일이다. 국제무대를 휘젓고 다녀야 할 우리 민족의 기를 얼마나 꺾어 놓고 있는가. 독립문을 세운 어른들께 여쭤보면 분명히 '그때는 우리의 생각이 짧았다.'라고 할 것이다.
  영은문(迎恩門)을 세울 때, 우리 조상들은 아주 잘하는 일이라고 여겼다. 그러나 그걸 허물 때도 잘하는 일이라고 했다. 시대와 환경, 인식이 변하기 때문이다. 독립문도 마찬가지다. 10년이면 강산도 변한다는데, 130년이 다 되어간다.

  다음으로 일제 침략을 살펴보자.

한 마을에 무장 강도가 떼거리로 들이닥쳐 주민을 협박하고 살해하면서 약탈을 저질렀다. 어떤 사람들은 굴종하기도 했지만, 어떤 사람들은 항거하다가 처참히 죽기도 하고, 어떤 사람들은 마을을 빠져나가 내부와 연결하면서 강도와 싸웠다. 그러다가 다른 세력의 도움을 받아 마침내 그 강도들을 물리치게 됐다. 그렇다면 그 침범 시기에 원래의 마을 이름은 없어졌다고 하며 '강도 마을'로 불러야 할까? 나아가, 강도를 물리친 뒤에는 그 마을이 '독립'되었다고 해야 할까? 절대 그럴 수는 없는 일 아닌가.

마을이 너무 커져서 나눠지게 되어 새로운 이름을 따로 얻었다면 그때나 쓸 수 있는 말이 '독립'이다. 일제 침략은, 잠시 침범당하고 노략질을 당했을 뿐이다. '독립'은 그 이전에 독자적 실체가 없던 경우에나 쓸 수 있는 말이다. 그래서 건립 당시에 충분한 논의 없이 정한 '독립기념관'의 이름도 바꿔야 한다고 본다.

우리가 많이 써왔던 '독립하자.', '독립운동', '독립을 위해 …' 등은 맞지 않은 말이다. '독립을 지키자.'라는 말은 말이 된다. 우리가 보통으로 쓰는 '독립'을 '광복'으로 바꿔 쓴다면 적절하다 할 수도 있을 것이다.

2. 해방(解放)

「1」 구속이나 억압, 부담 따위에서 벗어나게 함.
(예) 노예 해방. 약소 민족의 해방. 과중한 업무에서 해방이 된 홀가분한 마음.
「2」 [역사] 1945년 8월 15일에 우리나라가 일본 제국주의의 강점에서 벗어난 일. (예) 일본의 항복으로 우리는 해방을 맞았다.

해방은 풀어놓는다는 뜻이다. 명사(名詞)지만 언어 구성에서, 무엇무엇을 풀어 놓는다는 식으로, 목적어가 필요한 타동사로 쓰는 말이다. 사전에서 예로 든 '노예 해방'을 풀어쓰면 '노예를 해방하다.'라는 뜻이 되고, 목적어가 뒤로 가는 한문으로 만들면 '해방노예(解放奴隸)'가 된다. 한 문장을 만들려면 주어와 목적어가 더 필요한 낱말이라는 얘기다. 그런데 대한민국이 주어가 되어 '대한민국이 해방했다.'라고 하면 말이 이상해져 버린다. 우리 아닌 다른 주어가 있어야 한다. 그렇다고 일본을 주어로 삼을 수도 없다. 망해서 도망가는 사람들이 우리를 풀어놓아 준 건 아니기 때문이다.

'일본으로부터 해방되었다.'라는 피동적 언어도 알맞지 않다. 그것도 일본이 우리를 해방했다는 의미를 내포하며, 우리는 아무것도 한 일이 없었다는 말이 되기 때문이다. 미국을 비롯한 연합국이 해방했다고 할 수도 있지만, 같이 싸웠는데 어떻게 그런 말을 쓸 수 있겠는가?

세력이 작긴 했으나 침략자를 몰아내기 위해 열심히 싸웠다. 비록 나중에 일본이나 승전강대국들의 장난으로 인해 우리가 승전국의 일원이라는 딱지는 받지 못했지만, 엄청난 고통을 받으며 항전했다. 꼭 남들이 해방해주었다고만 하는 것은 적절치 않다. 물론 이 부분에 이의를 제기할 사람도 있을 것이다. 남의 도움을 받은 게 사실 아니냐고 말이다.

하지만, 1·2차 세계대전이 아니라도 20~21세기에 일대일 전쟁이란 게 있을 수 있는 일이었을까? 어차피 전쟁은, 고대나 현대나, 국제성을 띠기 마련이다. 딱히 나타나게 한 일도 없이, 일본과 전쟁다운 전쟁 한 번 치르지 않은 소련이 연합국의 일원으로 선전포고를 했다는 이유 하나만으로 우리나라 반 토막을 자기들의 그늘 밑에 두게 된 걸 보라.

또한, 당시 일본이 패망하지 않고 약간 더 버텼다고 해도 우리 스스로든, 어떤 외국과 합세하는 전략을 펴든 싸워서 얼마든지 몰아낼 수 있었다는 점도 염두에 둬야 할 것이다. 국제정세가 그렇게 흐르고도 있었다. 그래서 해방이라는 말은 쓰지 않는 것이 좋다고 여긴다.

3. 광복(光復)

사전에는 '빼앗긴 주권을 도로 찾음'이라 했는데 적절한 해석은 아닌 듯싶다. '빛을 돌이키다.', '되찾는다.'는 뜻에 '주권'을 넣는 것이 어색하기 때문이다. '주권'을 빼면 그런대로 우리나라나 우리 국민이 주어가 될 수 있는 말이며, 여러 말 중에서 가장 알맞은 말이라고 할 수 있다.

하지만, 한자어의 특성상 조금은 이상한 말이다. 보통의 한자어 체계로 보면 '복광(復光)'이 맞는 듯하기 때문이다. 그러나 한자어의 한 단어 안에서도 이렇게 목적어로 쓰이는 듯한 말이 앞으로 오는 경우가 있다. 현대 중국어에도 광복은 쓰이지만, 복광은 쓰이지 않는 듯싶다.

옛 한문이나 현대 중국어를 보면 술어+목적어 구조가 뼈대를 이룬다. 그런데 우리말처럼 목적어+술어 구조의 문장이나 낱말도 상당히 들어있다. 고대부터 차이나 화족에 우리 한족(韓族, 東夷族)이 많이 섞였다는 얘기다. '광복'은 이런 영향을 받은 게 아닐까 싶기도 한데, 다른 해석을 찾아보자.

광복에서 광(光)이란 존중의 뜻을 담은 글자로서, '영예롭게'라는 뜻을 지닌 부사적 기능을 해서 영예롭게 (무엇인가를) 회복한다는 뜻으로 보는 것이다. 이러한 광복의 뜻은 여러 전거(典據)가 있다. 예컨대 <진서, 환온전>(晉書, 桓溫傳)에는 광복구경(光復舊京)이라는 표현이 나오는데, 이는 '옛 도읍을 회복한다.'라는 뜻이다. 차이나 음식점에 가면 환영광림(歡迎光臨)이란 액자가 걸려 있곤 한데, '영예롭게 오신 것을 환영한다.'라는 뜻으로 쓴다(김영민 교수).

이번에는 우리 웃어른들은 어떻게 썼는지 조선왕조실록을 더듬어 보자. 光復土宇(광복토우), 闡先后光復之蹟(천선후광복지적,), 光復文・襄之績(광복문・양지적), 國權可以光復(국권가이광복)13)등으로 쓰고 있어서 '영예롭게 회복한다.'라는 의미를 담고 있다고 해야 할 것 같다.

이걸 보면 지금과 같이 '빼앗긴 주권을 도로 찾음'으로 '광복'의 의미를 쓰는 건 서양 말을 번역하면서 쓸데없는 군살을 붙인 것이다.

어떻든, '광복'을 '빼앗긴 주권을 도로 찾음'으로 이해하는 건 타당치 않다. '침략자를 물리치고 밝은 빛을 회복했다.'라고 쓴다면 그런대로 말이 된다. 어디 '주권'이란 게 뺐고 빼앗기는 것인가?

강도의 칼에 찔려 두려움에 떨며 어쩔 수 없이 시키는 대로 말을 좀 들었다고 해서 인격과 인권을 빼앗겼다고 할 수는 없다. 요즘 세상에 이걸 부정한다면 지식인이라고 할 수 있고, 학자라고 할 수 있을까? 세상의 모든 학자의 견해인데, 그걸 무시하느냐고 할 수도 있을 것이다. 하지만, 조금만 더 깊이 생각해 보고 나서 정의를 내리자. 세상의 모든 학자나 정치인들이 다 그렇다고 해도 잘못된 건 잘못된 거다.

또 다른 각도에서 우리의 광복을 되돌아보자.

우리 어른들의 피나는 광복 투쟁이 세계인에게 인정받은 일이다.

> 대한민국이 제2차대전 이후 독립 주권국가로 탄생하게 되는 유일무이한 국제법적 근거가 있다면 그것은 바로 카이로 선언이다. … 내용은

---

13) 光復土宇(광복토우, 나라를 회복한 것이고~, 영조실록), 闡先后光復之蹟(천선후광복지적, 선후가 회복한 사적을 천명하게 되었으니~, 정조실록), 光復文・襄之績(광복문・양지적, 문공文公과 양공襄公의 업적을 회복하였으니~, 순조실록), 國權可以光復(국권가이광복, 나라의 권위가 영예롭게 회복되며~, 고종실록)

'조선 인민의 고통을 감안하여 적당한 시기에 조선을 독립시킨다.'는 것이었다. … 여기서 우리가 관심을 가져야 할 것은, 도대체 누가 왜 이러한 조항을 거기에 삽입했는가 하는 것이다. … 그때 미국의 루스벨트가 한국을 알았겠는가, 영국의 처칠이 한국을 알았겠는가? 그들이 생각하는 것은 오직 미주(美洲)와 유럽이었을 뿐, 동양의 상황은 안중에도 없었다. … 내용을 그렇게 결정해서 삽입한 것이 다름 아닌 중국의 장개석 총통이었다는 데에는 이론의 여지가 있을 수 없다. 바로 장 총통이 '조선은 수백 년 동안 중국의 속방(屬邦)이었지만, 중국이 그 내정에 간섭해 본 적이 없다. 따라서 조선은 자주독립국가가 되어야 한다.'면서 자진해서 그 조항을 삽입했던 것이다. … 장 총통은 다른 선택을 할 수도 있었다. … 장 총통이 "조선은 지난 수백 년 동안 중국의 속방이었으므로 일본의 항복을 받고 나면 다시 중국에 귀속되어야 한다." 하고 주장했다고 생각해 보라. 그때 루스벨트가 안 된다고 했겠는가, 처칠이 안 된다고 했겠는가?[14]

이건 고려대학교 총장을 지낸 홍일식 교수의 얘기다. 얘기를 재밌게 하려고 루스벨트나 처칠이 우리나라를 모른다고 했으리라고 본다. 많은 부하를 이끌고 다녔을 큰 정치인인 그들이 멍청한 사람이 아닌 이상 우리나라의 형편과 치열한 광복 운동을 모르고 동의했겠는가.

옛 차이나(중국)의 수(隋)나라가 우리의 고려(高麗, 고구려)에 혼이 나고, 당나라가 나당전쟁으로 신라에 쫓겨난 뒤 1300년 넘는 세월이 흘렀다. 그 오랜 기간 중 1943년 카이로회담 시기, 또는 1945년 광복 시기라면 차이나가 우리나라를 집어삼키기 가장 좋은 시기였다. 오죽이나 욕심이 났겠는가. 오늘날 열을 올리고 있는 '동북공정'이라는 짓을 보라. 또한, 북한이 붕괴하면 통째 삼키려

---

14) 홍일식, 『한국인에게 무엇이 있는가』, 정신세계사, 1996, 100~101쪽.

고 호시탐탐 노리는 듯한 행위는 어떤가?

하지만 그때 장개석 측은 뒤로 물러섰다. 물론 장개석 총통이나 관계한 사람들이 고맙지 않은 건 아니다. 그러나 김구 선생이나 안중근 장군, 윤봉길 의사 등등 애국지사들의 투쟁을 보고 감히 집어삼킬 엄두를 내지 못했을 것이다. 설령 그들이 우리나라를 합병했다손 치자. 장개석 총통이 제 목숨을 제대로 부지했겠는가? 구중궁궐에 틀어박혀 지낸 일왕과는 달랐다. 또한 나당전쟁 때처럼 쫓겨나는 것은 불을 보듯 뻔한 일이다. 그때는 이미 조선시대가 아니었다. 누가 감히 우리의 광복을 거저 얻은 것이라고 허무맹랑한 낭설(浪說)을 떠들 수 있겠는가.

광복은 우리가 싸워 얻어낸 것이다.

4. 개천절(開天節)

「1」[법률] 우리나라의 건국을 기념하기 위하여 제정한 국경일. 기원전 2333년에 단군이 왕검성에 도읍을 정하고 나라 이름을 조선(朝鮮)이라 짓고 즉위한 날로, 10월 3일이다.
「2」[종교 일반] '개천일'을 경절로 이르는 말.

이따금 '건국절' 시비가 일어난다. 얄궂은 말이 튀어나와 국민을 헷갈리게 하고 편싸움을 하게 한다.

개천은 개천절(開天節)이라는 기념일을 만들면서 주로 쓰게 된 말이다. 개천절은 단군 할아버지가 나라를 새로 세운 날을 기념하는 국경일이다. 開天은 하늘을 연다는 뜻이니, 하늘을 열고 새로운 나라를 세운다는 복합적인 말이 된다.

  하지만, (고)조선 이전의 한국(환인, 환국)이 처음 열린 날을 알아내어 개천절로 삼는다면 더 좋은 일일 테고, 꼭 알아내서 우리의 개천절 날짜를 바꿔야 할 일이지만, 아직은 뒤로 미뤄둘 수밖에 없어 아쉽기는 하다.

  일본은 2월 11일을 '건국 기념일'로 삼고 있는데, 기원전 660년 2월 11일(음력 1월 1일)에 새 나라를 세웠다고 해서 만든 것이다. 그때부터 나라가 쭉 이어왔다고 여기고 있다.

  단군 할아버지의 건국을 신화라고 하며 믿지 않는 사람들이 있고, 실증사학이라는 무기를 들고 들이치는 경우도 많다. 옛날 그 시기가 동북아 지역에서 국가가 성립될 수 있는 시기라는 점을 고려한다면 고(古)조선의 건국을 신화라고 매도만 할 수는 없는 일이다. 그래도 우리는, '곰'을 '곰족'으로 유추할 수 있는 여유라도 있다. 일본을 비롯한 세상의 여러 나라 기원설이 아예 심한 조작을 한 것인데도 그들 것은 어떤 이유가 있을 거라고 인정하면서 우리는 우리의 그 역사를 깔아뭉개려 한다면 이상한 일이 아닐 수 없다.

  지금은 차이나의 땅이 되어 있는 요하(遼河)나 우리의 대동강, 한강 유역에서 차이나의 황하문명보다 앞선 문명이 일어났다는 사실은 (고)조선 뿐만 아니라 신시, (고)한국이 있었다는 것을 의심할 수 없게 만든다. '(고)한국'이나 '신시', '(고)조선'을 제쳐두고 갖다 붙일 수 있는 마땅한 다른 이름이 없다는 것은 우리의 고대 역사를 더욱 엄밀히 검토할 필요가 있다 하겠다.

5. 건국(建國)

  [명사] 나라가 세워짐. 또는 나라를 세움. ≒입국.

[비슷한말] 개국(開國), 개원(開元)

건국은 두 가지 의미를 지닌다. 첫째는 계통을 타고 올라가서 맨 처음 나라 세운 걸 건국이라고 한다. 개천절처럼 '개(開)'를 써서 '개국'이라고 하면 더 좋을 거라는 사람도 있다. 둘째는 역사 속의 각 나라가 서는 것을 일컫는다. 우리나라를 보자.

첫째처럼 단군 할아버지가 조선을 세웠는데 그걸 가리켜 우리 역사를 통 튼 건국이라 한다. 서력기원전 2333년이다. 또, 둘째처럼 부여나 고구려, 신라, 대한민국 등의 각 나라가 서는 것을 건국이라고도 한다.

여기서, 첫째에 해당하는 우리나라 맨 처음 건국을 살펴보자.

대부분이 알고 있듯이 (고)조선의 건국은 『삼국유사』나 『삼국사기』에 근거를 두고 있다. 그런데 그 앞의 '한국(환인, 환국)'이나 '신시'는 잘라먹고 (고)조선만 강조하는 건 잘못되었다. (고)조선을 인정하고 드날리려면 당연히 한국(환인, 환국)이나 신시도 드날려야 한다. 그래야 말이 될 듯싶은데, 연구하는 사람들이 더욱 분발하여 그걸 밝혀주면 얼마나 좋을까 싶다.

1919년 4월 11일의 대한민국 임시정부 수립을 건국이라고 할 것인지, 1948년의 정부 수립을 건국이라고 할 것인지에 관한 논란이 많다. 나는 1919년 4월 11일을 대한민국의 건국일이라고 하는 것이 당연하다고 본다. 하지만, 1919년이 건국년이라는 데 대해 문제를 제기하는 사람들이 있다. 1948년 새 정부 수립을 '건국'이라고 해야 한다는 것이다. 그런데 이 사람들 중 상당수는 이승만을 '국부'라고도 칭하며 대한민국을 새로 만들었다고 그의 공을 치켜세운다.

이승만은 임시정부의 초대 대통령이었는데 그 임시정부에서 탄핵을 당했다.

탄핵당한 사람으로서 임시정부를 부정적으로 보고 원망했을 법도 한데, 그런 이승만이 제헌 국회 개회사와 대통령 취임 선서에서 '대한민국 30년'이란 연호를 사용했고, 대한민국 관보(官報) 제1호(1948년 9월 1일)도 발행연도를 '대한민국 30년'으로 했다. 곧 새 정부가 수립되는 1948년을 '대한민국 30년'이라고 한 것이다.

  물론 이승만 대통령이 그렇게 했기 때문에 무조건 옳다는 건 아니다. 당시의 우리 백성이 모두 다 옳다고 했기 때문이며, 세계인의 시각에서도 인정하는 사안이었기 때문에 그게 옳다고 하는 것이다. 또한, 이승만이 누구인가? 당시의 세계정세와 상식을 잘 모르고서 그런 일을 했겠는가?

  당시의 헌법 전문을 살펴보자.

대한민국헌법 전문 [시행 1948. 7. 17.]

  유구한 역사와 전통에 빛나는 우리들 대한국민은 기미 삼일운동으로 대한민국을 건립하여 세계에 선포한 위대한 독립정신을 계승하여 이제 민주독립국가를 재건함에 있어서 정의인도와 동포애로써 민족의 단결을 공고히 하며 모든 사회적 폐습을 타파하고 민주주의제제도를 수립하여 정치, 경제, 사회, 문화의 모든 영역에 있어서 각인의 기회를 균등히 하고 능력을 최고도로 발휘케 하며 각인의 책임과 의무를 완수케하여 안으로는 국민생활의 균등한 향상을 기하고 밖으로는 항구적인 국제평화의 유지에 노력하여 우리들과 우리들의 자손의 안전과 자유와 행복을 영원히 확보할 것을 결의하고 우리들의 정당 또 자유로히 선거된 대표로써 구성된 국회에서 단기 4281년 7월 12일 이 헌법을 제정한다.

단기 4281년 7월 12일
대한민국국회의장 이 승 만

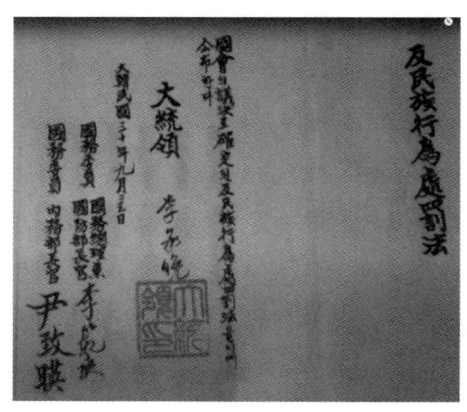

'대한국민은 기미 삼일운동으로 대한민국을 건립', '민주독립국가를 재건' 등의 말이 실려있다.

우리는 삼일운동에서 '독립'을 선언하며 새 정부를 구성한다.

미국도 1776년 7월 4일 '독립'을 선언하며, 그날을 건국일로 삼는다.

대통령 이승만의 승인 도장이 찍힌 '반민족행위처벌법'을 공포하면서도 '대한민국 30년'이라는 말을 썼다.

건국 문제를 비롯해 우리나라 국호에 관한 사항은 <5장. 나라 이름 …>에서 더욱 깊이 논의하기로 한다.

한 가지만 덧붙이자면, '건국절' 문제로 시끄러울 때가 있는데, 건국절이라는 말이 그렇게도 멋있게 보이면 개천절을 건국절로 하면 된다. '건국절'은 하나면 된다. 고구려 건국일을 건국절이라 하고, 조선 건국일을 건국절이라고 하는 등 각 나라가 서는 날을 모두 다 '건국절'이라 하여 기릴 수는 없는 일 아닌가.

6. 보수와 진보, 우(右)와 좌(左)

<보수(保守)>

「1」 보전하여 지킴.

「2」 새로운 것이나 변화를 적극적으로 받아들이기보다는 전통적인 것을 옹호하며 유지하려 함.

<진보(進步)>

「1」 정도나 수준이 나아지거나 높아짐.

「2」 역사 발전의 합법칙성에 따라 사회의 변화나 발전을 추구함.

　

말이란, 외국 말이 본바닥에서 어찌해서 생겼고 어찌 쓰이든지 간에, 그 번역어를 어떻게 이해하며 쓰느냐가 더 중요하다.

보수와 진보라는 말도 더욱 깊게 생각해 볼 필요가 있다. 우리는 아주 쉽게 보수와 진보로 편을 가른다. 거기에 우(右)와 좌(左)의 너울을 씌운다. 보수(保守)는 지난 사물에서 좋은 것은 지키자는 뜻이다. 진보(進步)는 잘못된 것 고치며 앞으로 발전해 나가자는 뜻이다. 여기에서 두 말을 합치면, 지킬 것 지키고 잘못된 것은 고쳐서 발전해 나가자는 말이 된다. 얼마나 좋은 말들인가? 이런데도 보수니, 진보니 하며 다툰다. 사람에게 색깔을 입혀 편을 가르고 시도 때도 없이 싸운다. 옳고 그른 것을 고르고 밝히는 게 아니라 자기 멋대로 보수나 진보, 나아가 극보수 극진보 등의 딱지를 붙여 갈라치기를 한다. 이래서 되겠는가? 어떤 걸 지키고 어떻게 해나가야 할지는 쉽게 알 수 있는 일이다. 편을 갈라서 어느 한쪽을 거꾸러뜨리고 자신들의 욕심만 채우고자 두 눈을 가리고 입이 비뚤어지기 때문에 말까지 뒤틀어 쓰는 것이다.

보수니, 진보니 떠들면서 싸워댈 일이 아니다. 한 민족, 한 국민으로서 무슨 원수가 졌다고 서로 삿대질하며 싸워댄단 말인가. 꼭 이렇게 싸움질을 해댈 양이면 아예 이 말들을 쓰지 말고 사전에서도 지워버리자.

보통의 국민은 어찌하든지 화합하며 힘을 모아 나도 잘 먹고 잘살고, 나라도 부강하게 만들자고 애를 쓰는데 꼭 무엇을 좀 안다는 사람들, 잘났다는 사람들이 권력과 부, 출세와 명성에 눈이 멀어 분열을 획책하고 갈등을 조장한다. 지역주의를 확산시키고 노소 간의 간격을 벌리며 계층 간의 위화감을 조성한다. 그러면서 국민을 힘들고 피곤하게 만든다. 국민을 위한다고 입에 발린 소리를 지껄인다. 이제, 뻔히 알면서도 국민을 속이고 자신까지 속이는 일, 안 해야 할 짓들 좀 그만하자. 잘 나가는 나라의 국민을 분열시키지 말자. 이런 자세로 어느 세월에 남북통일을 하겠는가?

7. 식민(植民), 식민지(植民地), 식민사학자(植民史學者)

식민

『정치』본국(本國)과는 다른 차별적 지배를 받는 지역에 자국민이 영주(永住)할 목적으로 이주하여 경제적으로 개척하며 활동하는 일. 또는 그 이주민.

식민지

[정치] 정치적·경제적으로 다른 나라에 예속되어 국가로서의 주권을 상실한 나라. 경제적으로는 식민지 본국에 대한 원료 공급지, 상품 시장, 자본 수출지의 기능을 하며, 정치적으로는 종속국이 된다.

식민, 식민지는 'colony'의 일본 번역어인 듯싶은데, 한자(漢字) 뜻으로 보면 위의 해석은 완전히 잘못됐다. '植'은 '심을 식', '民'은 '백성 민', 초등학생들도 배워 아는 글자다.

　글자대로 하면 '植民地(식민지)'는 '새로운 땅에 백성을 이주시켜 개척(침략이 아니다.)하여 살게 한 땅'이라 해야 맞다. 얼마나 좋은 말인가. 마을로 치면, '신촌(新村)'과 비슷한 말이다. 비어있던 만주 땅에 우리 백성을 보내 일구며 살게 했으니 그게 식민지다. 사실 'colony'의 바탕이 된 라틴어 'colonia'도 원래 이와 비슷했다. colonia는 '농민'을 뜻하는 라틴어 'colonus'에서 파생된 말이다.

　차이나(중국)나 우리의 옛 문헌을 뒤져보면 한 나라를 두고 '植民'이나 '植民地'라 하는 걸 찾기가 어렵다. 어떻든 'colony'나 '식민지'의 '… 다른 나라에 예속되어 …' 어쩌고저쩌고하는 해석은 적절치 않다.

　하지만, '한국은 일제의 식민', '식민지', '일제 식민지'라는 말을 다퉈가며 쓴다. 식민지는 곧 한국이라는 등식을 만든다. 침략당한 땅이 왜 식민지인가? 무슨 뜻인지 가려보지도 않고, 정확한 뜻을 잘 모르고 쓴다.

　사람이 사는 곳에 들어가 원래의 주민을 족치고 지배하면 '침략'이고, 주민이 없는 땅에 들어가 새로 일구며 살면 '개척'이다. 새로운 땅에 주민을 이주시켜 살게 하면 '식민'이다.

　일본인들이 자기 백성들을 사람이 살지 않는 땅에 보내 새 삶을 꾸리게 했다면 그 땅을 '일본의 식민지'라고 할 수도 있다. 하지만, 엄연히 몇천 년의 역사를 가진 나라를 침략하면서 그 땅을 '식민지'라고 할 수가 있는가?

　영국의 역사는 구성 지역 중 하나인 잉글랜드의 역사라고 볼 수도 있다. 잉글랜드는 브리타니아 시기 약 440년 동안 로마제국의 지배를 받는다. 800년대에는 바이킹의 왕국이 요크셔지역에 세워졌다. 1066년 노르만의 잉글랜드 정복으로 노르만 왕조가 들어섰다. 그러나 우리는 그런 시대를 '식민지 시대'라고 하지 않는다.

차이나 화족(華族)은 자기들이 세워 경영한 기간보다 훨씬 더 오랜 기간 이민족에게 침략당해 그 그늘에서 살아왔다. 하지만, 이민족 치하 차이나의 그 시대를 '식민지 시대'라고 하지 않는다.

1945년에 패전한 일본은 아예 찍소리 한번 하지 못하고 미국의 지시에 복종하며 지내왔다. 내심으로 반항심이 있었는지는 모르겠지만, 겉보기에는 잘만 따랐다. 요즘의 해석대로라면 그게 진짜 식민지 아니겠는가. 그러나 우리는 그 나라, 그 시기를 식민지, 식민지 시대라고 하지 않는다.

우리 역사를 공부하다 보면 '식민사학자'라는 말이 자주 튀어나온다.

'식민주의 사학'이란, '일제가 한국을 침략·강점하고 그것을 정당화·합리화하기 위하여 만들어낸 역사학'을 총칭해서 말한다고 한다. '일제 어용학자들의 주장이 대부분이지만, 일제 침략의 정당화에 가세한 역사학은 여기에 포함될 수 있을 것'으로 본다고도 한다.

위의 검토에 따르면 이 해석도 잘못되었다. 덧붙여, 차이나를 비롯한 다른 나라의 우리 역사 왜곡과 변조는 어떻게 해석할 것인가?

일제의 논리를 따른다고 나름대로 해석하여 일부 사학자들에게 기분 내키는 대로 '식민사학자' 고깔을 덮어씌우기도 한다. 실제로 이 '식민사학자' 매도 문제로 법정 싸움까지 한 일이 있다.

'식민사학자'라는 어정쩡한 말 자체가 잘못되어 일어난 일이다.

'식민사관'이나 '식민사학자', 이 말의 의미를 정확하게 아는 사람이 얼마나 될까? 아마 대부분이 잘 모르고 쓸 것이다. '식민사학자'라고 하면 이 사람이 일본인인지, 한국인인지 구분하기도 어렵고 좋은 사람인지, 나쁜 사람인지 구분하기도 어렵다. 물론, 언어의 중의성 문제가 따르는 혼란도 있다.

대학교수 등 학자들이 외국의 논리만 맹종하면서 나라를 등쳐먹는데도 어쩔 수 없이 '학자'를 붙여야 한다면 분명하게 '침략찬양사학자'나 '매국사학자', '일제 어용학자', '차이나 어용학자' 등으로 부르면 말이 될 것이다. 하지만, 아무리 배짱에 맞지 않는다고 해도 우리 사학자에게 그런 딱지를 함부로 붙일 일도 아니다. 그 경계가 모호하고 내부적으로 편 가르기를 쉽게 할 수 있기 때문이다. 억울하게 당한다고 생각하는 쪽에서는 얼마나 열받을 일인가. 그러다 보니까 '유사 역사학자'나 '사이비 역사학자' 등의 말도 안 되는 이상한 '소리'로 반격한다. 열받은 김에 억지를 부릴 수도 있다. 그러면서 서로 극과 극으로 치닫는다.

우리는 지금 엄혹한 역사 전쟁을 치르는 중이다. 전쟁이냐 아니냐를 따질 겨를이 없다. 이웃 나라 일본과 차이나에게 협공을 당하고 있을 뿐만 아니라, 그들이 벌이는 홍보 작전에 말려든 세계인 일부에게도 공격을 받고 있다.

보편적으로, 전쟁에서 가장 무서운 것은 내부 분열이다. 내부에서 치열하게 논쟁하는 것, 그건 학자들로서는 당연한 일이다. 하지만, 외세와 전쟁을 치를 때는, 자신의 마음에 좀 맞지 않는다고 해도, 국익을 위해 한 길로 뭉치는 수밖에 없다. 형제가 집안싸움을 하다가도 외부 인사가 싸움을 걸어오면 힘을 모아 먼저 그 외부 인사를 물리치는 것과 같다. 그 한 길이 어떤 건지 모르는 사람은 없을 것이다.

가장 중요한 건 역사를 왜곡, 날조하는 외세에 역사와 영토 등을 **빼앗기지** 않는 것이다. 이 작은 나라에서 역사적으로 북쪽 다 떼주고 남쪽 다 떼주면 우리 역사라고 할 수 있는 게 뭐가 남겠는가?

'역사 전쟁' 중이란 걸 모른다면 학자라고 할 수도 없을 것이고, 전쟁에서 '내부 분열'을 획책하거나 동조한다면 '역사를 다 **빼앗겨도** 좋다.'는 매국노라 해도 무리가 없을 것이다.

우리 사학계의 갈등과 분란은 어떻게 해결할 것인가?

① 의미도 모호하고 국민도 헷갈릴 듯한 '식민', '식민지', '식민주의', '식민사관', '식민사학자' 등의 말을 쓰지 말아야 한다. 꼭 일제의 침략 만행이나 이를 맹종하는 행위를 분석, 비판하는 차원에서라면 '식민'을 '침략'으로 바꿔 써야 한다. 그래야 일반인들도 쉽게 알아먹을 수 있다.

② '유사 사학자', '사이비 사학자' 등의 말도 쓰지 말아야 한다. 자유를 표방하는 자유로운 나라에서 얼마든지 학문적 연구와 발표를 할 수 있는 건데, 거기에 '유사'나 '사이비' 등을 붙여야만 하겠는가.

③ 서로 억지는 배제하고 학문적인 연구로 시비를 가려야 한다.

④ 온 국민의 일이고, 온 국민이 쉽게 알아야 하는 일이다. 특히 국민의 세금을 활용하는 연구라면 모든 게 공개되어야 한다.

⑤ 국익에 반하는 짓은 하지 말아야 한다. 그렇다고 부당한 방법을 택하자는 건 아니며 그럴 필요도 없다. 우리 역사 연구는 부당한 방법을 택하지 않고 정당한 방법으로 정당하게 밝히기만 해도 국익이 된다. 우리 역사는 외세에 의해 너무나도 많이 왜곡됐고 침해를 받았기 때문이다. 바르게만 돌아오면 된다. 또한 누구든 그런 자세를 가져야 할 것이다.

8. '차이나(China)'를 '중국(中國)'으로 부르는 게 합당한가?

근대 이전에 '중국'이라는 말을 쓴 일은 있지만, '중국'이라는 나라는 없었다. 1912년 중화민국[15]이 서며 생긴 이름이고, 1949년 중화인민공화국[16]이

---
15) 현재의 타이완. 中華民國, Republic of China, ROC
16) 중공. 中华人民共和国, People's Republic of China, PRC, China

건립되며 또 쓰게 된 이름이다.

고대부터 '중국'이라는 말을 쓰기는 했다. 우리나라의 '서울·경기'처럼, 그 나라의 임금이 직접 관리하는 작은 지역을 부르던 말이기도 했다. 또한, 차이나의 중부지역인 황하 중류의 남북 양안 지역을 중원(中原)이라 했는데, 중국이라 부르기도 했다. 아무튼 지금처럼 '차이나' 전체를 부르던 말은 아니었다.

『삼국유사』 제3권 탑상(塔像) 제4 황룡사구층탑(皇龍寺九層塔) 구절에 '중화(中華)'가 나오는데, 우리가 '중화'를 나라 이름으로 썼던 때가 있었던 듯싶다. 하지만, 이것 역시 지금의 차이나 전체를 이르던 말은 아니었다.

'國(국)'도 살펴보자. 차이나의 옛 자전(字典) 『설문해자(說文解字)』를 보면 '큰 나라는 방(邦)이라 하고, 작은 나라는 국(國)이라 한다.'라고 쓰여 있다. 그 전의 갑골문(甲骨文)은 창을 들고 지키는 성(城)의 뜻으로 '或(혹)'을 썼는데, 그게 옆구리가 좀 써늘했던지 테두리에 네모를 그려 붙여 '國'을 만들고 주로 도성(都城)의 뜻으로 썼던 것 같다. 화족(華族)이 만든 글잔지, 한족(韓族, 東夷族)이 만든 글잔지는 알기가 어렵다.

우리나라에서 차이나를 막연히 중국, 대국 등으로 부르는 일이 없지는 않았다. 하지만, 그건 학식을 갖췄다는 사람들의 점잖은 얘기고 일반 대중은 주로 되놈, 돼놈, 때놈, 떼국놈 하다가 결국 '때국, 떼국'으로 만들어버렸다.

확실하진 않지만, '떼놈'은 '도이(島夷, 刀夷)'나 여진족 등을 부르는 '되놈'에서 비롯되었는데 나중에 차이나인 전체를 그렇게 부르게 되었다고 한다. 아마 이것도 식자들의 얘기일 것이고, 일반 대중은 '때가 많이 낀', '돼지처럼 지저분한' 등의 뜻으로 '때놈', 돼지의 '돼'가 변한 '돼놈'으로 부르게 되었던 것 같다. 곧, 돼지고기를 좋아하고 온갖 음식을 기름에 튀기는 식생활 때문에 몸에 기름기가 많아서 '돼지나라'로 여기기도 하지 않았을까 하는 생각이

든다. 그러면서 욕심이 많다든지, 괜한 고집을 부린다든지, 무뚝뚝하다든지, 돼지처럼 꽥꽥거린다든지, 비상식적 막무가내 행동을 한다든지, 떼를 쓴다든지 하는 사람들을 '때국놈 같다.'라고 하지 않았나 싶다.

일본에도 中國이 있다. 5개 현(돗토리, 야마구치, 시마네, 히로시마, 오카야마)을 통틀어 부르는 이름이다. 그래선지도 모르겠지만, 일본인은 차이나를 '지나(支那)'로 불러왔는데, 지금은 차이나의 요구로 공식적으로는 '中國'이라 부르긴 해도 많은 사람이 '支那'를 그대로 쓰고 있고, 이 이름 때문에 차이나와 갈등을 빚는 경우도 많다. 지구 반대편의 남미 아르헨티나에서는 '차이나'를 '치나'로 부른다고 전해주는 지인이 있다. '지나'는 진시황의 나라 '진(秦)'에서 나왔다고 한다. 당시 인도 쪽 사람들이, '진' 발음이 어려웠던지, 'Cina' 비슷하게 부르게 됐다. 더 서쪽으로 퍼져나가면서 'China'가 됐다.

인도인들은 인도가 우주의 중심에 있다고 생각했고, 구법승들은 인도를 '중국'이라고 칭했다. 현장은 인도에서 자기 나라를 '지나국'이라고 낮추어 불렀다. 그 말이 산스크리트어로 들어가 '치나스타나'가 됐다. '지나의 땅'이라는 뜻이다. 당대 인도인들이 보기에 중국은 문명이 뒤떨어진 변방에 지나지 않았다. 인도인의 자국중심주의는 알 비루니라는 11세기 중앙아시아 학자가 쓴 <인도의 책>에도 나타난다. 알 비루니는 이렇게 썼다. "인도인들은 세상에는 자기 나라밖에 없고, 자기들 나라만 한 나라도 없으며, 자기들의 왕 같은 왕도 없고, 자기들의 종교만 한 종교도 없고, 과학도 오직 자기들 것이 최고라고 믿는다."[17]

인도 쪽 불경이 차이나로 들어올 때 '차이나'가 산스크리트어 'Cina'로

---

[17] 고명섭 기자, 「눈을 바로 뜨고 세상을 향해 일어서는 인도」, 한겨레신문, 2023.07.18.

되어있어서 차이나인들이 다시 '支那'로 번역하게 되었는데, 지금도 불경에는 차이나가 支那로 남아있다고 한다.

영국 쪽 사람들은 홍차(紅茶)를 'Black Tea'라고 한다. 더 옅은 색깔의 차(茶)를 'Green Tea'라고 하던 걸 차이나 쪽 사람들이 거꾸로 '녹차(綠茶)'라고 번역해 쓰는 것과 비슷하다.

이후 차이나에서 '支那'도 즐겨 썼는데, 중화민국이 들어서며 점차 그 '支那'를 안 쓰게 되었던 듯싶다. 자기들이 만든 말이고 즐겨 썼으면서도, 요즘은 한자를 쓰는 나라에서 그걸 쓰면, 자기들을 비하하는 말이라고 여겨선지, 괜한 시비를 걸고 법식을 떤다.

그런데 한 가지 재밌는 것은, '차이나인들'이 '支那'는 싫어하면서 'China'는 좋은지 영어로 표기할 때 나라 이름에 이 'China'를 넣고 세계만방에 드날린다는 것이다.

그렇다면 우리는 어떻게 불러야 할 것인가? '차이나'가 좋다고 본다. 그들은 '중국'이라 하며, 세계의 '중심 나라'라고 한다. 자기 것으로 자기 마음대로 한다는 데 비난하기는 좀 그렇다. 나라 이름으로 잘 쓰지는 않지만, 세상의 대부분 나라 사람들이 자기 나라는 '중심 나라'라고 여기기 때문이기도 하다. 그러나 주위의 나라들, 특히 中國이라는 한자(漢字)를 알아보는 나라의 상황이나 의식은 고려치 않고 이런 이름을 공식적으로 사용하며, 이웃 나라에 그렇게 불러달라고 요구한다는 건 무례하고 염치없는 짓은 아닐까?

어떻든, '중국'이라는 나라 이름을 쓰는 것, 우리는 안 된다. 우리나라가 어느 한 나라의 주변 나라, 변방이 돼버리기 때문이다.

그 끝을 알 수 없는 드넓은 우주에 비유하면, 사막의 모래알보다도 작을 성싶은 이 지구에서 차이나의 동쪽 변방? 이게 말이 되는 소린가? '中'이라는 한자를 모르는 우리 국민은 거의 없을 것이다. '중국'이라는 말을 계속 쓰게 되면, 아무리 그리되지 않겠다 해도, '중국의 주변국'이라는 의식이 박히게 되어있다. 지금은 조선 시대가 아니다.

　우리도 이젠 세상의 중심 나라라고 해야 한다. 차이나의 동쪽 나라라는 의식을 바꿔야 한다. 우리 조상들을 탓할 필요도 없다. 이제부터라도 그리하면 된다. 시대가 바뀌고, 세상이 바뀌었다.
　'지나'로 부르는 게 딱 좋겠지만, 그래도 이웃인데 일보 양보해서, 또 '支那'를 잘 모르는 아이들도 알아먹기 좋게, 세계인이 다 알고 차이나인 그들이 좋아하는 '차이나(China)'로 불러주는 게 좋지 않을까 싶다. '차이나'에는 '중심 국가'라는 의미의 '中'이 들어있지 않기 때문이기도 하다.
　차이나의 공식 이름은 중화인민공화국(中華(华)人民共和國)이다. 영어로는 People's Republic of China다. 국호를 보면 알 수 있듯이 그들은 화족의 '화(华)'를 중시한다. 그래서 '중화'를 앞세운다. 화족뿐만 아니라 하족(夏族), 화하족(華夏族), 한족(漢族) 등 부르는 이름이 많지만, 국호에 화족의 '华(화)'를 넣을 정도라서, 그 족속의 이름도 '화족'으로 불러주는 게 좋겠다 싶다. 그게 이웃 나라에 대한 예의가 아닐까?
　차이나는 다수인 화족과 55개의 소수민족으로 이루어진 다민족국가란다. 화족이 전체 인구의 약 91.5%를 차지하고 나머지 55개 소수민족이 8.5%라고 한다.
　차이나의 현재 표준어는 북경 방언을 기초로 하는 보통화(普通话)다. 지금은 이 보통화를 전국에서 가르치고 있어 서로 의사소통이 편리해져 가고 있지만, 그전에는 북경 방언을 사용한 인구가 70% 정도밖에 되지 않았다. 하지만, 그 안에서조차도 통역이 없으면 말이 통하지 않은 지역이 많았다. 무수히 많은 방언이 있었기 때문이다. 그렇다면 그 넓은 차이나에 얼마나 많은 방언이 있었겠는가?

　언어는 족속을 가르는 가장 중요한 기준이다. 방언은 한 족속의 모어(母語)다. 아무리 다른 언어를 잘 구사한다고 해도 모어만큼 속이 편할 수가 없고, 내밀한 부분까지 잘 나타내고 이해할 수는 없다. 그런 모어를 못 쓰게 하고 없애려 한다면, 일본인들이 우리에게 했듯이, 그 얼마나 악랄한 짓이겠는가.

　차이나 동북 지역에 '조선족'이라 불리는 우리 동포들이 상당히 살고 있다. 물론 '조선족'으로 부르기보다는 '동포'나 '형제'로 부르는 것이 더 좋을 것이다. 이 동포들을 비롯하여 차이나의 여러 소수민족 언어를 말살하려 하는 것 아닌가 의심스러운 조치들이 내려지고 있는 것 같다. 만일 그렇다면, 모어 쓰는 걸 막겠다는 것이다. 우리 민족의 문제를 결부시키고 감싸 안자는 건 아니다. 모어를 마음대로 쓸 수 있는 것, 그건 인간의 기본권 중의 기본권이라 할 수 있는 것이 아니겠는가?

9. 일제강점기, 대일항쟁기, 일제침략기

　일제시대, 왜정시대, 식민지 시대 등으로도 부르지만, 표준국어대사전에 따른 공식 명칭은 '일제강점기(日帝强占期)'다. 일제가 우리나라를 강제로 점령했다는 것이다. 일제의 강점은 불법이라고 이미 판명이 난 일인데, 왜 굳이 이런 말을 써야 할까?

　그래서였을까? 대일항쟁기(對日抗爭期)로 바꾸자고 나섰다. 복기대 교수가 처음 제안한 것으로 알고 있다. 결국 국회에서 대일항쟁기로 부르자고 결정까지 했다. 어떻든 일제강점기보다는 나아 보인다.

　하지만, 나는 '일제침략기(日帝侵掠期)'로 부르는 것이 좋다고 본다. 임진왜란이나 병자호란처럼 '을사왜란' 등 '왜란'이라 하면 더욱 좋겠다는 생각이지만, 너무 구식 말이라고 할 듯싶어 한발 물러난 것이다.

이 문제는 '나라 이름'과 관계된 것이라서 뒤에 더 자세히 다루겠다.

10. 민족(民族), 한민족(韓民族), 한족(韓族)

<민족>

「명사」 일정한 지역에서 오랜 세월 동안 공동생활을 하면서 언어와 문화상의 공통성에 기초하여 역사적으로 형성된 사회 집단. 인종이나 국가 단위인 국민과 반드시 일치하는 것은 아니다.

<한-민족>

「명사」 한반도와 그에 딸린 섬에서 예로부터 살아온, 우리나라의 중심이 되는 민족. 한국어를 쓰며 한반도와 남만주에 모여 살고 있다.

<한족(韓族)>

한반도와 그에 딸린 섬에서 예로부터 살아온, 우리나라의 중심이 되는 민족. 한국어를 쓰며 한반도와 남만주에 모여 살고 있다. =한민족.

'위키백과'에 나오는 설명을 간추린다.

물질의 이름은 비교적 쉽게 설명할 수 있지만, 그렇지 않은 말은 딱 부러지게 설명하기 어려운 바가 있다. 위에서 보듯이 민족이나 한민족의 설명도 마찬가지다. 그러나 우리는 쉽게 써먹으며 산다. 말하는 사람과 듣는 사람의 인식에 차이가 있겠지만, 그래도 대충 이해하며 대충 쓰고 듣는다. 하지만 이게 역사와 뒤엉키면 문제가 달라진다. '민족'이라는 개념이 근대에 이르러 생겨났기 때문이라 할 수도 있을 것이다. 전공 학자들을 상당히 괴롭히는 문제이지 않을까 하는 생각도 든다.

어쩌면 일본인들은, 아이누족이나 류큐인(오키나와인) 등의 문제가 있긴 해도, 이 문제에서 더 자유로울 수 있을 것이다. 빙 둘러 바다에 싸여 있으니 그 안에서 살아온 사람들을 일본 민족이라고 하면 되겠지만, 차이나나 우리나라는 여러 원인으로 인한 이합집산으로 딱 부러지게 자기 민족을 정의하기가 어려운 면이 있다. 그에 더해 시대에 따라 영역과 국경을 구획하기 어려운 면이 있어 더욱 난감할 때가 있다. 그래도 차이나보다 우리는 더 나은 편이다. 북쪽의 국경이 오르락내리락하긴 했어도, 신라가 백제와 고리(고구려)의 일부를 통합한 이후 거의 1500년 가깝게 한 나라 안에서 살다시피 했으니 단일민족이라 해도 손색이 없을 정도이기 때문이다.

하지만, 신라와 남북국을 이룬 대씨고리(발해), 그 이전의 사국시대, 또 그 이전의 열국시대, (고)조선시대, 신시시대, 한인(환인, 환국)시대의 족속 구분을 어찌해야 할지에 이르면 정신이 아찔해진다. 거기에 더해 한인(환인, 환국)의 후예라 여겨지는 몽골족, 선비족, 거란족, 만주족 등등은 어떻게 규명해야 할 것인지…? 결국 '한민족' 구분하는 일을 포기해야 하느냐는 지경에 이르고 만다. 하지만, 이는 '한족(韓族)'으로 이름한다면 그런대로 해결되지 않을까 하는 생각이다.

역사를 포기하고 살 수는 없다. 비록 어디까지가 우리 민족의 역사인지를 확정하기 어렵다 해도 회피하고 말 일은 아니다. 더군다나 우리 역사는 많은 부분 왜곡되어 있다. 왜곡된 부분을 바로잡아 제대로 된 역사를 알아내고, 후손에게 물려주어야 할 책무가 있다.

11. 친일파(親日派)

「1」 일본과 친하게 지내는 무리.
「2」 일제 강점기에, 일제와 야합하여 그들의 침략·약탈 정책을 지지·옹호하여 추종한 무리.

이 『표준국어대사전』의 해석이 언뜻 들으면 그럴듯하다. 하지만, 자세히 살펴보면 어쩐지 궁색한 해석 같다.

우리는 어린아이를 기르면서 동무18)(친구)들이나 이웃과 '친'하게 지내라고 가르친다. 어른들도 여기저기 '친(親)'자를 붙이며 여러 사람, 여러 집단과 친하게 지내는 게 좋다고 한다. 이웃 나라는 어떤가? 물론 이웃 나라와도 친하게 지내야 한다. 친하게 지내지 않아 봐야 서로가 손해다. 그런데 이웃 나라와 친하게 지내기가 어렵다. 하지만, 어쩔 건가? 내심으로야 부숴버리고 싶은 이웃 나라라도 친하게 지내기를 주장할 수밖에 없다. 그래서 '친일파'를 부정적인 의미로 쓸 일은 아니다.

또한, 개처럼 일본을 따르는 사람을 '친일파'라고 하면 이놈이 좋은 놈인지 나쁜 놈인지 헷갈린다. 그렇다면 뭐라고 해야 할까? '추일파(追日派)', '종일파(從日派)' 정도면 그런대로 괜찮다. '추종(追從)'에서 따온 말이다.

'맹종일본파(盲從日本波)'라고 하면 어떨까? 가장 좋은 말이지 싶다.

---

18) '동무', 사전에는 '늘 친하게 어울리는 사람'이라 나와 있는데, 한자어가 없는 걸 보면 순우리말로 여기는 듯싶다. 내 어렸을 때만 해도 많이 썼던 말이다. 북한에서 더욱 많이 쓰면서 남한에서는 쓰는 일이 차츰 줄어들더니 '친구'가 그 자리를 대신하게 되었다. 하지만, 이 '친구'는 어른 앞에서 쓰다가 혼이 나는 등 어린 사람은 못 쓰는 말로 여겼다. '친구(親舊)'는 '가깝게 오래 사귄 사람'이라 한다. 여기서 한자 '구(舊)'를 '옛', '오래'로 새김하는데 쥐콩만한 애들이 이 '구(舊)'를 쓴다는 건 알맞지 않다고 본 듯했다. 요즘은 유아원 애들도 '친구'를 쓰는데, '동무'를 되살려내면 어떨까 싶다.

3장
고대 차이나 화족(華族)은 한족(韓族, 동이족)의 노예였나?
차이나의 역사는 한족(韓族)이 연다.

 4십 년 가까이 된 듯싶은 오래된 일이다. 신문 하나가 새로 나왔다. 그 신문 제호(題號) 글자에 한자로 '民'자가 들어있었는데 '民'처럼 생겼었다. 어느 유명 서예가가 쓴 글씨라고 했다. 고치는 게 좋겠다고 연락을 해줄까 하다가 젊은 놈이 건방지다고 할까 봐, '누가 지적하든 지적하는 사람이 있어서 곧 고치겠지.'라며 그만둔 일이 있었다. '民'의 위쪽 납작한 네모 안으로 밑쪽 획이 뚫고 들어간 것이다. 아닌 게 아니라, 조금 있다가 고치는 걸 봤다. 화족(華族), 한족(韓族)과 관련된 것이어서 관심 있게 지켜보기도 한 일이다.

 이(夷), 동이족은 차이나 화족(華族)이 '동쪽에 사는 족속을 낮잡아 이르던 말'이라고들 한다.
 옛날 차이나(중국)에서 상(商, 殷) 나라 지배 족속을 비롯하여 동쪽 지역 사람들을 동이(東夷)라고 불렀다. 시대나 부르는 사람에 따라 고무줄처럼 그 지역이 넓어졌다 좁아졌다 한 이름이기도 하다.

우리나라에서도 고리(高句麗, 고구려)가 신라를 동이로 부를 때가 있었고(충주고구리비), 일본에서도 '征夷大將軍(정이대장군)'처럼 동쪽을 가리키며 '夷'를 썼다. 이를 보면 夷와 東을 같은 뜻으로 쓰기도 했던 것 같다.

우리는 '夷'자를 훈(訓)하면서 '오랑캐'라 하고, '동이'를 동쪽 오랑캐라고 하는데, '오랑캐'란 원래 종족의 이름이었다.

조선왕조실록엔 '오량합(吾良哈)' 또는 '올량합(兀良哈)'이 자주 나오는데, 조선 북방에 거주하는 여진족의 한 부족으로 동여진을 지칭하는 것이라고도 한다. 차이나(중국)에서는 명나라 때 몽골고원의 삼림 민족을 '오랑카이(兀良哈, Uriankhai)'라고 칭했는데, 명나라와 조선이 한자로 공유하는 올량합은 서로 다른 민족이라고 한다. 하지만, 여진족의 올량합이 이동하여 오랑카이가 되었다는 견해도 있다. 지금의 우리와 같은 한민족(韓民族)이라고 하기는 어렵지만, 고리(고구려)의 한 후손으로 넓게 잡은 '韓족'의 범주에는 포함해야 할 것으로 보인다.

여하튼, 밥을 달라고 했나? 죽을 달라고 했나? 아무 죄 없는 종족 이름을 비하하는 데에 쓰고 있으니 참으로 부끄러운 행위다.

그런데 문제의 원흉은 차이나 화족이다. 우리 쪽, 韓족의 이름이기도 한 '夷'를 경멸하는 말로 쓰면서 또한 주위의 많은 족속에게 입맛 닿는 대로 갖다 붙였기 때문이다. 물론, '오랑캐'를 '夷'의 훈(訓)으로 붙이며, 이 짓을 따랐던 우리에게도 반성할 점이 있다.

여기서, 먼저 '民'자부터, 차이나의 갑골문과 옛 자전 『설문해자(說文解字)』를 살펴보자.

갑골문의 民자는 ᛏ처럼 생긴 게 있다. 꼭 갑골문으로만 사용했을 리는 없고, 찾지 못해서 그렇지, 분명히 다른 데에도 썼을 것이다.

『설문해자』에서 民은 '여러 싹이다(衆萌也).' 초목의 많은 싹을 이른 글자였으나 나중에 백성을 일컫는 뜻으로 쓰게 되었다고 한다.

『설문해자』는 중국 후한 때의 유학자며 문자학자인 허신(許愼)이 서기 120년경에 지은 자전(字典)이다. 진본은 없어지고 후대의 학자들이 다시 꾸몄다고 한다. 그런데, 이 책을 지을 때, 허신도 '民'의 원래 뜻을 잘 몰랐던 것 같다. 그 이전의 갑골문과 금문(金文)을 보면 그 만든 경위에 『설문해자』의 해석과 다른 점이 있기 때문이다. 서기 1900년경에야 발견된 갑골문은 말할 것도 없고, 금문도 뒤늦게 밝혀진 것이 수두룩하다.

차이나 서주(西周, 기원전 1046년~기원전 771년) 시대에 만든 종정(鐘鼎, 종이나 솥 등 청동기 제품)에 글자를 새긴 게 많은데, 금문 또는 종정문이라고도 한다. 이 금문 중에도 '民'자가 나온다.

갑골문을 보나 금문을 보나, 무슨 꼬챙이 같은 것으로 사람의 눈을 찌르는 글자다(㆙, ㆚). 바로 '노예'의 뜻이다. 노예의 눈을 찔러 희생(犧牲)으로 썼다는 견해도 있다. 도망가지 못하게 눈을 찌른다는 뜻이라고 하나 일을 시켜 먹자면 눈을 찌르고선 주인에겐 이로울 것이 없을 터, 아마도 상징하는 글자인 듯싶기도 하다. 여하튼 '民'은 노예를 뜻하는 글자였다. 차이나 화족들은, 이 글자의 뜻을 잘 모르고 썼던지, 또는 자기들과 상관없는 글자라고 여기지 않았나 싶다.

'夷'는 어떻게 해서 생겨난 글자일까?

갑골문 복사(卜辭, 점칠 때 쓰는 글자)로 많은 모양의 글자들이 있지만, 사람인(㆛, ㆜)처럼 생긴 '夷'가 있다(㆝). 다음으로 금문을 보면(㆞) 활에 시위를 건 듯한 모양이 나온다. 이 활 얘기는 잘못되었다고 지적하는 학자도 있다(김경일 교수). 화살과 밧줄로 짐승을 잡는 글자라고 하는 사람도 있다.

다음으로 『설문해자』엔 '夷'처럼 다듬어진 형태로 나온다. 아무래도 처음에는 그냥 사람을 뜻한 것이었으나 차츰 그 의미가 변하면서 『설문해자』에서처럼 '동방 사람(東方之人也)'이라고 하지 않았을까 싶다.

그렇다면 이 '夷'자는 누가 만들었을까? 대부분이, 이 글자가 한자(漢字)고 차이나 화족이 주로 썼으니까, 당연히 화족이 동쪽 사람을 비하하며 만든 문자라고 여기겠지만, 나는 우리 한족(韓族, 東夷族)이 만든 문자라고 본다. '상(商)나라에서 썼으니까 그러겠지?' 할 것이나 商 이전부터 썼으리라고 본다. 사람 이름과 족속의 이름은 사회 형성 초기에 다른 말보다 먼저 생기는 것이라고 여기기 때문이다. 보통의 문자도 마찬가지였을 것이다.

이 '夷'자를 우리 한족이 만들었다고 할 만한 확실한 근거가 또 있다. 우리는 '사람'을 가리키는 말로 지금까지도 '이'를 자주 쓴다. '이 이', '저 이', 또는 '젊은이, 늙은이' 등 많은 경우 이 '이'를 쓴다. 그러면 우리 '이'와 한자 '夷' 중 어떤 것이 먼저 생겼을까? 우리 '이'가 먼저 생겼다는 건 당연한 얘기가 아닐까?

여러 사람이 오고 가는 길에서 아무한테나 인사하지는 않지만, 산행하며 호젓한 산길에서 단 두 사람만 서로 지나치게 되면 대개 인사를 한다. 내 어렸을 적에는 어른들이 큰길을 가다가, 모르는 사람인데도, 서로 인사하고 지나는 경우를 많이 봤다. '저는 어디 사는 O가요.' 한다. 옛날 옛적 초기 씨족사회 때도 그렇게 했을 것이다. '나는 夷요.' 하며, 만나게 된 사람이 같은 족속인지, 아니면 다른 족속인지부터 가렸을 것이다. 그러면서 서로 싸울 사람인지, 반겨야 할 사람인지도 구분했을 것이다.

요즘, 몸의 외부에, 남이 잘 알아볼 수 있도록 이름표를 다는 것처럼, 다른 종족이 알아보기 쉽게, 자기 종족을 나타내는 어떤 표지(標識)를 달고 다니기도 했을 법하다. '𣦏'자는 우리 옛 할아버지들이 종족 표시로 달고 다녔을 표지였을 수도 있다.

옛날 차이나에서 '民'과 '夷'는 어떤 관계가 있었을까? 재밌는 예 하나를 들어보겠다.

1988년, 차이나의 사천사서출판사・호북사서출판사에서 펴낸 『한어대자전(漢語大字典)』 3권 2131쪽에 '民'에 관한 ⑤항에 '民夷'의 해석과 연관되는 글이 실려 있다.

'民'은 ⑤ 특히 漢族(한족)을 가리킨다. 송나라 소식(蘇軾)의 동파지림(東坡志林) 제1권에 "성성(城城)의 동쪽 길을 걸어 절에 들어섰다. 작은 길을 지나는데 民과 夷가 혼잡해 있고 식육점과 술집이 뒤섞여 어지러웠다. 숙소로 돌아오니 이미 삼고(삼경三更을 알리려고 치는 북)가 울렸다."

'民' ⑤ 特指汉族人. 宋蘇軾<<東坡志林>>券一. "步城西, 入僧舍, 歷小巷, 民夷雜糅, 屠酤紛然, 歸舍已三鼓矣."

소식(蘇軾, 호 東坡, 1037년 ~ 1101년)은 차이나의 북송 시대 시인이자 문장가, 학자며 정치가다. 차이나의 중남부 사천성 출신으로, 차이나의 문인 중에서도 아주 뛰어난, 소위 대문호라고 하는 사람이다. '동파지림'의 글은 소동파가 차이나의 남쪽, 지금의 황저우인 옛 황주에서 유배 생활할 때 지은 글들을 실은 것이라고 한다.

위 자전에서 '民'은 '특히 한족(漢族)을 가리킨다.'라고 했듯이 소위 화족(華族)

이고, 夷는 곧 이족(夷族)이라는 뜻이다. '民, 夷'라는 글자를 쓰면서, 대부분의 차이나인처럼, '소식'도 고대에 이 글자가 어떻게 해서 생겨났는지 몰랐던 것으로 보인다. 아무튼 서기 1100년 무렵까지도 이 民과 夷의 구분이 이어 내려왔다면, 의식적이든 무의식적이든, 오랜 세월 동안 화족의 뇌리에 자리 잡아 왔다는 것을 알 수 있다. '民'과 '夷', 이는 노예(民)와 그 노예를 부리는 사람(夷)의 관계였다.

여기서 '카페 - 옴니버스 한국사'에 '한문수' 선생이 올린 칼럼으로, 「소동파의 고려 금수론(禽獸論)」 얘기가 있어 따고 짜깁기(?)해서 올리며 위의 자전에 나온 얘기와 어떤 관련이 있을지를 찾아보고자 한다.

    그는 고려 극렬 배척론자였다.
    당시 관직에 있던 소식은 고려 사신이 송에 들어오지 못하도록 하고 (1089년 11월 論高麗進奉狀), 고려 왕래 금지, 대각국사 의천이 불교 전적을 수집하자 이를 방해하는 것은 물론, 여타 서적을 고려에 판매하는 것을 금지하자는 상소문(1090년 8월 乞禁商旅過外國狀, 1093년 2월 論高麗買書利害箚子三首)을 7차례나 올리기도 했다.
    또한 송의 연호를 쓰지 않는다고 하여 고려로부터 온 서신을 돌려보내는 등 다섯 가지 고려 해악론을 주장하며 극력 배척했다. 그 이유로는 고려의 공물은 무용지물이고 그들에게 주는 사여품은 백성의 고혈이며, 사여품은 거란(契丹)에 흘러 들어가 이용되고, 송의 정보가 그들에게 건네진다는 것. 또 고려는 의를 사모한다고 하나 실리를 추구하고, 허실을 엿보고 정보 유출을 주의해야 하는 점을 들었다.
    그는 또 고려를 직설적으로 오랑캐라 부르고, 금수(禽獸)와 같다고 했다(王子不治夷狄論). 그러나 그 이면에는 중화에 대한 우월적 사상, 고려에 대한 시기심과 열등의식이 있음이 엿보인다.

　　고려에서는 그에 대한 추앙심이 극에 달해 김부식(金富軾)과 부철(富轍) 형제가 소식(蘇軾), 소철(蘇轍) 형제의 이름을 따다 쓴 것으로 보아도 알 수 있다. 이 김부식 형제 얘기는 서긍(徐兢, 1091~1153)이 "일찍이 그의 형제들의 이름 지은 뜻을 넌지시 물어보았는데, 대개 사모하는 바가 있었다(其弟富轍, 亦有詩譽, 嘗密訪其兄弟命名之意, 蓋有所慕云)."라고 고려도경 인물 편에 썼다. - 한눌의 '고대사 메모' 중에서.19)

'소식'이 이와 같은 행태를 보인 것은 '民'과 '夷'에 관해 뭔가를 알고 있었지 않았나 하는 의구심까지 든다. 그건 일본인들이, 우리나라가 자기들의 조상 나라라는 것을 뻔히 알면서도, 우리나라를 끊임없이 괴롭히고 못 잡아먹어서 안달인 걸 보면 그럴 수도 있겠다 싶기 때문이다.

그 영향이 지금까지 집단 무의식 속에 이어온 걸까?
다른 예를 더 들어보겠다.
만일 내가 미국 국민을 일러 '미국민족'이라 하거나 영연방 국가들의 국민을 '영국민족'이라 하면 어떤 일이 벌어질까? 또는 100여 개 민족으로 이루어진 러시아 국민을 '러시아민족'이라거나 120여 개의 민족으로 구성된 카자흐스탄 국민을 '카자흐스탄민족'이라고 부른다면 어떨까? 분명히 나를 보고 '정신이 돌아도 완전히 돌아버린 놈'이라고 할 것이다. 하지만, 이와 비슷한 일이 차이나에서 버젓이 벌어지고 있다. 소위 '중화민족(中華民族)'이라는 말이다.
'중화민족'은 '중국민족'을 거쳐, 청나라 말기 양계초(梁啓超)가 만들어 낸 말이라고 한다. 당시 청나라라고 하는 지역의 모든 민족을 하나의 그릇에

---

19) https://cafe.daum.net/dobulwonin/Pqlq/15

몰아넣고 짬뽕을 만들어 버리자는 것이다. 남의 나라 일이지만, 인민을 속여도 분수가 있지, 이게 지식인이나 정치인들이 할 짓인가? 고대에 우리 이족(夷族)의 노예 생활을 했던 족속이 그 노예근성 또는 피해의식을 떨구어 내지 못하고 지금까지도 이어오고 있다고 한다면 지나친 표현일까?

우리에게, 이렇게 남의 하는 짓을 비판할 자격이 있는지 의문스러운 일이 있긴 하다.

'동이(東夷)'를 영어로는 'Eastern Barbarian'이라고 한단다. '동방의 야만인'이다. 'Barbarian'은 '이방인'의 뜻으로도 쓰지만, 주로 '미개인', '야만인'의 뜻으로 쓴다고 한다. 이 말을 쓰는 영어권 사람들의 입을 틀어막을 수는 없는 일이고 다른 말로 바꿔 써 달라고 애원하기도 어려운 일이다. 그 말을 쓰게 된 빌미를 우리가 제공했기 때문이다.

유튜브 '벽속의 빈틈'에 따르면, 1967년에 이기백 교수의 『한국사 신론』이 '에드워드 와그너'를 거쳐 번역본이 나오는데 '동이(東夷)'를 'Eastern Barbarian'이라 하게 한 게 시작이란다.

차이나 화족이 하는 짓을 따라, 우리도 우리 쪽 족속을 나타내는 '夷'에 아무런 죄가 없고 떳떳하게 잘만 살던 '오랑캐(우량카이)' 족속을 끌어들여 '오랑캐 夷'라 하며 비하하는 훈으로 썼다. 그러더니

유튜브 <벽속의 빈틈>에서 따옴

또다시 영어를 쓰는 사람들이 '미개인, 야만인'으로 받아들이라고 'Barbarian'을 쓰게 했다니 참담하다 아니 할 수 없는 일이다.

다음으로 '人'과 '人方'에 관해 살펴보겠다.

대만학자 노간(勞幹)은 그의 책 『중국문화논집』에서 '우리들(차이나인)은 동방 사람을 동이(東夷)라 부르는데, 夷자와 人자는 통용된다. 仁자와 人자 또한 한 근원에서 나온 것이다.'라고 했다. 중국학자 양관(楊寬)은 그의 저서 『고사변(古史辯)』에서 '동이는 은나라 사람과 동족이며, 그 신화 역시 뿌리가 같다.'라고 했다. 또한, 홍콩대학의 임혜상(林惠祥) 교수는 『중국민족사』에서 '은나라 사람이 바로 동이인데 동방에서 일어났다.'라고 했다.(philgo.com)

夷와 仁, 人, 東은 서로 통용되는 글자라는 것을 알 수 있다. 또한, '갑골문에서 人은 크게 볼 때 商의 백성으로서의 의미를 지니고 있다(김경일 교수).'고도 한다.

이쯤에서 차이나 쪽에 있었던 고대 韓족의 이동과 확장 과정을 간단하게 더듬어보기로 한다.

고고학적인 관점에서 보면, 신석기시대 이래로 산동지역은 비교적 독립적인 고고문화를 형성하였다. 신석기시대 중기에 해당하는 '후이(後李)문화'와 '북신(北辛)문화', 신석기시대 후기에 해당하는 '대문구(大汶口)문화', 신석기시대 말기에 해당하는 '산동 용산(龍山)문화' 그리고 하대(夏代) 이리두(二里頭)문화와 동시기에 해당하는 악석(嶽石)문화가 그 대표적인 예라고 할 수 있다.

이들은 모두 산동성을 배경으로 형성되어 점차 하남성(河南省) 동부,

강소성江蘇省과 안휘성安徽省 북부지역까지 그 세력을 확장하여 비교적 공통된 고고문화를 형성하였다.

그러나 상대商代에 이르러 이러한 양상에 변화가 발생하였다. 즉, 지금의 산동성 경내에서 상商초기의 이리강二里崗 하층문화는 아직 발견되지 않고 여전히 악석嶽石문화가 성행하고 있었지만, 상商 초중기의 이리강二里崗 상층문화에 이르러 동쪽의 산동 반도를 제외하면, 악석嶽石문화권에 속하던 대부분 지역들이 이리강二里崗문화의 절대적인 영향 하에 있게 됨을 발견할 수 있다.20)

그렇다면 고대 차이나의 중앙부터 동쪽 지역, 그 동쪽에서 훨씬 더 남쪽으로 내려간 지역까지, 윗글에서 '이들'이라고 한, '夷'가 선진 문명을 등에 업고 먼저 자리 잡고 있던 화족을 지배했다고 볼 수 있다. '산동지역은 비교적 독립적인 고고문화를 형성'했다고 하는데, 이는 합당하지 않은 듯 보여 천천히 밝혀 나가겠지만, 주로 '인방(人方)'이라 하고 이방(尸方)21)이라고도 했다.

여기서 문제를 하나 제기할 수 있을 것이다. 족속을 가르는 데 가장 중요한 언어 문제다. 몹시 어려운 문제이기도 하다.

한자, 한문을 차이나 화족이 발전시켰지만, 초기 한자를 우리 쪽 韓족(東夷族)이 만들었다는 데에 토를 달 사람은 별로 없을 것이다. 하지만, 갑골문에서부터 나타나는 한문 문장의 어순은 머리를 상당히 아프게 하고, 한자를 우리 韓족이 만들지 않았다는 빌미를 제공하기도 한다. 곧 초기 한자를 韓족이 만들었다고 하지만, 어순을 보면 그렇지 않다는 것이다.

---

20) (劉緖, 朴載福 譯,「商왕조의 東方經略에 대한 고고학적 고찰」([考古學探究] 6호, 考古學探究會, 2009) - 박재복, <商周시기 甲骨文에 보이는 '征人方' 고찰>에서 따옴)

21) 尸方, 尸자를 夷자로 봄. 초기 갑골문을 보면 人과 尸의 구분이 어렵기도 하다.

초기 문장은 주어+동사(술어) 또는 주어+형용사(술어)로 이루어진다. 다음이 목적어가 들어가는 문장이다. 목적어가 들어가며 타동사가 생긴다.

목적어가 들어가는 우리말 문장은 대개 주어(S)+목적어(O)+동사(V) - <목술구조>로 이루어진다. 현대 차이나인들이 쓰는 문장은 대개 주어(S)+동사(V)+목적어(O)로 영어처럼 <술목구조>를 이루는데, 일부는 우리 문장처럼 목적어가 동사 앞으로 오는 <목술구조>를 쓴다. 꼭 <술목구조>의 문장만 쓰는 것은 아니라는 얘기다.

그럼 여기서, 초기 한문이라고 하는 갑골문甲骨文에 관해 나의 견해를 펼쳐볼까 한다. 물론 갑골문 이전에 다른 문자가 있었다는 전제 위에서다.

1) 현재 지구 위의 인간이 목적어를 넣어 쓰는 말은 크게 <목술구조>와 <술목구조>로 나뉜다. 세계 언어를 다 살펴보면 두 가지 구조가 반 정도씩 된다고 한다. 나는 이 두 가지 구조 중에 <목술구조>가 먼저 시작되었다고 본다. 예를 하나 들겠다.

옛날 옛적 어느 신랑과 각시 한 쌍이 먹고살겠다고 산으로 채집을 나갔다. 먹을거리를 찾기가 수월하지 않았는데, 각시가 먼저 앞쪽에 먹음직스러운 사과 하나가 열려 있는 것을 발견했다. 이때 가장 먼저 나온 소리는 어떤 것이었을까? '사과!'였을까? 아니면 '있다!'나 '따자!'였을까? '사과'라는 낱말이 없었을 때는 아마 신랑을 쿡 찌르며 손으로 사과를 가리켰을 것이다.

'사과'라는 말이 생기고 나서는 대체로 '사과!'라는 말이 먼저 튀어나왔을 것이다. 다음으로 신랑을 잡아끌며 '있다!'나 '따자!'라고 했을 것이다. '사과 있다.'는 주어+동사며, '사과를 따자.'는 '사과'가 목적어가 되는 <목술구조>다. 인간 언어의 초기 어순이 이렇게 되었다고 본다.

2) 들리는 얘기로는, 발견된 갑골문의 문자를 30% 정도밖에 해독하지

못하고 있다 한다. 낱글자를 제대로 해독하지 못하는 상황에서 문장을 제대로 해독한다는 것은 무리라고 본다.

3) 초기 한자는 韓족(동이족)이 만들었지만, 갑골문의 알아볼 수 있는 문장의 구성에서 <술목구조>가 많고 <목술구조>가 뒤섞여 있다고 한다. 이는 <술목구조>를 쓰는 華족에게 자기 족속이 漢字를 만들었다는 빌미를 제공한다.

4) 갑골문이 발견된 지역, 그 지역의 지배자들이 동이족 즉 韓족이라는 데는 이론의 여지가 없는 듯싶다.

5) 그렇다면 <목술구조>를 쓰던 韓족의 언어가 <술목구조>를 쓰던 華족의 언어에 먹혀들었다는 얘기가 된다.

우리 역사에 있었던 예를 하나 들겠다.

고구려와 백제에 관한 얘기다. 옛날 초기 고구려어와 백제어가 같았을까? 비슷했지만, 똑같았다고 보기는 어렵다. 그런데 고구려의 일족이 백제로 들어와 기존에 살던 사람들을 누르고 자리를 잡았다. 이때 고구려에서 온 일족은 어떤 말을 썼을까? 물론 처음에는 고구려어를 썼겠지만, 숫자가 많은 백제인의 말에 동화하여 갔을 것이다.

신라의 지배족도 외부에서 왔다고 하는데, 그들도 토종 언어에 동화하였을 것이고, 일본도 마찬가지였을 것이다. 세계의 어느 나라를 막론하고, 외부에서 온 지배족의 언어는 숫자가 많은 토종 언어에 동화한다. 물론 이 의견은 보편적 현상을 얘기한 것이고, 특별한 경우, 곧 반대 현상이 일어나는 일이 결코 없었다고 하기는 어렵다.

6) 종합해 보면, 지배 세력이 썼던 갑골문은 華족의 언어에 韓족의 언어가 동화되어가는 언어다. 그래서 韓족이 만들었다고 해도 전혀 거리낄 것이 없다고 본다. 商의 지배 족속이 동이족, 곧 韓족이라는 것은 다 인정하는 일이 아닌가.

전문 언어학자들도 한티베트어족의 공통 조어(祖語)가 <목술구조>의 교착어 (膠着語)였을 것으로 추정하는 것 같다. 같은 뿌리에서 출발한 한티베트어가 차이나어와 티벳버마어로 분화하는데, 족속의 분화와 이동이 환경의 영향을 받았던지, 서로 다른 길을 가게 된 것으로 보인다. 지금은 차이나어를 고립어로 보는데, 과연 고대에서부터 또는 현대에도 이 차이나어를 완전 고립어로 봐야 하는지에 대해서 의문이 일기도 하지만, 혹 단음절어인 한자를 쓰면서 차이나어가 변형된 것은 아닐까 하는 생각이 들기도 한다.
　한자 '風'이 우리말 '바람'에서 변형된 말이며 글자인 것과 비슷한 현상들이 일어난 게 아닐까?

　술 마시며 안주 먹듯, 잠시 한문을 발전시켜 온 차이나의 언어 환경을 살펴보고 넘어가자.
　시대가 흐르며 그 복잡한 한자를 계속해서 간략화해오더니 결국 간체자(簡體字)를 만들어 냈다. 하지만, 이게 다가 아니다. 일종의 발음기호로 라틴문자라고도 하는 로마자를 활용한다. 그렇다면 간략화했다는 간체자와 발음기호로 쓰는 로마자 중 어느 것이 더 오래 남을까? 글쎄, 로마자가 더 오래 남지 않을까?
　차이나인들이 큰 실수를 한 것이다. 일찍이 한자가 너무 어렵다고 대륙 차이나나 대만에서도 우리 한글을 가져다 쓰자고 연구를 했다. 하지만, 결국 한글을 쓰지 않고 주음부호(注音符號)를 만들어 쓰더니 그것도 마땅치 않다고 버리고선 이제는 한어병음(漢語拼音)이라며 발음기호로 로마자를 쓰는 것이다. 머지않아 그 간체자도 버리고 로마자만 쓰게 되는 시대가 올 것만 같은데, 베트남인의 언어 환경을 보면 좋은 예가 될 것이다. 한문과 서예, 어학을 전공한 나로서는 한자음과 더불어 자기들의 말을 가장 잘 표현할 수 있는 한글을 가져다 쓰지 않은 그들이, 비록 남의 일이지만, 안쓰럽기만 하다.

오지랖 넓은 척, 이웃 나라 걱정을 하나 더 해보자. 일본이라는 나라다. 밉든 곱든 우리 한민족과 가장 가까운 족속이 일본인이다. 우리 세종대왕 할아버지가 한글(훈민정음)을 만들었을 때 바로 그때, 아니 우리나라를 쳐들어와 우리 백성에게 참혹한 짓을 저지른 그때부터라도 우리 한글을 가져다 썼더라면 오늘날 그들의 언어생활이 얼마나 편리하고 좋았을까 하는 생각을 하다 보면 그것도 안타깝다. 하긴 요즘, 휴대전화기를 많이 쓰게 되면서, 어려운 일본어를 입력하는 것보다 한글을 쓰는 게 훨씬 쉬워서 한글을 배워 쓰는 일본인들이 늘어나고 있다고는 한다.

4장
'발해(渤海)'가 '발해(渤海)'인가?
발해는 '고리(高麗)'다.

　백제를 무너뜨리고 고씨고리(高氏高麗, 高句麗) 한쪽까지 잘라 먹으며 통일을 이룬 신라에겐 고리(고구리) 유민이 세운 발해가 아니꼬울 수밖에 없었을 것이다. 쳐들어가서 싹부터 잘라버리면 속이 시원했겠지만, 당나라를 몰아내느라고 기운이 빠진 상태라서 모르는 체 그냥 놔뒀던지, 척박한 지역에서 능력껏 잘 먹고 잘살라고 내버려 뒀을 수도 있었을 것이다. 덕분에 발해가 큰 나라가 되면서 신라와 남북국(남북조)시대를 연다.
　우리 할아버지들은 발해의 역사를 방치하다시피 해왔다. 하지만, 고리의 뒤를 이은 발해를 외면해버리고 만다면 우리 역사를 제대로 이을 끈이 끊어져 우리 역사를 포기하는 것과 다를 바가 없지 않을까?

　세상이 바뀌었다. 인식의 깊이와 폭이 깊어지고 넓어졌다. 발해뿐만 아니라 부여, 옥저, 동예, 말갈, 숙신, 읍루, 나아가 돌궐, 거란, 요, 금, 청, 몽골 등도 더욱 깊게 연구하여 어느 나라, 어느 족속을 우리한테 끌어들여야 할지 또는 버려야 할지를 선택해야만 한다. 우리 민족 역사로 끌어들이지 않는다고 해도 어차피 '한인(桓因, 환국)'이나 '한웅(환웅)'의 자손이라 하면 되겠지만, 종족의 계통을 정확하게 밝히는 건 뒷전으로 미뤄둘 일이 아닐 것 같다. 물론, (고)조선의 영향력이 미쳤던 지역 전체를 다 합쳐서 하나의 나라로 하고 오늘날까지 이어져 왔다면 하나의 민족이라 해도 거리낄 것이 없겠지만 말이다.

여기서는 국호 문제를 다루자고 하는 거니까, 주로 국호에 관해 논의하고자 한다. 그러나 발해 국호에 관해 이의를 제기하는 사람들이 별로 없는 것 같아 쉽고 간단한 일은 아닐 듯싶다.

2022년에 '동아출판'에서 발행한 고등학교 『한국사』 교과서에 실린 발해에 관한 내용이다.

"발해가 건국되고 해동성국으로 발전하다

고구려 멸망 이후 당은 고구려 유민 중 많은 수를 요서 지역으로 이주시켜 지배하였다. 7세기 말에 요서 지역에서 거란이 봉기하여 당의 지배력이 약화되자 **대조영**은 고구려 유민과 말갈인을 이끌고 동모산 근처에서 발해를 세웠다 (698)."

발해 스스로 쓴 역사 기록은 없다. 발해를 이은 왕씨고리(高麗, 고려)에서도 자세한 발해의 역사를 쓰지 않았다. 썼지만 사라져버렸는지도 모르겠다. 발해의 역사는 차이나(중국)나 일본, 신라나 왕씨고리 등에서 취득하여 쓰게 되는데, 차이나의 『구당서』와 『신당서』가 비교적 자세하게 그리고 있어서 발해 이해의 기본으로 삼는 듯싶다.

우리는 일본의 사서들, 차이나의 24사니 25사니 하며 정사(正史)라고 하는 사서들을 무조건 믿는 경향이 있다. 물론 우리 기록이 넉넉지 않기 때문이기도 할 것이다. 조선조에 들어서서는 세계가 경탄하는 기록문화유산을 남기기도 했지만, 고대의 사료는 부족해서 역사가 엉성하게 짜인 경우가 많다. 다행히도 과학이 발전되며 덩달아 역사학까지 발전되고 지식과 정보의 폭이 넓어지면서 기록이나 유적, 유물 등의 검증 수준이 높아진 덕분에 갈수록 더 정확한 사실을 캐내기도 한다.

역사서를 보면, 자기가 속해 있는 집단의 역사는 긍정적으로 과장, 유리하게 쓰고 다른 집단 특히 적대적인 집단의 역사는 부정적으로, 엉망으로 쓰는 일이 많다. 특히 우리 이웃의 차이나(중국)나 일본은 그 정도가 심하다. 우리라고 전혀 그러지 않았다고 장담하기는 어렵지만, 그래도 우리는 역사서를 비교적 공정하게 쓴다. 오히려 더 축소하여 쓰기도 한다. 그건 아마 우리나라가 처한 당시의 국제적 환경에 기인한 것 같다. 이러한 점을 염두에 두고 사서를 읽고 이해해야 할 것이다.

먼저 차이나의 『구당서』 기록부터 시작하여 발해에 관해 차근차근 살펴보기로 한다. 독자의 번거로움을 덜어드리고자, 좀 길긴 하지만, 번역문과 원문을 같이 싣는다.

『구당서(舊唐書)』는 940년에 편찬을 시작해 945년에 완성되었다.

"발해말갈

발해말갈의 대조영은 본래 고구려의 별종이다. 고구려가 멸망하자 대조영은 가족과 무리를 이끌고 영주로 옮겨와 살았다. 당나라 측천무후 만세통천

(696)에 거란인 이진충이 영주에서 반란을 일으키자, 대조영과 말갈인 걸사비우가 각각 무리를 이끌고 동쪽으로 달아나 험준한 곳을 지키며 스스로 방비하였다.

이진충이 죽자 측천무후는 좌옥검위대장군 이해고에게 이진충의 잔당을 토벌케 하였다. 이해고의 당나라 군대는 먼저 걸사비우를 격파하여 참하고, 다시 천문령을 넘어 대조영 군대를 압박하였다. 대조영은 고구려 유민과 말갈의 무리를 규합하여 이해고의 당나라 군대에 항거하니, 당나라 군대가 대패하고 이해고만 몸을 빼어 귀환하였다. 때마침 거란과 해(奚)가 모두 돌궐에 항복하니, 측천무후는 더 이상 토벌할 수 없었다. 대조영은 드디어 무리를 이끌고 동쪽으로 가서 계루의 옛 땅을 차지하고, 동모산에 의지하여 성을 쌓고 살았다.

대조영은 굳세고 용감하며 용병에 능하니, 말갈의 무리와 나머지 고구려 유민들이 점점 귀속하였다. 성력698~700) 연간에 대조영이 자립하여 진국왕이라 하고, 돌궐에 사신을 보내 통교하였다. 그 지역은 영주 동쪽 2천 리 밖에 있으며, 남쪽은 신라와 서로 접하고 있다. 월희말갈에서 동북으로는 흑수말갈에 이르는데, 사방이 2천 리이며, 편호는 십여 만이고 승병은 수만 명이다. 풍속은 고(구)리 및 거란과 같고, 문자 및 전적도 상당히 있다."

(『구당서』 권1 199하 열전 제149 하 발해말갈)

"渤海靺鞨

渤海靺鞨大祚榮者, 本高麗別種也. 高麗既滅, 祚榮率家屬徙居營州. 萬歲通天年, 契丹李盡忠反叛, 祚榮與靺鞨乞四比羽各領亡命東奔, 保阻以自固. 盡忠既死, 則天命右玉鈐衛大將軍李楷固率兵討其餘黨, 先破斬乞四比羽, 又度天門嶺以迫祚榮. 祚榮合高麗, 靺鞨之衆以拒楷固, 王師大敗, 楷固脫身而還. 屬契丹及奚盡降突厥, 道路阻絶, 則天不能討, 祚榮遂率其衆東保桂婁之故地, 據東牟山, 築城以居之.

祚榮驍勇善用兵, 靺鞨之衆及高麗餘燼, 稍稍歸之. 聖曆中, 自立爲振國王, 遣使通于突厥. 其地在營州之東二千里, 南與新羅相接. 越憙靺鞨東北至黑水靺鞨 (南與新羅相接越憙靺鞨東北至黑水靺鞨 册府卷九五九作 南與新羅相接, 西接越憙靺鞨, 東北至黑水靺鞨.) 地方二千里, 編戶十餘萬, 勝兵數萬人. 風俗與高麗及契丹同, 頗有文字及書記." (『舊唐書』卷一百九十九下 北狄列傳 第一百四十九下. 渤海靺鞨)

다음으로 『신당서』다. 신당서(新唐書)는 북송 인종이 구당서(舊唐書)의 내용에 왜곡된 것이 많고 너무 부실하다고 하여 구양수 등에 명하여 1044년~1060년에 걸쳐 완성한 책이다. 하지만, 이 신당서의 왜곡이 더 심하다고 하는 사람들도 있다.

"북적 발해

발해는 본래 속말말갈로서 고구려에 부속하였으며 성은 대씨다. 고구려가 멸망하자 무리를 이끌고 읍루의 동모산에 의거하였다. 그곳은 영주에서 동으로는 2천 리, 남으로는 신라와 이웃한다. 니하로 경계를 삼고 동으로는 바다에 닿았으며 서로는 거란과 인접한다. 성곽을 쌓고 사는데 고구려의 망명자들이 점점 모여들었다.

만세통천 연간에 거란의 이진충이 영주도독 조예를 죽이고 반란을 일으키자 사리걸걸중상은 말갈의 추장 걸사비우와 고구려의 남은 무리를 이끌고 동쪽으로 망명하여 요수를 건너 태백산의 동북을 차지하고 오루하를 사이에 두고 성벽을 쌓아 수비를 굳게 하였다.

측천무후는 걸사비우를 허국공으로 봉하고 걸걸중상을 진국공으로 봉하고 그들의 죄를 용서해 주었으나 걸사비우가 명을 받지 않았다. 측천무후는 조서를 보내 옥금위대장군 이해고와 중랑장 색구에게 조서를 내려 그를 죽였다.

이때 걸걸중상은 이미 죽고 그의 아들 대조영이 나머지 무리를 이끌고 도망갔다. 이해고는 천문령을 넘어 추격하였다. 대조영은 고구려와 말갈의 무리를 이끌고 대항해 싸워서 이해고를 패배시켰다. 이해고는 돌아갔다. 이때 거란이 돌궐에 항복해서 길이 막혔기 때문에 측천은 더 이상 그들을 토벌할 수가 없었다.

이에 대조영은 걸사비우의 무리를 병합하여 넓고 큰 땅에 나라를 세우고 스스로 진국왕이라 하고 돌궐과 교류하였다. 그 지방은 5천 리이고 인구는 10여만 호이며 병사는 수만 명이고 글을 자못 안다. 부여, 옥저, 변한, 조선 등 바다 북쪽에 있는 여러 나라를 차지하였다.

중종 때 시어사 장행급을 파견하여 다독거리며 위로하였고 대조영은 자식을 입시케 하였다. 예종 선천 중에 사신을 보내서 대조영을 좌효위원외대장군 발해군 왕으로 책봉하고 통치 지역을 홀한주로 삼아서 홀한주도독을 겸임시켰다. 이때부터 말갈이라는 호를 없애고 발해라고 하였다.

현종 개원 7년 대조영이 죽자 발해에서는 그를 고왕이라 시호하였다. 그의 아들 무예를 세워 왕으로 삼았다. 그가 영토를 확장하자 동북의 여러 오랑캐가 두려워하고 그의 신하가 되었다. 대무예는 연호를 임안이라고 하였다. 당 현종은 전책을 주어 왕과 도독을 세습하도록 하였다."

(『신당서』 권 219 열전 제144 북적 발해)

"北狄 渤海

渤海, 本粟末靺鞨附高麗者, 姓大氏. 高麗滅. 率衆保挹婁之東牟山, 地直營州東二千里, 南比新羅, 以泥河爲境, 東窮海, 西契丹. 築城郭 以居, 高麗逋殘稍歸之.

萬歲通天中, 契丹盡忠殺營州都督趙翽反, 有舍利乞乞仲象者, 與靺鞨乞四比羽及高麗餘種東走, 度遼水, 保太白山之東北, 阻奧婁河, 樹壁自固. 武后封乞四比羽爲許國公, 乞乞仲象爲震國公, 赦其罪. 比羽不受命, 后詔玉鈴衛大將軍李楷固、中郎將索仇擊斬之. 是時仲象已死, 其子祚榮引殘痍遁去, 楷固窮躡, 度天門嶺, 祚榮因高麗、靺鞨 兵拒楷固, 楷固敗還. 於是契丹附突厥王師道絶, 不克討. 祚榮卽幷比羽之衆, 恃荒遠, 乃建國, 自號震國王, 遣使交突厥, 地方五千里, 戶十餘萬, 勝兵數萬, 頗知書契, 盡得扶餘、沃沮、弁韓、朝鮮海北諸國.

中宗時, 使侍御史張行岌招慰, 祚榮遣子入侍. 睿宗先天中, 遣使拜祚榮爲左驍衛大將軍、渤海郡王, 以所統爲忽汗州, 領忽汗州都督, 自是始去靺鞨號, 專稱渤海.

玄宗開元七年, 祚榮死, 其國私諡爲高王. 子武藝立, 斥大土宇, 東北諸夷畏臣之, 私改年曰仁安. 帝賜典冊襲王幷所領."

(『新唐書』 券 219 列傳 第144」 北狄 渤海)

다음으로 우리의 『삼국유사』다. 『삼국사』에서 가져왔다는데, '발해는 말갈의 별종(渤海乃靺鞨之別種)'이라는 얘기가 실려 있다.

여기서 『신라고기』를 인용해 대조영의 출신을 설명하고 있는데『신라고기』

는 고리(고려) 중기 이전에 저술된 것으로『구당서』,『신당서』보다 신빙성이 높고『삼국유사』에 말갈의 역사를 포함한 것은 말갈이 한민족 역사의 범위에 있기 때문이라고 한다.

"『삼국유사』<말갈(물길이라고도 한다) 발해>

통전에 이르기를 '발해는 본래 속말말갈이다. 그 추장 조영에 이르러 나라를 세우고 스스로 진단이라 했다.

선천 연간(현종의 임자년, 712년)에 비로소 말갈이라는 칭호를 버리고 오로지 발해라고만 불렀다. 개원 7년(기미, 719년)에 조영이 죽자 시호를 고왕이라고 하였다. 세자가 대를 이어 왕위에 오르니 명황 당 현종이 그를 책봉하여 왕위를 잇게 하였다. 그는 사사로이 연호를 고치고 드디어 해동의 큰 나라가 되었다. 그 땅에는 5경, 15부, 62주가 있었는데 후당의 천성 초년에 거란이 이를 (발해) 쳐서 멸망시키니 그 후에는 마침내 거란이 지배하게 되었다(『삼국사』에 이르기를 '의봉 3년 망고종 무인(678)에 고구려의 남은 무리가 그 남은 무리를 모아 북으로 태백산 밑에 의지해서 국호를 발해라고 했다. 개원 20년경에 당의 명황이 장수를 보내어 발해를 토벌했다. 또 성덕왕 32년 현종 갑술에 발해와 말갈이 바다를 건너 당나라 등주를 침범하자 현종이 이를 쳤다.' 했으며, 또『신라고기』에 이르기를 '고구려의 구장(舊將) 조영의 성은 대씨니 그는 남은 군사를 모아 태백산 남쪽에 나라를 세우고 국호를 발해라고 했다' 한다. 상술한 여러 글을 살펴보면 발해는 말갈의 별종인 바 다만 그 갈라지고 합한 점이 서로 같지 않을 뿐이다. 또 지장도를 상고해보면 발해는 만리장성 동북쪽의 밖에 있었다.).

가탐의 군국지에는 '발해국의 압록·남해·부여·추성 등 4부는 모두 고구려의 옛땅으로 신라의 천정군(지리지에는 삭주의 영현에 천정군이 있었으니 이는 지금의 용주이다)에서 추성부에 이르기까지 39역이 있다.' 했다. 또,『삼국사』에는 '백제 말년에 발해·말갈·신라가 백제의 땅을 나누어 가졌다.' 했다(여기에 의하면 발해는 또 나뉘어 두 나라로 된 것이다).

신라사람들이 말하여 '북쪽에는 말갈이 있고 남쪽에는 왜인이, 서쪽에는 백제가 있으니 이것이 바로 나라에 해가 된다고 했고 또 말갈은 땅이 아슬라주에 연접되어 있다.' 했다. 또한 동명기에는 '졸본성은 땅이 말갈(혹은 지금의 동진)에 연접해 있는데 신라의 6대 지마왕 14년 을축에 말갈의 군사가 크게 북쪽 국경으로 들어와 대령의 성책을 습격하고 이하로 지나갔다.' 했다.

『후위서』에는 '말갈을 물길이라 했고『지장도』에는 읍루 물길은 다 숙신이다.'라고 했다. 흑수와 옥저에 대해서는 동파의 『지장도』에 말하기를 '진한 북쪽에 남북의 흑수가 있다.' 했다.

살펴보면 동명제는 왕위에 오른 지 10년 만에 북옥저를 멸하였고 온조왕 42년에 남옥저의 20여 집이 신라에 와서 투항했고 또 혁거세 52년에 동옥저가 신라에 좋은 말을 가져다 바쳤다고 했다. 이를 보면 동옥저도 있었던 것이다. 『지장도』에는 흑수는 만리장성 북쪽에 있고 옥저는 만리장성 남쪽에 있다고 했다."

"靺鞨(一作勿吉) 渤海

通典云. 渤海, 本粟末靺鞨. 至其酋祚榮立國, 自號震旦. 先天中(玄宗壬子) 始去靺鞨號. 專稱渤海. 開元七年(昊)祚榮死. 諡為高王. 世子襲立. 明皇賜典册襲王, 私改年號. 遂為海東盛國. 地有五京・十五 府・六十二州. 後唐天成初, 契丹攻破之. 其後為丹所制三國史記. 儀鳳三年, 高宗 戊寅, 高麗殘蘗有聚. 北依太伯山下. 國號渤海, 開元二十年間明皇遺將討之. 又聖德王三十二年, 玄宗甲戌, 渤海靺鞨, 越海侵唐之登州. 玄宗討之, 又新羅古記云. 高麗舊將祚榮姓大氏. 聚殘兵, 立國於大伯山南. 國號渤海, 按上諸文. 渤海乃靺鞨之別種, 但開合不同而己. 按指掌圖. 渤海在長城東北角外).

賈耽郡國志云. 渤海國之鴨淥・南海・扶餘・橻城 四府, 並是高麗舊地也. 自新羅泉井郡(地理志, 朔州領縣 有泉井郡, 今湧州) 至橻城府, 三十九驛. 又三國史云,

百濟末年, 渤海靺鞨新羅分百濟地(據此則鞨海又分為二國也)

羅人云. 北有靺鞨. 南有倭人. 西有百濟. 是國之害也. 又靺鞨地接阿瑟羅州. 又東明記云. 卒本城地連靺鞨(或云今東眞) 羅第六祇麻王十四年(乙丑) 靺鞨兵大入北境. 襲大嶺柵, 過泥河.

後魏書, 靺鞨作勿吉. 指掌圖云. 挹屢與勿吉皆肅愼也. 黑水, 沃沮. 按東坡指掌圖. 辰韓之北, 有南北黑水.

按東明帝立十年, 滅北沃沮. 溫祚王 四十二年, 南沃沮二十餘家來投新羅. 又赫居世五十二年, 東沃沮來獻良馬. 則又有東沃沮矣. 指掌圖. 黑水在長城北. 沃沮在長城南."

신라의 최치원(崔致遠)이 당 황제에게 보낸 글 속에 들어있는, 대조영이 신라에서 왕이 아닌 일종의 벼슬을 받는 대목이다. 713년이니까 대조영이 나라를 세우고 얼마 되지 않은 시기다. 설총(薛聰)과 최치원이 6품이었다고 하는데 그 아래의 5품이니 대조영이 화가 많이 났을 법하나 아직 힘이 약해서 그대로 넘어갔을까?

"사불허북국거상표(북국이 윗자리에 있는 것을 불허함을 사례하는 표)

처음 그들이 거처할 고을을 세울 적에 와서 의지하며 도움을 청하였는데, 그때 추장(酋長) 대조영이 신의 나라로부터 제5품(品) 벼슬인 대아찬(大阿飡)을 처음 받았습니다. 이후 선천(先天) 2년(신라 성덕왕 12, 713)에 이르러서 비로소 대조(大朝)의 총명(寵命)을 받아 발해군왕(渤海郡王)으로 봉해졌습니다."

"謝不許北國居上表

初建邑居, 來憑隣援, 其酋長大祚榮, 始受臣藩第五品大阿餐之秩. 後至先天二年, 方受大朝寵命, 封爲渤海郡王."

[崔文昌侯文集] 卷1, 謝不許北國居上表

유득공(柳得恭)이 지은 『발해고』는, 물론 다른 사서를 참고했지만, 고왕의 휘는 조영으로, 진국공의 아들이다. 일찍이 고구려의 장수였으며, 날쌔고 용감하며 말타기와 활을 잘 쏘았다고 한다.

"『발해고』 군고 진국공

진국공은 성은 대씨이고 이름은 걸걸중상으로 속말말갈사람이다. 속말말갈인은 고구려의 신하가 된 자들이다. 혹 말하길 대씨는 대정씨에서 나왔는데, 동이족의 대씨는 대련에서 비롯되었다고 했다.

당고종 총장 원년 고구려가 멸망하자 중상과 아들 조영이 가솔을 이끌고 영주에 옮겨 살았다. 사리라 칭하였는데, 사리라는 것은 거란말로 장관이라는 것이다. 무후 만세통천 2년에 거란 송막도독 이진충, 귀성주자사 손만영이 당에 반란하여 영주를 함락하고 도독 조문홰를 죽이자 중상이 두려워하여, 말갈추장 걸사비우와 고구려 유민과 함께 동으로 달아나 요수를 건너, 태백산 동북쪽에서 자리를 잡으니 오루하가 막아주고, 벽이 되어 견고했다. 무후가 중상을 진국공에 봉하고 비우를 허국공에 봉하였지만, 비우가 명을 받들지 않자, 무후가 옥검위대장군 이해고와 중랑장 색구를 시켜 치고 비우를 베었다. 이때 중상은 이미 죽고 없었다."

"『渤海考』君考 震國公

震國公姓大氏, 名乞乞仲像, 粟末靺鞨人也, 粟末靺鞨者, 臣於高句麗者也. 或言大氏, 出自大庭氏, 東夷之有大氏, 自大連始也.

唐高宗總章元年, 高句麗滅, 仲象與子祚榮, 率家屬徙居營州, 稱舍利, 舍利者, 契丹語帳官也. 武后萬歲通天二年, 契丹松漠都督李盡忠歸誠州刺史孫萬榮叛唐陷營州, 殺都督趙文翽, 仲象懼, 與靺鞨酋乞四比羽及高句麗破部, 東走渡遼水, 保太白山之東北, 阻奧婁河, 樹壁自固, 武后封仲象爲震國公, 比羽爲許國公, 比羽不受命, 武后詔玉鈐衛大將軍李楷固中郞將索仇, 擊斬比羽, 是時仲象已卒."

"고왕

고왕의 이름은 조영으로 진국공의 아들이다. 일찍이 고구려 장수가 되었는데, 아주 용맹스러웠고 말타기와 활쏘기를 잘 하였다. 진국공이 사망하고 걸사비우가 패하여 죽자 대조영은 이를 피하여 도망하였다. 이해고가 그를 뒤쫓아 천문령을 넘자, 대조영이 고구려와 말갈 병사를 이끌고 크게 격파하여 이해고는 겨우 몸만 빼서 탈출하였다. 대조영이 걸사비우의 무리를 병합하여 읍루족이 살았던 동모산을 거점으로 삼으니, 말갈과 고구려 유민들이 모두 그에게 돌아갔다.

마침내 돌궐에 사신을 보내어 외교를 맺고, 부여·옥저·(고)조선·변한 등 바다 북쪽의 10여 국을 정복하였다. 동쪽으로 동해에 이르고, 서쪽으로 거란에 이르고, 남쪽으로 신라와 이하를 경계로 이웃하였다. 그 나라 땅은 사방 5천 리에 달하였고, 호구는 10만여 호였고, 정예의 병사가 수만 명이었다.

또 중국의 문자를 잘 익혔으며, 풍속은 고구려·거란과 대체로 비슷하였다.

성력 연간에 나라 이름을 진(震)이라 하고, (『신당서』에는 진(振)이라 하였고, 『문헌비고』에는 진조(震朝)라 하였다.) 스스로 왕위에 올라 진국왕이 되었다. 홀한성을 쌓아 살았으니 영주에서 동쪽으로 2천 리 떨어진 곳에 있었다. 이때 해와 거란이 모두 당나라에 반기를 들어서 도로가 가로막히자 측천무후가 발해를 토벌할 수가 없었다.

중종이 즉위한 뒤 시어사 장행급을 발해에 파견하여 대조영을 위로하고 어루만지자, 고왕도 아들을 당나라에 보내 황제를 모시도록 하였다. 현종 선천 2년에 낭장 최흔을 보내서 고왕을 좌효위대장군 발해군왕으로 책봉하였고, 그때부터 말갈이란 칭호를 버리고 오로지 발해라고만 부르게 되었다. 이후 대대로 당나라에 조공을 바쳤고, 유주절도부와 서로 사신을 교환하였다. 부여부에 강한 군대를 주둔시켜 거란을 방비하였다.

현종 개원 7년에 왕이 사망하자, 3월 병진일에 당나라에 사신을 보내 알렸다."

"高王

高王諱祚榮, 震國公子也, 嘗爲高句麗將, 驍勇善騎射, 及震國公卒, 乞四比羽敗死, 祚榮遁. 李楷固窮度天門嶺, 祚榮引高句麗靺鞨兵大破之, 楷固僅以身免, 祚榮卽幷比羽之衆, 據相婁之東牟山, 靺鞨及高句麗舊人悉歸之.

遂遣使交突厥, 略有扶餘沃沮朝鮮弁韓海北十餘國, 東窮海, 西契丹, 南接新羅, 以泥河爲界, 地方五千里, 戶十餘萬, 勝兵數萬, 學習書契, 俗與高句麗契丹略同.

聖歷中, 國號震(新唐書作振, 文獻備考曰震朝), 自立爲震國王, 築忽汗城以居, 直營州東二千里, 時奚契丹皆叛唐, 道路阻絶, 武后不能致討焉.

中宗卽位, 遣侍御史張行岌, 慰撫之, 王亦遣子入侍, 玄宗先天二年, 遣郞將崔訢, 冊王左驍衛大將軍渤海郡王, 以所統爲忽汗州, 領忽汗州都督, 始去靺鞨號, 專稱渤海. 自是以後, 世朝獻唐, 與幽州節度府相聘問, 屯勁兵於扶餘府, 以備契丹, 玄宗開元七年王薨, 三月丙辰赴唐."

『무경총요』
"발해는 부여의 별종이다. 본래 부여의 땅이다(渤海 夫餘之別種 本夫餘之地)."

1. 대조영은 고리(高麗, 高句麗)인인가, 말갈(靺鞨)인인가?

『구당서』'발해말갈전'에는 '발해말갈 대조영은 본래 고리 별종(渤海靺鞨大祖榮者 本高麗別種也).'이라 하고, 『신당서』'발해전'에서는 '발해는 본래 속말말갈로서 고리(高麗)에 덧붙여, 성은 대씨(渤海 本粟末靺鞨 附高麗者姓大氏).'라고 한다.

위에 나오는 '별종'이라는 말은 도대체 무슨 말인가? 다른 기록을 보면 의미 파악이 쉬울 것이다.

『구당서』에 '백제는 부여의 별종(百濟夫餘之別種)'이라는 말이 실려 있고, 『후한서』<동이열전>에는 '동이가 서로 전하기로는 고리(고구려)는 부여 별종(東夷相傳 以爲夫餘別種)'이라는 말이 나온다. 또한, 『구당서』<동이열전>에 '일본국은 왜국의 별종(日本國者, 倭國之別種也.)'이라는 말도 들어있다. 이런 예를 살펴보면, '별종'은 어떤 집단에서 떨어져 나와 새로운 집단을 만들었다 해서 쓰는 말이다. '독립'이라는 말과 비슷하게 쓰이는데 결국은 같은 족속이라는 얘기다. 왜(倭)와 일본(日本)의 경우는 합병했을 때 쓰는 것이라고 할 수도 있을 것이다.

정확하다기보다는, 고리(고구려)나 발해의 영역을 상당히 축소해서 그린 그림인 듯싶은데, 우리 학생들이 배워 익히는 『고등학교 역사부도』에 실린 고리(고구려)와 발해의 지도를 살펴보자.

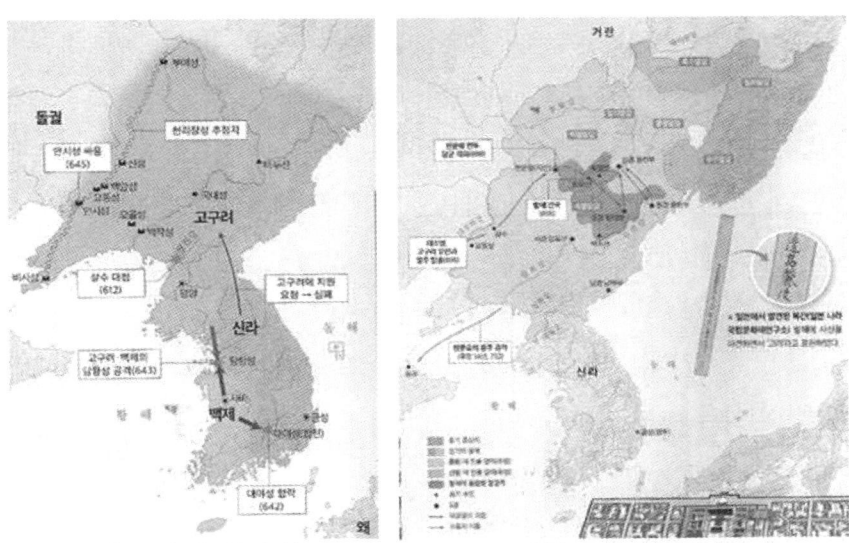

고구려와 수, 당의 전쟁　　　　　발해 수도 상경성(평면도)
한철호 외 6인, [고등학교 역사부도], (주)미래엔, 2020.

저 북쪽 끝까지 사람들이 우글우글 몰려 살았다고 볼 수는 없겠으나 이 지도를 보면 고리(고구려)와 발해의 지역이 비슷하다. 그 영내(領內)에 '속말말갈'이 들어있다. 속말말갈은 속말수에서 비롯된 말이고, 속말수는 백두산에서 발원하여 북쪽으로 흐르는 송화강을 이른 말이라고 한다. 그런데 발해와 말갈이 서로 다른 나라나 족속인 양 갈라치기를 한다. 대한민국과 경상도를 갈라놓는 것과 다름이 없다. 적어도 백산말갈인이나 속말말갈인은 700년

4장. 발해가 발해인가?

이상 고리(고구려)의 백성으로 살았다. 걸걸중상이든, 대조영이든, 걸사비우든 다 고리의 후예고 고리인이다.

왜 사서들은 이런 장난을 하고 사기를 치는 걸까? 누가 봐도 거짓이라는 게 훤히 보이는데, 역사를 그야말로 개판으로 만든 것이다. 이후의 역사를 보면 차이나의 장난이 더욱 심했다는 것을 알 수 있다. 물론, 나당 연합군이 고리(고구려)를 깨부수긴 했다. 그래도 '고리' 얘기가 나오고 자기 조상들이 곤욕을 치렀다는 걸 생각하면 온몸에 소름이 돋았을 것이다. 임진왜란이 일어나 명나라에서 지원군을 보내느냐 마느냐 할 때 '그 대단한 고리의 후예가 하찮은 일본의 침략을 받았다는 게 말이 되느냐?'는 얘기를 할 정도였다는데, 어떻게 하든 고리나 발해를 깔아뭉개고 갈라쳐서 별 볼 일 없는 나라로 우그러뜨리려 했다.

'고리(고구려)의 유민과 말갈의 유민', 이것도 '대한민국의 백성과 경상도의 백성' 형식과 다름이 없다. 이게 말이 되는 소린가?

고리나 발해의 강역 북쪽이나 동북쪽, 심지어 신라나 백제, 요서나 요동 등 말갈이 안 튀어나오는 지역이 없다. 그야말로 시도 때도 없이 여기저기서 튀어나온다. 어느 지역 '촌놈'의 뜻으로, 특별한 이름이 없는 족속에게는 거리낌 없이 붙이며 비하했을 것으로도 보이는데, 아마 특별한 종족을 일컫는 것만 아니라, '오랑캐'라는 말처럼 일반적으로 쓰인 것 같다.

'말갈(靺鞨)'은 음차(音借)이기도 하고 훈차(訓借)이기도 할 것이다. 곧 '靺鞨'과 비슷한 말로 불리던 족속을 한자로 표기하면서 의미까지 비슷한 말을 골라 쓴 것으로 보인다. '혁(革, 짐승 가죽)'자가 들어있는 걸 보면 짐승 가죽을 잘 다루어 가죽옷을 많이 입었든지 가죽 무역을 많이 한 족속으로 '갓바치(가죽

기술자)'와 비슷한 말이지 않을까 싶다. 동북아시아 모피가 고대부터 꾀나 고가로 거래되었다는 것은 상당히 알려진 얘기다.

　다시 말하자면, '발해말갈'은 '발해촌놈', '발해갖바치', 등의 의미로 썼을 것이다. '북쪽의 개 같은 놈들'의 뜻인 '북적(北狄)'이라는 말까지 쓰고 있으니 그것이 아무리 정사(正史)라고 해도 어찌 그대로 믿을 수가 있겠는가?
　백산말갈이나 속말말갈은 분명 고리(고구려)나 발해 안에 들어있던 족속이다. 따로 분류해서 얘기할 수 있는 게 아니라는 거다. 백산말갈이나 속말말갈이 고리의 후예가 아니고 완전히 다른 족속으로 여겨졌다면 대조영이 그 본거지를 속말말갈 지역에 세울 리가 없었다는 것은 자명한 일이 아닐까?

　발해의 영역은 고리보다 더 컸다고 하는데, 위에 실은 고등학교 교과서의 지도대로 고리(고구려)나 발해의 역사를 이해하면 꼬이는 부분이 상당히 많아진다. 또한, 사서를 이해하는데도 헷갈리는 게 많다.
　예를 하나 들자면, 발해가 군사를 일으켜 당나라의 (지금의 산동성) 등주를

YouTube "이기훈의 역사와 미래" [한국고대사의 진실] 31. 다시 찾은 발해(신라) 영토 - (1) 발해 5

공격한 일이 있다. 백두산 너머의 발해 수도에서 등주까지 거리는 대략 부산까지의 거리와 비슷할 것이다. 한두 자객을 보낸 것도 아니고, 몇천 명이나 몇만 명의 군사를 일으켰을 텐데, 그 먼 거리를 그것도 배까지 타야 한다. 요동반도나 발해 바다 어디쯤에서 군사를 일으키지 않으면 어림없는 일이다. 곧 발해 바다 주위까지 발해가 지배하고 있지 않았다면 있을 수 없는 일이다. 유튜브에서 따온, 이기훈 선생이 밝힌 위의 '다시 찾은 발해와 신라 영토'를 살펴보면 이 얘기가 이해되리라고 본다.

2. 발해(渤海)인가, 고리(高麗)인가?

춘추전국 시대에는 큰 호수나 강을 海(바다)라고도 했다.

애당초 '발해'는 차이나의 산동성에 있었던 호수였다. 발해의 위치를 시대별로 그 변화를 살펴보면, 우선 이른 시기의 발해가 기록된 사서로 『회남자』<천문훈>에 '유성이 떨어져 발해의 둑이 터졌다.'고 기록하고 있으며, 『사기』<고조본기>에 기록된 제(齊)나라의 위치는 '그 남쪽에 태산이 있으며 서로는 탁하(濁河)로 그 한계를 하고 북으로 발해가 있다고 기록하고 있다'고 한다(민성욱 교수). 지금 만(灣)을 이루고 있는 발해는 그 뒤에 얻은 이름이다.

발해군은 '사고가 말하기를 발해가 있기 때문에 이름지어진 것(師古曰在勃海之濱因以為名)(한서지리지-유주)'이라 했다. 우리도 많이 읽는 『삼국지연의』에 등장하는 '원소'가 태수를 지냈다는 그 '군(郡)'이다.

아래 그림은 유튜브 '문사'에서 강의하는 걸 따왔다. 또한 '문사'의 강의를 참고한다.

발해 얘기는 영주(營州)부터 시작되는데,『구당서』에 나라 세운 곳이 '영주에서 동쪽으로 2천리(其地在營州之東二千里)'라고 했다. 영주에서 동모산까지 2천리라는 얘기다. 이게 말이 될까?

지나(支那)의 고지도를 살펴보면 발해군은 대략 지금의 창주시(滄州市) 일대를 지칭한다. 이곳은 호타하 이남이고 산동성의 북쪽이다.

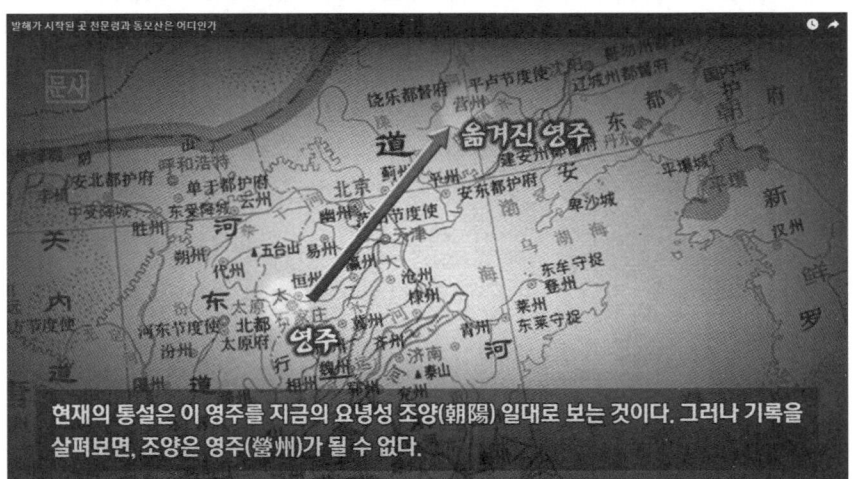

현재의 통설은 이 영주를 지금의 요녕성 조양(朝陽) 일대로 보는 것이다. 그러나 기록을 살펴보면, 조양은 영주(營州)가 될 수 없다.

그런데 도저히 믿기 어려운 게 더 있다. '발해'가 호수든 만(灣)이든, 그 곁에 있는 아주 작은 군(郡)의 이름으로 나라 이름을 정했다는 점이다. 대조영이 처음 건국했다는 지역과 일치하는 것도 아니다. 그렇다면 어찌해서 '발해'가 나라 이름이 되었을까?

『구당서』에 대조영이 '스스로 나라를 세워 진국왕(振國王)이 되었다.'고 한다. 『신당서』에 당의 측천무후가 대조영의 아버지 사리걸걸중상(舍利乞乞仲象)을 진국공(震國公)에 봉했다는 기록이 있고, 대조영이 나라를 열고 스스로 진국왕(震國王)이 되었다는 기록이 있다. 『구당서』와 '진(振, 震)'자가 다르다.

또한 『신당서』에 '예종 선천 중에 사신을 보내서 대조영을 좌효위원외대장군 발해군 왕으로 책봉하고 통치 지역을 홀한주로 삼아서 홀한주도독을 겸임시켰다. 이때부터 말갈이라는 호를 없애고 발해라고 하였다.'라고 쓰여 있다.

삼국유사에서는, '통전에 이르기를 발해는 본래 속말말갈이다. 그 추장 조영에 이르러 나라를 세우고 스스로 진단(震旦)이라 했다.'고 한다.

초기 국명, 도대체 어떤 게 맞는 건지 헷갈리게 한다. 그런데 이 이름들이 다 당나라의 기록에 있는 말들이다. 그들이 멋대로 짓고 부르고 한 것들이라는 걸 알 수가 있다.

조영(祚榮)에게 준 책봉 봉호인 '발해군왕'의 '발해'는 당조차 정식 국호로 생각하지 않았던 것 같다. 당대의 각종 문서를 모은 『책부원귀』의 <외신편>에 따르면, 조영(祚榮)이 '발해군왕'에 봉해진 이후에도 조영(祚榮)이 세운 나라를 '진국', '발해', '발해말갈', '말갈'로 표기하였다. 당대의 각종 관문서에 4가지 국호가 혼용된 것은 당의 관리들이 이 나라의 정식 국호를 몰랐음을 방증한다. 즉 '발해'라는 국호는 '발해군왕'에서 따온 이름이었을 뿐, 당의 관리들이 정식 국호로 생각하지 않았기 때문에 '발해'를 제외해도 3가지 국호가 당의 관문서에 쓰인 것이다. 또 '요동군왕 고구려왕', '대방군왕 백제왕', '낙랑군왕 신라왕'처럼 발해군왕 뒤에 "국호+왕"의 봉호가 생략되었을 가능성이 있다. 이 경우 이 봉호에 포함된 국면은 1부와 2부에서 살펴본 것처럼, 당이 기피했던 '고려(고구려)'였을 것으로 추론할 수 있다. 즉 조영(祚榮)이 삼국처럼 이중봉호를 받았으나 후에 "국호+왕"이 생략되어 '발해군왕'만 남았을 것이다.22)

'발해군왕 고리(高麗, 고구리)왕'이었을 것이라는 얘기다.

하지만, 당에서는 처음에 이 이중봉호를 주었으나 그걸 계속해서 쓰기가 꺼려졌을 것이다.

이보다 앞서, 보장왕과 그의 후손들에게 '고리(고구리)왕' 대신 '조선군왕'이라는 칭호가 주어졌던 예도 있다. 수나라, 당나라가 고리에 얼마나 당했는가. '고리' 소리만 들어도 숨이 막히다시피 했을 것이다. 그래서 혼란이 온 것이다.

그렇다면 발해에서는 어떻게 썼을까? '발해'라는 칭호가 붙는 게 썩 마음에 들지 않았을 것이다. 고리(고구리)의 뒤를 이어 일어났는데, 마침 당에서도 '발해군왕 고리왕'으로 봉호를 주었지만(?), 아직은 강대한 당나라에 '발해' 칭호를 문제 삼아 맞짱 뜰 처지도 못 되어 모르는 척 그냥, '발해'를 슬쩍 빼고, '고리'라고 썼을 것이다. 물론 나중에는, 당과 좋은 관계를 유지하고자, '발해'를 쓰기는 썼을 것으로 보인다. 이것들을 방증해주는 것이 있다. 바로 일본의 기록이다.

『속일본기』 권10에 "대무예의 계에… 고리의 옛땅을 회복하고 부여의 유속을 가지고 있다(大武藝啓…復高麗之舊居 有夫餘之遺俗)."고 했는데, 같은 책 권22에 발해의 문왕 대흠무가 스스로 '고리국왕대흠무언(高麗國王大欽茂言)'이라 하였

---

22) 최진열, 『발해 국호 연구』, 서강대학교출판부, 2022, 343~344쪽.

고 일본의 회답서에도 발해를 '고리국'이라 칭했다고 쓰여 있다. 일본인이 남긴 기록이 믿기 힘든 게 많지만, 그래도 이 『속일본기』의 기록에서 특히 '말한대[듬].'는 대목이 있어 믿을 만하다고 본다.

이후 일본은 기록하는 사람에 따라 '고리'를 쓰기도 하고 '발해'를 쓰기도 하는 등 기분 내키는 대로 쓰는데, 주위 여러 나라에서 '발해'를 더 많이 쓰다 보니까 그들도 점차 '발해'를 많이 쓰게 되지 않았을까 싶다.

눈여겨볼 만한 또 다른 기록들이 있다.

『당회요』에 700년 3월에 '고리에서 보낸 사신이 왔다.'가 있고, 『책부원귀』 710년 4월에 '고리에서 보낸 사신이 왔다.'는 기록이 있다. 또 『당회요』 818년 4월에 '고리국에서 사신이 악공, 악기 등을 가져와 바쳤다.'라는 기록, 『삼국유사』 827년에 '고리 승려 구덕이 불경을 갖고 와서 왕이 여러 절 승려들과 함께 흥륜사 앞길에서 그를 맞이하였다(유튜브 청화수).'

여기의 '고리'는 '소:고리'를 가리킨다고들 한다. 그러나 이런 주장은 확실하다고 할 수는 없어 보인다. 소:고리의 실체가 불분명하고 발해와 소:고리의 관계가 명확하지 않으며, 한편으로 소:고리가 발해의 지방 정권일 수도 있기 때문이다. 또한 발해의 제10대 선왕 대인수(大仁秀)의 치세 때(818~830) 소:고리를 병합(노태돈, 한국민족문화대백과사전)하였다고도 한다.

발해를 '고리(고구리)'로 지칭한 예는 도관칠국육판은합(都管七國六瓣銀盒)의 명문에서도 찾아볼 수 있다. 당 후기 혹은 9세기 중후반의 것으로 비정되는 것이다. 여기에 발해를 나타내는 '고리국(高麗國)'이 보인다(최진열, [발해 국호 연구]). 9세기 중후반에도 '고리'를 국호로 썼다는 얘기다.

오늘날에도 발해의 유민이라 자처하는 민족이 있다. 발해가 망하고 몽골을 거쳐 카자흐스탄에 자리 잡고 사는 '케레이'족이다. 학교 교과서에서도 나오며 스스로 '케레이'라고 하는데, 곧 '고리'가 아니겠는가(김정민 박사).

『遼史』卷1 本紀1 太祖上에 '… 고리는 사신을 보내 보검을 바쳤으며 … (… 高麗遺使進寶劍 …)'의 글이 있는데 915년이다. 앞의 견해대로 한다면 소:고리가 없어진 뒤의 일이다. 이 기록을 따른다면 발해 후기까지도 '고리'를 썼다는 얘기가 된다.

그렇다면 830년에 세상을 뜬 순목황후 묘지명에 '발해국의 순목황후는 곧 간왕의 황후 태씨다(渤海國順穆皇后卽簡王皇后泰氏也).'라는 글이 새겨져 있는데, 이건 뭔가? 분명히 '발해국'이라 하지 않았는가?

지금까지 발해인 스스로 자신들의 나라가 '발해'라고 쓴 문헌이 없다. 모두 다 다른 나라의 기록으로 인해 '발해'라고 해오는 것이다. 단 순목황후의 묘지명에 '발해'가 들어있어서 '발해'라는 나라 이름을 쓰기는 썼구나 하는 것이다. 물론, 차이나(중국)에서 발해 유적을 발굴하고도 완전한 개방을 하지 않아 혼란을 주고 있는데, 완전한 개방을 한다거나 발굴된 유물을 우리가 한껏 연구한다거나, 새로운 발굴을 한다거나 하면 진실에 더 가까운 내용을 얻게 될 것이고, 서로 왈가왈부할 일도 줄어들지 않을까 싶다.

여하튼 여러 정황을 살펴보면, 발해는 처음부터 스스로 '고리'라는 이름을 썼지 않았을까 하는 생각이 든다. 다만, 거대한 세력을 누리던 당나라에서, 자기들이 심하게 당한 바가 있는 '고리' 쓰는 걸 꺼려서 '발해'를 썼기 때문이었을 수 있다. 아니면 압력이 거센 때문이었던지, 또는, 당나라와 얼굴 붉히지

않으며 좋게 좋게 지내자는 의도였을 수도 있다. 주위의 여러 나라에서 '발해'라는 이름을 썼기 때문에도 이후 그 '발해'라는 이름이 알려지고 이어져 온 것이 아닌가 싶기도 하다.

  그렇다면 우리는 우리 역사에서 엉뚱한 이름처럼 들리는 '발해'라는 이름을 길이길이 쓸 것인지, 아니면 '고리(대씨고리)'라는 이름을 쓸 것인지 더욱 깊이 생각해봐야 하지 않을까?

  내 생각으로는 '고리'로 써야 한다고 본다.

5장

나라 이름, 제대로 쓰고 있는가?

1919년부터 지금까지 대한민국이다.

세계평화의 주춧돌이 될 홍익인간을 추구하는 대한민국, 정명(正名)!, 이름부터 바로 세우고 바로 써야 하지 않을까?

1. 나라 이름은 두 가지 의미로 활용한다.

첫째, 현재 굴러가고 있는 나라 이름이다. 대한민국, 영국, 일본 등이다.
둘째, 그 지역에 있었던, 역사적 모든 나라를 통틀어 부를 때 쓴다. 예를 들어 '한국의 역사'라고 할 때, '한국'은 (고)한국, (고)조선, 부여, 고구려, 신라, 조선 등의 모든 나라를 포함한다.

'건국'도 두 가지 의미로 쓴다.

첫째, 각각의 이름으로 된 나라의 건국, 예를 들면 고리 건국(918년), 조선 건국(1393), 대한민국 건국(1919) 등이다. 차이나(中國)의 경우 당(唐) 건국(618년), 중화인민공화국 건국(1949년) 등이다.

둘째, 역사가 연결됐다고 보는 최초의 나라 건국이다. 한국의 건국은 (고:한국의 건국년을 찾을 때까지는) B.C.2333년이고, 일본의 건국은 B.C.660년 등이다. 우리에게 '건국절'이라는 말이 필요하면 '개천절'을 '건국절'로 하면 된다.

2. '(고)한국'과 '신시', '(고)조선(단군조선)'

'(고)조선'을 옛날의 우리나라로 인정하지 못하겠다는 사람들이 있다. 하지만, 국민 대부분이 인정해가는 추세다.

'(고)한국'과 '신시(神市)'를 인정해야 한다고 주장하면, 어떤 반응이 나올까?

'(고)한국'은 『삼국유사』에 나오는 환인(桓因), 환국(桓國)을 바꿔 쓴 것이다. 이 책의 1장에 쓴 바 있어서 설명은 생략한다.

고대로부터 북방 초원에 다민족 연방 공동체로 '12한국'이 있었는데 그 말이 지금까지도 이어져 오고 있고, 여러 나라의 역사 기록에도 남아있다고 한다(김정민 박사). 우리의 '(고)한국'을 부정하고자 한다면 다른 나라의 역사 기록이나 전승되고 있는 얘기들을 더 연구해보는 것도 좋을 것이다.

또한, (고)조선을 인정하면서 (고)한국과 신시를 인정하지 못한다면 문제가 생긴다. 한 편의 글(삼국유사 '고조선')에 들어있는 내용인데 어느 것은 인정하고 어느 것은 인정하지 못한다면 말이 되지 않는다. 그래서 우리 역사는 한국(환인, 환국)에서 시작하여 신시로, 다음은 고조선으로 이어진다고 해야 말이 된다. 고대 한국과 신시가 아주 작은 산골 마을이었다고 해도 어쩔 수가 없다.

 내가 굳이 '한국'이라고 하는 것은, 음운현상을 고려했을 때, 복잡하게 입술과 혀를 움직여야 하는 '환(桓)' 이전에 더욱 쉽게 소리 낼 수 있는 '한'이라 불렀을 것을 확신하기 때문이다.

 '(고)조선'을 얘기하다 보면 '기자조선'과 '위만조선'이 튀어나오기 마련이다. 기자조선과 위만조선의 문제는 그 성격을 어떻게 규정할 것인지 쉽지 않은 일이다. 전문가들도 중구난방이라 쉽사리 매듭짓기도 어려운 일이라서 나중에 다시 자세히 다루기로 하고 여기서는 통틀어 '(고)조선(단군조선)'으로 하고 넘어가겠다.

3. '원삼국시대(原三國時代)'를 '열국시대(列國時代)'로~

 역사는 온 인류가 공유하는 것이지 전공 학자 몇 명의 전유물이 아니다. 그러나 학교 교과서를 비롯하여 각종 역사서는 주로 역사학을 전공한 학자들이 쓰기 때문에, 그들의 지식과 견해를 배우고 익힌다. 시험을 봐서 점수를 얻어야 하는 학생들은 교과서 저자나 지도 교사의 의도대로 답을 써야만 한다. 그러면서 자연스럽게 그런 이론을 따라가게 된다. 그러나 모든 것이 온통 다 맞는다고 할 수는 없는 일이다.

 잘못된 점이 있으면 고쳐나가는 것이 학문이고 그런 일을 열심히 하는 사람이 학자다. 잘못된 것을 지적받아도 외면만 한다거나 깨닫지를 못하고 자신이 배운 것이나 연구한 것만 고집하면서 가르친다면 어찌 학자라 할 수 있을 것인가?

　우리나라 사학계를 보면, '강단사학자'니 '재야사학자'니 하며 나누는 것은 그렇다 쳐도 '식민사학자'니 '유사 사학자' 또는 '사이비 사학자'라는 말까지 나올 정도로 편을 갈라 다투는데, 과연 역사 발전에 도움이 되는지, 또는 역사 인식을 바르게 할 수 있게 되는지 우려스럽기까지 하다.

　'원삼국시대', 이게 도대체 무슨 소린가? 누가 만들었는지는 모르겠지만 참으로 괴상한 이름이다. 아무래도 삼국시대 이전의 시기를 이르는 말 같지만, 삼국시대 이전에도 분명히 나라라고 할 만한 지역과 집단들이 있었을 터, 학자라면 이런 괴상한 말을 만들어 낼 게 아니라 그런 나라들을 찾아내야 어울리는 게 아닐까? 다행으로 '열국시대'라고 부르는 학자들이 있어서 약간이나마 안도하게 된다.

　(고)조선이 강력한 힘을 발휘하는 중앙집권 국가였다고는 여기지 않는다. 느슨한 연방제 국가라고나 할까, 아무튼 그 영향력이 상당히 멀리까지 펼쳐진 듯싶다.

　(고)조선이 무너지고 기댈 곳이 없어진 많은 족속이 끼리끼리 뭉쳐 나라를 만든다. 뭉쳐진 힘이 없으면 다른 족속에게 시달리고 당하기만 할 터, 안 뭉치고 버틸 수는 없는 일이다. 그래서 여러 나라가 성립되고 소위 '여러 나라 시대', '열국시대'가 열린다. 부여, 고구려, 읍루, 동예, 옥저, 대방국, 낙랑국, 신라, 백제, 마한, 진한, 변한, 조선, 가야 등등이다.

4. 사국시대(四國時代) - 가야·백제·고리(高麗)·신라

　가야(伽耶)는 가라(加羅), 구야(狗邪), 가락(駕洛) 등으로 불리는데, 아직 한자를 제대로 받아들이지 않을 때라 한자를 소리 나는 대로 빌려 쓰다 보니 이 모양 이 꼴이 된 것 같다.

여기서는 '나라 이름'을 살펴보자는 것이니까, 다른 나라의 이름은 비껴가고 주로 고리(고구리)를 다루겠다.

고구려, 고구리, 고려, 고리, 구려, 구리 등 나타나는 이름도 다양하다.

고구리(高句麗)는 동명성왕(東明聖王) 추모(鄒牟, 주몽)가, 건국 연대를 믿기가 어렵지만, 기원전 37년에 세워서 기원후 668년까지 존속된 나라라고 한다. 장수태왕 시기에 나라 이름을 고리(高麗)로 바꿨다.

여기서 한자 '리(麗)'를 '려' 발음으로 읽어 '고구려', '고려'라고 해오고 있는데, 이는 세밀히 살펴볼 필요가 있다. '麗'를 나라 이름으로 쓸 때는 '리'로 읽는다. 한자 자전(字典)도 그렇게 설명해준다. 음운현상을 살펴봐도, '려'보다는 '리'가 소리내기 편해서 '리'가 먼저였다고 할 수도 있다. '고릿적', '고리짝' 등의 말이 오래도록 전해오면서 이를 증명하고도 있다. 고구려는 '고구리'로, 고려는 '고리'로 읽어야 한다.

'고구리'는 '구리'에 '高(고)'자를 붙였기 때문에 우리는 어깨를 으쓱할 만하다. 차이나(中國)의 신(新)나라 황제 왕망(王莽, 기원전 45년 ~ 기원후 23년)은 기원후 12년에 고구리왕을 '하구리후(下句驪矦)'로 낮추어 부르는 억지까지 부릴 정도로 고구리의 위세가 대단했는데23) 굳이 '高(고)'자를 뺄 필요가 있는가 하고 의문을 제기할 수도 있지만, 장수태왕 때부터 '고리'로 불렀다. '고구리'로 하게 되면 다음에 세워진 여러 '고리'국과 단절되는 결과를 낳게 된다.

고구리를 고리로 바꾸고 망할 때까지 대략 2백 년은 된다. 이 긴 시기 동안 '고리'로 불렀다면 '고구리'라는 이름은 역사에만 남았을 것이다.

---

23) 이것만 봐도 고구리가 기원전 37년에 건국됐다는 얘기는 알맞지 않다.

장수태왕 때 세운24) '충주고구리비'에 '고리'가 들어있다. 그 장수태왕 때부터 차이나(China, 중국)에서도 '고리'라고 써왔다고 한다. 다른 나라에서 '코리', '코리아', '꼬레아' 등으로 부르게 된 것도 '고리'가 본 이름이었다고 할 수 있다. 무슨 이유였는지는 잘 모르겠지만, '리'를 지금처럼 '려' 음으로 바꾼 것은 조선 초기로 추정된다.

김부식이 『삼국사기』에서 고리를 모두 고구리로 바꾸었고, 그 뒤로 그것을 따르기도 했다. 자신이 사는 고리와 혼동되는 것을 막으려 했을 수도 있다. 또 다른 고리도 있었다. 차이나를 비롯한 다른 나라에서 얕잡아 불러 '발해(渤海)'라고도 한, 대조영이 세운 '고리(高麗)'가 있었고, 보덕국(報德國)이라 칭하기도 하는 고리가 있었고, 궁예가 세운 고리도 있었다.

8세기 말에서 9세기 초에 고씨고리(고구리) 멸망 후 요동 지역에 고리(고구리) 유민이 세운 고리(高麗)가 있었다. 이 고리를, 다른 고리와 혼동을 피하고자 '소:고리(小高麗)'라 부르기도 한다. 그뿐만이 아니다. 차이나의 기록을 보면 이성계 할아버지가 세운 조선도 고리로 부른 예가 많다.

동명성왕 추모가 세운 고리 700년, 대조영이 세운 고리(발해) 230년, 왕건이 세운 고리 500년, '조선'이 들어서기까지 1천 4백 년이 넘게 고리라는 이름이 이어져 온 것이다. 각 나라를 부를 때 혼동이 된다면, 알아먹기 쉽게 추모(鄒牟)의 '고씨고리', 대조영의 '대씨고리(발해)', 궁예는 신라 왕족의 후예라니까 '김씨고리', 왕건의 '왕씨고리'로 부르는 게 구분에 쉽지 않을까도 싶다.

물론 이 문제는 나 혼자 주장한다고 해서 될 일은 아니다. 또한 일본인들이 근세조선을 '이씨조선'이라 했다 해서 욕하는 이도 있는데, 왕의 성씨를

---

24) 광개토태왕 때 세웠다는 주장도 있다.

나라 이름 앞에 넣어 붙이는 게 꺼려지긴 한다. 그런데 아무리 궁리해봐도 더 좋은 구분 방법이 떠오르지 않아 붙인 거라 많은 사람이 더 깊게 의논해서 합당한 이름을 쓰면 좋겠다. 단, 세계인이 우리나라를 '코리아'라고 부르는데, 고대부터 계속해서 연결되어 내려 온 '고리'라는 이름의 역사성을 고려하면 좋은 점도 있지 않겠나 하는 생각이다. '한', '조선', '고리'의 연속성이다.

사족(蛇足)이겠지만, 차이나의 당(唐)나라도 이(李)씨 왕조라 해서 '이당(李唐)'으로 부르기도 했다. 고대 차이나에 '당(唐)'이라는 손바닥만 한 나라가 있었고 그 뒤에도 '당(唐)'을 나라 이름으로 쓴 예가 있기 때문인 듯싶다.

송(宋, 420년~479년)은 차이나의 남북조 시대(439년~589년) 강남 지방에서 유유(劉裕)에 의해 건국된 남조 첫 번째 왕조다. 조광윤(趙匡胤)이 세운 국가 송(宋, 960년~1279년)과 구별하기 위해, 건국자인 유유(劉裕)의 성씨를 따라 '유송(劉宋)'이라 부르기도 한다.

5. 신라의 통일 문제

신라가 당나라를 끌어들여 백제와 고리(高麗, 고구리)를 무너뜨리고 통일을 이루었다고 해서 그 주역인 김춘추와 김유신을 잘못된 인물들로 여기며 욕하는 사람들이 있다. 고씨고리(고구리)가 삼국을 통일했더라면 아주 좋았을 것이라며 애석해하는 사람들이다. 그게 무슨 통일이냐고도 한다. 북한에서는 우리 민족의 5대 역적(逆賊)으로 김춘추, 이성계, 정도전, 이완용, 이승만을 꼽는다는데 여기에 김춘추가 들어있다.

하지만, 그와 반대되는 견해를 가진 사람들은 김춘추와 김유신을 민족의 영웅으로 여긴다. 그 사람들이 없었으면 통일이란 걸 생각이나 해볼 수 있었겠

냐며 웃기지 말라는 식이다. 그러면서 싸운다.

당시의 삼국은 서로 적이었다. 서로 소통이 될 정도의 비슷한 말을 써서 같은 족속이라는 걸 어렴풋이라도 느낄 수 있었는지는 모르겠지만, 그래도 서로 적이었다. 그 지배 족속이 부여에서 나왔다는 고씨고리(고구리)와 부여도 적이었고, 백제와 고리도, 차이나의 유민을 받아 동쪽 신라 지역에 살게 해주었다는 그 백제와 신라도 적이었다.

더 올라가서, 차이나의 옛 왕국 상(商)나라의 지배족과 그 동쪽의 인방(人方, 夷)이 같은 이(夷)족이었는데도 적이었다. 서로 죽이고 죽고, 뺏고 뺏기는 그런 적이었다. 한인, 한웅, 단군으로 이어지는 우리 한민족과 더불어 같은 피붙이였을 성싶은 몽골, 선비, 거란, 여진 등과는 어땠는가? 물론 좋은 시절이 없었던 건 아니었지만, 이른바 죽기 살기로 싸울 때가 있었다.

이웃 차이나는 더욱 심했다. 비록 그들이 오늘날 중화민족(中華民族)이라는 말도 안 되는 소리로 세상을 속이려 하지만, 수많은 족속이 서로 치고받는 적이었다.

신라가 당나라를 끌어들였다고 지탄받지만, 살려면 무슨 짓을 못 하겠는가. 당나라를 형제쯤으로 여겼을까? 천만에, 당나라도 적이었다. 고대로부터 국제관계라는 것이 그랬다.

우리 역사에서 '나당전쟁'을 크게 부각하지 않아서 아쉽기만 한데, 그 거대한 당나라를 깨서 쫓아버린 나라가 신라다. 삼국의 영역과 비교하면 비록 좁아들기는 했지만, 통일을 이루고 이후 왕씨고리와 조선으로 이어지게 했으니 얼마나 장한 어른들인가.

인하대학교 고조선연구소는 문헌사료와 고고학적 발굴 성과 등을 분석한 결과, 통일신라의 국경선은 요동반도 천산산맥에서 길림성 길림시 남쪽의 길림합달령 및 목단강시 남쪽의 목단령을 잇는 선으로 보아야 한다고 주장했다. 이번 연구를 총괄한 복기대 연구소장은 "조선 세종 때의 기록을 보면, 당시 고구려의 평양과 고려의 서경을 찾지 못한 것을 알 수 있고, 이는 조선의 영역에 고구려의 평양과 고려의 서경이 없었다는 사실"이라고 말하고, "이것이 오늘날의 북한 평양으로 바뀐 것은 조선총독부가 강제로 확정해 모든 출판물로 발간하면서 오늘날에 이른 것"이라고 말했다.25)

차이나의 넓은 땅, 그 위에 세워진 주·진·한·당·송·명 등 역대 지배 왕조들, 바람처럼 사라져버렸다. 또한, 거란, 선비, 원(몽골), 여진 등은 도대체 어디로 날아가 버렸을까? 우리는, 지금은 남북으로 갈려 있지만, 그래도 언젠가는 통일을 이루고 만주 등 옛 (고)조선의 강역을 회복할 수 있을 거라는 기대라도 있다. 꼭 땅이 아니라도 좋다. 경제 영역, 문화영역 등도 있지 않은가. 세계를 움직이는 유대인의 힘이 과연 그들이 직접 경영하는 땅이

---

25) 「뉴시스」, 2022.03.22. <인하대, "통일신라 국경선은 지금의 중국 연변 용정시 부근">.

넓어서 나오는 건가? 우리는 그들보다 더 뛰어난, 세계인이 인정하는 두뇌를 비롯한 신체 능력을 조상으로부터 물려받았다.

다시 '고씨고리(고구리)의 통일' 문제로 되돌아 가보자.

물론, 그 드넓은 땅을 다스리던 고씨고리, 신라를 침범한 왜적까지 깨부수기도 했을 정도라니 그 고리가 통일을 이뤄 오늘날까지 이어왔다면 얼마나 좋을까? 하지만,

1) 당시의 상황에서 고리가 혼자의 힘으로 삼국통일을 할 수 있었을까?
2) 만일 고리가 통일했다면 그 통일 왕국이 오늘날까지 이어져 왔을까?

역사에는 '만일'이란 게 있을 수 없다. 고리의 통일 이야기는 '만일'이 붙어야만 한다. 그건 허상이다. 하지만, 비록 땅이 쭈그러들긴 했어도, 신라의 통일은 실상이다. 허상과 실상은 사람이 도깨비와 싸우는 꼴이다. 이게 싸울 건더기가 있는 일일까?

삼국통일, 싸우다 힘에 부쳐 고리의 전 영토를 먹지는 못했지만, 그거라도 얼마나 대단한 일을 한 것인가.

오늘의 대한민국이 있게 해준 그 기틀을 그 어른들이 마련해 주었다고 해석하면 어디 덧이라도 날까? 왜 까딱하면 조상 욕을 그렇게도 투깔스럽게 해대는지 아쉽기 짝이 없다. 뭐 좀 안다는 사람들은 조상 욕하는 것이 자기의 명예를 드높인다고 여기는지, 재미가 나는 건지 무턱대고 욕부터 한다. 대한의 땅이 남북으로 갈린 지 80년, 아직도 통일을 이루지 못하고 사는 현대의 우리가 어찌 삼국을 통일한 조상 욕을 거리낌 없이 해댈 수 있겠는가.

북한에서는 통일신라를 '후기신라'라고 한다. 통일신라라고 하면 배알이 뒤틀리는가 보다.

6. (소)고리(小高麗)

고씨고리(고구리) 멸망 후 요동 지역에 거주하고 있던 고리 유민이 8세기 말에서 9세기 초에 걸쳐 자립한 나라다. '대씨고리(발해)'와는 좀 껄끄러운 사이의 집단이었는지 또는 지방 정권이었는지 모를 일이다.

역사서에서는 국호를 '고리'라 했으나, 앞의 '고리(고구리)'나 궁예弓裔의 '후고리' 및 왕건이 세운 '고리'와 구별하기 위해 편의상 '(소)고구려'라 칭한다. 곧 '(소)고리'다.

'(소)고리'에 관한 직접적인 기록은 818년에 당나라에 조공한 기사를 포함해 몇몇 극히 단편적인 것만이 남아있을 뿐이다. 따라서 그 성립 배경과 과정, 국가의 구조나 성격 등에 관해서는 구체적으로 알려지지 않았다. 다만 고씨고리(고구리) 멸망 후 요동 지역의 정치적 상황의 추이와 이 지역 유민의 동향 및 요동을 둘러싼 국제정세의 변동 등을 통해 '(소)고리국'의 성립과 소멸 과정을 개괄적으로 추론해 볼 수 있을 뿐이다(노태돈, 한국민족문화대백과사전). 하지만, 연구를 더 해 봐야 할 일이지 엄연히 있었던 나라를 역사에서 지워버릴 일은 아닌 듯싶다.

7. '발해(渤海) - '대씨고리(高麗)'

앞장에서 설명한 바가 있어 여기서 자세한 것은 생략한다.

8. 과연, '조선(朝鮮)'은 없었어야 마땅한 나라였는가?

고등학교 『한국사』 교과서에 조선 건국은 1392년으로 되어 있다. 또한, 거의 모든 이들이 그렇게 알고 있다.

> 새로 건국된 명이 철령 이북의 땅을 요구하자 고려는 요동 정벌을 추진하였다. 요동 정벌을 반대하던 이성계는 압록강 하류의 위화도에서 군대를 돌려 개경으로 돌아와 권력을 장악하였다(**위화도 회군**, 1388).
> 권력을 장악한 이성계와 신진 사대부는 **과전법**을 시행하여 신진 관료의 경제적 기반을 마련하는 등 개혁 정책을 펼쳤다. 그러나 신진 사대부는 현실 인식 및 개혁 방법의 차이로 급진 개혁파와 온건 개혁파로 분열하였다. 정도전, 조준 등 급진 개혁파는 이성계와 손잡고 조선을 건국하였다(1392). 조선을 건국한 태조 이성계는 나라 이름을 **조선**이라 하고, 한양으로 도읍을 옮겼다.

왜 이렇게 가르치고, 배워야 할까? 어떤 이유가 있어서겠지만, 일단 있었던 그대로 가르치고 배우면 안 되는 걸까? 우리 역사를 제대로 쓰면서 일본이나 차이나가 우리 역사를 왜곡하는 작태를 바로잡자고 해야 하지 않을까?
이성계는 고리(高麗)의 마지막 왕이다. 1392년 7월 17일 고리의 왕위에 올랐다. 다음 해 1393년 2월 15일 조선(朝鮮) 국호를 확정하여 사용하니 이성계는 고리의 마지막 왕이며 조선의 초대 왕이기도 하다.

조선, 나라 망치는 유교(성리학)가 판을 치고, 온통 사대주의로 일관한 나라, 당파싸움으로 날 새는 줄 모르는 나라, 양반이면 상민·천민을 기분 내키는 대로 쳐 죽이는 나라, 먹을 것이 부족해서 굶어 죽은 시체가 산천에 가득한 나라, 남존여비(男尊女卑)가 만연해서 여자라면 개돼지 취급한 나라, 문약(文弱)에 빠져 외침에 시달리기만 한 나라 등등 '조선'은 없었어야만 할 나라처럼 여기는 이가 많다.

이게 원래 누구의 주장인가?
우리나라를 침략해 온갖 못된 짓을 저지른 일본의 주장 아닌가?
일본의 주장이라고 해도, 말은 맞지 않냐고?
그렇다면, 오늘의 잣대나 저울이 아니라 15~19세기 5백 년의 잣대나 저울로 세계의 여러 나라를 재보자. 과연 나라다운 나라 치고 조선만큼 인권이 보장되며 살기 좋은 나라가 있었을까? 오늘날에도 행실이 바른 사람을 일러 '과연 양반이야!', '역시 선비야!' 한다.

최고의 지식인이라고 자부한다는 어떤 학자라는 사람이, 임진왜란 때 궁궐을 버리고 도망갔다고, 공개강좌에서, 선조 임금을 '개새끼!'라고 하는 걸 들었다. 하기야 그 학자만 그러는 건 아니다. 학자라는 사람들, 경쟁하듯이 조상 욕을 한다. 도망 안 가고 어쩌라는 말일까? 임금이 칼 들고 궁궐 지키다 죽으라고? 왕조시대 전쟁에서, 적에게 왕이 붙잡히면 나라가 거덜이 나는 건데, 끝까지 버티다가 붙잡혀 죽으라고? 차라리 그냥 죽으면 괜찮겠지만, 대개는 나라를 넘겨주게 된다. 제정신 가진 사람이라면 이런 말을 할 수가 있을까?

　이것도 실은 당시 우리나라를 침략했던 일본인들이 우리 백성을 다루면서 떠들었던 무마책이었다. 그걸 아는지 모르는지 그 일본인들의 말을 그대로 되뇌고 있는데 그런 그들이 얼마나 무서운 짓을 저지르고 있는지 잘 모르는 것만 같다. 우리 조상을 통째로 욕하면서 침략자들의 악랄한 행위를 물에 술 탄 듯, 술에 물 탄 듯 뒤섞고 있기 때문이다. 그러면서 자기의 직계 조상은 모두 다 훌륭한 사람들이라고 뽐낸다. 집안 후손이 세운 조상 묘소의 비문(碑文)이나 족보를 보면 훌륭하지 않은 사람이 없다. 양반의 자손이라고 으스댄다. '너, 쌍놈의 자손이지? 했다가는 그날이 말하는 이의 제삿날이다.

9. 대한제국(大韓帝國)

　'대한제국'은 1897년 10월 12일부터 1910년 8월 29일까지의 우리나라 이름이라고들 한다.
　과연 그런가?
　국제연합이나 1965년의 한일기본조약 등은 일본과의 모든 조약은 불법, 무효라고 판정하고 합의했다. 그렇다면 대한제국의 끝이 1910년이 아니라 '대한민국임시정부'가 수립된 1919년이 되어야 한다. 불법, 무효로 판정된 사안을 굳이, 억지로 맞는 것이라며 밀고 나가야 할까?

　우리 역사에서 세상에 보란 듯이 공포한 유일한 황제의 나라 '대한제국'을 없었던 나라 취급하며 고종황제를 아예 바보 멍청이로 만들어 버린다. 그러면서 매도한다. 일본의 침략행위를 당연한 것으로 느끼게끔 부추긴다. 결국은 다른 나라의 지배나 받아야 적절한 그런 나라와 국민으로 만들어 버린다. 문제는, 그걸 듣고 배운 일반인들은 가랑비에 옷 젖듯 자신도 깨닫지 못하는 사이에 머릿속이 젖어 들고 만다는 것을, 지식인이라는 사람들이 모르고 떠들어 댄다는 데에 있다. 이 얼마나 무서운 일인가. 기가 막히는 일 아닌가?

물론 역사를 되돌아보면 잘한 일도 있고 잘못한 일도 있게 마련이다. 성찰과 비판이 없어서는 안 된다. 하지만, 잘못한 것부터 끄집어내어 욕부터 해대는 것이 과연 한 민족, 한 나라의 역사에서 옳은 일일까?

다른 나라의 역사 기술을 보면 온통 조상의 칭찬 일색인데, 칭찬은 못할지언정 왜 우리만 우리 역사와 조상을 매도하는 데 열을 올리는지 깊이 짚어보아야 하지 않을까? 이런 나를 두고 민족주의자니, 국수주의자니 하며 나무라는 사람도 있겠지만, 세계의 역사와 각 나라 각 민족의 역사 인식이나 서술 방향을 살펴보고 나서 나무란다면 서글프지 않을 것도 같다.

10. '대한제국(大韓帝國, Empire of Korea)'은 '조선'이 아니다.

황제의 나라 대한제국은 엄연한 '대한제국'이다. 그런데 사람들은 별다른 생각 없이 '조선'이라 부르기도 한다. 일부 학자나 정치인들에게서 비롯된 듯하다. 대한제국을 아예 없었던 나라 취급하며 깔아뭉갠다. 대한제국이 역사적으로 또는 세계적으로 아주 훌륭한 나라라서가 아니다. 있었던 건 있었다고 해야 한다. 부모 없는 자식은 없다는데, 대한제국 없이 '대한민국'이 있을 수 있는가. 부모는 잘나도 부모요, 못나도 부모다.

1910년 9월 2일, 메이지 일왕이 '짐이 한국의 국호를 고쳐 조선이라 하는 건을 재가해 이에 공포케 하노라.'라는 명령을 발표했다. 이 말대로 본다면,

일왕의 졸개들이 끊임없이 대한제국을 조선이라 부르게 해달라고 졸랐다는 얘기밖에 더 되는가? 그들이 눈에 불을 켜고 전국의 언론·출판·교육계와 사회정치단체에서 '대한' 말살 작전을 펼쳤다.

'대한제국'이 서는 데에 처음에는 찬성하는 듯하던 일본이 뒤에 가만히 생각해 보니 속이 아팠는지, 우리나라를 침략(侵掠)하고 나라 이름 '대한'과 '대한국', '대한제국', '한국' 등을 못 쓰게 하며 '조선'만을 쓰라고 강요한 것이다.

우리가 꼭 그들의 입맛에 맞춰 놀아나야 하는가? 대한제국은 '백성이 주인인 나라'라고 해서 '대한민국'이라 쓰기도 했다. 그런 나라를 우리 스스로 역사에서 지워버리고자 하는 것은 도대체 무슨 심보인가?

아무 거리낌 없이 부르는 '흥선대원군'은 정식 칭호인 '흥선헌의대원왕(興宣獻懿大院王)'으로, 줄여서 부르려면 '대원왕'으로 불러야 한다. 이게 바른 말이고 바른 격식이다.

11. '일제강점기'와 '미군정기'가 '나라 이름'인가?

아직도 많은 사람이, 일제가 우리나라를 침범하여 노략질하던 1910년부터 1945년 사이를, '일제시대', '왜정시대', '일제강점기' 등으로 부른다. 또한, 미국이 우리나라를 지배하며 주물럭거리던 1945년부터 새 정부가 선 1948년까지를 '미군정기'라고 한다.

2007년 17대 국회는 '일제강점기' 등의 이름을 '대일항쟁기'로 바꿔 쓰자고 결정했다. 우리의 주체적 활동을 내세워 그에 알맞은 이름을 짓고, 그 기간에 대해 그 이름을 쓰자는 의도였으리라. 진일보한 일이다.

하지만 나는, '대일항쟁기'가 '일제강점기'보다 좋긴 하지만, 그보다는 침략행위로 그 시기를 가름하는 것이 더 좋을 거라는 생각에 '일제침략기'(日帝侵掠期)'로 쓴다. 여기서 '략(掠)'은 '노략질할 략'자다. 임진왜란(壬辰倭亂), 병자호란(丙子胡亂)과 비슷한 방식이다.

'일제침략기'라 하면 우리는 맨날 침략만 당하며 살았다고 느끼게 할 수 있지 않냐고 할 수도 있을 것이다. 하지만, 수많은 외침에도 그걸 다 물리치며 이 좋은 나라를 물려 준 조상을 부각할 수 있어서 더욱 좋지 않나 하는 생각이다.

집안에 강도가 들면 그 침범행위를 부각해야지 대처하는 집주인의 행위를 부각하는 건 걸맞지 않다고 보기 때문이기도 하다. '강도 점거사건'이나 '강도 저항사건', '강도 방어사건'이라고 하지 않고 '강도사건'이라 하는 것과 같다.

여기서, 더욱 깊이 생각해봐야 할 점이 있다. 일제강점기든 대일항쟁기든, 또는 미군정기든 그 시기의 우리 땅이 어느 나라였냐는 점이다.

대일항쟁기는 '일본'으로, 미군정기는 '미국'이라 해야 할까? 대일항쟁기에 태어난 사람은 일본인이라 하며, 미군정기에 태어난 사람은 미국인이라고 해야 할까? 그럴 수는 없는 일 아닌가. 그런데도 우리는 그 시기의 우리나라 이름을 없애버렸다. 역사책을 더듬어 보면 다 이런 식으로 되어 있다. 이게 제대로 된 의식으로 저지르는 일일까?

물론, 일제 침략기에 대다수의 우리 백성이 국적을 일본으로 바꿨기 때문에 그 시기의 우리 국민은 일본인이고, 우리나라는 일본이라고 해야 한다는 주장도 있다. 언뜻 들으면 그럴 듯도 하다. 무시할 수 없는 주장이기도 하다. 하지만, 정당하게 우리나라를 합병했다면 어찌 세계인이나 한·일 당사자들이 그 침략은 불법, 무효라는 정의를 내렸겠는가! 그 당시 일본인들이 우리 한국인들을 두고 '일본인'이라고 했을까, '조센징'이라고 했을까? '미 군정기'라고 하는 그 시기에 미국인들은 우리 한국인을 '미국인'이라고 했을까? '한국인'이라고 했을까?

일제 침략기나 미 군정기의 우리 국민을 일본인이나 미국인이라고 주장하는 사람이라면 우리나라의 대통령을 지내고, 당시에 세계정세를 가장 잘 꿰고 있었을 듯싶은 이승만 대통령에게 물어보시라. 어찌해서 그는 1948년을 '대한민국 30년'이라 했는가를.

이 책의 '2장. 해방인가, 광복인가?'에 실어놓은 바도 있다.

"강도가, 흉기로 사람들을 해치며, 어느 마을을 침범해 설쳐댔다면 그 마을 이름을 없애버려야 할까요?"

미국에서 50년을 산 어느 여성 동포의 절규다.

'대한민국'을 세운 1919년부터 오늘날까지 우리나라는 '대한민국민주공화국'이다. '일제강점기·대일항쟁기'니 '미군정기'니 하는 시기도 물론 '대한민국'이다.

북한, '조선민주주의인민공화국'은 '대한민국'에 뿌리를 두고 가지치기한 나라다. 북한이 이를 부정한다? '대한제국'과 '대한민국'을 인정하지 못하겠고, '조선'과 바로 연결하겠다? 그건 무식하거나 아니면 사기를 치는 짓이다. 물론, '조선'이라는 나라 이름 쓰는 걸 매도하자는 건 결코 아니다. 얼마든지 써도 좋은 이름이다. 단 그 뿌리와 줄기를 외면하면서 '대한제국'과 '대한민국'을 부정하며 역사를 왜곡하는 짓은 삼가야 할 일이다.

영국은 외래 왕조의 지배를 많이 받았어도 그냥 모두 다 영국이라고 한다.

프랑스가 한때 독일의 침략 지배를 받았어도 프랑스를 지우고 그때를 '독일'이라고 하지는 않는다. 일본이 1945년부터 미국의 지배를 받았지만, 일본을 지우고 '미국'이라고 하지 않는다. 왜, 우리만 나라 이름을 지우고, 일제강점기·대일항쟁기나 미군정기 따위의 이상한 이름을 쓰는가?

12. 일제 침략(侵掠)은 완전 불법이다. 그래서…?

근대에 들어 국제사회가 준수해 온 웨스트팔리아조약(Peace of Westphalia, 1648)을 따르지 않으면 불법으로 여긴다. 이 조약은 1648년에 체결된 근대적 국제 협약이다. 국제법의 시작이며 주권국가가 자신의 의사만으로 외국과 조약을 체결할 권리를 인정한다.

또한, '인류 최대의 국제평화기구인 국제연합이 1905년의 보호조약을 불법 무효[26]'라고 했다.

그것들 뿐만이 아니다.

1965년에 맺은 한일기본조약에서 '1910년 8월 22일 및 그 이전에 대한제국과 일본제국 간에 체결된 모든 조약 및 협정이 이미 무효임을 확인한다(It is confirmed that all treaties or agreements concluded between the Empire of Korea and the Empire of Japan on or before August 22, 1910 are already null and void)'라고 했다.

이렇듯 모든 나라, 모든 국제기구, 세계인 모두가 다 일본의 한국 침략을

---

[26] 이태진, 『끝나지 않은 역사』, 태학사, 2019, 309쪽.

불법이었다고 하는데, 왜 당사자인 우리만 그것이 합법적인 양, 정당한 일인 양 '일제강점기'니 '대일항쟁기'니 하는 소리를 하며 나라 이름까지 없애주는 아량을 베풀고 있는가? 누구에게, 누구 좋으라고…?

　몇백 년이 지나 '조선-대한제국-일제강점기-미군정기-대한민국' 순으로 기록된 우리 역사를 본다면 우리 후손들은 뭐라고 할까? 물론 이런 역사 기록을 남기지 말아야 하겠지만, 우리 후손들은 자기들의 조상이 완전히 무식한 사람들, 또는 정신이 확 돌아버린 사람들이라고 하지 않을까?

12. 대한민국(大韓民國)

　나는, 남북통일이 되면, 우리나라 이름 코리아가 '한(Han)'으로 바뀌길 바란다. '한'은 '하늘'에서 비롯된 말이다. 높다, 크다, 넓다, 처음 등의 뜻을 지닌다. 인간이라면 가장 우러러보는 것이 하늘이다. 그래서 하느님도 생겼다. 하느님은 하님, 하늘님, 한님 등에서 변화된 말이다. 하나님으로 쓰는 사람도 있다. 지금까지도 할아버지를 '한아버지'로 부르기도 한다.

　고대에 우리 조상이 세운 '한국(桓國)'이 있었다. '삼한국'이라 부르는 시기도 있었다. 그 '한국(桓國)'의 세력이 만주 지역에서 상당 기간 존속됐다. 작은 부족국가라 해도 좋고, 작은 마을이라 해도 좋다. 다음으로 '신시'도 있었다. 고(古)조선이 생기기 전이다.

　차이나 중·동부를 비롯해 동북아시아에서 주도권을 잡고 살았던 우리 한족(韓族)이 차이나 화족(華族, 이 화족이란 게 실체가 모호하긴 하다.)에 일부는 동화되고, 일부는 밀리면서 동으로 이동했다.

이후 마한, 진한, 변한 등의 나라가 섰고, 근대에 들어 대한제국이 생겨났다. 다음으로 대한민국이다. 그래서 '한(Han)국'이 마땅하고, 남북이 통일된 이름으로도 가장 알맞다고 본다. 곧, 대한민국(大韓民國), 영어로 Republic of Han, ROH다. 그것이 좋다고 해도 국제적인 문제가 있어서 바꾸기가 쉬운 일이 아니라고 할 수도 있겠지만, 나라 이름을 바꾼 미얀마 스리랑카, 튀르키예 등을 보면 어려운 일도 아니라고 생각한다. '조선(朝鮮)'을 쓰는 북한에서는 이를 반대하겠지만, 이 문제는 간단한 일이 아니어서 차츰 더 검토하며 다뤄 나가겠다.

요즘 국민이 살기가 좀 팍팍하다고는 하지만, 아주 짧은 기간에 가난한 나라에서 손가락으로 꼽을 정도의 강력한 나라로 성장한 우리나라와 우리 국민을 되돌아보자. 유구한 역사를 가진 나라의 저력이 나타나는 것이다. 머지않아 이루어지겠지만, 남북이 통일만 되면 세계적인 강국이 되는 것도 그리 어렵지 않은 일이다. 그런데, 이렇게 잘 나가고 있는 나라의 국민을 왜 분열시키지 못해 안달인지, 잘났다는 사람들의 여러 가지 분열책 소행머리가 괘씸하기 그지없다.

13. 한국, 시대 구분

- ▶ (고)한국(환국, 환인)
- ▶ 신시
- ▶ (고)조선(B.C.2333~)
- ▶ 열국시대(부여, 고구려, 읍루, 동예, 동옥저, 대방국, 낙랑국, 신라, 백제, 마한, 진한, 변한,

조선, 가야 등)

▶ 사국시대(고리<고구리>·백제·신라·가야)

▶ 남북국(조)시대(고리<발해>·신라)

▶ 고리(高麗, 918~1393)

▶ 조선(1393~1897)

▶ 대한제국(1897~1919)

▶ 대한민국민주공화국(1919~)

우리나라의 이름과 역사, 이래야 말이 된다.

6장
대한민국이 반 쪼가리 섬인가?
'한대갑(韓大岬)'으로~

이번 이야기는 주관중(朱冠中) 교수가 쓴 『자르기 지향의 일본인』이라는 책 서문에 실린 몇 구절을 옮겨 적으며 시작한다.

> 일본인은 오랫동안 허리에 큰 칼을 차고 살아 왔다. 일본도(日本刀)로 자른다고 하는 물리적인 <자르기>가 일본인의 정신 속에 추상화되고 무의식화되어 <자르기 지향>의 문화를 형성해 온 것이다.
> 표현을 달리 하면, 일본인의 <자르기 지향>이라는 것은 일본인의 집단 무의식에서 발생되었고, 오늘날 일본인의 사고, 행동, 생활, 문화 속에 나타나고 있는 것이다. 집단 무의식이란, 조상들의 경험을 유전적으로 이어받은 민족 고유의 기억인 것이다.[27]

---

27) 주관중, 『자르기지향의 일본인』, 21세기북스, 1993. 머리말 중에서.

다음으로 우리의 헌법 제1장 총강 제3조를 살펴본다.

대한민국(大韓民國)의 영토(領土)는 한반도(韓半島)와 그 부속도서(附屬島嶼)로 한다.

이걸 좀 더 쉬운 말로 풀어쓰면 다음처럼 할 수 있을 것이다.

대한민국의 땅은 한(이라는) 반 쪼가리 섬과 그 섬에 딸린(붙은) (잔챙이) 섬들로 한다.

대한민국의 헌법 제3조가 이렇게 되어 있지만, 부끄럽게 여기는 사람이 별로 없는 듯이 보인다. '반도(半島)'는 '반 섬', '반 쪼가리 섬', 과연 북한을 포함한 우리나라가 반 쪼가리 섬인가?

대한민국임시정부가 1919년 9월 11일 공포한 임시헌법 제3조는 '대한민국의 강토는 구한국의 판도'로 규정했다. 간도를 비롯한 북방영토를 제외하지 않는다는 의미로 받아들일 수 있다. 1944년 4월 22일에 공포된 임시 헌장 제2조에서도 '대한민국 강토는 대한의 고유한 판도'라고 규정함으로써 임시정부의 헌법정신을 그대로 계승했다.[28]

반 쪼가리 섬, '반도(半島)'는 영어 'peninsula'의 일본 번역어다.

근대 초부터 일본에 영향을 끼쳤던, 라틴어 계열 언어인 이탈리아어 'penisola'나 포르투갈·스페인어 'Península', 프랑스어 'Péninsule' 등의 말과, 게르만어 계열인 영어 'peninsula', 네덜란드어 'Schiereiland' 등의 일본 번역어다. 또한 게르만어 계열인 독일어 'Halbinsel', 슬라브어 계열인 러시아어 'Полуостров' 등의 번역어라고 할 수도 있다.

일본에서 만든 신문명 어휘는, 서양말을 번역하는 방식으로 만든 낱말과,

---

28) 강경원 교수 논문, [한반도'의 개념과 내재적 문제], '문화역사지리 제27권 제3호(2015) 1-17.'

일본 자체의 신조어와, 중국의 고전에 나타나는 어휘를 가져와 의미를 부여한 것들이 있다. "대통령, 일요일, 연설(演說), 철학, 생존 경쟁, 적자생존(適者生存)."과 같은 것이 첫 번째 보기이고, "주임(奏任), 대신(大臣), 총무, 서무(庶務), 주사(主事)"들은 두 번째의 보기이고, "문명, 자유, 문학, 자연"들은 세 번째의 예이다.29)

영어 'peninsula' 등의 모어라고 할 수도 있는 라틴어 'pæninsula'는 1530년대의 대항해시대에 지도가 발달하면서, 'pæne(거의)와' 'insula(섬)'를 합해 만든 말이라고 한다. '거의 섬'이다. '꼬챙이처럼 바다를 뚫고 들어가는, 곧 삼면이 바다로 둘러싸이며 튀어 나가는 지형'이다. 이 말을 "곧이곧대로 직역했다면 버금 아(亞)자를 접두어로 썼을지도 모른다. 의미상으로 '거의'나 '반'이나 그렇게 거리가 먼 것이 아니므로 이 계열에서 '반(半)'으로 직역했을 수도 있긴 하다. 예컨대 일본어 '半ば(なかば)'는 '반쯤'과 함께 '거의'라는 뜻도 있다. 한국어 '반' 역시 단독명사일 때에는 그런 뜻이 없으나 접두사로 쓰이면(예시: 반나체, 반노예, 반강제 등) '거의'라는 뜻이 생긴다(강경원, 위의 논문)."

위에 나온 이탈리아어, 포르투갈어·스페인어, 프랑스어, 영어, 네덜란드어는 '거의 섬'의 뜻을 취한다. 그러나 독일어, 러시아어는 '반 섬'의 뜻이다.

아주 큰 '곶(串, 岬)'으로 보이는 땅을 '거의 섬'의 '섬'을 택해 만든 'pæninsula'는 분명 적절치 못한 말이다. 영어 'cape'나 'headland'를 '곶(串)'이나 '갑(岬)'으로 번역하는데, 이 'cape'나 'headland' 등을 쓰든지

---

29) 송민, 『어휘 변화의 양상과 그 배경』 (국어 생활 22), 국어연구소, 1990. 43쪽.

좀 아쉬우면 'large'를 붙여 쓸 수는 없었을까? 또한, 위에 나온 것처럼 '亞'자를 써서 '아륙(亞陸)' 정도로만 했더라도 '거의 섬'이나 '반 섬'보다는 훨씬 좋지 않았을까 싶다. '섬'이 아니라 '땅(육지)'을 바탕으로 했더라면 더 좋았을 거라는 얘기다.

이 책의 제1장에서 거론한 바 있는, 1700년대 초에 차이나(China, 支那, 중국)에서 포교 활동을 하던 프랑스 출신 선교사 장 밥티스트 레지 신부가 그의 글 『Histoire abrégée de la Corée, (영문) An Abridgment of the History of Corea』30)에서 'péninsule'를 얘기한 바가 있다.

"La Corée qu'on peut appeler avec raison la Chersonèse de la Chine, puisqu'elle lui est contigüe & tributaire, est une grande péninsule qui s'avance en forme de cap dans la mer Orientale, entre la Chine & le Japon."

아래는, 위의 프랑스어로 책이 출간된 후 영어로 번역된 18세기 영어 원사료다.

COREA, which may juftly be called the Cherfonefus of China, fince it is contiguous and tributary to it, is a large Peninfula which runs out in the form of a Cape into the Eaftern Sea between China and Japan

여기서 눈여겨볼 부분은 'grande péninsule qui s'avance en forme de cap'이고, 영어 번역본의 'large Peninsula which runs out in the form of a Cape'다.

---

30) 레지 저, 유정희·정은우 해제, 『18세기 프랑스 지식인이 쓴 고조선, 고구려의 역사』, 아이네아스, 2018.

"'곶' 모양의 큰 '거의 섬(péninsule, peninsula)'"이다.

또 한 가지, 프랑스어 'Chersonèse'가 나온다. 영어 'Chersonesus'로 번역했는데, 위 책에서는 '반도'로 번역했다. 당시의 영어 'Chersonesus'는 요즘 'Chersonese'로 쓰는 듯싶다.

Chersonesus(세르소네수스)는 본디 '기원전 6세기 무렵에 크리미아반도의 한 모서리에 있던 땅을 뜻하는데, 여기에서 이런 용어를 쓴 것은 조선이 마치 크리미아반도처럼 중국의 대륙에 달린 반도라는 뜻이었다'[31]고 한다.

Chersonese와 peninsula는 모두 여러 면이 물로 둘러싸인 지형을 나타낸다. 그러나 그들 사이의 차이점은 크기, 본토와의 연결, 주변 물, 용도 및 원산지에 있다. Chersonese는 일반적으로 좁은 지협에 의해 본토와 연결된 더 작은 육지 면적을 말하지만, peninsula는 더 크고 더 큰 육지 면적으로 연결될 수 있다. Chersonese는 거의 완전히 물로 둘러싸여 있고 peninsula는 부분적으로 둘러싸여 있다. 또한 peninsula가 더 일반적으로 사용되며 라틴어에서 유래했지만, chersonese는 덜 일반적이며 그리스어에서 유래했다(RedKiwi 영어 가이드).

차이나(중국)에서 枕地(침지), 土股(토고), 土角(토각) 등의 '땅'을 바탕으로 한 말을 쓰다가, '섬'을 바탕으로 한 일본 번역어 '반도'를 받아들여 고착화한 것은 그들의 의식도 뭔가 비뚤어진 게 있었지 않았을까 하는 생각이 든다.

'반도'가 등장하는 일본 최초의 자료는 『東洋歷史』(依田雄甫 1800)인데 제6장 제1절의 제목이 '朝鮮半島の 諸國'이다. 그렇다면 '거의 섬'의 'pæninsula, peninsula'가 퍼져나간 지 300년 가까이 되었는데, 서양 배가

---

31) 뒤 알드 지음, 신복룡·장우영 역주, 『조선전』, 집문당, 2023, 15쪽.

왔다 갔다 하는 일본에서 그동안 그 'pæninsula, peninsula'나 'Schiereiland'를 접하지 못하고 1800년 무렵에야 '반 쪼가리' 섬의 뜻인, 독일어 'Halbinsel'나 러시아어 'Полуостров'를 처음으로 보고 처음으로 들었다는 말일까? 네덜란드어는 '거의 섬'의 뜻으로 'Schiereiland'가 주로 쓰이지만, '반 섬'의 뜻이 담긴 'half eiland'도 썼다는 주장이 있긴 하다. 그런데 어떻게 된 게 처음 튀어나온 말이 '조선반도(朝鮮半島)'였으며 '반도'와 '조선'을 동의어로 썼을까?

'COREA PENINSULA'는 1655년경에 최초로 지도상에 표기되었다(강경원, 위의 논문)고 하는데 일본에서는 이런 지도를 1800년대까지 구경해보지도 못했을까?

일본이 세계지도를 그리고 그 지도에 '半島'를 가장 먼저 올렸을 때는 1937년이며 펴낸 곳은 일본의 오사카 와라지야(和樂路屋)다.

동방 진출에서 선두에 나선 나라가 포르투갈과 스페인이었다. 1493년 12월 교황 알렉산더 6세가 새로 발견될 모든 지역을 유럽대륙 서쪽 대서양을 남북으로 종단하는 자오선을 경계로 하여 서쪽은 스페인이, 동쪽은 포르투갈이 영유케 한다는 교서를 발표하였다.

포르투갈은 아프리카대륙 서해안을 남하하여 희망봉을 동으로 돌아 인도양에 진출, 다시 북상하여 아랍 해를 거쳐 인도 서해안에 도달하였다. 1510년에는 인도의 고아(Goa)를 점령하여 이곳에 동남아의 향신료 무역기지를 건설하였다. 다시 남지나해를 북상하여 중국 남부 해안 항구들을 점취(占取)하려고 여러 차례 시도했으나 그때마다 축출당했다. 그러다가 1557년에 중국해역에서 해적 소탕에 공을 세워 명조(明朝)로부터 마카오(Macao)에 무역기지 건설 허가를 취득하였다.

한편, 1519~1521년 마젤란(Magellan)은 남미대륙 남단에서 태평양을 서쪽으로 횡단하여 필리핀을 발견하였는데, 스페인은 이곳에 식민지를 건설하여 동남아시아, 중국, 일본무역의 기지로 삼았다. 이처럼 16세기 중엽까지 포르투갈과 스페인은 동남아시아, 동아시아에 진출하여 17세기 초까지 이 지역 전 해역에서 제해권을 장악하고 해상무역을 독점하다시피 했다.

사비엘 신부는 이탈리아 귀족 출신으로 1549년에 일본 땅을 밟았다. 그는 3년간 그곳에 머물면서 규슈(九州), 야마구치(山口), 교토 등지에서 포교 활동을 벌여 큰 성과를 거두고 그 후 반세기 동안에 수십만 명의 일본인이 천주교로 개종하게 되는 터전을 마련했다.

초기에 포르투갈 상인들과 선교사들이 비교적 쉽게 일본에 들어갈 수 있었던 것은 주로 일본 국내 사정의 혼란에 의한 것이었으나 일단 일본 국내가 다시 통일되고 질서가 회복되자 선교사들은 축출되고 상인들은 엄격한 통제 하의 한곳에 모인 것이다. 다시 말한다면 근세 초기 유럽 여러 나라의 중국과 일본 진출은 이들 국가의 용인과 필요에 따라서만 가능했다. 이와 같은 정세는 그 후 약 200년 동안 크게 변함없이 19세기 초까지 계속되었다(우리역사넷).

네덜란드와 일본은 에도 막부 때부터 관계를 맺었다. 당시에도 막부는 기독교를 금지하면서 예수회를 추방했고 쇄국정책을 추진하고 있었다. 하지만 네덜란드는 기독교를 전파하지 않는다는 것을 조건으로 일본과 제한적인 교류를 하게 되었다. 그리고 당시 네덜란드는 데지마32)를 통해 에도 막부와

---

32) 데지마(일본어: 出島) : 1636년 에도 막부의 쇄국정책 일환으로 나가사키에 건설한 인공섬이다. 부채꼴 모양 섬으로, 전체 넓이는 약 1.3ha 정도다. 1641년에서 1859년 사이 대 네덜란드 무역은 오직 이곳에서만 독점적으로 허용되었으며, 쇄국 일본 시기 서양과 교류라는 숨통을 터놓았던 상징적인 장소다.
당시 일본은 1년에 한 번 쇼군에게 국제 흐름을 설명한 네덜란드 상인들을 통해 서양을 이해했다.

제한적인 무역 및 교류를 하면서 동시에 서양의 기술 및 문물들을 전파했다. 그리고 이 영향으로 일본 내에서도 서양 문물이 퍼지게 되었다. 또한, 일본어에도 네덜란드어 차용어가 들어가게 되었다(나무위키).

이에 따라 철저하게 정보를 얻을 필요가 있었고, 번역도 필요해지게 된다. '서양을 배우자', '서양이다, 서양이야'였다. 네덜란드어를 배우고 있던 사람들은 도쿠가와(德川) 말기에 영어로 바꾼다.33)

외국어가 성행하면 사전(辭典)을 만들게 된다. 그렇다면 '일본 근대에 출간된 외국어 사전'을 살펴보자.

중시할 만한 것으로, 1796년에 네덜란드어 사전 『하루마와게 (波留麻和解)』, 1814년에 영어사전인 『안게리아 고린타이세 (諳厄利亞語林大成)』, 1815년에 네덜란드어 사전 『오란다고호게 (和蘭語法解)』, 등이 나오고, 1822년에 영어사전으로 『에이카지텐 (英華字典)』이 나온다.34)

1854년에 3개 외국어, 곧 프랑스어・영어・네덜란드어를 차례로 배열한 『삼어편람(三語便覽)』이 나오고 1864년 불어사전인 『불어명요(佛語明要)』가 나온다.35)

외국어로 포르투갈・스페인어를 받아들이고, 다음으로 네덜란드어, 그다음으로 영어, 불어를 받아들인 것 같다.

이탈리아는 penisola를 쓰고, 포르투갈・스페인은 'Península'을 쓴다. 프랑스어로는 'Péninsule'다. 네덜란드는 'Schiereiland'를 쓰며 영어로는

일본이 네덜란드 상인들에게만 교류를 허락한 이유는 네덜란드 상인들 관심사는 일본과 무역으로 이익을 남기는 것이지, 전도(傳道)가 아니었기 때문이다(위키백과).
33) 마루야마 마사오・가토 슈이치, 임성모 옮김, 『번역과 일본의 근대』, 도서출판 이산, 2000, 17쪽.
34) 야나부 아키라(柳父章), 서혜영 옮김, 『번역어 성립 사정』, 도서출판 일빛, 2003, 10쪽
35) 오스미 가즈오, 임경택 옮김, 『사전, 시대를 엮다』, ㈜사계절출판사, 2014, 199쪽.

'Peninsula'다. 다른 나라와 마찬가지로 네덜란드어 'Schiereiland'도 'Schier+Eiland'의 합성어로 '거의+섬'의 뜻이다.

'Halb+Insel'로 '반+섬'의 뜻인 독일어 'Halbinsel'은 언제쯤 들어왔을까? 확실하지는 않지만, 포르투갈어와 스페인어, 네덜란드어, 영어, 프랑스어가 들어온 후에 들어왔다고 하는 것이 맞지 않을까?

그렇다면 일본에서 '거의 섬'을 취하지 않고 왜 '반 섬'을 취했을까?

그들은 그냥 '半島'라고 쓰고 그걸 '조선'으로 이해하며 쓰기도 했다. 지금까지도 일본인들은 '한국'을 저주하고, 멸시하고, 조롱하기 위해 '반도', '조선반도', '한반도'를 쓴다. 그뿐만 아니라 자기들 기분 내키는 대로 계림반도, 고려반도, 기자반도, 이씨반도, 이조반도, 반도한국, 반도조선 등도 쓴다.36)

물론, 'pæninsula, peninsula'라는 말이 세상에 태어나고 '半島'가 등장하는 1800년대까지, 앞의 강경원 교수의 "'peninsula'를 한자어로 번역했을 때는 반도가 아닌 다른 용어가 채택될 수 있다는 점을 감안하면 …"라는 지적처럼 다른 말을 쓰기는 썼을 것이다. 하지만 어떤 말을 썼는지 그 자료를 찾기가 어렵다. '반도'라는 말이 일본인들의 뒤틀린 심보에 딱 들어맞기 때문에 이전의 용어가 있었더라도 깡그리 지워버렸지 않았을까?

1796년에 발행된 네덜란드어 사전 『하루마와게 (波留麻和解)』에서 네덜란드어 'Schiereiland'는 어떻게 번역되었는지를 찾아봤다. 그런데 이 사전에는 'Schiereiland'처럼 완성된 말은 찾기가 어려웠고 'Schier'은 찾을 수 있었다. 그 번역어는 '殆(태)', '庶幾(서기)'였다. 우리말 '거의'의 뜻이다. 'eiland'가 '섬'의 뜻이니 'Schiereiland'를 '反島(반섬)'로 해석한다는 건

---

36) 이상도, 『반도가 국호인가?』, 도서출판 경진, 2010.

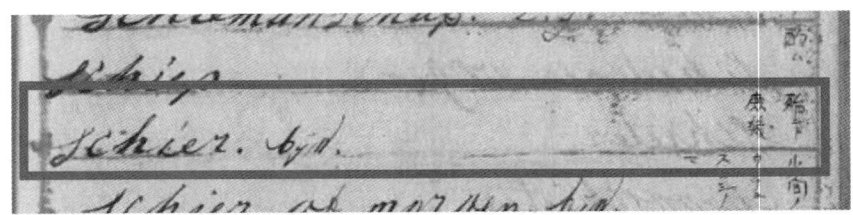

1796년에 발간된 네델란드어-일본어 사전 <하루마와게>의 'Schier'의 번역어 '殆, 庶幾'

가당치가 않다. '거의 섬'의 뜻이기 때문이다.

1814년에 발행된 영어사전인 『안게리아 고린타이세 (諳厄利亞語林大成)』에서 penivle이 느닷없이 '半島(반도)'로 번역되었다. penivle는 당시에 'Peninsula'를 그렇게 썼던 것 같고, '半'과는 전혀 상관이 없을 듯싶은데 '半島(반도)'로 번역했다. 그런데 그 주석에서는 우리말 '곶'이나 '岬'에 알맞은 뜻으로 풀이해놓고도 '半島'로 번역했다. 왜 이들은 이런 짓을 했을까? 도무지

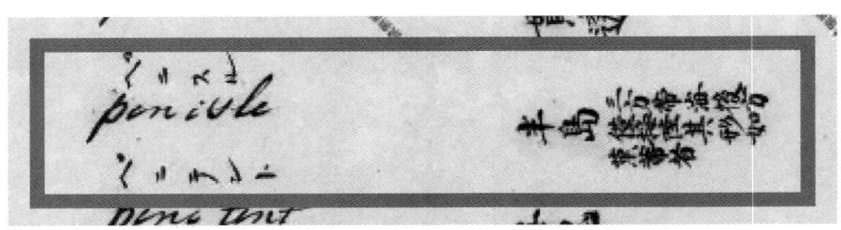

1814년에 발간된 영어-일본어 사전 <안게리아고린타이세>의 '半島'

이해가 안 되는 일이다.

차이나에서는, 'Peninsula'의 번역어로 枕地(침지), 土股(토고), 土角(토각) 등 여러 가지를 썼다는데, 왜 일본에서는 한결같이 '반도'만을 번역어로 썼을까? 다른 말을 만들기는 만들었지만, 어떤 이가 '반도'를 구상해 '조선'과 동의어로 쓰면서 모두 다 그게 좋겠다고 하며 쓰게 된 것만 같다.

일본인들은, 우리나라 지도를 보며, '칼'이나 '주먹'처럼 생겼다고도 한다는데, 내심으로는 어머니 '젖'처럼 생겼다거나, 남자의 '성기'처럼 생겼다고 생각하는 건 아닌지…? 또한, 'Peninsula'와 'Penis'가 비슷하게 생겨서, 어원이 같다고 여긴 건 아닌지…?

'Peninsula'와 '半島(반도)'는 분명 다른 말이다.
차이나에서는 일본의 '半島'가 들어오면서, 뭐라 쓰든 자기 나라와는 상관없는 말이라 여겼든지 아니면 '조선, 너희들 엿 먹어라' 하는 심정이었든지 얼씨구나 좋다 하며 쓰게 된 것이 오늘날처럼 '반도'가 표준어 행세를 하게 된 듯싶다.
한자를 많이 쓰는 일본에 "pæninsula, peninsula'에 알맞은 '거의 섬'의 뜻으로 쓸 수 있는 한자 말이 없었을까? 한자가 몇만 자라는데 왜 없었겠는가? '거의'의 뜻으로 태(殆), 흘(汔, 汽, 瀗), 근(僅, 近), 서(庶), 기(几) 등 많은 한자가 있다. 이걸 몰랐을 리가 없다. 그런데 반도(半島)로 번역했다. 태도(殆島), 흘도(汔, 汽, 瀗島), 근도(僅, 近島), 서도(庶島), 기도(几島) 등으로 했더라면, 아쉽더라도, 할 말이 없을 것이다.
그런데 이걸 '반 쪼가리 섬', 곧 '반도(半島)'로 만들어버렸다. 그래놓고 그들은 우리나라를 얕잡아 부를 때 '반도'를 붙여 희희낙락거리며 써댄다. 우리나라에서도, 대단히 좋은 말인 것처럼, 특히 식자층부터 부지런히 써댔다. 일반인도 지식인이 써대니까 그저 좋은 말인가보다 하면서 쓴다. 다른 마땅한 말이 없다고 항변하는 사람까지 있다. 半島를 쓰지 않고도 대한민국, 한국, 한, 우리나라, 코리아(고리, 세계인이 쓰는 말) 등으로 얼마든지 의사 표현을 할 수 있을 것 같은데 말이다. 실제로 '한반도'라는 말을 안 쓰고도 할 말다 하는 학자들이 있다. 꼭 마땅한 말이 없다고 판단되면 '코리안 페닌슐라(Korean peninsula)'를 그대로 쓴다 해도 '한반도'보다 백 배는 더 나을 것이다.

하지만 '코리안 페닌슐라(Korean peninsula)', 이 말도 문제가 있긴 하다. 우리나라와 비슷한 이탈리아의 예를 들어보자. 이탈리아에서는 'penisola italiana'를 쓴다고 한다. 그러나 그들은 '거의 섬'으로 인식하지 '반 섬'으로 인식하지는 않는다. 그런데 우리는 이미 '반도'가 머리에 박혀서, 의식적이든 무의식적이든, 그냥 그대로 이해해버릴 것이기 때문이다.

그렇다면 일본에서는 자기들의 땅 이름으로 '반도'를 쓰지 않는가? 쓴다. 멀쩡한 하나의 섬도 둘로 나눠 '반도'로 부르기도 하고, 우리가 곶(串)이나 갑(岬) 등으로 쓸 수 있는, 바다로 쭉 뻗친 길쭉한 땅을 다카나와(高繩)반도, 가메다(龜田)반도, 구니사키(國東)반도 등으로 부르는 등 수없이 많이 쓴다. 자르기 좋아하는 그들의 성정을 나타내며 마구잡이로 쓴다.

'반도'를 쓰지 않고 다른 말을 쓰는 경우도 많은데, 오오스미하나(大角鼻), 아카이시하나(赤石鼻), 아지로하나(網代鼻), 고구시미사키(小串岬), 무로토미사키(室戶岬), 다카시게미사키(高茂岬), 이나사키(伊奈崎), 이리마에사키(入前崎), 구로사키(黑崎) 등 鼻, 岬, 崎 따위도 쓴다(이상도, 위의 책). 우리나라에서 장산곶, 공단곶, 동외곶, 장기곶 등처럼 곶(串)을, 송도갑, 안성갑처럼 갑(岬)을, 어랑단, 무수단처럼 단(端)을 쓰는 것과 비슷하다.

우리나라에서는 언제부터 '반도'라는 말을 썼을까?

우리나라 문헌에 '반도'가 최초로 등장하는 사료는 현채(玄采)가 1899

년에 저술한 『大韓地誌』 제1편 총론과 범례다. 현채가 동해를 일본해라 칭했던 것으로 보아 일본의 영향을 많이 받은 것 같다. 우리나라의 위치를 반도라고 하고 우리나라를 반도국이라고 표현한 것을 보면, 한말까지는 국내에서 한반도나 조선반도로 일컫지는 않았음을 알 수 있다. 심지어 1905년 11월 20일자 '황성신문'의 사설 '시일야 방성대곡'에서도 '四千年 疆土'라는 문구를 여전히 사용하였다.

을사늑약 이후 1906년 11월 1일자로 『少年韓半島』라는 대한제국 최초의 청소년잡지가 창간되었는데, 1907년 4월 1일 통권 6호로 종간되었다(최덕교 2004,151). 이즈음에 우리나라에서도 '한반도'를 사용하기 시작한 것으로 보인다. 1908년에 창간되었던 우리나라 최초의 계몽잡지인 『少年』에는 '반도'와 더불어 '대한반도'라는 용어도 등장하였다. 창간호의 '봉길이 지리공부'란 중에 '대한의 외위형체'라는 글이 있는데 거기서 '대한반도'라는 어휘를 사용하였다(新文館1906, 66). '少年' 제1년 제2권에도 '半島國', '半島', '우리 半島', '大韓半島'가 거듭 사용되었다. 이처럼 한말에 반도라는 용어를 사용한 것은 특별한 의도와는 관련이 없다 하더라도 일본의 영향을 받은 것은 틀림이 없다. 김기빈(1995)은 우리나라의 국토 영역을 표현하는 말의 '반도(半島)'는 역사왜곡의 의도로 일제에 의해 만들어진 이름으로 단언하였다.(강경원, 위의 논문)

일본인들이 자기 나라 자기 땅 이름을 뭐라고 쓰든 우리가 상관할 바는 아니다. 문제는, 자기들의 조상 나라며 이웃인 우리의 '조선', '대한제국', '대한민국' 등 번듯한 나라 이름을 깔아뭉개기 위해 꼭 '반도'를 붙여 오고 있다는 점이다.

일본의 『대한화사전』 '半島'의 풀이 ②는 '특히 조선을 말함'으로 되어 있다. 자세히 따지면 의미상 2차 번역인 셈이다. 이게 말이 되는가? 반 쪼가리 섬의 뜻인 '반도'와 '조선', '한국'을 동의어로 쓰는데, 우리까지 덩달아 쓴다는 게 말이 되는가? 그런데 나도 썼다. 내가 쓴 책 속에도, '반도'라는 말을 썼다. 남들이 쓰니까 그게 대단히 좋은 말인 줄 알고 썼다.

깊이 반성한다.

일본은 '섬나라'라는 콤플렉스 때문에 또는 중국이나 조선에 무시당하는 앙갚음으로 자기 나라는 '온 섬', 우리나라는 '반 섬'으로 만들지 않았나 싶기도 하다. 하지만, 일본에 '半島'를 붙인 지명이 엄청나게 많은데도 자기 나라는 '반도국가(半島國家)'라고 하지 않는다.

지금까지의 얘기를 종합해보자.

① 이 글의 첫머리에 붙인 주관중 교수의 글처럼, 자르기를 좋아하는 일본인의 행태로 봤을 때 서양어가 들어오기 전부터 '半島(반도)'를 썼을 가능성이 있다.

② 이탈리아어 penisola, 포르투갈어·스페인어 'Península, 네덜란드어 'Schiereiland', 영어 'Peninsula', 프랑스어 'Péninsule', 독일어 'Halbinsel' 등은 어떻게 한결같이 모두 다 '半島(반도)'로 번역되었을까? 다른 번역어는 아예 없었을까?

천만에! 국민투표에 붙여 결정한 것도 아니고, 번역어로 쓸 만한 말들이 차고 넘치는데, 그 많은 인구가 어떻게 다 같이 한 소리를 낼 수 있었겠는가?

③ 왜 이른 시기부터 '반도'를 '조선'이나 '한국'을 대신해 썼을까?

이건 분명 그들의 마음속 깊은 곳부터 우리나라에 대해 뭔가 맺힌 것이 있었던지, 아니면 어떻게든 우리나라를 깎아뭉개고자 하는 의도가 깔려 있었기 때문이라고 볼 수밖에 없다.

④ 왜 우리 지식인들은 아무 거리낌 없이 '반 쪼가리 섬'의 뜻인 '반도'를 받아들이고 퍼뜨렸을까?
정신없이 돌아가는 정세 속에 깊이 따져볼 겨를이 없었을 것이다. 더군다나 당시의 일본 문화를 좋아하고 떠받드는 사람들이 앞장섰을 게 뻔한데, 그들이 쓰는 말에 달리 토를 달 필요를 느끼지 못했을 수도 있다.

⑤ 우리나라를 가리키는 '한반도'는 왜 갈수록 더 많이 쓰는가?
모양이 좀 난다거나, 유식하게 보일 거라는 기대심리의 작용이다. 소위 지식인들이 많이 쓰며 가르쳐 왔기 때문이기도 하다.

⑥ 우리 국민은 '한반도'가 '반 쪼가리 섬'의 뜻이라는 걸 얼마나 정확하게 알까? 내가 많은 사람에게 물어보고 확인한 바다. 거의 모른다고 하는 것이 정답일 것이다. 심지어 유명 대학교 역사학과를 나와 평생 역사 교사를 지낸 어떤 이도 그걸 몰랐다고 실토하는 걸 들었다.

⑦ '반 쪼가리 섬', '한반도'를 계속 써야만 할 일일까? '대한민국'을 대신해서 써도 될 말일까?
절대 안 된다.
몇 가지만 더 살펴보자.

우리가 아무 거리낌 없이 쓰는 '한반도', 도대체 그 경계는 어디일까? 사실 정해진 건 없다. 대개는 압록강과 두만강을 그 경계로 하는 국경과 같다고 생각한다. 곧 북한을 포함하는 우리나라와 '한반도'는 같은 것이라고 여긴다. '한(조선)반도=한국(조선)'의 등식이다. 이 등식이 굳어져 가고 있는 것만 같다. 이 문제는 더욱 깊은 성찰이 필요할 것이다.

그런데 '한반도', 뭔가 단절되는 느낌이 들지 않는가? 그렇다. 현실과 더불어 분명히 단절되는 느낌이 들 수밖에 없는 말이다. 그러면서 우리의 머릿속부터 유라시아 대륙과 단절된다.

또한, '한(조선)반도=한국(조선)'의 등식이 뇌리에 각인되며 역사적 우리나라를 압록강과 두만강 이남의 땅으로 국한된다. 곧 (고)한국이나 (고)조선, 부여, 고구려, 발해 등의 역사와 지역이 좁혀지거나 사라지게 된다. 비교적 최근에 빼앗긴 만주 땅 '간도(間島)'는 언제나 되찾을 수 있을지…?

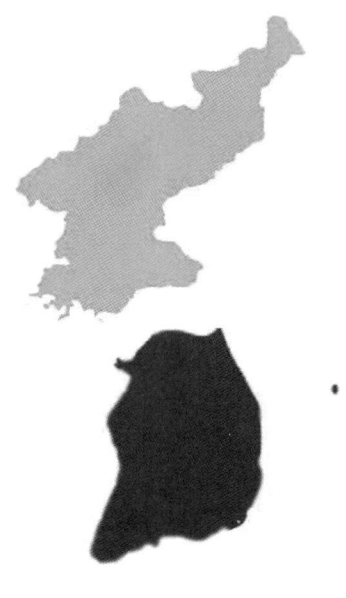

더 무서운 일이 있다.

'말이 씨가 된다.'고 한다.

우리나라가 진짜로 '반 쪼가리 섬'이 되고 만 것이다.

백두산에서부터 등뼈처럼 내려온 큰 산줄기 '백두산맥(백두대간)'도 '낭림산맥'과 '태백산맥'으로 두 동강을 내놨다.

이래도 굳이 '한반도'라는 말을 꼭 써야만 할까?

고쳐야 한다. 바다를 뚫고 들어가는,

곧 유라시아 대륙의 정기를 모두 모아 힘차게 뻗어나가는 지형, 우리말과 우리 정서에 알맞게 고쳐야 한다.

어떻게 고쳐야 할까?

장산곶, 공단곶처럼 비교적 알기 쉬운 '곶(串)'을 써서 '한큰곶'이나 '한대곶, 한대관(韓大串)' 등으로 하는 것이 우리에겐 좋을 듯싶지만, 송도갑(松島岬), 안성갑(安城岬)처럼 '갑(岬)'도 쓰고 있으니까, 한자를 쓰는 다른 나라에서도 편리하게 활용할 수 있도록 '한대갑(韓大岬)'으로 고치는 것이 가장 좋다고 본다. 아울러 사전의 '반도(半島)'도 고쳐서 '큰곶'이나 '대갑(大岬)'을 쓰는 것이 좋을 것이다.

지금까지 우리는 우리나라가 대륙 세력과 해양 세력이 지나다니는 통로 또는 충돌하는 땅, 지정학적으로 불리한 지역에 자리 잡고 있다고 가르치며 배워왔다. 과연 그런가? 뒤집어서 생각해 볼 수는 없는 일인가?

세계지도를 펼쳐놓고 보자. 우리나라의 위치는 세계적으로 이보다 더 좋은 지역이 없다 해도 과언이 아닌 그야말로 최고의 지역에 따리를 틀고 있다.

일본은 여러 개의 지각판에 걸쳐있어 맨날 화산과 지진으로 불안에 떨고 살아야 하며, 차이나(中國)는 동저서고(東低西高)로 사람이 고루 살 수 없는 환경이다. 남쪽이나 남동쪽에서 일어난 태풍이 올라오다 그 방향을 서쪽 차이나로 틀고 동쪽 일본으로 틀면서 웬만하면 우리나라로 들어오지 않으려고 한다.

우리나라는 산과 들이 적절하게 배치되어 있어서 산야가 깨끗하고 물이 맑다. 세상에서 우리나라처럼 물을 마음 놓고 마실 수 있는 나라는 없다. 1년이면 크게 네 차례 계절이 변하면서 사람들을 부지런하게 하며, 두뇌를 발달시켜 세계적인 고 IQ 나라로 만들고 있다.

다시 한번 더 세계지도를 펼쳐놓고 보자. 그동안 우리는 세계 강대국들 틈에 끼어 있어 나라가 엉망이 되었다고들 하지만, 이제는 그 강대국들이 주위에서 우리나라를 지켜주는 파수꾼 역할을 해주고 있다.

(고)조선으로부터 5천 년, 신라의 삼국통일로부터 1300년, 이런 나라를 지켜 물려준 조상들이 그저 고마울 뿐이다.

비록 지금은 남북이 갈려 힘쓰는 게 좀 약하지만, 그래도 세계적인 강국이다. 만일 남북이 하나만 된다면 차이나나 미국과 맞짱도 떠볼만한 나라가 되지 않겠는가. 물론 지도자라고 하는 사람들이 제정신을 차리고 앞장서서 잘 이끌어가야 하는 전제는 있지만 말이다.

이런 나라가 '반 쪼가리 섬'이 되어있어야 하겠는가?
말이 바로 서야 정신이 바로 서고, 정신이 바로 서야 나라가 바로 선다.

7장
백두대간(白頭大幹)인가,
낭림산맥(狼林山脈)·태백산맥(太白山脈)인가?
'백두산맥(백두대간)'으로~

  내가 언제부터 '백두대간'이라는 말을 듣고, 알았는지 기억이 없다. 『산경표(山經表)』나 그 『산경표』를 따라 만들었다는 <산경도(山經圖)>도 마찬가지다.

  내 업무실 가장 잘 보이는 곳에 간단하게 그려진 <산경도>를 걸어놓은 지가 10년 가까이 돼가는 듯싶다. 이게 무슨 그림이냐고 물어보는 사람은 간혹 있어도 알아보는 사람은 거의 없다. 관심을 보이는 사람도 드물다.

  비록 천정에 붙여놓았지만, 가로 4.6미터, 세로 3.7미터 크기의 대형이어선지 백두산 천지(天池) 사진은 금방 알아본다.

나는 어린 학창 시절 공부를 잘하지 못한 탓도 있었겠지만, 지리 시간에 배운 우리나라 산맥을 잘 모른다. 고향 선배가 쓴 소설이어서 관심을 가진, 소설 '태백산맥' 덕에 그 '태백산맥'이나마 좀 아는 형편이다. 안다기보다 자주 보고 들었다고 해야 맞을 성싶기도 하다. 그 소설 속에 나온 실제 인물인 또 다른 선배가 수감 중 잠시 외출했을 때 만난 일이 있었는데, 이념이란 게 뭐 그리 중요한지 끝내 전향하지 않고 북으로 넘어갔다고 들었다. 이 선배 생각이 나면서 덩달아 '태백산맥'까지 생각나기도 한다.

<산경도(山經圖)>를 보면 한눈에 감이 딱 온다. 굳이 외우려고 애쓸 필요도 없다. 설령 '대간'이나 '정간', '정맥' 등을 빼버린다 해도 산줄기와 강이 머릿속에 들어온다.

그런데 왜 이렇게도 알아보기 좋은 걸 놔두고 복잡한 '산맥도'를 가르치고 배워야만 했을까? 일본인 고토 분지로가 '산맥도'의 바탕이 된 「조선 산맥론」을 쓸 당시 우리나라에 『산경표』가 널리 알려지지 않아서였을까? 그러나 『산경표』의 이름들이, 주로 강을 따라 만들어져서, 낯설기만 하지는 않는다.

경상남도 김해시에 자리 잡은 분성산에서 저 먼 북쪽 백두산까지 발에 물 안 묻히고 걸을 수 있게 안내해주는 게 『산경표』란다. 『산경표』만 제대로 알면 내 고향 보성 복내 방골산에서도 마찬가지로 할 수 있다고 한다.

우리는 『산경표』를 외면해 왔다. 요즘은 학교 교과서에 약간 나오기는 하지만, 대부분이 모른다. 혹여 『산경표』, <산경도>가 압록강이나 두만강 넘어 간도를 비롯한 우리의 옛 땅을 표기하지 않아서였을까? 혹시, 남의 물건을 팔아먹은 사기꾼처럼, 간도를 팔아먹은 일본인들이 『산경표』를 없애지 않고 남겨둔 게 못마땅해서였을까? 물론 우리 국토를 압록강이나 두만강 넘어까지 그린 다른 지도들이 있긴 하지만, 『산경표』 자체를 모르는 상태에서 그렇게까지 따지지는 않았을 것만 같기도 한데, 글쎄다.

살아있는 '백두대간의 전설'로 불리는, 백두대간 종주 '한문희' 총대장이 절친이다. 산림청의 독도법 교수며, 일본이나 몽골 등의 의뢰를 받아 그 나라 산의 새로운 등산로를 개척해주기도 한다.

한 총대장은 백두대간 종주를 몇십 번 했다. 오래전, 한 팀을 이끌고 백두대간 종주를 마친 기념식을 지리산 자락에서 한 일이 있었는데, 축하하기 위해 물어물어 그곳에 찾아간 일도 있다.

그런데, 현재의 '백두대간 종주'는 반쪽 종주로 남한만의 종주다. 우리 모두의 바람이겠지만, 특히 한 총대장의 통일 염원은 안타까울 정도다. 백두산에서부터 북한 땅의 백두대간 산줄기를 밟고 온전하게 종주하고 싶어 한다. 우리 민족이 아닌, 뉴질랜드 여행가이자 사진가인 로저 셰퍼드(Roger Shepherd)가 2010년 남한 구간, 2011년 북한 구간의 백두대간을 최초로 종주[37]하면서 우리 민족의 입맛을 씁쓸하게 만들었다.

한 총대장은 그야말로 우리나라 산들을 손바닥 보듯 쫙 꿰고 있다. 그가 『산경표』를 어느 정도 이해하는지 정확하게 알 수는 없다. 다만, 산꾼들은 이 『산경표』를 알아야 한다고 주장한다. 하지만, 산행할 때 보면 최신 정밀지도를 활용한다. 산과 강의 이어지고 나뉨을 얘기할 때 보면 『산경표』를 기반으로 한단다. 이른바 우리나라 최고 산꾼이 『산경표』를 따른다는 얘기다. 그래야 산길을 잘 알 수 있고, 산에 가서 괜히 헛고생하며 헤매지 않게 된단다. 덕분에 이따금 '산' 이야기를 듣기도 한다. 우리 민족이 얼마나 산을 신성시하며 더불어 살면서 받들어 왔는지도 깨닫게 된다.

---

[37] 김우선, 『산경표』 돋아읽기, 민속원, 2021, 20~21.

우리 옛 어른들은 '등산(登山)'이라는 말을 잘 쓰지 않았다. 그저 '입산(入山)'이고 '산행(山行)'이었다. 그만큼 산을 존중하고 겸허하게 대했다.

그런데, 산맥의 기준을 땅 밑 지질로 삼느냐 아니면 땅 위 지형으로 삼느냐는 문제로 논란이 계속되는 듯싶다. 곧 고토 분지로(小藤文次郎)의 「조선 산맥론」에서 비롯된 '산맥론'과 신경준·이우형의 『산경표』·<산경도>'에서 비롯된 대간·정간·정맥 등의 이론이 충돌하며, 일반인들도 마찬가지지만, 특히 공부하는 학생들을 헷갈리게 한다.

1. 백두산과 곤륜산(崑崙山)

우리 조상은, 차이나(중국)인들의 영향이었을 듯싶은데, 세상에서 가장 높은 산을 곤륜산(쿤룬산, 해발 7,167m)이라 하며 풍수지리(風水地理)에서 태조산(太祖山)으로 여기기도 했다. 다양한 신이 사는 곳이라며 신성시하기도 했다.

곤륜산은 차이나 서부의 청해성에 있는 큰 산이다. 풍수지리의 고전인 『인자수지(人子須知)』[38] 권2에서 큰 산

중국삼대간룡총람지도

---

[38] 『인자수지』는 명(明)나라 때 간행된 중국의 풍수 문헌인데, 기존의 풍수지리 문헌과 유학 경전 등을 바탕으로 재구성하였다. 『인자수지』는 자연의 지형 지세를 풍수지리 구도로 설명하였고, 풍수지리 용어, 실제 활용 사례, 길흉의 형상 등을 자세히 설명한 풍수지리 종합안내서다.

맥을 논하는 첫째 글이 바로 '곤륜산이 모든 산의 조종임을 논한다(論崑崙為諸山之祖).'이다. 여기에는, 차이나의 산수는 모두 서북에서 발원하고, 천하의 산맥은 모두 곤륜산에서 발원한다는 설이 실려 있다. 또한, <중국삼대간룡총람지도(中國三代幹龍總覽之圖)>에는 곤륜산의 3대 대간(大幹)인, 아시아 대륙의 3대 산맥을 제시하였다. 지도에 표기되어 있지는 않으나 본문의 서술에서는 백두산이, 곤륜산에서 시작하여 의무려산39)과 백두산까지 뻗은, 곤륜산맥 제일 대간임을 밝혔다. 모든 산맥의 조종(祖宗)이라는 곤륜산과 백두산을 연결하여서 보는 것은 당시의 통념이었다40)고 한다. 이 곤륜산의 맥이 흘러 백두산에 이어진다는 얘기다.

 곤륜산(崑崙山) 한 가닥이 대사막(大沙漠) 남쪽으로 뻗어 동쪽으로 의무려산(醫巫閭山)이 되고, 여기에서 크게 끊어져 요동(遼東) 들이 되었다.
 들을 지나서 다시 솟아 백두산(白頭山)이 되었는데, <산해경(山海經)41)에서 말한 불함산(不咸山)42)이 바로 이곳이다.
 산 정기(精氣)가 북쪽으로 천 리를 달려가며 두 강을 사이에 끼었고, 남쪽으로 향하여 영고탑(寧固塔)43)이 되었으며, 뒤쪽으로 뻗은 한 가닥이 조선산맥(朝鮮山脈)의 우두머리가 되었다(崑崙山一枝行大漠之南東為醫巫閭山

---

39) 의무려산(醫巫閭山) : 차이나 동북부 3대 명산의 하나로, 랴오닝성 진저우시(遼寧省 錦州市, 요녕성 금주시)에 속하는 베이전시(北鎮市, 북진시)의 5킬로미터 서쪽에 있다. 원래 만주어로 '푸르른 산'을 의미한다.
40) 이중환, 안대회·이승용 번역, 『완역 정본 택리지』, 휴머니스트, 2018.
41) 산해경(山海經)은 중국 선진(先秦) 시대에 저술되었다고 추정되는 대표적인 신화집 및 지리서다.
42) 불함산 : 정재서 역주, 『산해경』, 민음사, 2019. 318쪽. - 큰 황무지 가운데에 불함이라는 산이 있다(大荒之中, 有山, 名曰不咸). 불함(不咸)은 장백산(長白山), 백두산이다(『성경통지(盛京通志)』 11, 「산천(山川)」). 곽박(郭璞)은 이 산해경의 주석에서 지금의 장백산이 바로 옛날의 불함산이라고 밝혔다. 백두산의 명칭 가운데 문헌에 가장 먼저 나오는 것이 불함산이다.
※ '이 불함산이 몽골 부르칸(Burkhan) 산의 또 다른 이름이다.'라는 얘기도 있다.(고토 분지로, 손일 역, 『朝鮮기행록』, 푸른길, 2010, 402쪽.)
43) 만주어 닝구타의 한자 표기로 흑룡강성 영안현성(寧安縣城)의 청나라 때 지명이다. 청나라의 발상지로 조선의 최북단 회령 북쪽에 있었다.

自此大斷是爲遼東之野渡野起爲白頭山卽山海經所謂不咸山是也精氣北走千里挾
二江向南爲寧固塔背後抽一枝爲朝鮮山脈之首).44)

이는 이익성 선생의 『택리지』 번역이다. '朝鮮山脈'은 '조선의 산맥들'이라고 해석하면 좋을 듯싶다.

안대회·이승용 선생의 번역 『완역 정본 택리지』45)에서는 '대사막(大沙漠)'을 '고비사막'으로, '두 강'은 '영고탑 북쪽을 흐르는 흑룡강(黑龍江)과 혼동강(混同江)46)을 가리키는 것으로 추정'한다.

그런데 '남쪽으로 향하여 영고탑(寧固塔)이 되었으며, 뒤쪽으로 뻗은 한 가닥(向南爲寧固塔背後抽一枝)'의 문구는 원문도 해석하기가 어렵지만, 두 번역서를 아무리 봐도 이해하기가 어렵다.

이번에는 일본인 고토 분지로가 쓴 「조선 산맥론」에서 인용한 『조선팔역지(朝鮮八域誌)』의 손일 교수 번역본을 보자.

곤륜산계에서 대사막 남쪽을 지나 동쪽으로 뻗어 의무려산으로 이어지며 이것이 바로 음산산맥이다. 이 산맥은 여기서 요동 평야에 의해 끊기지만 다시 솟아 백두산으로 이어진다. 불교 저작물인 산해경에서는 이 산을 불함산이라 한다. 백두산으로부터 북쪽으로 갈라진 지맥은 영고탑으로 이어지는 반면 오른편 지맥은 남쪽으로 뻗어 조선 산맥이 된다.47)

이 번역도 이해하기 어렵기는 마찬가지다. 그저 '백두산'이 '조선 산맥들의

---

44) 이중환, 이익성 옮김, 『택리지』, ㈜을유문화사, 2005, 31쪽.
45) 이중환, 안대회·이승용, 위의 책.
46) 혼동강 : 흑룡강과 송화강이 만주 길림성 동강현 북쪽에서 합류하는데 그 하류 지점을 혼동강이라 한다.
47) 고토 분지로, 손일 옮김, 『朝鮮紀行錄』, 「조선 산맥론」, 2010, 342쪽.

우두머리 산'이 되었다는 정도로 만족하고 넘어가야 할 듯싶다.

『조선팔역지』는 『택리지』의 또 다른 이름이다. 『택리지』의 인쇄본과 필사본이 수십 종이 되는데 그 가운데 하나다.

구한말 이후 『택리지』 간행사(史)를 살펴볼 때, 주목할 만한 것은 인쇄본이 국내보다 국외에서 먼저 발행됐다는 사실이다. 1881년(고종 18년)에 일본 외무성의 외교관 근등진서(近藤眞鋤)가 일본어로 번역하여 『조선팔역지(朝鮮八域誌)』라는 이름으로 동경 일취사(日就社)에서 발행했고, 1885년에는 중국인 강경계(江景桂)가 일역본 『조선팔역지』를 한문으로 중역(重譯)해서 『조선지리소지(朝鮮地理小志)』를 출간했다.

그리고 동경제국대의 소등문차랑(小藤文次郞)도 우리나라 산맥을 태백산맥, 소백산맥 등으로 설명한 『An Orographic Sketch of Korea』에서 근동진서의 『조선팔역지』를 참고로 했음을 밝히고 있다. 이는 『택리지』가 구한말 때에도 국내외에 널리 유포됐으며, 그 문헌적 가치가 국내는 물론 국외에서도 인정받고 있었음을 의미하는 것이다.[48]

이중환 선생은 『택리지』에서 '끊어져 요동(遼東) 들이 되었다.'라고 하면서도 굳이 곤륜산을 들이댄 것은 그만큼 당시에는 곤륜산의 위세가 컸다고 볼 수 있겠다. 물론 요즘까지도 그런 의식이 사라지지 않은 듯싶긴 하다.

요동 들 뿐인가. 곤륜산에서 백두산까지는 강(江)도 몇 번 건너고 다른 산맥에 가로막히며 합쳐지기도 해서 두 산이 연결된다는 얘기는 좀 지나쳤다는 감이 든다. 하지만, 우리 조상들은 백두산이 곤륜산에서부터 뻗어 나온 산이라

---

48) 박용수, 『월간산』, [특별기고] 택리지의 재발견 2, 2003.08.13.

해야 마음이 뿌듯했던 모양이다. 오랜 옛날부터 우리의 생활과 밀접하게 관련되어 온 풍수지리(風水地理)에서도 곤륜산을 조종산(祖宗山)이니 태조산(太祖山)이니 하며 백두산과 연결했다.

<대동여지도> 발문에도 비슷하게 실려 있다.

"『산해경』에 이르기를 곤륜의 한 갈래가 사막의 남동으로 가 의무려산이 되고 이로부터 크게 끊어져 요동 들이 되었다. 들을 지나 일어나 백두산이 되니 조선 산맥의 시조다(山經云崑崙一枝行大漠之南東爲醫巫閭山自此大斷爲遼東之野渡野起爲白頭山爲朝鮮山脈之祖)."라고 한다.

백두산은, 곤륜산이든 에베레스트산이든, 어느 크고 높은 산과 연결되는 게 아니라 그 자체로 우뚝 선 산이다. 차이나에서 일컫는 '장백산맥'의 주산(主山)이다. 정상의 천지(天池)는 그야말로 하늘이 백두산을 세상의 중심으로 선택한 산이라는 걸 보여준다. 산과 하천들이 이 백두산 지역에서 시작하고 발원하여 동서남북으로 나뉘어 뻗어나가고 흘러내린다.

홍양호(1724-1802)는 『북새기략(北塞記略)』49)에서 "서방의 산들은 곤륜산을 조종산으로 삼고, 동방의 산들은 백두산이 조종산이 된다."고 규정하였다.50)

백두산과 곤륜산이 높이에서 큰 차이가 나기 때문에도 말이 안 된다고 할 수 있겠지만, 그건 오늘날의 높이 인식일 뿐이다. 차이나 산동의 태산(泰山)이 높아서 명산 대우를 받는 건 아니다. 어떻게 이해하느냐가 중요하지, 산 높이가 중요한 건 아니다.

세계의 강대국들이 우리나라를 에워싸고 지켜주고 있듯이 세상의 모든 산이 백두산을 향해 경배한다.

---

49) 조선후기 문신 홍양호가 함경도 지방의 풍토를 기록한 지방지로 홍양호의 문집인 『이계외집(耳溪外集)』 권12에 실려있다.

50) 정은주, 『국가기록포털』, '조선시대 고지도 속의 백두산'.

뉴라이트, 또는 친일파라고 비난받기도 하는 이영훈 교수가 쓴 『반일종족주의』에서, 또한 나중에 친일로 돌아섰다고 지탄받는 최남선의 글을 인용하며 쓴 백두산에 관한 글 일부를 소개한다. 판단은 독자의 몫으로 넘긴다.

백두산이 민족의 영산으로 바뀌는 것은 식민지기의 일입니다. 망국노(亡國奴)가 되어 일제의 억압과 차별을 받게 된 역사가 그 배경이었습니다. 조선인은 일제하에서 비로소 민족을 알게 되었습니다. 우리는 기자의 자손이 아니라 단군의 자손이다. 우리는 한 핏줄이다. 오랜 세월 혈통도 언어도 문화도 함께한 운명의 공동체이다. 그러한 의식이 바로 민족입니다. 조선시대에는 민족이란 말도 없었고 그 상응하는 의식도 없었습니다. 민족이란 말이 일본에서 건너오고 그에 상응하는 의식도 생겨나니 그에 걸맞은 상징이 필요했습니다. 그렇게 해서 떠오른 것이 바로 백두산입니다.

백두산 신화를 만들어 내는 데 중요한 역할을 한 사람을 꼽자면 저는 최남선(崔南善)이라고 생각합니다. 1927년 최남선은 백두산을 탐사했습니다. 그리고선 『백두산근참기(白頭山覲參記)』란 책을 지었습니다. 책 제목에서 보듯이 최남선에게 백두산은 이미 성지였습니다.

백두산 천지에 올라 울면서 소리쳤습니다.

"백두산은 우리 종성의 근본이시며, 우리 문화의 연원이시며, 우리 국토의 초석이시며, 우리 역사의 포대이시다. 삼계를 헤매는 비렁뱅이 아이가 산 넘고 물 건너 자애로운 어머니의 온화한 얼굴을 한번 뵙기 위해 왔습니다. 한아버지, 한어머니, 저올시다. 아무것도 없는 저올시다."

그리고선 기도하였습니다. "우리 민족은 다시 살아날 것이다", "믿습니다. 믿습니다. 압시사. 압시사. 백두천왕 천지대신이여". 이렇게 백두산은 최남선에 이르러 민족의 아버지와 어머니로 탈바꿈하였습니다.

　그러한 인식의 전환에는 전통문화의 저변을 관통하는 어떤 흐름이 작용하였습니다. 우리 민족은 오래전부터 땅에는 길하거나 흉한 기맥이 흐른다고 생각했습니다. 그러한 국토관은 15~19세기에 걸쳐 점점 강해졌습니다. 각 세기의 지도를 살피면 18~19세기가 될수록 산맥의 지도로 바뀌고 있음을 볼 수 있습니다. 어떤 기운이 산맥을 따라 국토를 관통한다는 감각이지요. 그러한 국토 감각은 19세기까지만 해도 앞서 지적한 대로 성리학적 자연관이나 세계관으로 표출되었습니다. 20세기에 들면 그러한 감각은 어떤 유기적 신체로 형상화합니다. 예컨대 한반도는 중국을 향해 포효하는 호랑이와 같다는 식입니다. 그런 식으로 그려진 그림이 역사책에 자주 나오는 ''맹호기상도(猛虎氣像圖)'입니다. 일설에 의하면 최남선의 발상이라고 합니다. 그러한 신체 감각에서 호랑이의 날카로운 이빨에 해당하는 곳이 다름 아닌 백두산입니다. 최남선이 백두산에 올라 울고 외치고 기도한 것은 바로 그 때문이었습니다.

　해방 후 백두산은 남한과 북한에서 공히 민족의 영산으로 받들어졌습니다.51)

　동북아시아 한족(韓族, 동이족)은 언제부터 백두산을 알고 있었을까? 유적, 유물을 보면 넓은 지역의 교류가 상당히 오래전부터 있었을 것으로 추측된다. 하지만, 구체적으로 백두산을 알게 된 것은 특히 '흑요석(黑曜石)' 덕분이었지 않았을까 하는 생각이 든다.

　흑요석은 화산 활동 때문에 생성되는 화성암으로, 자연적인 유리의 일종이다. 규장질의 용암이 분출되어 결정이 형성되기 전에 식었을 때 만들어진다.

---

51) 이영훈, 『반일종족주의(反日種族主義)』, 미래사, 2019, 143~145쪽

유문암을 형성하는 용암의 경계면에서 흔히 발견된다. 쪼갰을 때 날카로운 날이 만들어져 선사 시대부터 도구의 재료로 사용되었다.

백두산은 청동기나 철기가 보급되기 이전의 후기 구석기시대나 신석기시대까지 백두산 주변과 한반도에 살았던 선사인류와는 아무런 관련이 없었던 것처럼 보인다. 그러나 백두산 흑요석을 원석으로 사용하여 만든 석기가 백두산에서 직선거리로 700 ~ 800km나 떨어진 대구 월성동, 장흥 신북리에서 각각 발굴되는 등 최근 고고학계의 연구 성과를 토대로 따져보면 전혀 관련이 없었던 것은 아니라고 여겨진다. ……

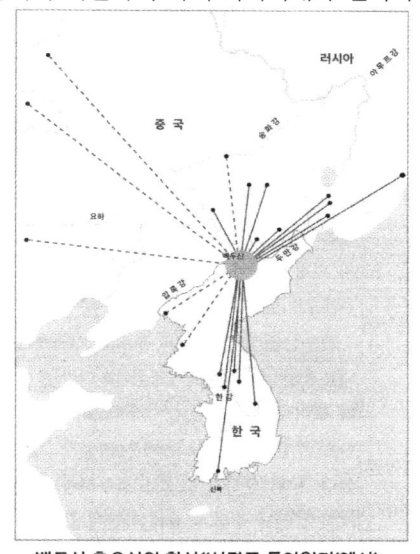

백두산 흑요석의 확산('산경표 톺아읽기'에서)

백두산 흑요석으로 만든 석기를 사용했던 한반도의 선사인류는 이 신비스러운 돌의 원산지로서 백두산을 알고 있었으며, '백두산'이라는 지명이 출현하기 이전에 '희고 빛나며 가장 하늘 높이 솟아 하늘과 가까운 산'이라는 형상과 성스러운 상징으로 그 자체가 숭배 대상이었다. 이는 백두산 서쪽 지역 일대에 분포하는 적석제단과 제천의식 등 신석기유적에 대한 고고학적인 발굴 성과가 입증하고 있다.

후기구석기시대 이래 형성된 '백두산 흑요석의 길'은 한반도 전역에 걸쳐 퍼져 있었다. 신석기시대에도 중부지역과 남부지역에 백두산 흑요석이 출토되고 있는데, 이러한 '백두산 흑요석의 길'은 두 시대에 걸쳐 3만 년 이상 유지되었던 것으로 본다. 백두산 흑요석이 3만 년~1만 년 전에 한반도는 물론이고 중국 내륙과 연해주 지역까지 800~1,000km 범위 내에서 수렵채집민들에 의하여 물물교환의 형태로 전파되었음을 보여주고 있다.52)

지금은 비록 이 백두산 천지를 한국과 차이나가 반반 정도씩 나누고 있지만, 원래는 차이나 족속의 주류를 이루고 있는 화족(華族)과는 별로 친한 산이 아니었고 천지(天池)도 마찬가지였다. 한인(환인), 한웅(환웅), 단군으로 이어지는 한족(동이족)의 산, 곧 우리 족속의 영산(靈山)이며 성산(聖山)이었다. 차이나 화족들이 자기들의 명산이니 영산이니 하는 짓은 어림도 없는 얘기다. 같은 한족(韓族 동이족)의 후예라고 할 수도 있는 만주족이 자기들의 영산도 된다고 한다면 그건 좀 이해할 수 있는 일이다.

백두산을 우리 한민족(韓民族)이 만 년 또는 오천 년 역사 속에 끊이지 않고 계속해서 숭상해온 제1의 산이라고 하기엔 어려운 점이 있긴 하다. 족속의 주류가 바뀌기도 하고 이동하기도 하는 등의 변화가 있었기 때문이다. 그러나 한인(환인) 할아버지로부터 시작되는 한족(韓族, 동이족)의 역사라면 얘기가 달라진다. 한족(韓族) 전체의 역사로 보면 백두산은 끊이지 않고 이어져 온 역사적 성산(聖山)이다.

그런데 오늘날까지 남은 한족(韓族)의 주체국은 어디인가? 바로 우리 한민족, 대한민국이 아닌가!

---

52) 김우선, 위의 책, 2021, 39~41.

2. 천지(天池)

 백두산 천지는 용비어천가에서 대택(大澤), 대동여지전도에서는 달문(闥門), 대동여지도에서는 대지(大池)라고 표기했다.

 달문은 만주어로 천지 호수를 부르는 타문(tamun)을 한자로 음역한 것이다. 또한 백두산 근처 산골의 중국인들이 용왕담(龍王潭)이라는 표현을 사용하기도 했다고 한다. 그래서 최남선은 1946년 저술한 『조선상식(朝鮮常識)』에서 천지를 두고 '우리에게는 천지, 달문담(闥門潭), 지나(중국)에서는 용왕담(龍王潭)이라고 일컬으니'라고 설명했다.

 백두산 인근에서는 타문 말고도 '하늘 호수'란 뜻으로 숭가리 노올, 압카이 노올이라는 표현을 사용하기도 했다고 한다. 조선 후기 이의철(李宜哲)은 영조 27년(1751) 백두산 여행을 다녀오고 집필한 『백두산기(白頭山記)』에서 천지를 두고 '일곱 봉우리가 둘러싼 가운데 큰 호수가 있으니 이른바 천지다(七峰環立四邊 中藏大澤, 卽所謂天池也).'라고 했다. 또한 '이름하여 천상연이라 한다(名爲天上淵).'라는 설명도 있다.

 천지란 명칭이 대중화된 것은, 1908년 청나라 관리 유건봉(劉建封)이 백두산을 근대적인 방법으로 측량하여 『장백산강지략(長白山江志略)』에 지도를 실었는데, 여기서 백두산 천지를 두고 장백산 천지(長白山天池)라고 이름을 달면서부터다.(나무위키)

3. 한국의 오악(五嶽)

삼국통일의 전쟁이 끝난 뒤 신라는 차이나(중국)에서 유교 및 오행 사상 등을 수입하면서 오악과 같은 자연 개념들도 끌어들이고, 중요 산을 지정해 중사(中祀)53)의 예법으로 국가적인 제사를 올렸다. 조선 시대에는 사악을 지정했지만, 대한제국 때 칭제건원(稱帝建元)54)하고 천자국의 구조를 갖추면서 다시 오악을 정했다. 오행(五行) 사상은 우주 만물이 목(木), 화(火), 토(土), 금(金), 수(水)의 다섯 가지 원소로 이루어져 계속 순환한다고 본다.

이번 글 '오악'은 '나무위키'에 올라있는 것을 짜깁기하여 쓴다.

1) 신라의 오악

통일 이전 신라는 수도 서라벌 근교의 산들을 오악이라 하였는데, 토함산(吐含山)을 동악, (소)금강산(金剛山)55)을 북악, 함월산(含月山)을 남악, 선도산(仙桃山)을 서악, 단석산(斷石山)을 중악이라 하였다. 현대의 지명으로 비정해 보면 위치가 꼭 맞게 들어맞지는 않는다. 가령 동악 토함산이 남악 함월산보다 남쪽에 있고, 중악 단석산은 아예 경주 서남쪽에 붙었다. 이를 두고 토함산과 함월산이 비슷한 지역의 산을 가리켰는데 나중에 지명이 서로 뒤바뀌지 않았나 의심하거나, 혹은 기림사가 있는 현대의 함월산이 당시의 함월산이 아니라고 추측하는 의견도 있지만 확실한 것은 없다.

---

53) 국가의 제사는 흔히 대사(大祀), 중사(中祀), 소사(小祀)의 세 등급으로 분류한다. 이러한 세 가지 등급에 속하는 제사는 왕조에 따라 조금씩 차이가 있지만 대체로 유사한 체계를 가지고 있다. 그리고 이들 등급에는 천신에 대한 제사, 지기에 대한 제사, 인귀에 대한 제사가 있다.
54) 칭제건원 (稱帝建元)은 스스로 황제가 되어 연호를 세우는 것을 의미한다.
55) 이 금강산은 강원도에 있는 금강산이 아닌, 신라시대부터 금강산이라 불린 현재의 소금강산이다.

2) 통일신라의 오악

북악 태백산, 서악 계룡산, 중악 부악(팔공산), 동악 토함산, 남악 지리산이다. 삼국사기의 기록에 따르면 통일신라 시대 나라의 제사 대상이 되었던 오악이 있었는데, 국토의 남동부의 서라벌(경주시)이 수도였던 신라라 동서남북 중의 기준이 동남부로 약간 치우쳤다. 특히 동악 토함산은, 경주 시가지 동쪽에 높은 산이라곤 토함산 하나밖에 없고, 그 다음엔 바로 동해 바다가 나오니 …. 중악인 부악(父岳)은 현재의 팔공산을 가리키는데 팔공산은 후삼국 시대의 공산 전투 때문에 고려 시대에 가서 붙은 명칭이니 당연히 그 이전에는 쓰이지 않았다.

이 산들 외에도 신라에서는 속리산 등을 기타 명산으로 중사(中祀) 제사를 지내고, 금강산이나 설악산, 무등산 등은 소사(小祀)의 예법으로 제사를 지냈다. 그러나 오악으로 지정한 위의 산들을 진산[56]으로서 더 중요하게 보았던 것으로 보인다.

3) 고려의 오악

덕적산(德積山), 백악(白岳), 목멱산(木覓山)에 제사를 지냈으며, 금강산, 지리산, 팔공산, 계룡산에도 제사를 지냈다고 한다.

4) 조선의 사악

조선시대에는 '중요한 산들'이란 뜻으로 관용적으로 '오악'이란 단어를 쓰긴 했지만, 실제 국가제례에서 중요하게 챙긴 산은 4곳이었다.

동악-없음, 서악-송악산(松嶽山 : 개성에 있는데 고려 궁궐의 진산이다), 남악-지리산,

---

56) 진산(鎭山) : 도읍지나 각 고을에서 그곳을 진호(鎭護)하는 주산(主山)으로 여기는 산.

북악-비백산(鼻白山 : .함경남도 정평군 정평읍 구을리와 독산리 경계에 있는 해발 155 m짜리 작은 산이다), 중악-북한산(수도인 한양에 있으므로 당연히 중악일 수밖에 없다).

동방은 동해와 여러 산천으로 하고, 남방은 지리산·남해·웅진·가야진과 여러 산천으로 하고, 중앙은 삼각산·한강과 여러 산천으로 하고, 서방은 송악·서해·덕진·평양강·압록강과 여러 산천으로 하고, 북방은 비백산과 여러 산천으로 한다(세종실록 128권. 오례 길례 서례 신위).

조선의 국가제례는 대사/중사/소사로 나뉜다. 조선에서 제사를 지낸 산은 비단 위의 4곳만이 아니라 더 많지만, 그 대부분은 소사(小祀)이고, 중사(中祀)의 격으로 제사 지낸 산은 위 4곳밖에 없다. 대사(大祀)로 제사 지낸 산은 없다. 실록 등에서 말하는 오악은 차이나 고전에서 인용하여 '중요 산천'을 가리키지만, 실제로 중사로 제사 지낸 산은 이렇게 4곳밖에 없는 것이다.

북악으로 백두산 대신 비백산을 정함은 고리(고려) 시대에도 비백산에 제사를 지냈기 때문이다. 18세기 영조 시절에 백두산이 조선 건국과 관련이 있다 하여 제사를 지내도록 하였으나, 백두산까지 가기가 어렵기 때문에 망제(望祭), 즉 멀리서 백두산을 바라보며 제사 지내는 것으로 대신하였다.

현대인 기준으로는 전국적으로 꼽히는 산이 아닌 송악산과 비백산이 제사를 받았다. 송악산은 해발 500m가, 비백산은 200m가 되지 않는다. 그러나 산의 격은 비단 높이에 비례하지는 않는다. 해발 35m밖에 안 되는 부산의 칠점산도 '산'이라고 불린다. 산(山)인지 악(岳)인지, 제사를 받을 만한지 아닌지는 결국 이름 붙이고 인식하기 나름이다.

송악산은 이름부터 악이라고 하고, 비백산도 중요하게 여겼으니 제사를 지냈다. 차이나의 태산은 우리나라 덕유산보다도 낮지만, 태산은 악이되 덕유산은 악이 아니듯, 어디까지가 산이고 어디까지가 악이라는 기준은 없다. 송악산은 북한 지역이지만 한국사에서 중요한 도시인 개성의 진산이라서 아는 사람은 알지만, 비백산은 그리 높거나 유명한 산도 아닌데다 북한 지역의 소읍인 정평에 있다 보니 인지도는 0에 가깝다.

위 경주의 동악 위치와 마찬가지로 조선, 대한제국의 경우 서울시가 비교적 한대갑(韓大岬, 한반도) 서쪽에 치우쳐 있다. 서악이 서울시에서 서쪽이라기엔 애매한 위치다. 송악산이나 후술할 묘향산이나 서울시에서 방향을 따지면 북북서에 가깝다.

5) 대한제국의 오악

대한제국에서는 북악 백두산, 서악 묘향산, 중악 북한산, 동악 금강산, 남악 지리산이다. 천자국은 악해독(嶽海瀆)[57]과 같은 중요한 자연물에 깃든 신령에게 제사를 지낸다는 관례에 따라 1893년에 지정했다. 악은 오악이라 하여 다섯 곳을 꼽았지만, 바다와 하천은 각각 사해(四海)[58][59], 사독(四瀆)[60] 즉 네 곳을 꼽았다. 현재 이들 5악 중 3악은 북한에, 2악은 남한에 있다.

6) 기타

설악산, 한라산은 오악에 들어가지 않았다. 설악산은 원래 같은 강원도에 있는 금강산에게 이름값이 밀려서 그다지 유명세를 치르지 못했다. 그러다 남북분단으로 금강산이 북한에 넘어가 버리면서, 갈 수 없게 된 금강산 대신 한국전쟁 이후 남한에 속하게 된 설악산이 그 대체재 격으로 유명해지기 시작한 것이다. 한라산의 경우, 제주도가 오랫동안 탐라국으로 따로 있었고

---

[57] 악(嶽)은 큰 산, 해(海)는 바다, 독(瀆)은 큰 하천을 의미한다.
[58] 동해, 서해, 남해, 북해를 꼽았는데, 여기서 북해는 함경북도 경성 앞바다를 뜻한다. 한대갑(한반도)은 북쪽에 바다가 없으니까 어쩔 수 없이 동해의 북쪽을 북해로 정한 것이다.
[59] 물론 한자문화권 왕조 중 정말로 북해가 있는 나라는 오직 일본밖에 없긴 하다.
[60] 한강, 낙동강, 패강, 용흥강

백두대간과 분리되어 있어 전근대의 국토관 기준으로는 이질적인 산이었기 때문에 오악에 들어가지 못했다.

4. 한대갑(韓大岬, 한반도) 땅의 형성

우주의 역사는 대폭발(빅뱅) 우주론에 따라 138억 년 전, 태양과 지구는 약 50억 년 ~ 46억 년 전에 생긴 것으로 추정한다. 최초의 지구 내부가 핵, 맨틀, 지각으로 나뉘는 과정에서 해양이나 대기를 형성하였다.

대략 40억 년 전부터 25억 년 전까지를 '생물이 시작된 시대'라는 뜻으로 시생대(始生代)라고 하고, 원생대(原生代)는 25억 년 전부터 5억 4200만 년 전까지, 고생대는 5억 4200만 년 전부터 2억 5300만 년 전까지, 중생대는 2억 5300만 년 전부터 6600만 년 전까지, 신생대는 약 6600만 년 전부터 현재까지를 이른다.

이번에는 권동희 교수의 책 『지리 이야기』[61])의 글을 참고해서 쓴다.
유럽과 아시아 대륙은 바다가 아니라 우랄산맥이 그 경계다. 옛날 바다가 있던 자리에 현재 습곡(褶曲)[62])산맥인 우랄산맥이 형성되었다. 우랄산맥은 고대 대륙들이 부딪치면서 만들어진 지구의 흉터다. 러시아 절반을 자르고 지나간다. 이 산맥은 노바야젬랴라는 북극의 섬에서 남쪽으로 향하면서, 끝없이 펼쳐져 있는 황량한 시베리아 타이가 및 스텝 지대와 서쪽의 러시아

---
61) 권동희, 『지리 이야기』, 한울, 2007, 34~35쪽
62) 습곡(褶曲, 땅주름)은 지층이 수평으로 퇴적된 후 횡압력을 받아 휜 상태이다. 습곡에서 지층이 위를 향해 휜 부분을 배사(背斜) 구조, 아래를 향해 휜 부분을 향사(向斜)라 한다. 그리고 배사와 향사 사이의 옆면을 날개라 한다.

탁상지63)를 나누고 있다.

약 5억 년 전, 남반구 중위도인 남위 35도 부근의 오스트레일리아 얕은 바다에 작은 땅덩어리가 하나 붙어있었다. 그 뒤 이 조그만 땅덩어리가 떨어져 나와 점차 북쪽으로 이동했고 약 3억 년 전에는 적도 부근까지, 약 2억 년 전에는 지금의 북반구 중위도까지 올라와서 대륙에서 튀어나와 있던 대

약 5억 년 전~

갑(大岬, 큰 곶, 반도)과 연결되면서 한대갑(韓大岬, 한반도)이 생겨났다. 지질이 서로 다른 두 땅이 붙은 것이다. 이는 '산맥도'를 만든 일본인이 주목한 지역인 것도 같다. 아무튼 희한한 일이 일어난 것이다.

희한한 일이 또 있었다. 두 땅덩어리가 붙으면서 동쪽이 높고 서쪽이 낮은 소위 동고서저(東高西低)의 남북으로 길게 뻗은 '한대갑'을 만든 것이다. 두 땅의 붙은 부분 지형이 좀 낮기는 하지만, 북의 백두산에서 남의 지리산까지 사람의 척추(脊椎)처럼 긴 산줄기를 만들었다.

원래 오스트레일리아에 붙어있었던 이 땅은 얕은 바다에 있어서 석회석이 많았다. 우리나라 중부지역과 북한의 함흥, 원산 서쪽 지역에 많이 분포하는 석회암은 남위 35도 부근에서 끌고 온 암석이지 않을까?

그러면 충돌 현장은 어느 곳일까? 이론이 있기는 하지만, 지금까지 조사된

---

63) 탁상지(卓上地) : 지표의 연한 지층이 깎이고 단단한 암석층이 수평 탁자 모양을 이룬 지형.

지질학적 자료를 근거로 추정하기로는 임진강 일대가 아닐까 생각하고 있다. 이 임진강 대는 북중국과 남중국의 충돌대64)인 칠링-다비-산둥 선과 연결되었을 수도 있다. 혹시 서울에서 원산으로 이어지는 추가령구조곡(楸哥嶺構造谷)65)이 이때 생긴 건 아닐까? 물론 이러한 견해가 다 확실하다고는 할 수 없을 것이다. 여러 가설 중의 하나일 테니까, 더욱 깊은 연구가 따라야만 할 것 같다.

추가령 단층대는 서울에서 원산까지 일련의 단층들의 집합체로서 동두천 단층, 포천 단층, 왕숙천 단층, 대광리 단층, 동송 단층, 신갈 단층, 예성강 단층으로 구성된다. 이중 동두천 단층, 대광리 단층, 동송 단층, 포천 단층 등이 의정부시에서 모이고, 포천 단층과 평행하게 발달한 왕숙천 단층은 더 동쪽의 왕숙천을 따라 구리시, 성남시까지 연장된다. 추가령 단층대의 범위는 연구자마다 서로 다른 견해를 가지고 있어서, 북쪽으로는 원산시에서 시작된다는 견해와 길주·명천 지구대까지 연장된다는 견해가 있다. 남쪽으로는 신갈 단층을 통해 서울특별시와 성남시까지 이어지는 것은 확실하나 그 이남은 불분명하며 당진 단층을 통해 보령시까지 이어진다는 의견도 있다(위키백과).

---

64) 두 개의 차이나 - 차이나도 원래는 하나가 아니었다. 남과 북 둘로 되어 있던 땅덩어리가 역시 판 운동으로 이동하여 충돌하면서 붙게 된 것이다. 충돌지대는 칠링-다비-산둥을 연결하는 선으로 알려졌다.

65) 추가령구조곡 : 대략 서울~원산을 잇는 북북동~남남서 방향의 단층선곡(斷層線谷)이다. 추가령이라는 지명은 이 열곡의 중북부에 있는 북한의 강원도 고산군 삼방리와 세포군 세포리 사이의 용암대지에 개석(開析)된 단애에서 기원한 것으로 이 지역은 분수계는 아니지만, 일반인들에게 고개로 인식된다.

그런데 충돌에 관한 견해를 보완해야 할 만한 다른 상태도 있다. 곧 추가령구조곡을 사이에 두고 남북으로 상당히 먼 거리에 형성되어 있는 석회암 동굴, 남한 중부 지역과 북한의 원산과 함흥 서쪽, 대동강 유역에 분포된 많은 석회암 동굴 집단이다. 또한 한강 하구와 북한의 개성, 강령 일대에 퍼져 있는 석회암 동굴도 눈여겨볼 일이다.

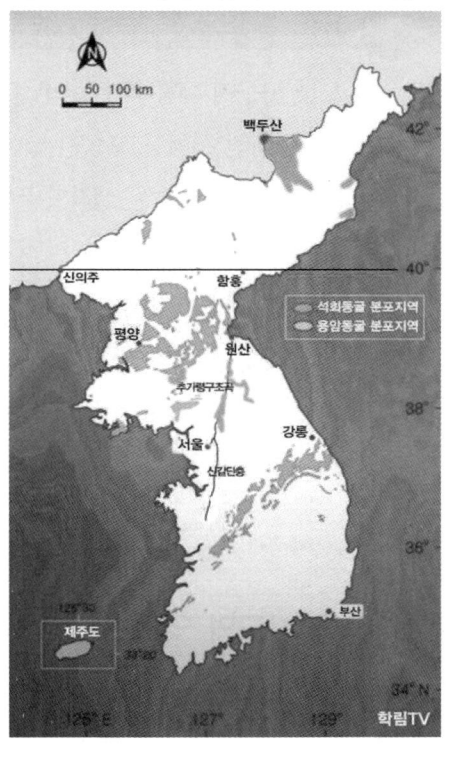

원래 바닷속에 있다가 올라와 동아시아에서 가장 많은 석회암 동굴들이 자리 잡게 된 듯싶은데, 어떻게 해서 이런 현상이 일어나게 된 지에 관해서도 더욱 많은 연구가 필요하다 하겠다.

그뿐만이 아니다. 추가령구조곡에는 여러 용암 동굴들이 널려 있다. 서로 다른 땅덩어리가 충돌하면 화산이 분출하여 용암이 형성되기도 한다는데, 실제로 화산이 분출된 지역이었을까? 여기서는 우리 땅의 외형을 살펴보자는 것이니까 아무래도 다른 자리에서 더 깊은 공부를 해야 할 듯싶다.

인류 이동 과정에서, 동으로 몰려오던 고대 조상이 극성 빙하기에 생존한계선이라는 북위 40도의 북쪽이 막히면서 이 동굴들[66], 그리고 지금은 바다로 변한 서해 초원과 갯벌을 의지해 삶을 유지한다. 또한 북쪽의 추이를

---

66) 신용하, 『고조선 문명의 사회사』, 지식산업사, 2018, 24쪽.

피해 남하한 사람이 몰려들었다.

    최종 빙기 극대기가 끝나고 온난화가 진행되는데 갑자기, 다시 짧은 빙하기가 돌아온다. '영거 드라이아스(Younger Dryas)'[67]기다. 현재로부터 약 12,900년에서 11,700년 전에 해당한다. 이 잠깐의 간빙기 시기, 또는 영거 드라이아스기가 끝나고 전 지구에 대홍수가 일어났다. 우리나라에도 대홍수 설화가 많이 남아있다. 그렇다면 사람을 포함한 많은 동물이 백두산 지역의 높은 곳으로 몰려 올라가지 않았을까 하는 생각도 든다. 홍수가 들면 동물이 먼저 알아차리고 높은 곳으로 이동한다. 사람은 동물을 따른다.

    빙하가 풀리며 새로운 문명이 일어난다. 남한 지역의 중부지역 동굴 사람들과 북한 지역의 동굴 사람들이 밖으로 나오고, 먹을거리가 풍부한 서해안 갯벌이나 한강, 대동강, 요하 등으로 퍼져나가기도 하고, 서로 어울리면서 세계 최고(最古)의 문명을 일구게 된다. 이 문명 얘기는 뒤에 다시 다루겠다.

5. 한국 지도의 역사

    우리 조상들은, 사료(史料)를 통해서 볼 때, 옛날부터 지도에 대해 관심이 많았음을 보여준다. 널리 알려진 몇 가지만 살펴보기로 한다.

    고구려 영류왕 11년(628년)에 당나라에 사신을 보내면서 『봉역도(封域圖)』라는 고구려 지도를 보냈다고 『삼국사기』에 기록되어 있다. 1953년 북한의

---

67) 영거 드라이아스(Younger Dryas)는 최종 빙기 극대기(Last Glacial Maximum)가 끝나고 온난화가 진행된 마지막 아빙기(Late Glacial Interstadial) 이후에 일시적으로 잠시 빙하기 상태가 돌아온 시기를 가리킨다.

평남 순천군에서 발견된 고구려 고분에서 요동성시의 그림지도가 발견되기도 했다.

백제의 지도와 지리에 관한 관심은 『삼국유사』의 내용을 통해 알 수 있고, 『삼국유사』의 내용으로 미루어보아 고려 시대에도 백제 지리지가 남아 있었음을 알 수 있다.

신라의 경우 『삼국사기』에 문무왕 11년(671년) 7월에 김흥순이 당에서 돌아와 신라와 백제 간의 경계를 지도에 따라 살펴보았다는 기록이 있고, 통일신라 경덕왕 때에는 신라구주현총도(新羅九州縣總圖)를 제작하였다고 한다.

『고려사』에는 의종 2년(1148년)에 이심, 지지용 등이 송나라 사람과 공모하여 고려 지도를 송의 진회에게 보내려다가 들켜서 처벌받았다는 기록이 있다. 현종 때에는 행정구역을 10도에서 5도 양계로 개편하고 『5도 양계도』를 작성하였는데, 이는 조선 전기 지도 제작에 많은 영향을 끼쳤다.

1834년에 제작한 전국지도 『청구도』의 범례에 의하면 고려말에 유공식의 집에도 지도가 있었으며, 공민왕 때에는 나홍유가 고려 지도를 만들어 왕께 바쳤다는 기록이 남아있다.

고려 시대에 윤보가 〈오천축국도(五天竺國圖)〉를 제작하여, 당시 고려 사람들이 가지고 있던 차이나(중국) 중심의 세계 인식을 인도에까지 넓히는 데 이바지했다. 고려 말에 제작된 나홍유의 『5도 양계도』는 조선 태조 5년(1396)에 이첨이 그린 〈삼국도〉와, 태종 2년(1402)에 이회가 그린 〈팔도도〉의 기본도가 되었다고 추정한다.

한국의 지도 제작에 본격적인 변화를 일으킨 것은 15, 16세기의 조선 시대에 아라비아 지리학의 영향을 받은 프톨레마이오스식의 세계지도가 도입되면서 그 영향을 받은 지도가 만들어지게 되었다.

특히 태종 2년 1402년에 이회 등이 만들어 몇 가지의 판본이 있는, 가로

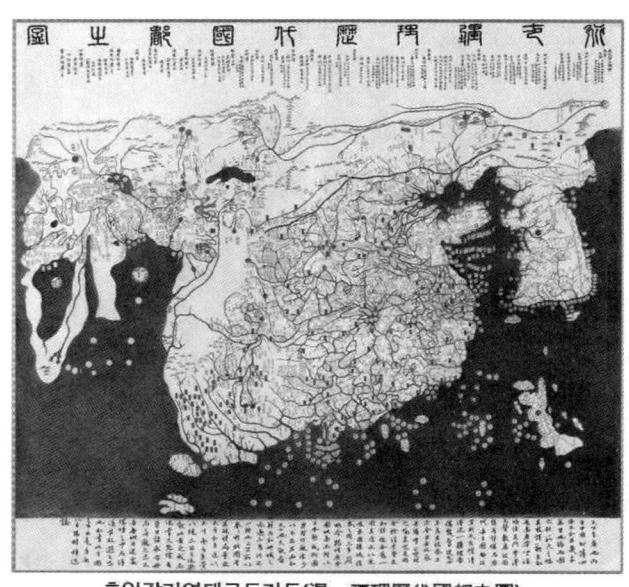

혼일강리역대국도지도(混一疆理歷代國都之圖)

164cm, 세로 148cm의 대형 지도인 〈혼일강리역대국도지도(混一疆理歷代國都之圖)〉는 동양 최초의 세계지도로 알려졌다.

이 지도는 태종 때 조선의 건국을 자축하며 그 역사적인 가치를 만방에 알리고자 하는 포부를 갖고 십수 년 동안 국가사업으로 제작한 지도다. 이 때문에 서울이 한성으로 표시되지 않고 조선으로 표시되어있으며 조선이 실제 크기보다 매우 크게 그려져 있다. 하지만, 실제 크기보다 크게 그린다는 것을 알고 그린 것인지는 의문이다. 어쩌면 우리나라가 상당히 큰 나라라고 알고 있었을지도 모르는 일이다.

또한 일본이 시계 방향으로 90도 돌아가 있지만, 모양은 정확하며 일본에서 직접 지도를 구해와서 첨가해 넣은 것이라고 한다. 일본이 아주 작게 그려진 것을 보면 실제로 작은 나라로 알고 있었을지도 모르겠다.

그 외에 특이하다고 할 만한 점은 지중해와 흑해에 바다색이 칠해져 있지 않아 이베리아와 이탈리아를 찾기가 조금 어려우며, 지중해, 아랍과 북아프리카의 지도까지는 매우 기술이 상세한 데에 반해 서유럽 쪽은 서유럽이라는 게 있었다는 정도로 간략화되어있다. 이는 이 지도가 제작될 당시 참고한

데이터베이스가 몽골 제국과 아랍의 것을 토대로 한 것이기 때문이라는 추측이 있다. 현재 이 지도의 사본이 일본에 남아 있다.

<동국지도>는 조선 세조 9년(1463)에 정척과 양성지가 만든 전국지도다. 우리나라 최초의 실측 지도로 조선 전기 조선팔도 전국 지도를 대표하는 작품이며, 현재 모사본이 일본에 소장되어 있다.

이전 지도인 <혼일강리역대국도지도>에 붙여놓은 한 대갑(韓大岬, 한반도)의 형세와 비교하면 전체적으로 그 모습이 매우 구체적으로 묘사되었고, 특히 섬과 해안지방의 모습이 상당히 세밀하게 그려졌다. 하계망과 산계(山系)가 매우 자세하게 묘사됐고, 기

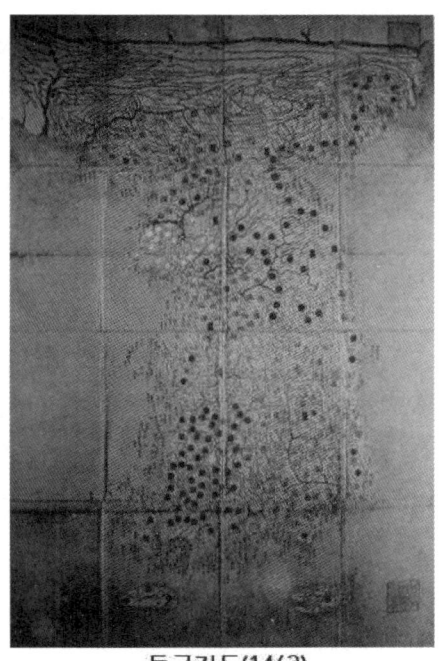

동국지도(1463)

존의 지도들과는 달리 도로, 부, 군현, 병영, 수영 등 인문 현상이 자세하게 기록되어 있다. 특히 압록강, 두만강을 넘어 흑룡강 유역 지역까지 상세히 그려져 있는 것이 가장 큰 특징이다.

<혼일강리역대국도지도>에 묘사된 국토는 고려 시대 만들어진 한국의 지도 중 가장 정교한 지도를 붙여넣었다고 추정한다. <동국지도>가 <혼일강리역대국도지도>와 차이가 있음은 <혼일강리역대국도지도>를 만든 태종 시기 이후로 조선의 토지측량기술과 지도 제작기술이 매우 크게 발전하였음을 보여준다.

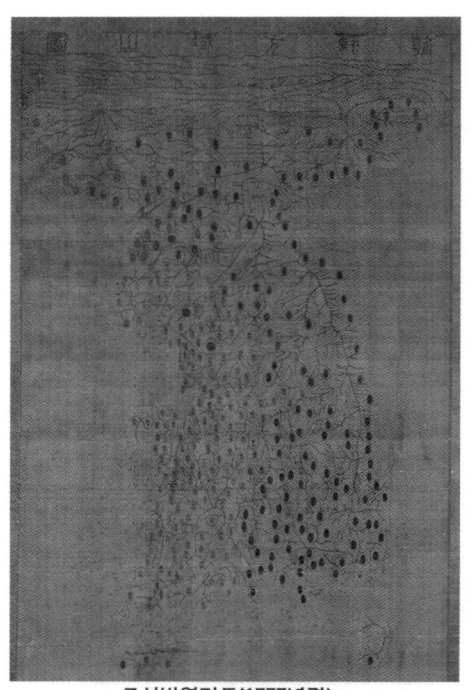
조선방역지도(1557년경)

국보로 지정된 <조선방역지도(朝鮮方域之圖)>는 조선 명종 대인 1557년경에 제작된 전국 8도의 주현과 수영 및 병영을 표시한 지도다. 임진왜란 때 일본에 유출되어 대마도 소가(宗家)에 소장되어 있던 것을 1930년대에 입수하였다.

8도의 주현(州縣)과 수영 및 병영이 표시되어있으며, 만주와 대마도(對馬島)를 우리 영토로 명기하고 있는 점으로 보아 조선 초기의 영토 의식을 엿볼 수 있다. 이 지도에는 <혼일강리역대국도지도>에 나타나는 이회(李薈)의 <팔도지도(八道地圖)>보다 두만강을 비롯한 북동부 지방이 많이 수정되었다.

조선 시대 중기 이후부터 지도는 빠르게 발달하였다. 조선의 지도 가운데 축척과 방위가 정확한 대축척지도는, 지리학자인 정상기(鄭尙驥)가 영조 31년(1755)에서 33년(1757) 사이에 제작한 채색 지도로 <동국대지도(東國大地圖)>다. 이는 세조 9년(1463)에 정척과 양성지가 만든 <동국지도>를 바탕으로 만든 것이다. 조선 전역과 만주 일부, 일본 일부를 표기하였다. 정상기가 고안한 축척법인 백리척(百里尺)을 사용했기 때문에 정확도가 높은 편이다. 백리척은 100리를 1자(尺)로, 10리를 1치(寸)로 계산하기 때문에 지도상의 위치를 실제 거리로 환산할 수 있다. 축척과 방위가 매우 정확하여, 훗날 김정호가 여러 지도를 제작할 때 중요한 자료로 삼았을 만큼 한국 지도역사에 결정적인 이바지를 하였다.

조선의 전체적인 모습, 전국의 산줄기와 물줄기가 상세하게 표현되어 있고 330여 개에 달하는 군현 위치를 자세하게 기록하고 각 지역의 읍성과 병영, 수영, 진, 역 등 각종 행정, 군사정보를 수록하였다. 울릉도가 실리고 그 옆에 우산도라고 표기된 독도도 실려 있다. 당시에 독도가 우리 땅이라는 인식이 확실하게 자리잡고 있었던 것 같다.

세로 272.7 cm, 가로 147.5 cm 크기다. 2007년 12월 보물 제1538호로 지정되었고 현재 국립중앙박물관이 원본을 소장 중이다.

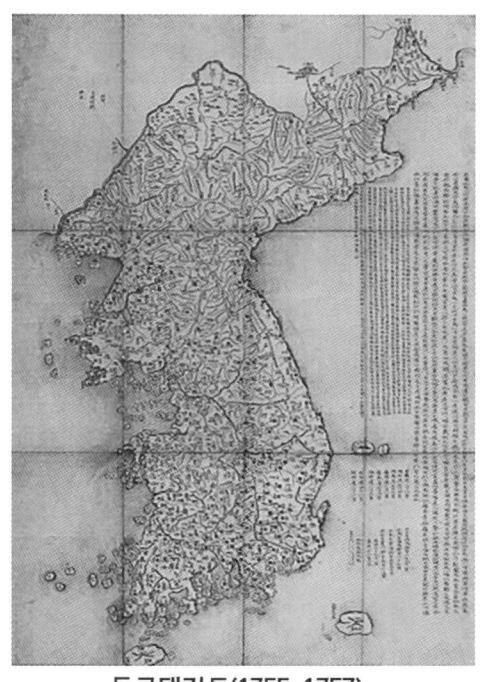
동국대지도(1755~1757)

<동국대지도>의 울릉도와 독도(우산도)

조선 시대 지도의 발달은 1800년대에 이르러 김정호의 <청구68)도(靑丘圖)>

---

68) 청구(靑丘) : 예전에, 중국에서 우리나라를 이르던 말이다. 오행(五行)에서 청색이 동쪽을 나타내는데, 우리나라가 차이나의 동쪽에 있다 해서 썼다. 글자대로 하면 '동쪽 언덕'이다. 우리 어른들도 이 말을 따라 썼다.

와 <대동여지69)도(大東輿地圖)>의 제작으로 절정에 이르게 된다.

<청구도(靑丘圖)>는 1834년(순조 34년) 김정호(金正浩)가 만든 지도로, <청구선표도(靑邱線表圖)>라고도 부른다. 2008년 대한민국의 보물 제1594호로 지정되었다. 현존하는 옛 지도 중에서 가장 큰 것으로, 가로 462센티미터, 세로 870센티미터이며, 축척은 약 1:216,000이다. 옛 지도 가운데 일정한 크기의 지역으로 구분되어 있으며 축척이 같은 전국도 가운데 가장 정밀하고, 이후 제작된 <대동여지도>의 기초가 된 채색필사본이다. 상하 2책이며 현재 국립중앙도서관과 고려대학교 도서관에서 소장하고 있다.

김정호가 제작한 첫 번째 지도이며 두 책으로 되어있는 <청구도>는 앞머리에 최한기가 쓴 제문 다음에 김정호가 쓴 범례가 있고, 1면 크기의 역사 지도인 <동방제국도(東方諸國圖)>, <사군삼한도(四郡三韓圖)>, <삼국전도(三國前圖)>, <본조팔도성경합도(本朝八道盛京合圖)>와 4면 크기의 <신라구주군현총도(新羅九州郡縣總圖)>, <고려오도양계주현총도(高麗五道兩界州縣總圖)>, <본조팔도주현도총목(本朝八道州縣圖總目)>이 들어있다.

<대동여지도(大東輿地圖)>는 조선후기 지리학자 김정호가 동서와 남북의 이어보기에 초점을 맞춘 병풍식의 첩 형식을 채택하여 1861년에 간행한 지도집, 지도첩이다. 뒤에 나올 신경준의 『산경표』와 세세한 부분까지 일치한다. 1985년 보물로 지정되었다. 일반적으로 호칭되는 목판본의 <대동여지도>

---

69) 여지(輿地) : 수레처럼 만물을 싣고 있는 땅이라는 뜻으로, 지구나 대지를 이르는 말이다.

22첩(帖)은 김정호가 1861년에 편찬·간행하고 1864년에 재간한 22첩의 병풍식(또는 절첩식) 전국 지도첩이다. 최근 김정호의 지도 중 이름이 같으면서 내용이 다른 지도첩이 새롭게 조사되었다. 국립중앙박물관에 소장된 필사본의 <동여(東輿)> 14첩은 1층에 큰 글씨로 '대동여지도(大東輿地圖)'라고 쓰여 있고, 국립중앙도서관에는 필사본의 <대동여지도> 18첩이 남아 있기도 하다. 따라서 앞으로는 <대동여지도>라는 이름 앞에 '목판본 22첩', '필사본 14첩', '필사본 18첩'이란 수식어를 붙여 구분해 주어야 하는 필요성이 생겼다.

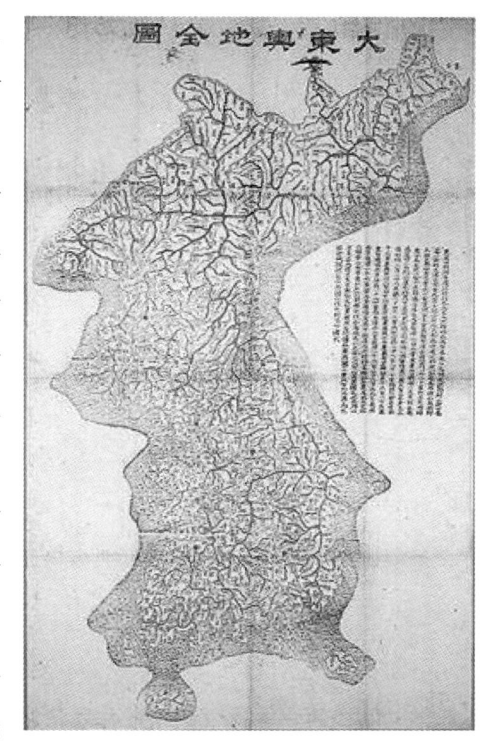

1861년에 간행된 것은 성신여자대학교 박물관과 서울역사박물관의 2본이 각기 1985년 보물로, 2002년 보물로, 1864년에 간행된 것은 규장각 한국학연구원의 1본이 2008년 보물로 지정되었다. 판목이 숭실대학교 박물관에 1매, 국립중앙박물관에 11매가 남아있어 일제침략기 이후 이야기되었던 판목소각설은 잘못된 것임이 드러났다.

목판본 <대동여지도> 22첩은 우리나라 전체를 남북 120리 22층으로 나누고 동서 80리 간격으로 19판(版)으로 각 층에 해당하는 지역의 지도를 각각 1권의 책으로 접어서 엮었다. 1첩 한 면의 남북 길이가 약 30cm이기 때문에 22첩을 모두 연결하면 세로 약 6.6m, 가로 4.0m에 이르는 초대형 조선

전도가 된다. 크기 때문에 휴대와 열람에 어려운 단점을 극복하기 위해 전국을 동서와 남북 각각 80리와 120리의 동일 간격으로 나누어 최북단의 1층부터 최남단의 22층까지 22첩으로 분리하여 수록하고 병풍처럼 접고 펼 수 있게 한 것이다. 책으로 제본된 이전 시기의 지도와는 달리 첩을 펼쳐서 상하좌우로 연결하여 볼 수 있도록 고안된 지도로서의 특수성이 있다.

현재 20본 안팎이 전해지는 것으로 조사되고 있는데, 미국의 밀워키대학교 도서관 등 외국에서도 속속 발굴되고 있어 향후 더 많아질 가능성이 있다.

김정호 선생은 <대동여지도>를 만들기 위해 전국을 답사하고 여러 차례 백두산 천지에까지 올랐다는 얘기가 있다. 하지만, 이건 꾸며진 얘기라고 한다. 이기훈 연세대 교수의 논문을 인용한 조태성 기자의 글을 줄여서 싣는다.

    조선 시대 최고, 최대 지도 <대동여지도>를 만들기 위해 고산자 김정호가 조선 팔도를 돌아다녔고, 백두산 천지를 수차례 답사했다는 얘기는 근거가 명확하지 않다. 그렇다면 김정호 신화는 어떻게 탄생했을까.
    계간지 역사비평 여름호에 실린 이기훈 연세대 국학연구원 HK 교수의 글 '근대신화의 역설 - 고산자 김정호와 대동여지도의 경우'는 이 과정을 추적한 논문이다.
    김정호의 생애는 거의 알려진 바 없다. '황해도 지역에 나서 서울에서 오래 활동한 인물로 보인다.'는 정도다. 김정호는 "19세기 지도 제작과 출판을 전문으로 하는 연구자이자 출판가"에 가깝다. 지도 제작을 위해 측량 장비를 들고 전국을 다닌 사람이라기보다, 사무실에 앉아 기존 여러 지도를 편집·제작한 사람일 가능성이 크다. 김정호가 제작한 <대동여지도>가 위대한 업적임에는 분명하지만, 구체적 제작 과정은 아직 알지 못한다. 이런 김정호가 영웅으로 재탄생하기까지는 몇 가지 요인이 있다.

김정호를 다시 불러낸 이는 최남선(1890~1957)이다. 이미 19세기 중반부터 여러 기록에 김정호에 대한 평이 남아 있다. '지리학에 관심 있고 그림에 재주가 있어 지도를 참 잘 만든다.'는 긍정적 평가다. 최남선은 1925년 동아일보에 실은 '고산자(古山子)를 회(懷)함'이란 글을 실어 기폭제 역할을 했다.

이 글 이후 소년 잡지들이 김정호 신화에 살을 덧붙이기 시작한다. 1929년 방정환의 잡지 '어린이'에 실린 '고산자 김정호 선생 이야기'가 한 예다. 최남선의 '고산자를 회함'은 기본적으로 논설 형식의 글이라 사실관계가 그다지 많이 들어가 있지 않았다. 아이들에게 꿈과 희망을 심어준다는 명목으로 소년 잡지들이 그 빈 부분을 상상력으로 채워 넣었다.

김정호가 전국을 다 돌아다니고 백두산을 몇 차례 오르내리며 갖은 고생을 다 한 끝에 기어코 완성해냈는데, 대원군이 김정호와 어린 딸을 죽이고, 대동여지도 목판본도 불태웠다는 가상의 이야기는 이때 완성됐다. 다른 잡지 '학생'도 1929년 '북풍한설을 무릅쓰고 전국을 답사한 김정호' 이야기를 널리 알렸다.

김정호 신화화는 광복 이후 한국도 마찬가지였다. 사학자 이병도(1896~1989)가 이미 1969년에 김정호에 대한 이런저런 이야기들이 모두 허구임을 밝힌 연구 결과를 내놨으나, 과학기술과 국난극복 영웅 스토리에 목메고 있던 당시 시대 분위기 속에서 묵살당했다.[70]

그런데 이상한 게 또 있다. <대동여지도>가 만들어질 당시에는 압록강이나 두만강 넘어서 우리 민족이 상당히 많이 살고 있었고, 다른 지도들을 보면

---

70) 조태성. 「대동여지도 만들려 백두산 수차례 답사? 김정호 신화는 허구」, 한국일보, 2018.06.03.

압록강이나 두만강을 국경으로 확실하게 그려진 지도를 찾기가 어려울 정도인데 <대동여지도>는 깨끗하게 국경이 잘려있다. 혹시 일본인들의 장난은 아닐까 하는 의구심까지 든다. 일제의 조선총독부에서 유별나게 김정호 선생을 띄우는 것도 이상하다. 차이나(중국)에서도 국경 문제에서 이 <대동여지도>를 잘 들이민다는데, 의문을 가지지 않을 수가 없을 뿐만 아니라 속이 뒤집히기도 한다.

유튜브 <STB 상생방송, 역사 뒤집어 보기, 역썰>에서 '대동여지도의 진실'이라는 제목으로 이완영 선생이 깊이 연구한 바를 방영하는데, 시청해보면 좋으리라는 생각이다. 특히 두만강 넘어 '간도' 땅을 싹 지워버린 <대동여지도>가 일본이나 차이나의 속셈에 딱 들어맞기 때문이 아니었을까 하는 점도 검토해볼 일일 것이다. 그런데 대마도가 조선 영토처럼 그려져 있는데 그것은 살아있다. 그 점도 이상하기는 하다.

<조선어독본> 권5 제4과(1934) '김정호'
조선총독부, 김정호 '대동여지도 강조'(이완영 유튜브)

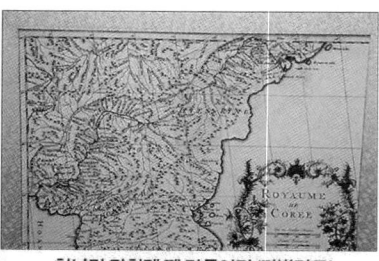

- 청나라 강희제 때 만들어진 '당빌지도' -
압록강과 두만강 너머 '레지선'으로 불리는
조선과 청의 국경선이 그려져 있다.

6. 백두산인가, 장백산인가?

　백두산은 우리의 역사나 마음속에서 떼어낼 수가 없게 됐다. 그런데 최근 중국에서는 '동북공정' 못지않게 '백두산'에 많은 심혈을 기울이고 있다. 가령 1998년 6월 중국 정부는 국무원의 비준을 거쳐 길림성 정부에 대해 '백두산 천지(天池)'를 '장백산(長白山) 천지'로 바꾸고 공개 출판된 지도에도 그렇게 바뀐 명칭을 기재하도록 지시했다. 그 결과 1999년 1월 출판된 '중국지도집' 제2판에는 '백두산 천지'가 '장백산 천지'로 바뀌어 기재됐다. 그것 때문인지는 몰라도 최근 중국에서는 '백두산'을 단순히 '장백산'이 아닌, '중국 장백산'으로 부르고 있다(윤휘탁, 한경대 교양학부 교수). 2024년 3월 28일, 백두산이 '창바이산(長白山)'이란 명칭으로 세계지질공원에 등재되었다.

　『삼국유사』의 고조선조에서는 백두산을 '태백산(太伯山)'이라 칭하였다.71) 또한 『삼국사기』에도 일찌감치 '태백산'이 나온다.72)

　『삼국유사』 제3권 탑상(塔像) 제4 '명주 오대산 보즐도 태자전기'에 '오대산은 백두산의 큰 줄기(五臺山是白頭山大根脈)'라는 말이 실려 있다.

　『고려사』에 왕건의 선조인 '호경(虎景)이 백두산으로부터 와서 부소산 골짜기에 정착'했다는 얘기가 실려 있다.

　『고려사』의 광종 10년조에 '압록강 밖의 여진족을 쫓아내어, 백두산 바깥쪽에서 살게 하였다.'라는 기록이 있다.

---

71) 『삼국유사(三國遺事)』 고조선조의 '태백산'을 '백두산'으로 해석하는 부분은 더 확실한 검증이 필요하지만, 대부분이 그렇게 믿고 있는 듯싶다. 『삼국사기(三國史記)』 동명성왕 기록도 마찬가지라고 본다.

72) 『삼국사기(三國史記)』 권 13 고구려본기 제1 시조 동명성왕 1년, 기원전 37년(… 得女子於太白山優渤水).

『고려사』 권 127 '묘청 열전'에 ' … 팔성당을 궁중에 설치하게 했다. 팔성(八聖)은 첫째, 호국 백두악(護國白頭嶽) 태백 선인(太白仙人)이며 … '하는데, 여기서 '백두악(白頭嶽)'이란 표현이 나온다.

백두산의 명칭은 불함산[73]으로부터 시작하여, 단단대령 · 개마대산 · 도태산 · 태백산 · 백산 · 장백산 · 백두산 등으로 불리어왔으나, 한대 이후 불린 명칭의 공통점은 백(白), 즉 희다는 뜻을 지니고 있다. 어떤 사람은 백(白)을 굳이 '붉'의 차음(借音)으로 보고 있으나, 백두산의 모습으로 보아 그대로 백(白)자 자체의 뜻으로 보아도 좋을 것이다. 왜냐하면 백두산 산정은 거의 사계절 동안 백설로 덮여 있을 뿐만 아니라, 산꼭대기는 백색의 부석(浮石)으로 이루어져 있어 눈(雪)이 아니더라도 희게 보이는 데서 그 이름을 취한 것으로 볼 수 있기 때문이다.

차이나(중국)에서는 백두산의 이름이 먼 옛날부터 여러 가지로 불려 왔다. 문헌에 의한 최초의 이름은 불함산으로『산해경(山海經)』의「대황북경(大荒北經)」에 '넓은 황야 가운데 산이 있으니 불함이라고 이름한다. 숙신 땅에 속한다(大荒之中有山 名曰不咸 有肅愼氏之國).'라고 기재되어 있다. '불함'에 대하여 최남선은 '붉은'의 역음으로 보고 그 뜻을 천주(天主)인 신명(神明)으로 해석했다. 또한 중국에서는 몽고족의 '불이간(不爾干)', 곧 신무(神巫)의 뜻으로 보아 백두산에 신이 있다는 데서 연원한 것으로 보았다.

한대(漢代)에는 백두산을 '단단대령(單單大嶺)'이라고 부른 바 있으며 남북조의 위(魏) 시대에는 '개마대산(蓋馬大山)'이라 하였고 또는 '도태산(徒太山)·태백산(太

---

73) 불함산(不咸山) : '불함'은 퉁구스어로 '무당'을 뜻하는 '불이간'에서 유래했다는 얘기도 있다. '신성한 산'이라는 의미다.

白山)'이라 불렀다.『북사(北史)』에 '말갈국 남쪽에 종태산이 있는데, 중국말로 태황이라 하며, 세상 사람들은 이 산을 받들어 모셨다. 사람들은 산상에서 오줌을 누어 더럽힐 수 없다 하여, 산에 오르는 자는 용변을 본 뒤 그릇에 담아갔다. 산에는 곰·범·이리가 있는데 모두 사람을 해하지 않고, 사람 역시 감히 죽이지 못했다.'라고 하였다.

『위서(魏書)』와 『수서(隋書)』에 모두 도태산(徒太山)이라고 기록된 것으로 보아, 『북사』의 종태산(從太山)은 도태산의 오자(誤字)일 것이다. 당나라 때는 태백산이라 불렀고, 금(金)나라 때에 이르러 장백산(長白山)74) 또는 백산(白山)이라 불렀다.
(한국민족문화대백과사전)

'장백산'은 요나라 성종 통화 30년(1012) 기록에 최초로 등장하는데, 차이나 쪽에서 일방적으로 밀어붙인 명칭은 아니다. 우리나라에서도 조선 시대에 '백두산'과 '장백산'이라는 명칭을 혼용하여 『조선왕조실록』과 『성호사설』에도 등장한다. 차이나 현지에서는 공식적인 문서 등을 제외하면 백두산이라는 용어도 문제없이 사용되고 다 알아듣는다. 다만 시진핑 정권하에서 중화주의 문화로 일방적인 강요에 따라 창바이산(長白山, 장백산)으로 바뀌는 게 반강제되는 상황이다.

원래 연변 일대에 자리를 잡고 있던 퉁구스계통의 만주족들이 백두산을 '길고 하얀 산'이라고 불렀는데, 이를 한자어로 번역 차용한 것이 '長白山'이다. 한국의 지리 시간에도 산맥을 가르칠 때 백두산이 포함된 산맥을 백두산맥이 아니라 장백산맥으로 가르쳤던 때가 있었고, <산경도>에도 백두대간과 장백정간이 들어있다.

---

74) 장백산 : 여진족은 '가이민 상견 아린'이라 불렀는데, '길고 하얀 산', 곧 장백산이다. 백두산의 화산활동으로 연기 솟아오르는 게 '긴 하얀 줄기'로 보여 장백산으로 불렀다는 얘기도 있다.

윤휘탁 교수의 얘기를 옮긴다.

그러면 백두산은 우리의 자연문화유산인가? 중국의 자연문화유산인가? '장백산' 명칭이 사료에 처음 나온 시기는 요(遼)나라 성종 30년(1012)이고, '백두산' 명칭은 장백산 명칭보다 300여 년 앞선 삼국통일 직후이다. 명칭으로만 보면 백두산이 장백산보다 훨씬 먼저 사료에 나오는 셈이다.

그렇지만 우리가 주목해야 할 것은, 고려 때 '삼국유사'의 단군신화나 태조 왕건의 조상에 얽힌 백두산 설화 혹은 조선 때의 백두산 신화와 설화가 있었듯이, 중국의 거란족과 여진족도 백두산에 관한 신화와 전설을 갖고 있었다는 점이다.

또한, 조선왕조가 백두산을 숭배하고 제사를 지냈던 것처럼, 여진족(후에 만주족)의 청조 역시 백두산을 숭배하고 제사를 지내곤 했다. 우리 민족이 백두산을 민족의 발상지로 여기고 있는 것처럼, 중국의 만주족도 여전히 백두산을 민족의 발상지이자 성지로 인식하고 있다.

역사적으로도 백두산 지역은 고조선, 부여, 고구려, 발해의 관할권 속에 있었지만, 그 후에는 요, 금, 청의 관할권에 속해 있었다. 현재는 백두산이 북한과 중국의 국경에 걸쳐 있다. 이렇게 본다면, 백두산은 우리의 것도 중국의 것도 아님을 알 수 있다. 백두산은 남북한과 중국 모두의 자연문화유산인 동시에 역사문화유산인 셈이다. 그런데 만일 남북한과 중국 어느 한쪽이 백두산에 대해 배타적인 귀속권을 주장한다면, 양쪽 간의 갈등과 대립만을 초래해 피차간에 상처와 손실만을 가져다줄 것이 뻔하다.

만일 백두산도 남북한과 중국이 공동 관리한다면, 백두산은 남북한과 중국 상호간의 우호와 협력, 공동번영을 위한 시금석으로 작용할 수 있고, 동아시아의 평화와 번영, 공동체의 실현을 앞당겨주는 좋은 본보기가 될 수 있다.

이제 백두산은 대립과 갈등의 싸움터가 아니라 화해, 협력, 번영의 상징이어야 한다.

위 윤휘탁 교수의 말처럼 된다면야 그런대로 무난하다고 볼 수도 있을 것이다. 하지만 차이나 화족들은 고조선, 부여, 고리(高麗, 고구리), 대씨고리(발해) 등의 옛 우리의 나라들이 자기들 나라였다고 한다. 그들의 억지와 공작이 갈수록 더욱 심해지고 있다. 심지어는 지금의 우리나라 북쪽까지 자기 땅이었다고 우긴다. 자기들의 학교 교과서나 홍보물에는 이미 우리나라 북쪽까지 먹어 들어왔다. 그들의 주장에 장단을 맞추는 우리 학자들이 있어 더욱 울화가 치민다. 언젠가는 천지(天池)가 온통 자기들 거라고 우기면서 백두산을 통째로 삼키려 들 것이다.

그렇다면 이 문제는 어떻게 해결해야 할 것인가?

힘이 없으면 내 것을 남에게 빼앗기게 된다. 힘이 없으면 역사를 빼앗기고 국토를 빼앗기게 된다. 당하지 않으려면 힘을 키워야 한다. 어떻게 키울 것인가? 가장 급선무는 '남북통일'이다. 그동안 우리의 힘을 상당히 키우긴 했지만, 아직도 남북이 갈려 있어서 다른 강한 나라들이 함부로 장난치는 걸 막아낼 정도에는 모자란다. 남북이 통일되면 세계적 강대국이 되어 다른 나라가 우리의 역사나 국토를 함부로 넘보는 꿈을 꾸지 못하게 될 것이다.

7. 고토 분지로의 '조선 산맥론'

아래 1), 2)는 손일 교수가 번역한 고토 분지로의 책 『朝鮮기행록』에 부록으로 들어있는 논문 「조선 산맥론」의 글에서 일부를 발췌하여 쓴다. 1897년부터는 우리나라가 '대한제국', 1919년부터는 '대한민국'이었으므로 그 시대의 글에는 '조선' 대신 '대한'을 씀이 마땅함에도 너도나도 '조선'을 썼다. 속이 끓긴 하지만, 일단은 참고 넘어간다.

1) 고토 분지로

고토 분지로(小藤 文次郎, 1856~1935)는 메이지 시대 일본의 대표적인 지질학자다. 1881년 동경대학 지질학과를 졸업한 그는 4년간의 독일 유학을 거쳐 1886년부터 동경대 교수를 역임한 후 1935년 향년 79세로 사망했다.

고토 분지로는 서양 지질학의 일본 도입 과정과 정책에 절대적인 기여를 하였고 전문학술지『지학잡지(地學雜誌)』의 창간에 관여했다. 또한, 현 일본 지질학회의 전신인 동경지질학회의 창립과『지질학잡지』의 발행에도 크게 기여했다. 학문적으로는 지질학과 지형학, 암석학 등의 분야에서 특기할 만한 성과를 보였다.

특히 우리나라 지리, 지질과 관련해서는 "An Orographic Sketch of Korea(조선 산맥론)", "Jouneys through Korea. First Contribution(한반도 기행)", A catalogue of the romanized geographical names of Korea by Koto and Kanazawa(고토·가나자와식 로마자 조선 지명 목록) 등의 논고를 남겼다.[75]

2)「조선 산맥론」

「조선 산맥론」은 답사기간 동안 몇 편의 논문으로 관보, 지질학 잡지, 동경제국대학교 이과대학 기요(紀要)에 게재했던 것을 최종적으로 정리해 발표한 것이다. 고토의 산맥론은 현재의 시각에서 보면 산령 추적의 착오와 지질구

---

75) 고토 분지로, 손일 옮김, 위의 책, 428쪽.

조에 대한 오인이 적지 않았음을 쉽게 알 수 있다. 하지만 지질학적으로 황무지나 마찬가지인 조선에 대해 제대로 된 지형도 하나 없이 14개월이라는 단기간에 방대한 산지를 조사, 개괄할 수 있었다는 점은 이 조사에 내재된 목적이 무엇이든 간에 그 가치를 높이 인정할 만하다. 다테이와(立岩巖, 1976)의 지적처럼, 개마고원, 태백산맥, 고조선지역 등의 지질구조, 특히 태백산계와 일본 열도의 구조발달상 연관성이나 한반도 남해안의 리아스 해안과 다도해의 성인에 대한 그의 해석은 오늘날에도 시사하는 바가 크다. 또한 조선 반도를 이탈리아반도와 비교하면서 조선 반도의 지정학적 의미를 시사한 것, 그리고 추가령구조곡을 경계로 역사, 기후, 주민, 산업, 지형 등의 차이를 확인한 것은 지질학에 그치지 않는 고토의 폭넓은 관심을 대변해 준다.

　이 논문에 자주 등장하면서 이 논문의 저술에 결정적인 역할을 한 사람으로 고체와 리히트호펜를 들 수 있다. 고체는 1881년부터 1883년까지 동경대학 이학부 지질학과의 교수로 재직했으며, 1883년 조독수호통상조약의 체결과 더불어 사절과 함께 조선에 왔고 이듬해인 1884년에 8개월 동안 조선을 답사하였다. 고체가 1886년에 발표한 "Geologische Skizze von Korea"는 조선 반도의 지질 일반에 관한 것이며, 첨부된 조선지질도에 지층 구분과 함께 층서학적, 암석학적 기재를 시도하였다. 일부 오류에도 불구하고 조선의 지질 일반을 처음으로 세계에 소개했다는 점에서 중요한 의미를 지녔다고 볼 수 있다. 더군다나 조선의 지질에 대한 정보가 일천한 상황에서 고체의 연구 결과는 고토의 「조선 산맥론」 집필에 귀중한 자료가 되었을 것임에 의심의 여지가 없다. 하지만 고토가 1880년에 유학을 떠나 1884년에 귀국했기 때문에 이 두 사람이 조우했는지 여부는 알 수 없다.

　조선뿐만 아니라 일본의 지체구조에 대한 고토의 해석에서 리히트호펜의 영향은 절대적이다. 리히트호펜은 중국과 시베리아 동부의 거대한 산맥들에서 습곡작용을 받은 오래된 동서방향의 요소와, 파열된 젊은 남북방향의 요소를 구분하였다. 고토는 일본 북부와 남부의 지질구조 차이 및 남북방향의 조선 시스템을 설명하는 데 리히트호펜의 아이디어를 이용했다. 또한 현재까지 우리나라 산맥을 분류할 때 사용하는 중국 방향, 랴오둥 방향 역시 리히트호펜의 아이디어를 고토가 한반도에 적용한 것이다. 이 논문에는 지질학적 내용뿐만 아니라 자연지리적, 인문지리적 내용과 함께 지정학적 내용도 등장한다. 또한 우리 지명을 영어로 바꾸기 위해 나름의 체계를 구축하는데, 이는 결국 1903년 A Catalogue of the Romanized Geographical Names of Korea by Koto and Kanazawa(고토가나자와식 로마자 조선 지명 목록)의 발간으로 귀결된다. 이러한 작업들은 모두 리히트호펜의 역저 China(중국)에서 시도한 예를 따른 것으로, 어쩌면 고토는 리히트호펜이 지질학을 바탕으로 한 중국지지를 시도하였듯이 이 논문을 통해 조선지지를 써보려 했던 것이 아닌가 생각된다.

고토의 지적처럼, 이 논문이 간행된 후 조선의 지질과 지리에 관해 일본뿐만 아니라 외국의 연구에서도 계속해서 이 논문을 인용했다. 비판도 적지 않았는데 주로 고토가 리히트호펜의 아이디어를 일방적으로 모방했다는 것이 주된 것이었다. 예를 들면 소르본 대학 지질학과의 페르빙기에르 교수는 이 논문에 대해 "저자(고토)는 자신들의 인종적 특성인 즉흥적 모방성 때문에 이론적 사고를 적용하지 않았고, 다양한 현상들에 대해 설명하지도 않았다."라고 인종적 모멸감을 주면서 비판했다. 이에 대해 고토는 "조선 산맥의 성인에 대한 나의 설명 방식이 대가들을 단지 모방하고 있을 뿐이라는 비난은 단호히 거부한다. 애국심이 강한 프랑스의 피가 친러시아적 감상으로 뜨거웠던 러일전쟁 초기에 내 논문이 등장했다는 사실이 불운이었던 것이다."라며 맞받아친다. 또한 고토는 "내 논문에 제시된 지질구조선을 구성할 때 가설이나 이론에 크게 영향을 받았다고 말하는 것은 오해이다. 나는 현장에서 보았던 것이나 확인한 것들을 단지 기록하였을 뿐이다."라며 자기 주장의 정당성을 밝히고 있다.76)

8. 산맥도

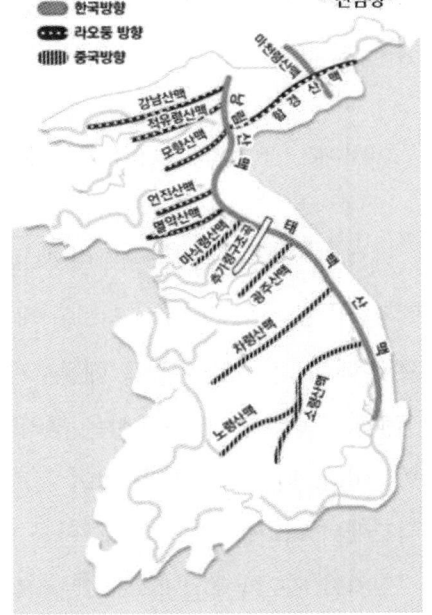

김홍주 선생의 글을 조금 줄여서 싣는다.

우리나라 학교 교과서에 실린 14개 산맥의 이름은 일본인 '고토 분지로'가 14개월에 걸쳐 조사한 지질연구 결과를 발표한 '한반도의 지질 구조도'에 기초를 두고 만들어졌다. 이것을 바탕으로 산줄기의 이름이 '산맥'으로 자리 잡은 것이다.

첫째. 지질을 바탕으로 한 땅속의 맥과 선을 중심으로 만들었다. 즉 '땅의 맥', '지맥'이라 해야 할 것을 겉으로 나타난 '산의 맥으로' 했다는 것이다. 땅속과 땅 위는 분명 다르다. 그래서 '산맥'은 물을 건너고 바다도 건너게 된다.

둘째. 일본인이 남의 나라 넓은 땅을 그것도 14개월의 짧은 기간에 조사

---
76) 고토 분지로, 손일 옮김, 위의 책, 420~422쪽.

연구하여 만들었다. 고또의 지질조사는 일본이 우리나라의 지하자원을 빼앗기 위한 자료로 만들어졌다는 주장도 있다.

  셋째. 산맥의 분류기준이 모호하다. 지질을 중심으로 만들어졌다는 산맥이 소백산맥의 중요구간인 속리산과 추풍령 구간에 딴 구간에 없는 화강암이 나타나기 때문에 지질구조의 연속성이 없고 방향도 달라져 있다.

  넷째. 현실적으로 인문사회면과의 연결이 의심된다. 산은 말과 생활 모습이 달라지는 원인이 되고 강은 같은 문화를 갖게 하는 길이다. 그런데 산맥이 강을 건너기도 한다.[77]

  이번에는 조석필 선생이 쓴 『태백산맥은 없다』에서 일부를 인용한다.

  백두산이 사라졌다. 답부터 말하자면 태백산맥이 예뻐서 그런 게 아니었다. 백두산에 쏠려있는 민족의 시선을 떼어놓으려다 보니, 민족의 자존심 백두산으로 대표되는 백두대간을 훼절시키려다 보니 결과적으로 그런 무리수가 도출되었을 뿐이다. 백두산은 뿌리다. 뭇 산의 제왕이요, 모든 산줄기의 중심이다. 나라땅의 모든 힘이 거기 실려있다. 그뿐인가. 백두산은 단군시조께서 나라를 연 곳이다. 단군 이래 민족의 성산(聖山)이다.

  그처럼 도도한 조선민족의 자존심을 애써 무시하고 싶었을 것이다. 그러나 백두산을 파낼 수는 없는 일이다. 그렇다고 포기할 것인가? 아니다. 백두산에 관념의 장막을 치는 방법이 있다. 고토가 그랬다. 무시하자, 인식을 흐리게 하자, 관심에서 멀어지게 하자 ….

  산맥체계를 도입하는 과정에서 그러한 의지는 교묘하게 실천되었다. 가장 효과적인 방법이 바로 '백두대간의 분해'였다.

---

[77] 김홍주 산행문화연구소장, 「중도일보」, 2007. 05. 12.

(1) 백두대간을 마천령산맥, 함경산맥, 태백산맥, 소백산맥 해서 넷으로 분해했다.

(2) 분해해낸 마천령산맥, 함경산맥, 태백산맥에 잔가지를 붙여 백두대간의 원래 모습을 짐작도 안가게 만들었다.

(3) 낭림산맥을 강조하면서 '태백산맥-낭림산맥'의 선을 나라지형의 중심축으로 떠올렸다.

(4) 산맥 명명 과정에서 '백두'라는 단어를 철저히 없앴다.

(5) 백두산이 속하게 된 마천령산맥을 나라에서 가장 짧은 산맥으로 처리했다.

이러한 일련의 과정을, 지질학을 하다 보면 결과적으로 발생되는 일이라고 말하지 말자. 고토는 이중환의 『택리지』로부터 『산경표』, <대동여지도>를 모두 참조했음에 틀림없다. 만에 하나 백두대간의 존재를 몰랐다고 변명하더라도, 백두산의 존재만큼은 알고 있었다.

고토가 원래 작성했던 <조선산맥도>를 보면 백두산을 무시하는 정도가 더욱 잘 드러난다. 산세가 취약한 남부지방이나, 황해도지방에는 거미줄처럼 구조선이 발달해있는데 유독 백두산 일대만은 허허벌판이다. 마천령산맥 구조선은 아예 백두산에 가닿지도 않는다. 백두산이 지도에서 사라진 것이다!

지세가 험해 답사하지 못했다는 것은 이유가 못 된다. 아무리 험하더라도, 적어도 조선의 지세를 논하고자 했으면 백두산 일대만은 보았어야 했다. 고토도 그 사실은 알고 있었을 것이다.

고토도 사람이니까, 호랑이 우글거리는 백두산은 무서웠을 테니까, 용서해줄까. 백두산을 보지 않고 조선의 산맥을 논한 것이 의도적은 아니었다고 봐줄까. 그렇게 말씀하시려는 분들, 마지막으로 고토의 산맥명명 과정을 검토하고나서 해도 늦지 않다.

소위 한국 방향이라는 낭림, 태백, 마천령산맥을 보자. 왜 하필 백두산이 속한 마천령산맥만 고개 이름에서 따왔을까. 이유는 뻔하다. 태백산맥처럼 산에서 이름을 따오자면 '백두산맥'밖에 더 있겠나. 그랬다. 고토는 백두산맥이 싫었다. 백두산을 못 본 게 아니라, 안 보고 싶었던 것이다!

백두대간은 완전하고 구체적인 나라의 기둥산줄기다. 그 사실만큼은 교과서도 인정하고 있다. '우리나라의 대표적 산지' 그림, 인공위성 사진, 어느 것을 보고 있어도 백두대간은 의연하고 명확하게 떠오른다. 아니, 인정하고 말 것도 없다. 나라땅의 형세가 그리 생긴 걸 어쩌란 말인가.

그러한 사실을 번연히 알면서도 태백산맥을 나라의 척량이라 강조했던, 민족의 성산 백두산을 동네 뒷산 취급했던 고토의 처사는 아무리 곱게 보아도 순수한 학문적 욕구만으로 받아들이기 어렵다.

다시 강조한다. 이 책을 통틀어 이것 하나만은 알고 넘어가자. 태백산맥은 나라의 척량이 아니다. 등뼈나 기둥이 아님은 물론이고, 나라를 동서로 가르지도 않으며, 산맥의 절반 이상은 째고 쨌는 이 땅의 야산줄기에 불과하다.[78]

9. 『산경표』

1) 신경준(申景濬)

신경준은 1712년(숙종 38)에 태어나 1781년(정조 5)에 세상을 떠났다. 신숙주의 아우 신말주(申末舟)의 후손이다. 영조의 명으로 『여지승람(輿地勝覽)』을 감수하고, 1770년(영조 46)에는 문학지사(文學之士) 8인과 함께 『문헌비고』를 편찬할

---

78) 조석필, 『태백산맥은 없다』, 도서출판 사람과 산, 1997, 137~139쪽.

때 『여지고(輿地考)』를 담당하였으며, 『동국여지도(東國輿地圖)』의 감수를 맡았다.

대표적인 저작으로 『훈민정음운해(訓民正音韻解)』가 있다. 지리, 지도에 관심이 많은 사람은 『산경표』 때문에 신경준을 잘 알겠지만, 음운학이나 성명학을 연구, 활용하는 사람은 이 『훈민정음운해』 때문에 신경준을 더 잘 알지 않을까 싶다.

2) 『산경표(山經表)』

'산경(山經)'은 '산해경(山海經)'에서 따온 말이지 싶다. 산해경(山海經)은 산(山)과 바다(海)가 합한 경(經)이다. 산경(山經)과 해경(海經)을 합한 말이라고도 할 수 있다. 우리는 옛날부터 이 '산경(山經)'보다는 '산맥(山脈)'을 더 많이 썼던 것 같다.

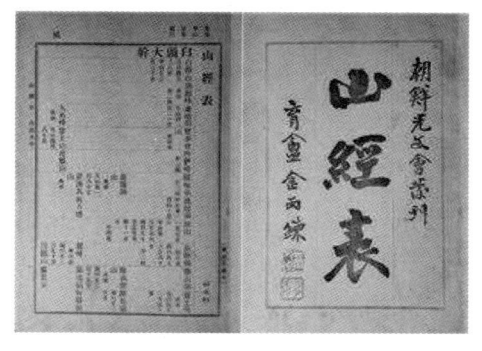

『산경표』는 신경준이 조선의 산맥(山經)체계를 도표로 정리하여 영조 연간에 편찬한 역사지리지다.

표의 기재 양식은 상단에 대간(大幹)·정맥(正脈)을 표시하고 아래에 산(山)·봉(峰)·영(嶺)·치(峙) 등의 위치와 분기(分岐) 관계를 기록하였다.

그리고 난외 상단에 주기(註記)로 소속 군현을 명기하였다. 내용은 백두대간(白頭大幹)과 이에서 연결된 14개의 정간(正幹)·정맥으로 구분되어 있다.

백두대간은 백두산으로부터 시작하여 지리산에서 그치며, 장백정간(長白正幹)은 황토령(단천)에서 시작하여 함경도 지역의 산계들을 포함한다.

낙남정맥(洛南正脈)은 지리산 취령(鷲嶺)으로부터 경상도 서남부 일대를, 청북정맥(淸北正脈)은 낭림산(강계)으로부터 평안북도 일원을, 청남정맥(淸南正脈)은 백운산 (개천)으로부터 평안남도와 황해도 북부 일부 지역을 포함한다.

또한 해서정맥(海西正脈)은 발은산(勃隱山 : 서흥)으로부터 황해도 일대를, 임진북예성남정맥(臨津北禮成南正脈)은 개련산(開蓮山 : 伊川)으로부터 황해도 및 경기도의 임진강과 예성강 사이 지역을 포함한다.

한북정맥(漢北正脈)은 백운산(白雲山 : 安峽)으로부터 한강 이북과 임진강 이남 지역을, 낙동정맥(洛東正脈)은 태백산으로부터 경상도 동부 · 서북부 지역을 포함한다.

그리고 한남금북정맥(漢南錦北正脈)은 속리산으로부터 충청북도 및 경기 일부 지역을, 한남정맥(漢南正脈)은 광교산(光敎山 : 수원)으로부터 경기도 및 충청남도 일부 지역을, 금북정맥(錦北正脈)은 송악(松岳 : 온양)으로부터 충청남도 일원을 포함한다.

금남호남정맥(錦南湖南正脈)은 장안산(長安山 : 長水)으로부터 전북특별자치도 일대를, 금남정맥(錦南正脈)은 계룡산(공주)으로부터 시작하여 충청도 및 전북특별자치도 서부 지역을, 호남정맥(湖南正脈)은 굴치(屈峙 : 태인)로부터 전라남도 지역의 산지들을 계통적으로 파악하고 있다.

이 책은 조선의 산맥체계를 수계(水系)와 연결해 일목요연하게 정리하여 놓은 책으로서, 현재 일반적으로 사용되고 있는 일본인이 분류, 명명한 산맥 구분 및 산맥 명칭 이전의 조선의 전통적인 산지 분류 체계를 파악할 수 있는 점에 중요한 의의가 있다. 규장각 도서에 있다. 1913년 조선광문회(朝鮮光文會)에서 활자본으로 간행, 널리 유포되었다(한국민족문화대백과사전).

10. <산경도(山經圖)>

김우선 박사 외 5인의 산악 전문가들이 함께 펴낸 책 『우리가 몰랐던 백두대간』에서 일부를 따서 옮겨 적는다.

산경도는 백두대간의 1대간 1정간 13정맥 등 15개 산줄기를 표시한 지도로써 1986 지도제작자 이우형 씨가 처음 만들었다. 그는 대동여지도를 연구하다가 우연히 인사동 고서점에서 찾아낸 조선광문회의 인쇄본

『산경표』(1913)가 대동여지도의 산줄기와 일치함을 발견해 내는 성과를 거두었다.(물론 이 과정에서 산의 개념이 봉우리[peak]라는 점을 기준으로 하는 서양의 산과, 면을 기준으로 하는 우리의 산 개념이 다르다는 사실을 깨달아야 했다.) 이러한 사실을 기본으로 그는 백두대간 산줄기에서 지맥을 제외한 15개 본줄기만을 표현, 조선일보를 통해서 처음으로 산경도를 발표했다. 일제의 태백산맥이 아니라 조선시대 이래 우리의 산줄기인 백두대간이 세상에 처음 알려진 순간 이우형 씨가 제작한 산경도가 함께 빛을 본 것이다. 이후 산경도는 1991년《한국민족 문화대백과사전》의 초판본에 백두대간 항목과 함께 소개되었으며, 이 씨가 경영했던 지도제작사, 광우당에서 '조선시대『산경표』에 의거한 산경도'라는 컬러판 지도가 발행되기에 이르렀다.

    사실 21세기 초반에 지리학계와 언론을 뜨겁게 달구었던 산맥 논쟁의 발단은 바로 이 '산경도'라고 해도 과언이 아니다. 소축적인 1대 300만 지형도 위에 산맥 대신 15개 산줄기를 추가함으로써 누구라도 그 산경도가 산맥도를 대신할 수 있다는 생각을 갖게 만들기에 충분했기 때문이다. 이러한 생각은 일본 지리학자 야쓰 쇼에이가 1904년 한국지리에서 소개한 태백산맥 이래 100년 넘게 한국지리 및 사회교과서에 등장하는 산맥도 대신 우리의 고유한 산줄기 체계인 백두대간이 실려야 한다는 주장까지 나오게 했다.

    여기에 더하여 북한은 1995년 일제 잔재를 청산한다는 명분 하에 태백산맥이나 낭림산맥 등 일제가 만든 산맥체계를 없애고 대신 '백두대산줄기체계'를 발표하기에 이르렀다.

    이우형 제작 산경도의 문제점은 조선시대『산경표』에 의거했다고는 하지만 15개 산줄기 가운데 지맥을 배제했기 때문에 정확하게 산경표에 근거한 것은 아니라는 사실이다. 만약에 산경표에 근거한, 보다 더 정확한 산경도를 제시한다면 고산자 김정호가 만든 것으로 전하는 '대동여지전도 (大東輿地全圖)'가 맞다. 이 한 장의 대동여지전도에는 15개 산줄기와 여기서 가지 쳐 나온 지맥(산경표에서 상세히 다루고 있는)이 대부분 표현되어 있기 때문이다.

따라서 이우형 제작 산경도의 정확한 제목은 『산경표』 가운데 지맥을 제외한 본줄기만 표현한 산경도'라고 해야 옳다. 그렇지 않은 상태에서 '『산경표』에 의거한 산경도'라고 한다면 심각한 오해를 불러일으킬 소지가 다분하다. 이우형 산경도를 본 대부분의 산악인은 당시에 왜 북한강과 남한강 사이에는 산줄기가 없냐는 의심을 품었으며, 오대산에서 용문산에 이르는 이 마루금을 종주하고 '한강기맥'이라는 이름을 붙이기도 했다. 사실 그 산줄기는 산경표에 엄연히 백두대간의 지맥으로 나와 있는데도 말이다.[79]

이우형 선생은 1934년(?) 12월 30일, 당시 은행원이었던 아버지가 전라도 광주에서 근무하고 있을 때라, 광주에서 태어났다. 3학년까지 다니다가 서울로 올라와 1947년 아현국민학교를 졸업했다. 1953년 3월 용산고등학교를 졸업하고 성균관대학 정치학과에 진학했다. 그해 12월 학생 신분으로 기독교중앙방송국 제1기 성우 공채에 합격했다. 군 제대 후 이듬해인 1958년 3월에는 한국일보에 입사하여 1962년까지 문화부 기자로 근무하다가 그만두고 여러 방송국을 돌며 프리랜서로 성우 활동을 했다.

그는 1960년대 초 성우 활동을 하면서 산에 다니기 시작했고, 1965년부터 본격적인 산행을 하게 되었다. 한국일보 문화부 기자로 재직할 때 동료 성우들과 '산수회'란 산악회를 만들었고, 1967년 6월 대한민국 최초로 '등산백과사

---

[79] 김우선 · 김광선 · 신인수 · 박경이 · 차성욱 · 이문희, 『우리가 몰랐던 백두대간』, 도트북, 2024, 103~14쪽

전'인 『등산수첩』을 펴냈다. 1979년부터 성우 생활을 그만두고 오로지 지도 제작에만 전념한다.

대동여지도 연구에 몰두하던 그는 1913년 조선광문회에서 발행된 『산경표』를 접하게 된다. 이 『산경표』로 인해 그의 연구 영역은 '우리 땅 산줄기 물줄기'로 확대된다. 현재 사용하고 있는 산맥 이름인 태백산맥, 소백산맥은 언제부터 쓰여졌으며, 선조들이 사용했던 산줄기 이름인 백두대간은 왜 사라진 것일까 하는 의문을 갖게 된다. 멀리 일본 국회도서관까지 뒤져가면서 그는 결론을 얻어 낸다.

당시까지의 대동여지도는 목판본이라서 뜰 때마다 모습이 다르고, 사용하는 사람이 보기 쉽도록 채색을 한데다 적당한 크기로 접어서 사용했기 때문에 그가 봤던 20여 점의 원본도 어느 것 하나 완전한 것은 없었다. 하지만, 그의 손을 거쳐 현대 기술로 복원된 대동여지도는 김정호 선생이 찍어 낸 목판본보다 더 선명하고 완전하였다.

1985년 12월 20일 드디어 대동여지도가 복간되었다. 고산자 김정호 선생이 대동여지도를 만든 지 124년 만의 일이다.

2001년, 향년 68세로 세상을 떠났다.

11. '산맥도'와 '산경도' 비교

조석필 선생의 『태백산맥은 없다』에서 발췌하여 쓴다. 지도 속의 가는 선은 강(江)을 표시한 것이다.

<산맥도> 일제시대 일본인 학자들에 의해 정립된 이래 지금까지 정설로

굳어있는 산맥 그림이다. 지질구조를 바탕으로 해서 그렸기 때문에 산줄기가 강으로 잘린 부분이 많다.

<산경도> 산경도/산경표에 근거해 그려진 우리 전래의 산줄기 그림이다. 수계도(水界圖)와 비슷해 산줄기가 강에 의해 잘리는 법이 없다. 인문지리를 이해하는 데 있어 산맥도보다 월등히 뛰어나다.

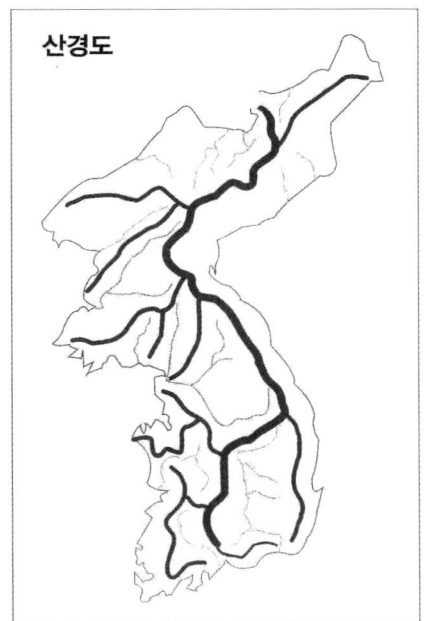 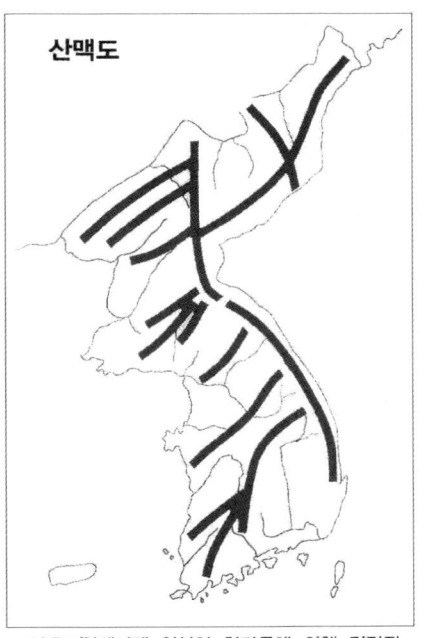

산경도/산경표에 근거해 그려진 우리 전래의 산줄기 그림. 수계도(水界圖)와 비슷해 산줄기가 강에 의해 잘리는 법이 없다. 인문지리를 이해하는 데 있어 산맥도보다 월등히 뛰어나다.

산맥도/일제시대 일본인 학자들에 의해 정립된 이래 지금까지 정설로 굳어있는 산맥 그림. 지질구조를 바탕으로 해서 그렸기 때문에 산줄기가 강으로 잘린 부분이 많다.

우선 **<산맥도(山脈圖)>**를 보면 산맥들이 엿조각처럼 뚝뚝 끊겨있는 것이 눈에 띈다. 그리고 거의 직선 형태로 죽죽 뻗어가는 것도 보인다. 눈썰미 있는 분이라면 산맥들이 거침없이 강을 건너 달린다는 사실도 알아챘을 것이다.

이번엔 **<산경도(山經圖)>**를 보자. 대간과 정맥이 구불구불 달린다. 우리나라의 큰 강 10개를 절묘하게 피해 간다. 어느 산줄기도 강과 교차하지 않으며, 그 산줄기들이 모두 한몸처럼 연결되어있다. 나무를 쑥 뽑았을 때 뿌리까지 기분 좋게 따라 뽑히는, 그런 느낌을 준다.

그리하여 산경도는 이 땅의 지형을 '있는 그대로 그린' 그림이다. 다시 말해 이 땅을 찍어놓은 사진이다. 산이 솟아있는 자리에 산을, 물이 흐르는 자리에 물을, 마을이 있는 자리에 마을을 그려넣은 '사진'이다.

그렇다면 산맥도는 뭔가? 땅 속의 일을 '추측되는 대로 그린' 그림이다. 미술시간에 교실에 앉아 그려낸, 상상 속의 공룡 같은 것이다.

무엇을 그렸나? 땅 속의 지질구조를 그렸다. 생성년대가 같으면(같다고 추정되면!) 같은 산맥이라 표시했고, 생성방법이 같으면 또 같은 산맥이라 표시했다. 요컨대 얼굴을 찍은 사진이 아니라, 얼굴을 구성하는 세포에 따라 다시 그린 그림이다. 예를 들어 귀와 코가 같은 세포로 구성되어있다면, '귀코'라는 명칭을 만드는 것이다. "귀코?"

자연(自然)이 형성하는 선에 직선은 없다. 인공위성 사진에서 볼 수 있는 지구상의 직선은 만리장성뿐이라고 했다. 산맥은 직선이다. 그러므로 산맥이 인위적인 산이라는 것은 자명하다. 인위적인 직선을 고집하다보니 산맥 안에는 강이 포함되고, 마을이 들어선다.

그러나 산경은 자연의 선이다. 자연의 선 따라 달리는 산경에는, 산 아닌 것 하나도 없다.

<산맥도> 땅 속의 지질구조를 기준으로 그렸다. 산맥은 강에 의해 여러 차례 끊기고 실제 지형에 일치하지 않는, 인위적인 선이다.

<산경도> 땅 위에 실제로 존재하는 산과 강을 그렸다. 산경은 산에서 산으로만 이어지고 실제 지형과 일치하는, 지리학적으로 자연스러운 선이다.

산맥도는 땅 속의 지질구조선을 기준으로 그린 지도다. 일본인이 그려준

지도기도 하다. 실제 지형과 일치하지 않고, 백두산의 존재를 무시했으며, 산줄기의 무게 중심을 여러 곳으로 분산시켜 결과적으로 지리인식을 흐리게했다. 그에 수반되는 역사나 문화인식에 혼란이 초래되었음은 말할 것도 없다.

산경도는 이 땅의 산과 강을 있는 그대로 그린 지도다. 우리 전래의 지리인식이기도 하다. 산경도는 이 땅의 지형을 있는 그대로 가르쳐주고, 가장 중요한 산이 백두산임을 알려주며, 그 백두에서 뻗어내린 산줄기 백두대간이 이 땅의 역사와 문화를 이해하는 소중한 도구임을 말해준다.[80]

12. 산맥(山脈)

영어로는 mountain range, mountains 등을 쓴다. 'mountain'은 '산'이고, 'range'는 '같은 종류의 것의 연속'이라는 뜻이란다.

지질학자들은 '산맥은 여러 산이 늘어서 있는 지형을 말하지만, 더욱 정확한 지리학적 정의는 지반 운동, 지질구조와 관련하여 직선상으로 형성된 산지'의 뜻이라고 한다. 나름의 의미를 집어넣긴 하지만, 영어 표현과도 다르고, 우리의 전통 산맥(山脈) 이론과도 다르다.

그런데, 요즘은 모든 이가 다 지질학자들의 견해를 이해하고 따른다고 봐야 할까? 전문적으로 공부하고 연구하는 몇몇 사람을 제외하고는 그럴 리는 없을 성싶다. 그저 생긴 모양대로 이름 지어 불러왔고, 부를 것이다. 대개 지반이나 지질 등을 따지기 이전, 곧 지질학이 나오기 이전에 만들어진 이름 그대로 이해하고 부를 것이다. 알프스(Alps)를 예로 들면, '산을 뜻하는

---

[80] 조석필, 위의 책, 51~54쪽.

켈트어 alb, alp 또는 백색을 뜻하는 라틴어가 어원인데, 희고 높은 산이라는 의미로 사용된 것으로 추측된다(위키백과)고 한다.' 우리의 백두산 이름과 비슷하다. '히말라야'라는 이름도 산스크리트어로 '눈(雪)'을 의미하는 '히마'와 '거처', '정주(定住)'를 의미하는 '알라야'의 합성어에서 유래했는데, 이를 풀이하면 '눈의 거처', '눈이 사는 곳'이라는 뜻이 되고, 히말라야 일대의 특징적인 환경인 만년설을 가리키는 이름으로 추정된다(나무위키)고 한다.

우리나라에서는 언제부터 '산맥(山脈)'이라는 말을 썼고 어느 정도 썼을까? 언제부터 쓴지에 관해서는 알기가 어렵고, 『조선왕조실록』을 보면 '산맥'이 많이 나오며 많이 썼다는 것을 알려준다. 『택리지』나 <대동여지도>에도 '산맥'이 나온다.

『산경표』나 '백두대간 체계'가 '산맥도'에 비해 더욱 크게 드러나는 것을 바라는 사람들에게는 '산맥'이 외면받는다는 느낌이 들지만, 우리 어른들은 오랜 세월, 이 '산맥'이라는 말을 즐겨 썼다는 것을 알 수 있다.

우리는 산맥을 인체에 비유해서 썼다. 脈(맥)은 혈맥(血脈), 맥박(脈搏) 맥락(脈絡) 등의 맥이다. 눈에 보이지 않는 氣(기)이기도 하다. 이른바 학교 교가(校歌)에서 빠지면 서운한 '정기(精氣)'다.

산맥은 인체처럼 맥이 끊어지지 않고 이어지며 흐른다. 수맥(水脈)도 마찬가지다. 그만큼 우리는 그 맥(脈)을 중시했다. 그 맥이 겉으로 드러난 형체가 용(龍)이다. 곧 맥(脈)은 氣(기)이고 용(龍)은 形(형)이다.

일제 침략기에 일본인 무라야마 지쥰(村山智順, 1891~1968)도 그가 지은 책 『朝鮮의 風水』에서 한국인들은 "용(龍)은 주로 그 형태에서 이름지어진 것이지만, 용신(龍身)에 따라 음양의 생기가 유동하는 것은 마치 인체(人體)의 맥락에 기혈이 운행하는 것과 같기 때문에, 생기의 운행이란 점에서 말할 때는 이를 맥이라고 한다."81)라고 했다. 이 책은 한국의 침략 통치를 원활하게 하기 위한 조사자료로 1931년 조선총독부에서 처음 발간한 것이라고 한다.

 맥, 곧 정기는 물을 만나면 끊어진다. 이걸 몰랐을 리가 없는 「조선 산맥론」의 저자 고토 분지로(小藤 文次郎)는 '지질에 따른다.'는 핑계로 '물'로 잘리는 '산맥'을 만들었다. 우리에게 우리 땅의 지질구조를 가르쳐주고 싶어서 한 일이었겠는가? 이 땅의 자원을 착취하고자 한 일이었겠는가?

 동식물은 기후에 따라 이동하기 마련인데, 사람도 마찬가지다. 길게 보아, 기후 변화에 큰 영향을 받지만, 산이 많은 우리나라 특성상 우리는 산과 산맥, 물의 영향도 많이 받는다. 산 따라 물 따라 살아왔고, 살아가고 있기 때문이다. 역사를 이해하고, 새로운 역사를 열어가는 길에 이를 거부하고서는 순조로운 진행이 어렵다는 것을 깨달을 만하다.

 '산맥(山脈)'은 크게 세 가지의 의미가 있다 할 수 있을 것이다.
 1) 기(氣)가 흐르는, 산과 산이 연결되는 산맥이다. 물길을 나눈다.
 2) 산들의 집합, 또는 산과 산등성이가 높이 솟아 용(龍)이 꿈틀거리며 움직이듯, 움직이며 이어지는 형체로서의 산맥이다.
 3) 지반운동이나 지질학을 응용해서 만들어진 산맥이다. 일본인 고토 분지로가 우리나라에 처음 적용한 산맥이다.
 더 세분할 수도 있겠지만, 이 정도로만 하자.
 어떤 것을 먼저 선택하여 가르치고 받아들여야 할지는 뒤에 다시 다루겠다.

---

81) 村山智順, 崔吉城 옮김, 『朝鮮의 風水』, 민음사, 1990, 30쪽.

13. 백두대간(白頭大幹)

'백두대간 보호에 관한 법률(약칭: 백두대간법)' 제2조(정의)에 들어있는 내용이다.

1. "백두대간"이란 백두산에서 시작하여 금강산, 설악산, 태백산, 소백산을 거쳐 지리산으로 이어지는 큰 산줄기를 말한다.

1의 2. "정맥"이란 백두대간에서 분기하여 주요하천의 분수계(分水界)를 이루는 대통령령으로 정하는 산줄기를 말한다.

김우선 박사의 책 『산경표 톺아읽기』에서 일부를 옮긴다.

조선시대 사람들의 자연인식 체계 중 일부였던 백두대간은 1910년 일제 강점기의 시작과 더불어 금지되었다. 그러나 최남선이 주도한 조선광문회에서 1912년과 1913년, 각각 인쇄본 『정리표』와 『산경표』를 펴냄으로써 백두산과 백두대간으로 상징되는 민족정기를 보전하려는 최소한의 노력이 이루어지기도 했다. 이후 지질구조 선에 기초한 새로운 산맥체계가 교과서에 실리면서 백두대간은 영원히 사라지는 듯했으나 1980년대, 산악인이자 고지도 연구가인 이우형에 의해서 세상에 다시 알려지기에 이르렀다.

백두산부터 지리산까지 도상거리 1,630.1km에 달하는 백두대간, 1정간, 13정맥은 분수계에 입각하여 한반도 전체의 산과 강을 아우르는 탁월한 지리 체계이다. 지질구조선에 입각하여 수립된 산맥체계와는 달리 백두대간은 천여 년 넘는 역사시대를 거치면서 풍수지리 사상을 바탕으로 하여 성립된 자연론이자 땅을 하나의 살아있는 생명체로 파악한 탁월한 환경론이기도 하다. 이러한 기록상의 백두대간은 『한국일보』 취재팀과 한국대학산악연맹이 처음으로 현장 답사와 종주 산행을 통해 확인함으로써 세상에 좀 더 구체적으로 알려지기 시작했다.

　1990년부터는 월간 『사람과 산』이 "잃어버린 우리의 산줄기를 되찾는다"는 슬로건 아래 연중특집으로 백두대간과 낙동정맥, 호남정맥 종주 기사를 차례로 연재했고, 이우형을 중심으로 백두대간을 국민들에게 알리는 전국 순회강연이 이어졌다. 또한 박용수의 해제가 포함된 『산경표』가 발행되었으며, 1991년에는 이우형이 『한국민족문화대백과사전』 초판본에 19쪽에 걸쳐서 13장의 지도와 함께 백두대간 항목을 기술함으로써 일제강점기 이래 80여 년 만에 백두대간이 다시금 민족문화의 정수 중 하나로 빛을 보기에 이르렀다.

　여기에 더하여 조석필은 『산경표를 위하여』, 『태백산맥은 없다』 등의 저서를 통하여 일제에 의해 왜곡된 지리 인식을 바로잡으려면 각급 학교 교과서에서 태백산맥 대신 백두대간을 가르쳐야 한다고 주장했다.

　이러한 시점을 전후로 하여 백두대간에 관하여 지리학계에서 처음으로 관심을 보인 이는 양보경으로 신경준과 『산경표』 및 백두대간, 지리지, 고지도와 실학적 지리학에 관한 일련의 논문을 꾸준히 발표했다.

　이렇게 백두대간이 국민적인 관심사가 되면서 산림청은 1996년 3월 26일 백두대간 용어 사용에 관하여 관계부처협의회를 개최하였으며, 『백두대간문헌집』 발간과 백두대간 실태조사 및 합리적인 보전방안 연구가 있었고, 신경림 시인 등이 쓴 백두대간 탐방기 『산천을 닮은 사람들』이 출간되었다. 또한 환경단체의 백두대간 환경탐사는 백두대간 환경보호운동으로 발전하여 2003년 12월 31일 '백두대간보호에 관한 법률'이 공포되기에 이르렀다.[82]

　14세기 고려의 공민왕 때 사람인 우필흥(于必興)이 공민왕에게 올린 상소문에 '아국(我國)은 백두에서 시작하여 지리에서 끝난다.'라는 구절이 있으므로,

---

82) 김우선, 『산경표』 톺아읽기, 14~17쪽.

늦어도 14세기나 그 이전에 백두대간을 가리키는 개념이 있었음을 알 수 있다.

문헌상으로 '백두대간'의 뜻을 담은 '대간'은 18세기 이중환이 쓴 택리지(1751)에 처음 나타난다. 이중환은 "큰 줄기 산맥(백두대간)이 끊어지지 않고 옆으로 뻗었으며, 남쪽으로 수천 리를 내려가 경상도 태백산까지 한 줄기의 영嶺으로 통해 있다(大幹則不斷峽橫亘南下數千里至慶尙太白山通爲一脈嶺).83)"라고 하는데 여기에 대간(大幹)이 나온다.

성호(星湖) 이익(李瀷, 1681~1763)의 『성호사설(星湖僿說), (1760)』「천지문(天地門)」 '백두정간(白頭正幹)'조를 보면 '백두정간'과 '백두대간'이 나온다.

"백두산은 동방 산맥의 조종이다. … 철령으로부터 대(태)백산, 소백산에 이르기까지 하늘 높이 치솟았으니 이것이 곧 정간(正幹)이다. … 그 왼쪽은 동해 쪽으로 몰려 있는데, 하나의 큰 바다와 백두대간(白頭正幹)은 시종을 같이한다(白頭是東方山脈之祖也. … 自鐵嶺至大小白而峻極于天 是爲正幹 … 左旁東海乃凝定 一大湖與白頭大幹同其始終)."라고 한다.

이중환이나 이익이나 모두 백두대간, 백두대맥(白頭大脈), 백두남맥(白頭南脈), 백두정간(白頭正幹) 등을 혼용하므로 아직 '백두대간'과 다른 단어를 혼용했음을 알 수 있다.

오늘날 우리가 말하는 백두대간과 정간, 정맥은 18세기 신경준 선생이 썼다고 추정하는 <산경표(山經表)>를 기본으로 한다.

1814년, 정약용은 우리나라 주요하천에 관하여 기록한 『대동수경(大東水經)』이라는 지리서를 펴낸다. 『대동수경』에서 백두산을 두고 "팔도(八道)의 모든 산이 다 이 산에서 일어났으니 이 산은 곧 우리나라 산악의 조종(祖宗)이다."라고 하며 '백산대간(白山大幹)'이라는 용어를 사용한다.

---

83) 이중환, 이익성 옮김, 『택리지』, ㈜을유문화사, 2005, 166쪽

일본인 지질학자 고토 분지로가 1900년부터 1902년까지 두 차례에 걸쳐 14개월 동안 한반도를 답사하고 1903년에 태백, 소백, 차령, 노령, 마식령 등 산맥 명칭과 분류를 명명하는데 이때 추가령(楸哥嶺, 원산 근처 고개) 부근에 지질을 구조적으로 분할하는 추가령 구조곡이 있다는 연구결과를 발표하여, 태백산맥과 낭림산맥을 별도로 분류하였다.

여기에 좁고 길며 낮은 화강암 저지대가 발생한 이유는 침식이라고 확인하여 지금은 '추가령 구조곡'이라고 부르게 된 것이다. 어떻든 이 부근은 발생원인을 두고 용어 차이가 있을 뿐 주변보다 유독 저지대임이 분명하다.

학술적으로는 추가령 구조곡에서 백두대간이 끊어진다고 볼 수도 있지만, 이는 분단 고착화와 연결된 문제이기도 하다. 게다가, 하필이면 이 지역은 휴전선이 있는 곳이기도 한 탓에 정확한 조사가 어려워서 그저 논리적으로만 바라보기는 어려운 면이 있다.

전근대 실제 생활권인 하천의 유역과 수계를 반영한 만큼, 백두대간이나 여기서 뻗어 나온 산줄기들을 기준으로 삼아 삼국시대에 국가 경계선이 생겼고 조선 시대에 행정구역을 정했기 때문에, 백두대간은 인문학적 연구에서 무시할 수 없는 요소다.

이는 전 국토의 지형에 따른 강의 형성, 유역의 발달과 그 세력을 쉽게 파악하고 이해하는 데 큰 도움을 준다. 특히 당시의 조운(漕運)과 관계된 지리 인식을 반영하고 광역의 생활문화권을 구분하는 지표가 된 적이 있다.

한반도(한대갑) 하천 유역권은 백두대간의 정간과 정맥에 따라 구분되어지며 주요 경제 생활권에도 영향을 미쳤다. 정간과 정맥에 따라 언어와 풍속이 달라지고, 인문지리적 특성이 나누어지기도 한다. 남북한 모두 걸쳐 있기 때문에 종종 민족의식을 홍보하는 데 쓰이기도 한다.(나무위키)

14. 국토연구원 실측 산맥지도

벌써 20년이 지난, 기사 하나를 보자. 좀 줄이고 꾸몄다.

충격적인 사건이 발생했다. 위성영상 등 첨단과학 기술을 동원해 조사해봤더니 이 산맥들의 대부분이 한반도 땅에 실재하지도 않는다는 것이다. 우리 국민이 모두 귀신에라도 홀린 듯, 있지도 않은 '허상'을 배워왔다는 것이다. 정부산하 국토연구원이 위성영상 처리 및 지리정보시스템(GIS) 공간분석 기법과 각종 실측자료 등을 활용해 3차원으로 재현한 '한반도 새 산맥지도'가 이런 충격파의 진원지다. 과학적 근거가 부실할 수밖에 없었던 100년 전의 산맥 이론을 지금껏 우리 국민이 비판 없이 수용해온 셈이다.

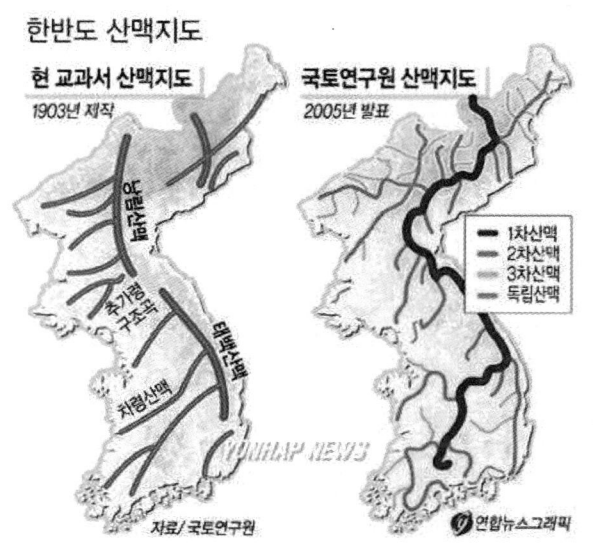

국토연구원의 연구 결과 고토 분지로에 의해 정립된 현행 지리 교과서나 사회과 부도의 14개 산맥 체계와는 달리 한반도에는 모두 48개의 크고 작은 산맥들이 형성돼 있는 것으로 확인됐다. 48개 산맥은 가장 고도가 높고 긴 주(主) 1차 산맥 1개와 여기서 나뭇가지처럼 연결된 2차 산맥 20개, 3차 산맥 24개, 독립산맥 3개다.

이번 국토연구원의 연구 결과에서 가장 눈길을 끄는 대목은 조선 후기의 지리학자 고산자(古山子) 김정호(金正浩, ?~1864)가 제작한 '대동여지도(大東輿地圖)'의 정확성과 가치가 새삼 재확인됐다는 것이다. 주요 산맥의 방향이나 위치에 관한 한 이번에 완성한 새 산맥지도와 대동여지도는 놀라울 정도로 유사하다. 마치 습자지를 대고 그린듯하다고 할 정도다.

　새 산맥지도는 무엇보다 우리 국토의 등뼈에 해당하는 백두대간이 엄연히 실재함을 보여준다. 남북한의 주요 지형을 입체영상으로 재현한 결과 백두산에서 두류산, 금강산, 설악산, 속리산, 지리산에 이르기까지 총연장 1천494.3km의 거대한 산줄기(1차 산맥)가 아무런 끊김 없이 뚜렷하게 형성돼 있는 것이 확인됐다. 반면 현행 교과서 산맥체계에는 등뼈에 해당하는 낭림산맥과 태백산맥이 한반도 중부의 추가령 구조곡을 사이에 두고 서로 단절돼있는 것으로 돼 있다. 18세기 말에 편찬된 지리서 산경표(山經表) 이래 우리 민족의 국토 인식체계의 핵심을 이루고 있는 백두대간이 고의든, 아니든 간에 일제에 의해 절단된 사실이 드러난 것이다.

　국토연구원은 국제적으로 통용되는 산맥의 개념(선상線狀이나 대상帶狀으로 길게 연속된 지형)을 근거로 산맥을 분류했다. 예컨대 산봉우리가 길게 연속된 지형 가운데 어느 정도 규모가 있는 산줄기만을 산맥으로 본 것이다. 각 산맥은 한반도 전역의 산지에 대한 수치 표고 자료(DEM)와 지질 현황도, 위성영상 등 각종 데이터를 컴퓨터에 입력한 뒤 지리정보시스템(GIS)의 공간분석기법을 통해 재현했다. 지도상 오차가 30m에 불과하므로 사실상 실제 산맥지형을 그대로 축소한 것으로 봐도 무방하다는 게 연구원 측의 설명이다.[84]

---

84) 변형섭 한국일보 기자, 「FOCUS 과학의 힘으로 100년 만에 바로잡은 우리 산맥」, 과학기술 2005. 3월호.

잘못된 게 있으면 고치면 된다. 하지만, 이런 일이 있고 나서 벌써 20년이다. 구차한 변명을 늘어놓으며 사실을 왜곡하고, 자기가 주장했다고 해서 고집을 부리며 다른 사람들이 지식·정보를 얻는 데에 눈과 귀를 가려서야 되겠는가.

15. 어떤 걸 선택해야 할까?

백두대간으로 할 것인가, 태백산맥·낭림산맥으로 할 것인가? 이는 곧 신경준의 『산경표』를 따를 것인지, 백두산도 지워버린 고토 분지로의 「조선산맥론」을 따를 것인지의 문제이기도 하다. 어쩌면 가장 중요한 학교 교과서에는 어떻게 실어야 하며 어떻게 가르쳐야 할 것인지의 문제도 있다.
양쪽으로 나눠 논란을 계속하는데, 몇 가지를 살펴보자.

1) '산'과 '산맥' 중 어떤 말이 먼저 생겼을까?
★ 당연히 '산'이 먼저 생겼다. '산'을 필두로 '산맥'이 생긴다. 인간은 높은 산을 숭상하기 마련이다. 산은 하늘, 하느님과 가깝고 하느님과 가장 가까이서 통할 수 있는 신이 살기 때문이기도 하다.

2) '산맥(mountains)'이란 말과 '지질구조 등에 따른 산맥 이론' 중 어느 것이 먼저 생겼을까?
★ '산맥'이 먼저 생겼다. 일부 지질학자들이 '지질구조 등에 따른 이론'으로 '산맥'을 정의하는 건 주인을 내쫓고 객이 주인 행세를 하자는 것과 같다. 견강부회다.

3) 어떤 '산맥'이 있다고 가정하면, 사람들은 보통 ① 어느 지역, 길이, 방향, 높이, 기후 등 외부에 나타나는 점을 먼저 알려 할까? ② 아니면 땅속

지질이 어떻다는 내부 상태를 먼저 알려 할까?

　★ 대개는 ①을 택할 것이다. 물론 지질이나 지하자원에 관심이 있는 사람은 ②를 택할 수도 있다. 하지만 그들도 ①부터 먼저 알아야 한다.

　이번에는 우리와 직접 관련 있는 '백두대간'과 '태백산맥·낭림산맥'을 살펴보자.

　1) '백두대간' 등과 '태백산맥·낭림산맥' 중 어느 말이 먼저 생겼는가?

　★ 당연히 '백두대간' 등이다.

　2) 두 말을 듣는다면 어느 말을 먼저 알아보겠는가?

　★ 어떤 것을 먼저 배웠느냐에 달려있다.

　3) ① '백두대간' 등은 외부로 나타난 형태, 환경에서 만들어진 말이고, ② '태백산맥·낭림산맥'은 땅속 지질을 기준으로 만든 말이다. 어떤 것을 먼저 알려고 할까?

　★ ① 외부 형태, 환경을 먼저 알려고 하지 않을까? 특별한 관심이 있거나 관련된 연구, 사업 등을 하지 않는 사람이라면 굳이 땅속까지 알려고는 하지 않을 것이다.

　4) ① 산맥은 바람과 물을 가르고, 인간 생활과 동·식물의 생장 환경을 가른다. 이걸 먼저 아는 것이 중요할까? ② 아니면 땅속 지질을 먼저 아는 것이 중요할까?

　★ 대개는 ①을 택할 것이다.

　5) ① '백두대간'은 남북을 하나로 이어주는 느낌이 들지만, ② '태백산맥·낭림산맥'은 남북을 나누는 느낌이 든다. 어떤 게 좋을까?

　★ 남북을 이어주는 '백두대간'을 더 선호하지 않을까?

　6) '추가령구조곡'을 사이에 두고 남북의 지질이 다르다. 그래도 ① 잇는

게 좋다. ② 나누는 게 좋다.

★ 대부분 '땅속 지질이 무슨 문제냐? 그냥 ① 하나로 이어야 한다.'라고 할 듯싶은데, 글쎄다.

다음으로, ①을 선택한 사람이 다수여서 '태백산맥·낭림산맥 체계'를 빼고 '백두대간 체계'를 가르치고 배운다고 치자. 그러면 대간, 정간, 정맥, 지맥 등의 말을 쓰게 될 것이다. 그러려면 지도를 다 바꿔야 한다.

힘들지만, 우리 지도를 바꾼다 해도 세계의 모든 지도를 다 바꿀 수 있을까? 백두대간이 '대간'인데, 훨씬 더 큰 우랄산맥이나 히말라야산맥은 태간이나 태태간, 태태태간 등으로 불러야 할까?

또한, 이미 '山脈(산맥)'이라는 한자(漢字) 말을 쓰는 일본이나 중국에겐 어떻게 고쳐달라고 할까? 가능하기나 한 일일까? 불가능하다.

총체적인 정리를 해보자.

1) 우리가 가르치고 배워야 하는 지도를 『산경표』 체계로 바꾼다.

이것도 잘못된 것이 있으면 고쳐야 한다. 땅속 지질에 관한 사항은 『산경표』 체계를 익힌 다음 필요한 사람에 따라 익힌다. 그게 순서에 맞다.

2) 대간, 정간, 정맥 등을 '산맥'으로 바꾼다.

정확하게 따져보자면, 한·중·일 세 나라가 한자(漢字) 말을 쓰지만, 나라마다 쓰는 의미는 각기 다르다. 그러나 같은 한자를 쓰기 때문에 대충 이해하고 넘어간다.

우리도 지금은 「조선 산맥론」으로부터 그 의미가 왜곡된 '산맥'을 쓰지만, 우리가 쓰던 '산맥'은 오랜 세월 써온 우리만의 독특한 언어였다. 조선 시대에 쓰던 의미와 지금 쓰는 의미가 다르다는 얘기다. 그러나 '대간', '정간', '정맥'

등을 다 '산맥'으로 바꾸면 전통 인식을 포용할 수도 있고, 요즘의 상황을 아우를 수도 있게 된다.

또한, '대간', '정간', '정맥' 등을 쓰고 그걸 알아야 한다면 공부하는 학생들은 얼마나 괴로울 것인가? 일반인들 역시 그걸 구분해서 기억한다는 게 결코 쉬운 일은 아닐 것이다.

검색하기에 편리하도록 번역된 『조선왕조실록』에서 몇 가지 말을 찾아봤다. 山脈(산맥) 92회, 山經(산경) 5회, 大幹(대간) 2회, 正幹(정간) 7회, 白頭山(백두산) 89회, 白頭大幹(백두대간) 0, 白頭正幹(백두정간) 1회, 白頭山脈(백두산맥) 1회로 나온다.

앞에서 거론한 바 있지만, 『택리지』, 『대동여지도』 등에서도 '산맥'을 썼다.

결론은,

『산경표』 체계로 바꾸고, 이름은 '산맥'으로 바꾸자는 것이다.

곧 '백두대간'은 '백두산맥'으로, '장백정간'은 '장백산맥'으로, '낙남정맥'은 '낙남산맥'으로 바꾸는 등 다 '산맥'으로 바꾸자는 것이다.

단, 우리 민족의 정서상, '백두산맥'은 '대간'을 곁들여서 '백두산맥(백두대간)'으로 표기하는 것도 좋으리라고 본다.

현재 사용 중인 세계지도와도 충돌하지 않을, 간단한 일 아닌가.

'낭림산맥'과 '태백산맥', 이게 뭔가? 일본인이 우리나라를 말아먹으려고 협잡질한 이름으로 남북의 가장 큰 산줄기까지 꼭 나눠놔야 하겠는가? 통일을 이루기 위해서라도 '백두산맥(백두대간)' 하나로 바꿔야 한다.

8장
'독도는 우리 땅', 노래로 부른다고?
이런 노래는 없애야 한다.

    만일 내가, '독도는 우리 땅' 노래에서 '독도'를 '완도'로 바꾸고 '완도는 우리 땅'이라는 제목으로 노래를 부른다면 사람들은 뭐라 할까? 아마 나를 '정신없는 놈'이나 '미친놈' 취급을 할 것이다. 왜냐? '완도'는 당연히 우리 땅이라서 하나 마나 한 소리일 뿐만 아니라, 해서는 안 되는 소리이기 때문이다.
    그렇다면 독도는? 독도도 마찬가지 아닌가? 당연히 우리 땅인데, '독도는 우리 땅'이라는 노래까지 부른다면 이게 말이 되는 소리고, 해도 되는 짓인가? 하지만, 우리는 이게 좋은 노래인 양 계속 부르고 있다.
    이에 일본인들은 어떻게 반응하는가? 겉으로는 독도가 자기 땅이라고 떠들면서 분개하는 듯하지만, 속으로는 '그래 잘한다. 계속 불러라. 독도가 너희 땅이라는 데에 자신이 없으니까 노래까지 만들어 부르며 강조하는 것 아닌가?'라며 쾌재를 부른다.
    그렇게 우리는 일본인들에게 '한국인은 독도가 한국 땅이라는 데에 의심한다.'라는 빌미를 제공하고, 일본인들이 세계인을 향해 '자, 보시라. 한국인들은 독도가 자기네 땅이라는 데에 자신이 없으니까 노래까지 불러대는 것 아닌가?' 라는 홍보를 할 수 있게 해주는 게 아닌가.

실제로 이 노래가 불린 뒤로 일본인들의 자세는 어떤지를 살펴보자.

독도를 알지 못한 사람들, 관심 없던 사람들까지 독도를 더욱더 많이 알게 되고 관심 두게 되면서 목소리가 커지게 되었다. 꾼들의 장난 때문이겠지만, 독도가 자기네 땅이라고 주장하는 부류가 늘어났다. 그들의 정치에까지 악용되고 있다. 그들 나라에 문제 거리가 생기면 그 해결책으로 아무런 관계없는 '독도 문제'를 끌고 나오는 것이 이를 방증한다. 그뿐만이 아니다. 어떻게든 분쟁 지역으로 만들려고 온갖 협잡질을 계속한다. 아닌 게 아니라, 세계인들이 보기에 '분쟁 지역'이 아닌가 하는 의구심이 일게 만든다.

자기 땅이 아닌 것을 자기 땅이라고 주장하면 그건 침략이다. '독도는 일본 땅'이라는 주장은 일종의 침략이다. 침략에 맞서 합당한 대응을 해야지 말도 안 되는 노래로 대응한다면 그들의 놀림감밖에 더 되겠는가.

일본은 오랜 세월, 갖은 방법으로 우리나라를 침략하며 못된 짓은 골라서 해왔다. 결국에는 우리나라가 남북으로 갈려 동족상잔의 비극까지 겪게 하며 부강한 나라가 됐다. 그뿐인가? 양국이 국교를 정상화한 1965년부터 지금까지 대략 1,000조 원가량의 무역흑자[85]를 보며 자신들의 배를 불리고도 있다. 그런데도 우리는 그들로 인해 지금까지도 수많은 사람이 고통받으며 산다. 그들은 반성이나 사과, 또는 우리에게 감사를 표하는 게 아니라 더 치밀하게

---

85) 대일 무역적자 : 한국은행 경제통계시스템(ECOS)에 따르면 대일 무역적자 누적 규모는 양국이 국교를 정상화한 1965년부터 2022년까지 57년간 7000억 달러(한화 926조1,000억 원가량)에 이르는 것으로 집계됐다.(헤럴드경제, 2023. 3. 12.)

우리를 옥죄고 비방하며 괴롭힌다. 사람의 탈을 쓰고 어찌 그리 파렴치한 짓을 저지를 수 있을까 싶지만, 희희낙락하며 거리낌 없이 별의별 짓을 다 한다.

역사를 조작하면서도, 낯 뜨거운 부분은 잘 모른다고 딴전을 피운다. 얼굴박사 조용진 교수의 얘기처럼, 우뇌보다 더 발달한 좌뇌가 지배하는 사회여서인지, 교묘하고 교활한 짓은 거침없이 잘도 한다. 그래서 우리는 까딱하면 속아 넘어간다. 심지어 학문을 많이 닦았다는 일부 학자들까지 속아 넘어가서 그들의 주장을 맹종한다. 그러니 일반 대중이야 어찌 되겠는가?

더욱 슬픈 것은, 그들이 우리 민족과 가장 가까운 족속이라는 점이다. 우리 민족의 일부가 건너가서 나라를 세웠다. '日本'이라는 나라 이름도 만들어줬다. 그런데 이상한 건 우리나라에서 대한해협을 건너 일본 땅에 들면, 어찌 된 일인지, 사람들이 괴상하게 변하는 것이다.

우리나라에서 먹고 살기 어려워 건너갔는데, 생각보다 살기가 더 어려워 허기가 져서일까? 아니면 쫓겨나며 맺힌 원한이 집단 무의식 속에 잠재되어 있어서일까? 지진과 태풍, 화산 폭발 등에 시달리며 잔머리만 늘어 약은 꾀만 쓰게 되어서일까? 그것도 아니면, 열악한 자연환경 때문에 우리나라가 지상낙원처럼 보여 배가 아파서일까? 그도 저도 아니면 바닷바람에 몰려든 짠 습기가 그나마 협소한 두뇌를 마비시키기 때문일까?

아무리 그래도 그렇지 조상의 나라, 형의 나라, 집안으로 치면 큰집 나라를 들이쳐서 살육하며 약탈을 일삼을 수가 있는가? 세계적인 강대국이 되었으면 이젠 그칠 만도 한데 그게 그렇게도 어려운 일인가? 가장 가까운 민족끼리 평화롭게 지내면 배알이 뒤틀리기라도 하는 건가?

일본인들은 자기들이 차이나(중국)나, 대만을 비롯한 남쪽 징검다리 섬들을 타고 넘어갔고 또한, 우리나라를 통해 들어가기는 했어도, 우리나라는 그냥 쪼르륵 통과만 해서 우리와는 별개라고 주장한다. 그랬다면 오죽이나 좋은 일일까마는, 안타깝게도 세계적 모든 학자가 그들 대부분이 우리나라에서 건너간 족속이라고 하니 부아가 더욱 끓어오른다. 일본 열도를 파서 저 멀리 남쪽 호주 밑으로나 밀어 버려야 속이 좀 풀어지려나?

일본인들은 자기들의 문화를 화(和)의 문화라고도 한다. 자기들끼리는 잘 뭉치고 잘 산다. 그러나 다른 약한 나라 국민은 무조건 깔보고, 틈만 보이면 천인공노할 만행을 저지른다. 하지만, 자기 나라보다 강한 나라에는 찍소리도 못한다. 개인으로 보면 그런대로 괜찮은 사람들도 있지만, 집단이 되면 이해하기 어려운 악랄한 짓을 서슴없이 해치운다.

집단의 문화가 잘못 흘러 집단심리까지 그에 따라 잘못된 것일까? 대한해협의 바닷물이 심술을 부려서일까? 그런 데다가 심심하거나, 자기 국내에 문제가 생기면 우리의 약을 올리고 부아를 돋워 해결하려 든다. 두 나라가 평화롭게 지내는 것이 더없이 아름다운 일이며 세계평화에도 이바지할 수 있을 텐데 그 모양 그 꼴이다.

일본인들은 자기들이 얼마나 잘못해왔고, 잘못하고 있다는 것을 잘 안다. 모를 턱이 없다. 하지만, 별의별 핑계로 합리화하며 온갖 변명으로 일관한다. 약간의 꼬투리만 있어도 괴상한 논리로 사람을 현혹한다. 치고 빠지는 데는 대단한 기술을 가졌다. 불리하면 모른 체한다. 그래서 우리의 일부 학자들까지도 물이 들어 양심 저버리는 일을 보통으로 여긴다.

일본인들은 사실의 왜곡에서 그치는 것이 아니라, 어린 자식들에게까지 그걸 가르친다. 그래서 반한감정도 갖게 만든다. 어려서부터 세뇌를 시키는 것이다. 눈 하나 깜짝하지 않고 잘도 해낸다.

그런데 더더욱 참담한 일이 있다.
그들이 아무리 아니꼽고 밉더라도 친하게 지내야 한다는 점이다. 속이 뒤집히고 울화가 치밀어도 친하게 지내야 한다. 친하게 지내지 않고 내내 적대적으로 지내봐야 두 나라가 다 함께 불행해진다. 두 나라가 서로 다투고 싸워봐야 결론은 뻔한 것이고, 세계인의 손가락질을 받게 될 것이다. 세계인의 신뢰는 무너지고, 무시당하고 조롱당할 것이다. 정당한 대우도 받지 못하게 될 것이다.
부존자원도 부족한 두 나라가 잘 먹고 잘살 수 있는 길은 오직 '사람'에 달렸다. 사람 사는 자세가 중요하다. 깊이 생각해봐야 할 일이다.

그들은 독도를 자기네 땅이라고 우겨대며 우리의 약을 올리고 열불을 지른다. 거기에다 더해 동해를 '일본해'라고 쓰며 세상 사람들의 눈을 가린다.
독도가 자기네 땅이 아니라는 것을 모를 리가 없다. 하지만, 별의별 논리를 다 끄집어내어 자기네 땅이라고 억지를 쓴다. 그래서 우리나라와 분란을 일으키고 국제사회의 이목을 끌어들인다. 한국인들은 순박하니까, 잔꾀에 도가 튼 자기들을 이겨내지 못할 거라는 자신감이 있어서다. 또한, 국력이 앞서니까 국제무대에서 불리한 것이 없다는 자세며, 뜻대로 안 돼도 손해 볼 것 없다는, 곧 밑져야 본전이라는 심보다.
우리는 어쩔 수 없이 그들의 수법에 계속해서 놀아나야만 하는가?

다들 이미 배워왔고 알고 있는 말들이겠지만, 독도 문제에서 필요할 듯싶은 몇 가지 말들을 찾아, 복습하는 차원에서 살펴보고 넘어가겠다.

<영토(領土)> 국제법에서 국가의 주권·통치권이 미치는 영토와 인접한 해양에 해당하는 국가영역이다. 이 영토를 기준으로 영수(領水)·영해·영공(領空)이 정해진다. 국가는 국제법상 영토의 상부 및 내부에 광범위한 배타적·전할86)적 권리인 주권, 즉 영토고권87)을 가진다. 이 경우 육지의 일부분으로 썰물 때만 수면에 나타나는 간출지88)는 영해의 범위를 벗어나지 않는 거리에 있는 경우 그 저조선89)이 영해의 너비를 정하는 기선(基線)이 될 수 있다.

섬의 경우 영토의 한계는 밀물 때 물 위에 나온 부분만을 영토로 인정한다. 영토의 범위를 이루는 경계가 국경인데, 국가 사이에 특별한 합의가 있으면 이에 따르지만 그렇지 않은 경우는 산맥·강 등 자연적 경계가 그대로 국경선이 된다.

영토는 고정된 것이 아니고 무주지(無主地)의 선점, 지진·침식 등의 자연현상, 간척·매몰작업 등의 인위적 변경 및 국가 간 영토교환, 매매·증여, 정복, 점령, 병합 등의 방법에 따라 변경될 수 있다.

국제항행이 인정되는 수역에서는 모든 선박뿐만 아니라 항공기는 5해리 넓이의 해로를 통하여 공해나 경제수역의 일방과 타방의 공해나 경제수역 간의 방해를 받지 않는 통항이 인정된다.

이를 군도해로통항권(群島海路通航權)이라 한다. 군도기선(群島基線)은 군도의

---

86) 전할(專轄) : '전속 관할(專屬 管轄)'을 줄인 말인 듯싶다.
87) 영토고권(領土高權)은 국가가 그 영토 내에 있는 모든 인민과 사물에 대해 국내법과 국제법이 허용하는 범위 내에서 행사할 수 있는 절대적이며 배타적인 지배 권력을 말합니다.
88) 간출지(干出地) 또는 간조노출지(Low-tide elevation, 干潮露出地)는 썰물 때 드러나고 밀물 때 잠기는 땅을 말한다. 간석지도 포함되지만, 해수면에 가까워서 썰물 때만 육지 위로 드러나는 암초도 포함된다.
89) 저조선(低潮線)은 '낮은 조류의 선'이란 뜻으로 가장 낮은 수위의 조류가 형성하는 해안선을 말한다. 최저 간조선, 혹은 최저 조위선이라고도 한다. 이는 영토와 영해를 구분하는 기준이 되며 저조선이 기선인 까닭에 간석지가 영토에 포함된다. 간석지(干潟地)는 하천에 의해서 하구에 운반된 점토와 모래 같은 미립물질이 해수의 운반작용으로 쌓이거나 그 인접 해안에 퇴적된 지형. 개펄.

최외각도서 또는 사주(砂洲)를 연결하는 직선군도기선을 그을 수 있다. 그 적용기준은 군도기선의 길이는 100해리를 초과하지 못한다. 다만, 총 기선 수의 3% 내에서 최대 125해리 직선을 사용할 수 있다. 군도기선은 일방형태에서 벗어나게 그을 수 없고, 군도기선은 공해와 타국의 경제수역 영해를 횡단하는 방법으로 그을 수 없다.

인공도(人工島)·암초 및 사주에 대하여 <해양법협약>은 명확한 정의를 내리고 있지는 않으나, 대체로 인공도는 공해상에 설치된 비행장·어장·어장시설 또는 대륙붕개발시설 등을 말한다. 인공도·암초 및 사주의 도서로서의 인정 여부, 그리고 내측수역의 내수형성 여부 및 직선 기선 방법의 적용 여부의 문제는 매우 중요하다.

종래에는 인공도도 도서로 보았고 국제법편찬회의에서도 토지로 된 인공도는 인공적이라도 도서라고 하였으나, 국제법위원회의 초안은 종래의 견해와는 정반대로 "명백히 자연적으로 형성된 것"이라야 한다고 규정하였고, 제3차 해양법회의에서도 같은 견해가 채택되었다.

따라서 단순한 부상인공시설(浮上人工施設)이나 썰물 때에만 수면에 출현하는 암초나 사주는 도서가 아니다. 인공도에는 안전해역(safty zone)만이 합리적 범위 내에서 인정되고 영해나 경제수역은 인정되지 않는다. (집필자 홍성화)
(한국민족문화대백과사전)

<영해(領海)>는 한 나라의 주권이 미치는 바다로서, 기점이 되는 기선으로부터 12해리의 범위까지 설정된다. 영해의 개념은 1982년 유엔해양법회의에서 정의되었다.

영해와 배타적 경제 수역이 같은 점은 그 수역 내에 주권이 미치는 국가의 국적을 가진 선박만 조업할 수 있다는 점이며, 영해와 배타적 경제 수역이

다른 점은 수역 주권국이 아닌 다른 국적의 선박이나 항공기 등은 영해 수역을 그 주권국의 허가 없이 통행할 수 없다는 점이다. 영해 위의 상공은 영공(領空)으로 편입된다. 기점 기준 12해리 설정 시 타국의 영토 또는 영해와 접촉될 시, 국가 간 합의를 통하여 일정 수역에서의 영해의 범위를 축소하여 설정하는 것이 가능한데, 대표적인 예로 대한해협은 기선으로부터 3해리를 영해로 정한 것을 들 수 있다.

간척 사업은 영토 크기의 확장에는 영향을 미치나, 기선을 침범하지 않는 이상 영해의 넓이에는 영향을 미치지 않는다.

* **영해의 개념** : 국내수역을 넘어서 일정 범위까지의 수역으로, 국제법에 정해진 조건에 따라 연안국이 영토관할권에 따르는 배타적 관할권을 행사하는 수역이다. 이 배타적 관할권에는 경찰권·관세권·보건위생권·안보권 등 광범위한 권한이 포함된다.

영해의 법적 지위에 관하여는 이론과 실정법이 약간 성격을 달리하고 있다. 이론적으로는 영해에 대한 연안국의 권한은 국내수역의 경우보다 무해통항권 등 제3자의 권리를 폭넓게 인정하고 있어서 공해의 요소를 어느 정도 포함하고 있는 것으로 본다. 그러나 실정법이나 국가들의 관행은 영해상에서 영토관할권을 행사하는 것으로 생각한다.

1958년 영해와 접속수역에 관한 협약 제1~2조 및 1982년 유엔해양법협약 제2조는 국가의 주권이 국내수역을 넘어서 영해와 그 상공해저 및 하층토에까지 미친다고 하고, 다만 그 행사조건은 국제법 규칙에 따라 결정된다고 하였다. 그리고 군도 국가의 경우는 군도수역을 넘어서 일정한 범위까지의 수역이 영해가 된다.

* **영해의 범위** : 영해의 기준선에는 직선 기선, 통상 기선이 있다.

* **직선 기선** : 섬이 많은 해안에서 사용하는 기선으로, 육지에서 최외곽

섬을 직선으로 연결한 선이다. 다도해에서 영해기준선으로 쓰인다.

* **통상 기선** : 썰물 때의 해안선을 기준으로 정한 기선으로, 섬이 없는 해안에서 사용한다.(위키백과)

<한-일 배타적 경제수역>

독도는 자체적으로 경제활동이 가능하지 않기 때문에 국제법상 경제수역의 기준이 될 수 없다. 1965년 한일기본조약의 부속 조약으로 한일어업협정이 체결되면서 독도 일대를 한일공동수역으로 지정했고 1998년 다시 체결한 신한일어업협정(통칭 2차 협정)에서도 독도 주변 바다는 계속 한일공동관리지대로 유지되었다. 어업협정은 국제법 원칙에 따라 체결되었으며 영토 문제와는 상관없는 어업에 한정된 협정이다. 따라서 독도 반경 12해리까지는 한국의 영역이고 그 밖부터 한일 중간수역이다. 즉 중간수역은 양국이 합의한 것이고 독도의 영유권(영토/영해) 문제에서만 이견이 있는 것으로, 독도 주변에 EEZ나 어업수역에 관한 한일 사이의 분쟁은 존재하지 않는다.

다만 실제로는, 한국과 일본 간에도 분명히 EEZ에 대한 분쟁이 있다. 애당초 한일중간수역이 존재하는 것 자체가 EEZ에 대해서 양국이 결정짓지 못하기 때문에 발생한 타협점이기 때문이다. 경계획정회담 자체가 2010년의 11차 회담 이후로 개최 자체가 없었다. '중간선-등거리' 원칙 자체는 공유하나, 그 기점의 설정, 즉 위의 언급대로 독도의 영유권 및 경제수역의 기준선이 문제가 된다. 울릉도-오키 중간선조차도 독도를 한국의 EEZ 안에 포함하기 때문에 일본의 반발을 사서 협상 자체가 이루어지지 못했다. 일본 정부는 일관되게 울릉도-독도 중간선을 주장하고 있으며, 한국 정부도 5차 회담(2006)부터는 독도-오키 중간선을 주장하였다. 즉, 위 문단과 달리 협상의 대상인 양국 모두 독도가 경제수역의 기준이 될 수 있다고 주장하는 상황이다.

일본 언론은 일본 정부에 따른 EEZ를 사용하기 때문에, 일본 해상초계기 저공위협 비행 사건 같은 사례에서는 "일본 EEZ 내에서 발생한 사건"으로 보도를 한다. 한일어업협정의 중간수역을 아예 그리지도 않는 등 분쟁의 사실이 있다는 것 자체를 무시하는 태도가 역력하다(나무위키).

<국제사법재판소>

국제사법재판소(國際司法裁判所) 또는 국제법원(國際法院, ICJ, 영어: International Court of Justice, 프랑스어: Cour internationale de justice)은 상설 국제적인 법원으로서 유엔헌장에 근거하여 1945년에 설립된 유엔 자체의 사법 기관이며 6개 주요 기관 중의 하나이다. 네덜란드 헤이그의 평화궁에 소재한다. 분쟁 당사국들이 합의하여 법원에 부탁하여야 관할권을 행사할 수 있으며, 분쟁을 국제법에 따라 재판하는 것을 임무로 한다. 유엔 총회 또는 안전보장이사회는 법적 문제에 대해 국제사법재판소에 유권 해석을 내려 달라고 요청할 수 있다. 2022년 현재 국제사법재판소장은 미국 국적의 조안 도노휴이다.

국제사법재판소는 국적과 관계없이 덕망이 높은 자로서 각 국가에서 최고 법관으로 임명될 자격이 있거나 국제법에 권위 있는 법률가 중에서 선출되는 독립적인 법관으로 구성된다. 법관은 15인이며, 2인 이상이 동일 국가의 국민이어서는 안 된다.

법관의 임기는 9년이며 재선될 수 있다. 3년마다 5명씩 개선하며, 임기가 종료된 경우에도 후임자가 충원될 때까지 계속 직무를 수행한다. 충원 후에도 착수한 사건은 완결지어야 한다. 임기가 종료되지 않은 법관의 후임으로 선출된 법관은 전임자의 잔여 임기 동안만 재직한다. 국제사법재판소는 임기 3년의 소장과 부소장을 선출하며, 재선될 수 있다.

법관은 상설중재법원의 국별법관단이 지명한 자를 대상으로 유엔 총회와 안전보장이사회에서 각각 독자적으로 선출하며 절대 다수표를 얻은 후보자가 당선된다. 안전보장이사회에서의 법관 선출 과정에서 상임이사국의 거부권은 인정되지 않는다. 유엔 회원국이 아니라도 국제사법재판소 규정 당사국은 총회에 참석하여 법관을 선출할 수 있다.

국제사법재판소 규정에 따로 명문의 규정이 있는 경우를 제외하고는 원칙적으로 법관 15인 전원이 출석하는 전원합의체에서 재판하며, 전원합의체의 최소 정족수는 9인이다. 판결은 출석한 법관의 과반수에 의하며, 가부동수면 소장 또는 소장을 대리하는 법관이 결정투표권을 행사한다.

분쟁 당사국의 국적을 가진 법관이라도 특별한 기피 사유가 없는 한 재판에 참여할 수 있다. 이와 같은 국적 법관(national judge)은 자국 정부가 제기한 소송에서 심리에 참여할 권리를 보장받고 있다. 국적 법관이 없는 경우 당사국은 당해 사건만 1명의 임시 법관(ad hoc judge)을 임명할 수 있다. 이때 분쟁 당사국의 국민을 선정해야만 하는 것은 아니고 제3국인을 선정할 수도 있다(위키백과).

본격적으로 '독도 문제'를 들여다보자.

우선, 결론부터 이야기하자면 독도는 명백히 대한민국의 영토다. 국제적으로 분쟁 지역의 영토 주권을 인정하는 데 가장 중요한 요소는 "과거 어떤 국가의 땅이었는지"가 아니라 "중재 시점에 어떤 국가가 실효지배(effective display, effectivités)를 하고 있는가"이다.[90] 2차대전 전후 기준으로[91] 독도는

---

[90] 이는 팔마스 섬 사건(Island of Palmas case, 1928) 판결 이래 국제재판소(ICJ)의 일관적인 원칙으로 작용하고 있다.
[91] 독도가 일본령이었던 시절이 있었다고들 한다. 하지만 당시에는 한국 전체가 일본 제국의 불법 침략기 시절이었다. 현대의 세계 질서는 2차대전 이후 유엔이 출범하고 열강들이 침략지 대부분을 원래의 주인에게 돌리면서 국경선을 확정지은 시점을 기준으로 한다. 한국이 독도 영유권의 강력한 근거 중 하나로 SCAPIN 제677호를 드는 것은 이 때문이다.

대한민국의 실효적 지배하에 있으므로 현재 기준으로 독도의 영유권은 대한민국에 있다.92)(나무위키)

아래는 우리 외교부의 홈페이지에 실려있는 내용이다. 누구나 들어가서 쉽게 볼 수 있도록 잘 정리되어 있다. 펼쳐보겠다.

★ 512년 - 우산국 복속

신라 이찬(伊飡) 이사부(異斯夫)가 우산국을 정벌하여 신라가 우산국을 복속합니다. 이로써 울릉도와 독도는 우리 역사와 함께하기 시작합니다. 『동국문헌비

---

92) '실효적 지배'는 국제법적 개념이고, 다른 학계에서는 다르게 접근하기도 한다. 예를 들어 한국 국사학계에서는 역사적으로 독도는 울릉도의 속도(屬島)였으며, 따라서 당연히 독도가 울릉도의 관할 범위에 포함되므로 한국의 영토라는 주장을 채택한다.

고』(1770년)에는 "울릉(울릉도)과 우산(독도)은 모두 우산국의 땅"이라고 기술했습니다.

★ 1454년 - 『세종실록』「지리지」

조선 초기 관찬서인 『세종실록』「지리지」(1454년)는 울릉도와 독도가 강원도 울진현에 속한 두 섬이라고 기록하고 있습니다. 특히 "우산(독도) 무릉(울릉도)… 두 섬은 서로 멀리 떨어져 있지 않아 날씨가 맑으면 바라볼 수 있다."라고 기록하고 있는데, 울릉도에서 날씨가 맑은 날 육안으로 보이는 섬은 독도가 유일합니다.

★ 1625년 - 다케시마(竹島, 울릉도) 도해(渡海) 면허

일본 막부가 돗토리번(지금의 돗토리현)에 살고 있는 오야・무라카와(大谷・村川) 양가에 다케시마(竹島, 울릉도) 도해(渡海)를 면허한 것입니다. 면허를 내린 시기는 1618년, 또는 1625년이라고도 합니다.

★ 1693년 - 안용복(安龍福) 일본 납치

안용복, 박어둔(朴於屯) 두 사람이 울릉도에서 어업을 하다가 울릉도에 온 일본 오야・무라카와(大谷・村川) 양가의 선원들에게 잡혀서 일본으로 끌려간 사건입니다. 이 사건으로 인해 조선과 일본 간의 울릉도 영유권에 대한 분쟁(울릉도쟁계)이 발생합니다.

★ 1694년 - 울릉도 수토제도 시행결정

안용복 사건으로 인해 일본과 울릉도 영유권에 대한 분쟁(울릉도쟁계)이 발생하자, 조선 정부는 삼척첨사 장한상(張漢相)을 울릉도에 파견하여 울릉도의 현황을 조사합니다. 그 이후 영의정 남구만의 건의에 따라 2년 걸러 한 번씩 관원을 울릉도에 파견하여 수토93)를 하기로 결정합니다.

★ 1695년 - 일본 돗토리번 답변

일본 막부는 울릉도 영유권에 대해 알아보기 위해 돗토리번에 울릉도의 소속을 질문(12월 24일)했습니다. 이에 대해 돗토리번이 막부에 다케시마(울릉도)와 마쓰시마(독도)가 돗토리번의 소속이 아니라고 답변(12월 25일)함에 따라 막부는 울릉도와 독도가 일본령이 아님을 공식적으로 확인합니다.

★ 1696년 - 1월. 다케시마(울릉도) 도해금지령

일본 막부는 돗토리번을 통해 울릉도와 독도가 일본령이 아님을 확인하고 다케시마(울릉도) 도해금지령을 내렸습니다(1696년 1월 28일). 이후 조선과의 외교 문서를 통해 울릉도가 조선령임을 공식 확인하였습니다(1699년).

★ 1696년 - 5월. 안용복(安龍福) 일본 도해

안용복이 울릉도에 어업 온 일본 어선을 추격하여 독도(자산도)에서 쫓아버리고, 일본에까지 다녀온 사건입니다. 이때 안용복이 오키섬 관리에게 울릉도와 독도가 조선령이라고 진술한 기록이 「원록9병자년조선주착안일권지각서」94)에 실려 있습니다.

---

93) 수토 : 무엇을 알아내거나 찾기 위해서 조사하거나 살핌.
94) 조선주착안일권지각서(元祿九丙子年朝鮮舟着岸一卷之覺書) : 시마네현 가문 전승 문서다. 독도를 '조선 강원도에 속한 섬'으로 기록한 17세기 일본측의 공문서가 26일 공개됐다. 이 문서는 최근 '다케시마의 날'을 선포해 물의를 빚고 있는 일본 시마네(島根)현의 한 가문에 전승된 것이다. 손승철(孫承喆) 강원대 사학과 교수는 최근 무라카미(村上) 가문으로부터 '원록 9 병자년 조선주착안 일권지각서'의 원본 사진을 입수하고 이를 공개했다.

★ 1770년 - 『동국문헌비고』「여지고」

국왕 영조의 명에 의해 조선의 문물제도를 기록한 관찬서입니다. 이 책에는 "우산도(독도)와 울릉도… 두 섬으로 하나가 바로 우산이다…「여지지」에 이르기를, 울릉과 우산은 모두 우산국의 땅인데, 우산은 일본이 말하는 송도(松島)다"라고 하였습니다.

★ 1870년 - 일 외무성 『조선국교제시말내탐서』

1870년 외무성 관리인 사다 하쿠보(佐田白茅) 등이 조선을 시찰한 후 외무성에 제출한 보고서입니다. 이 보고서에는 "다케시마(울릉도)와 마쓰시마(독도)가 조선 부속이 된 사정"이 언급되어 있어, 당시 일본 외무성이 두 섬을 조선 영토로 인식했다는 것을 알 수 있습니다.

★ 1877년 - 「태정관(太政官)지령」

1877년 3월 일본 최고 행정기구인 태정관이 내무성에 울릉도와 독도가 일본령이 아니라고 내린 지령입니다. 태정관은 17세기 에도 막부와 조선 정부 간 교섭(울릉도쟁계) 결과 울릉도와 독도가 일본 소속이 아님이 확인되었다고 판단하고, "다케시마(울릉도) 외 일도(一嶋, 독도)의 건에 대해 본방(本邦, 일본)과는 관계가 없음을 명심할 것"이라는 지시를 내무성에 내렸던 것입니다.

문서는 "조선국 강원도에 죽도(竹島·울릉도)와 송도(松島·독도)가 있다"는 안용복(安龍福)의 진술을 담았다. 이어 '조선의 8도(朝鮮之八道)'라는 제목 아래 각 도의 이름을 기록하고 '강원도' 아래 '이 도(道) 가운데 죽도와 송도가 있다'라고 명기해 울릉도와 독도가 조선의 영토임을 분명히 하고 있다.
이 문서는 1696년(숙종 22년) 5월 일본 어선의 독도 출어에 항의하기 위해 두 번째로 일본을 방문한 안용복을 일본 지방 관리가 최조해 막부 직할령인 이와미(石見)주에 보고한 내용이다. 문서의 존재는 작년 5월 일본 시마네현의 지방지 산인주오신보(山陰中央新報)의 보도에 의해 알려졌으나 실물사진이 공개된 것은 이번이 처음이다. 손 교수는 이 문서의 전문(全文)을 번역한 내용을 곧 학술회를 통해 발표할 예정이다.(조선일보 유석재 기자, 2005. 05. 18)

★ 1900년 - 칙령(勅令) 제41호 반포

고종 황제는 칙령으로 '울릉도(鬱陵島)를 울도(鬱島)로 개칭(改稱)하고 도감(島監)을 군수(郡守)로 개정(改正)한 건(件)'을 제정 반포했습니다. 이 칙령 제2조에 울도군(鬱島郡)의 관할 구역으로 울릉전도(鬱陵全島), 죽도(竹島)와 함께 석도(石島, 독도)를 규정하여 독도가 울도군의 관할임을 명확히 했습니다.

★ 1905년 - 시마네현고시(島根縣告示) 제40호

일본의 독도 영토 편입을 알리는 지방 고시입니다. 일본은 1904년 이래 만주와 한반도에 대한 이권을 두고 러시아와 전쟁 과정에서 동해에서의 해전을 위한 군사적 필요성에 의해 1905년 독도를 무주지라 주장하면서 영토 편입을 시도하고 시마네현에 고시했습니다. 그러나 시마네현고시 제40호는 일본의 우리나라 국권에 대한 단계적 침탈 과정의 일환이었으며, 우리나라가 오랜 기간에 걸쳐 확고히 확립하여 온 독도 영유권을 침해한 불법행위이므로 국제법적 효력을 가질 수 없습니다.

★ 1906년 - 3월. 울도군수 심흥택 보고서

울도군수 심흥택이 울릉도를 방문한 일본 시마네현 관민 조사단으로부터 일본이 독도를 영토 편입했다는 소식을 듣고, 다음 날 강원도 관찰사와 내부(內部, 현재의 안전행정부에 해당)에 보고한 문서입니다. 이 보고서에는 "본군 소속 독도"라고 하여 독도가 울도군의 관할임을 분명히 했습니다.

5월. 의정부 참정대신 지령 제3호

대한제국 최고의 행정기구인 의정부에서 일본의 독도 영토 편입을 부인하는 지령을 내린 것입니다. 의정부는 강원도 관찰사로부터 일본이 독도를 영토 편입했다는 보고를 접하고, 일본의 독도 편입을 부인하는 참정대신(지금의 부총리격)의 지령을 내립니다.

★ 1946년 - 1월 29일. 연합국최고사령관 각서(SCAPIN) 제677호

제2차 세계대전 종전 후 일본의 통치 행정 범위에서 독도를 제외시킨 각서입니다. 연합국 최고사령관은 일본의 영역에서 "울릉도, 리앙쿠르암(독도) 과 제주도는 제외된다."라고 규정하였습니다.

6월 22일. 연합국최고사령관 각서(SCAPIN) 제1033호

연합국 최고사령관이 SCAPIN 제677호에 이어 일본의 선박 및 국민이 독도 또는 독도 주변 12해리 이내에 접근하는 것을 금지한 각서입니다.

★ 1951년 - 샌프란시스코 강화조약 체결

샌프란시스코 강화조약은 제2차 세계대전을 종결하면서 연합국과 일본이 체결한 조약입니다. 이 조약 제2조(a)에서 "일본은 한국의 독립을 인정하고, 제주도, 거문도 및 울릉도를 포함한 한국에 대한 모든 권리, 권원 및 청구권을 포기한다."라고 규정했습니다. 이는 한국의 3천여 개의 도서 가운데 예시에 불과하며, 독도가 직접적으로 명시되지 않았다고 하여 독도가 한국의 영토에 포함되지 않는다고 볼 수 없습니다.

사실 우리는 힘을 쏟지 않아도 될 괜한 문제에 힘을 쏟으며 국력을 낭비하고 스트레스를 쌓는다. 바로 이 독도 문제다.

위의 내용처럼 독도가 우리 땅이라는 게 자명한데도, 자기들의 나라를 무슨 도덕국가처럼 포장하는 일본은 해괴한 논리를 앞세우며, 독도가 자기네 땅이라고 우긴다.

그런데, 더 해괴한 일이 있다. 우리나라 사람으로 독도가 우리 땅이 아니고 일본 땅이라고 해야 한다는 듯한 주장을 펼치는 사람이 있는 것이다. 그것도 보통 사람이 아니고, 우리나라에서 최고로 꼽는 서울대학교 교수를 지낸 이영훈 교수다. 이 이영훈 교수의 견해와 주장을 따르는 사람이 상당히 많고 그 영향력이 작지 않다는 데에 문제의 심각성이 있다.

이영훈 교수의 저서로 말이 좀 어렵고 이상한 『반일 종족주의(反日 種族主義)』95) 라는 책이 있다. 그 책에 대한 많은 반박의 글들이 돌고 있어서 전체적인 건 거론하지 않겠다. 다만 그 안에 '독도, 반일 종족주의의 최고 상징'이라는 글이 실려있어서, 독도에 관한 얘기만 해보기로 한다.

> 독도 연구논문 1편도 발표한 적이 없는 이영훈의 독도 인식(독도 한국 영토 부정)은 정교한 학문적 작업의 결과물은 아니다. 오히려 일본 외무성의 주장을 그대로 옮겨놓은 것으로 학자가 절대 해서는 안 될 '표절'에 해당하는 것이다.
> 이영훈의 이러한 독도 주장은 그의 제자 그룹에 속하는 배성준과 일본 우익의 세례를 받은 박유하, 일본 교과서 문제로 일본 자유주의자 영향을 받은 이신철 등의 독도공유론과 연관 속에서 전개되었다. 물론 그의 독도 인식은 식민지근대화론의 선봉장이자 그의 스승인 안병직과 일본 식민사학자들의 한국근현대사 인식과 같은 선상에 있는 것이다.96)

---

95) 이영훈은 이 책의 제목을 민족주의가 아니라 종족주의로 결정한 이유에 대하여 "서양에서 발생한 민족주의는 중세적인 보편주의를 넘어서 지방의 언어라든가 문화에 기초했다. 자유인, 자유로운 개인의 새로운 공동체 의식이 바로 민족주의다"라고 주장하며, "한국의 민족주의는 그 자체가 하나의 인격을 갖는 집단이자 권력이자 신분이다. 그래서 민족주의라고 볼 수가 없다. 종족주의라고 보는 게 맞다"라고 설명하였다.(위키백과)
96) 신운용 광복회학술연구원 교수, 『반일 종족주의』의 '반'민족주의와 '독도 인식'에 대한 비판적 검토 - 이영훈의 주장을 중심으로 -, 2020.

그런데, 이영훈 교수의 글을 읽다 보면, 웬만한 사람은 다 그의 말에 넘어가게 되어있다. 우리 땅도 아닌데 우리 땅이라고 우기는 우리의 모습이 몰염치한 족속으로 그려지고 있다. 그 글에서 결론처럼 되어있는 마지막 부분을 옮겨 싣는다.

> … 그렇게 독도는 한국인을 지배하는 반일 종족주의의 가장 치열한 상징으로, 가장 신성한 토템으로 부상하였습니다.
> 이런 저열한 정신세계로는 독도 문제에 대한 해결이 불가능하다고 생각합니다. 김대중 정부까지 이어진 역대 정부의 냉정한 자세로 되돌아갈 필요가 있습니다. 1951년 미 국무부가 밝힌 대로 독도는 커다란 바윗덩어리에 불과합니다. 땅이 있고 물이 있어서 사람이 사는 섬이 아닙니다. 국제사회가 영해를 가르는 지표로 인정하는 섬이 아닙니다. 그것을 민족의 혈맥이 솟은 것으로 신성시하는 종족주의 선동은 멈추어야 합니다. 냉철하게 우산도와 석도의 실체를 살펴야 합니다. 도발적인 시설이나 관광도 철수해야 합니다. 그리고선 길게 침묵해야 합니다. 그 사이 일본과의 분쟁은 낮은 수준에서 일종의 의례로 관리되어야 합니다. 최종 해결은 먼 훗날의 세대로 미루어야 합니다. 그렇게 할 수 있다면, 그러한 판단력과 자제력에서 한국은 선진사회로 진보해 갈 것입니다. 독도를 응시하면 한국사의 속살이 보입니다. 독도에 관한 성찰은 우리에게 그러한 역사적 과제를 제시하고 있습니다.[97]

앞에서도 거론했지만, 독도 문제에서 가장 중요한 점은 현재의 '실효적 지배'다. 곧 우리 땅이라는 얘기다. 일본인들이 힘이 부족해서, 또는 약은

---
[97] 이영훈, 『반일 종족주의』, 미래사, 2019, 173~174쪽.

수를 쓸 줄 몰라서 독도가 우리 땅이 되도록 두고만 보았겠는가? 자기들도 어쩔 수 없으니까 물러선 것이 아닌가? 그게 확실하게 우리 땅인데, 그걸 구워 먹든 삶아 먹든, 자기들에게 무슨 상관인가? 그들이 독도 문제로 소란을 피우지 않고, 분란을 일으키지 않는다면 아무런 문제가 없는 일이다. 나아가 두 나라가 얼마든지 평화롭게 잘 지낼 수 있는 길이기도 하다. 하지만, 그들은 자기 땅이 아니라는 것을 뻔히 알면서도, 자기들의 국내 문제가 생기기만 하면 만만하게 보이는 우리의 속을 건드려서 해결하려고 독도 문제를 끌고 나오는 게 아닌가. 그런데 그들의 주장을 거들고 나선 우리 학자가 있다니 참으로 기가 막히는 일이다.

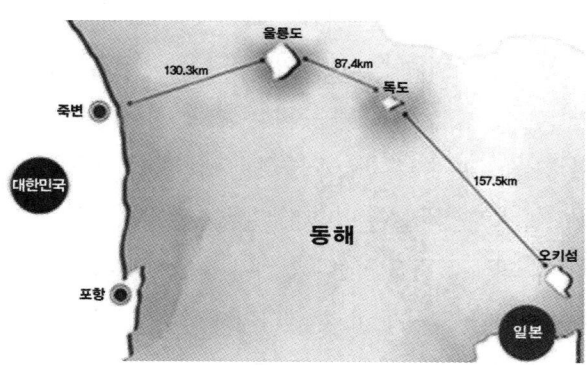

그래도 아쉬운 게 있으면, 지도를 꺼내 놓고 한국과 일본이 아닌 다른 나라의 머리가 깨끗한 사람들에게 '독도가 어느 나라 땅이면 적절한가?'를 물어보자. 울릉도에서 87.4km, 일본 오키섬에서 157.5km로 울릉도에서 독도의 거리보다 오키섬에서 독도의 거리가 두 배 가까이 멀다. 그런 땅을 자기네 땅이라고 빼앗으려 든다면 그건 완전히 날강도가 아니고 무언가.

그뿐만이 아니다. 가장 중요한 일이라고도 할 수 있는, 눈에 보이느냐 아니냐의 문제가 있다. 망원경이 없는 시절부터 맨눈으로 볼 수 있는 섬을 자기 땅이라고 하는 게 당연하지, 맨눈으로 보이지도 않는 섬을 자기 땅이라고 한다면 그건 날강도보다 더한 짓이 아니겠는가.

독도 관련 중요한 역사적 문헌으로 꼽히는 세종실록지리지는 "于山、武陵二島 在縣正東海中 二島相距不遠 風日淸明 則可望見 新羅時 稱于山國(우산과 무릉 두 개의 섬이 현(울진현)의 정동쪽 바다 가운데 있다. 두 섬의 거리가 서로 멀지 아니하여 날씨가 청명하면 가히 바라볼 수 있다. 신라시대에는 우산국이라 불렀다)"이라는 기록이 있다. 이는 울릉도와 우산도를 하나의 섬이 아닌 별개의 섬으로 구분하고 두 섬이 날씨가 맑은 날에는 볼 수 있다는 기록이다. 우리는 이 기록이 우산도와 울릉도를 구분하고 있으며 여기서 말한 우산이 독도라는 것으로 해석해왔다.

반면에 일본은 독도 영유권 주장과 함께 울릉도의 옛 명칭이 우산이였고, 따라서 대한민국 옛 영토 중 동해상에 위치한 섬은 울릉도 하나였다는 주장으로 반박해 왔다. 특히 우리는 조선 전기까지 울릉도와 독도가 우산국의 옛 땅이었다는 인식으로 인해 가장 큰 섬인 울릉도를 우산이라고 파악하기도 하고, 무릉 혹은 울릉이라고 부르는 등 울릉도와 독도의 명칭 그리고 위치와 크기 등에 혼란이 있었다. 이는 일본에 의해 한국의 고유영토에 독도는 없다는 반박의 근거로 이용됐다. 독도는 애초부터 울릉도 주민에게 존재하지 않은 섬이었다는 것이다. 그 주장의 논거가 된 것이 울릉도에서 독도는 육안을 관찰되지 않는다는 것이었다. 물론 우리쪽 문헌을 보면 우산국이 울릉도와 독도로 분리되어 두 개의 섬으로 파악된 것은 분명하다.[98]

<인문과학원 학림>을 운영하고 있는 이영철 박사가 「학림TV」에서, 우리의 울릉도와 일본의 오키섬에서 독도가 보이는지 안 보이는지를, 과학적인 방법으로 계산한 아래 표를 따라가 보자.

울릉도 성인봉(해발 984m)에서 독도 쪽을 본다면 볼 수 있는 거리는 170km

---

[98] 「한겨레」, 강태호 기자, 2008-07-21.

관측목표(H)	관측자(h)	구간 거리	시인 거리
독도 서도 168.5m	울릉도 성인봉 984m	92.9km	170km
독도 대한봉 168.5m	오키노시마정 다이만지산 607.7m	170.5km	144km

D = 2.074(√168.5m + √984m)
D = 2.074× (12.980 + 31.369)
D = 2.074×44.349
D = 91.9해리
D = 91.9해리×약1.85 = 170km
170(시인) -92.9(구간) = 77 km

D = 2.074(√168.5m + √607.7m)
D = 2.074× (12.980 + 24.651)
D = 2.074×37.631
D = 78.0해리
D = 78해리×약1.85 = 144km
144(시인) - 170.5(구간) = -26.5km

이고, 일본 오키섬 다이만지산(해발 607.7m)에서 독도 쪽을 본다면 볼 수 있는 거리가 144km다. 울릉도에서는 독도 넘어 77km를 더 멀리 볼 수 있고, 오키섬에서는 독도에 26.5km를 미치지 못하는 지점까지만 볼 수 있다. 울릉도에서는 마을 뒷산에만 올라도 독도가 잘 보이지만, 일본에서는 아예 보이지 않는다는 얘기다.

'실효적 지배'나 '거리'는 차치하고 역사적 검토를 해도 독도가 우리 땅이라는 건 명백한 사실인데, 그들은 아주 치사하고 교묘한 논리로 자기 국민과 세계인을 속인다. 그런데 이영훈 교수는 그들의 대변인처럼 그들의 주장을 옹호하고 홍보한다.

일본인들의 주장에 대한 반박은 위의 외교부 자료로 충분하지만, 일본 외무성의 주장을 그대로 옮겨놓은 이영훈 교수의 주장과 그것을 검토, 반박하는 호사카 유지 교수의 주장을 더 들어보자.

호사카 교수는 원래 일본인이지만, 우리나라 국적으로 전환한 사람이다. 그의 말대로, 그는 일본도 사랑하고 한국도 사랑하며 두 나라가 평화롭게 지내기를 간절히 바라는 사람이다. 세종대학교에서 '독도종합연구소'를 이끌며 독도 문제의 규명과 문제의 해답을 제시한다. 가장 공평하게, 가장 정확하게 판단할 수 있는 사람이 호사카 교수가 아니겠는가. 그는 독도 문제에 관한 여러 글을 썼고, 유튜브에서도 여러 강의를 한다.

호사카 교수는 「『반일 종족주의』의 거짓을 파헤친다.'라는 부제를 단 『신친일파』[99]라는 책에서 '제3부, 일제 강점은 원천적으로 범법 행위였다'의 '제1장, 독도에 대한 거짓 주장들'[100]에서 독도 문제를 다루며 이영훈 교수의 주장을 파헤친다. 몇 가지를 들추어 보자.

이영훈 교수의 주장을 '◆ 이영훈 - ' 표시로 하고, 호사카 교수의 반박, 정정은 '▶ 호사카 - ' 표시로 하겠다.

◆ 이영훈 - 『세종실록지리지』 간행연도 1451년, 일본이 독도를 불법 편입한 연도 1904년, 조선왕조가 울릉도를 비운 해 1417년, 안용복이 울릉도로 들어갔던 해 1693년.

▶ 호사카 - 『세종실록지리지』 간행연도 1454년, 일본이 독도를 불법 편입한 연도 1905년, 조선왕조가 울릉도를 비운 해 1403년, 안용복이 울릉도로 들어갔던 해 1692년.

◆ 이영훈 - 『삼국사기』 신라본기 지증왕 13년(512)에 나오는 우산국을 사람들이 독도라고 말한다고 주장했다.

▶ 호사카 - 우산국은 울릉도와 독도를 통틀어서 칭하는 나라였다. 울릉도에서는 독도가 가시거리 안에 있다. 울릉도의 낮은 곳에서는 독도가 1년에

---

99) 호사카 유지, 『신친일파』, 봄이아트북스, 2020.
100) 호사카 유지, 위의 책, 275~309쪽

40~60일 정도 보이고, 높은 곳에서는 1년에 100~120일 정도 보인다. 맑은 날 아침 6시경 해가 떠오를 때가 가장 잘 보인다. 그런 연유로 옛날부터 울릉도에 사는 사람들은 독도를 잘 알고 있었다. 따라서 우산국은 울릉도와 독도를 포함한 나라였다는 것은 당연한 귀결이다.

◆ 이영훈 - 조선시대에는 독도에 관한 인식이 없었는데, "지난 20년 사이에 급하게 반일 종족주의의 상징으로 떠오른 것. 우산은 원래 나라 이름이었는데, 언제부턴가 그것을 섬으로 간주하는 오해가 생겼다. 그러니까 우산도는 실재하지 않은 환상의 섬.

▶ 호사카 - 『세종실록지리지』를 비롯해 독도를 '우산도'라 불렀고, 울릉도에서 보이는 섬이라고 정확하게 묘사했다.

본래 '우산국'이라는 말은 울릉도에 거주했던 사람들이 자신의 나라를 부르는 이름이었다. 하지만 육지 사람들은 우산국을 울릉도라 불렀다. 그러므로 울릉도는 처음부터 '우산국'과 '울릉도'라는 두 가지 이름이 존재하며, '무릉도'라고 부른 기록도 있다. 나중에 우산도라는 이름이 독도의 이름으로 옮겨가기도 했다.

이를 종합해보면 15세기 후반 조선시대에는 '울릉도=우산국=우산도(독도)+무릉도(현재의 울릉도)'라는 개념이 존재했다.

◆ 이영훈 - 1402년에 그려진 '혼일강리역대국도지도'에는 울릉도만 그려져 있으며 독도가 없고, 19세기 말에 작성된 '대한전도(1899)'에는 '우산도'가 그려져 있지만 그것은 '독도'가 아니다. 그리고 '우산도'는 처음 '팔도총도(1530)'에 울릉도 서쪽에 그려진 이후로 울릉도 남쪽에 그려졌고, 그것이 동쪽으로 이동해서 마지막에는 울릉도 동북쪽에 그려졌다. 또한 지도 속 '우산도'가

현재의 독도와는 위치나 크기가 다르므로 독도가 아니다. 즉, 독도는 조선인들이 정확하게 인식하고 있지 않은 환상의 섬이었을 뿐이다.

▶ 호사카 - 조선의 고지도에는 관찬지도가 거의 없다. 그것은 조선 왕조가 작성한 지도가 거의 없다는 뜻이다. 이영훈이 거론한 지도 중에 관찬지도라고 할 수 있는 것은 1530년의 '팔도총도'와 '대한 전도'뿐이다. 다른 지도들은 개인이 만든 지도여서 조선왕조의 영토 인식을 반영했다고 볼 수 없다.

게다가 '대한전도'는 1899년에 발행된 『대한지지』의 첨부 지도이며, 『대한지지』 자체가 일본의 지리 도서를 그대로 번역한 교과서라서 여기에 실린 지도 역시 일본인이 작성했다. 결국 '대한전도'도 한국에서 만든 지도가 아니다.

'팔도총도'에는 '우산도'가 '울릉도'의 서쪽에 그려져 있다. 이 지도가 그려졌을 당시의 무릉도라는 조선시대 초기의 명칭은 현재 울릉도로 바뀌었다. 그리고 팔도총도에는 '우산도'의 위치가 분명히 잘못 그려져 있다. 그 이유는 1438년부터 조선은 울릉도에서 사람을 살지 못하게 해서 독도에 대한 조선왕조의 인식이 희박해졌다는 이유를 들 수 있다. 그후로도 조선이 5년에 한 번씩 울릉도를 수색하고 독도를 확인하는 과정에서 '팔도총도'를 그린 관리가 '우산도'에 대해 제대로 파악하지 않고 그 지도를 그렸을 가능성이 크다.

그러나 그에 대한 잘못된 인식은 후에 정정되었다. 바로 안용복 사건과 신경준의 저술이었다. 조선 후기에 안용복은 일본을 두 번 왕래했다. 그는 두 번째 도일했을 때 일본 오키섬에 표류했는데, 오키섬 관리들에게 울릉도와 독도가 조선의 강원도에 속한다고 주장했던 사실이 오키섬의 공식 기록에 남아 있다.

그런데 이영훈은 "조선왕조는 울릉도에만 관심이 있었지 우산도에는 하등의 관심을 표하지 않았다."고 주장한다. 하지만 그것은 잘못된 인식이다.

안용복이 1693년에 일본을 처음 다녀왔을 때 조선왕조는 대마도 도주가 보낸 귤진중이라는 대마도 관리와 울릉도에 대한 논쟁을 벌였다. 귤진중이 울릉도를 일본 영토라고 계속 우겼지만, 대마도 도주 사망 소식을 듣고 그가 대마도로 돌아가면서 이 문제는 일단락되었다.

그 소동이 일어난 후인 1694년 조선왕조는 무신 장한상을 울릉도로 파견했다. 장한상은 한성(서울)으로 귀환한 후에『울릉도 사적』이라는 글 속에 독도 조사 내용에 관한 기록을 남겼다. 장한상의 보고를 받은 숙종은 울릉도를 3년에 한 번씩 정식으로 수색하라고 명령했다.

1696년 5월, 안용복은 다시 울릉도, 독도를 거쳐 일본의 돗토리(鳥取)번으로 건너갔다.『숙종실록』에 따르면 안용복 일행은 울릉도로 건너온 일본인들을 쫓아냈고, 독도에도 들러 그곳에 있던 일본인들도 쫓아냈다. 이때의『숙종실록』에 당시 일본인들이 독도를 '송도'라고 불렀다는 사실과 안용복이 "송도는 우산도이고, 이 섬도 조선 땅"이라고 천명한 내용이 기록되어 있다. 국가 실록인『숙종실록』은 이 기록을 통해 독도가 조선 영토임을 정확하게 밝혀놓았다.

조선왕조실록『숙종실록』에 대마도주의 아버지 소 요시자네(宗義眞)의 말을 통해 "두 섬이 이미 조선의 영토가 되었다."고 하여 두 섬, 즉 울릉도와 독도가 조선 영토로 인정한 사실을 정확하게 기록했다. 이와 같은 조선왕조실록의 기록을 전혀 모르면서 이영훈은 왜 '우산도'가 환상의 섬이고, 그런 환상이 없어지지 않아 고지도에 계속 나타났다는 무지한 말을 하는 것인지 알 수가 없다. 전혀 알지 못하면서 자신의 생각을 마치 사실인 것처럼 서술하는 행위는 일부러 거짓말을 양산하는 것과 다를 바가 없다.

◆ 이영훈 - 일본에서는 한국이 독도를 영유한 적이 없다고 주장한다.

▶ 호사카 - 조선 후기의 학자 신경준(申景濬. 1712-1781)이 1756년(영조 32)에 편찬한 지리서 『강계고』에는 해당 부분이 다음과 같이 실려있다.

"생각건대 여지지가 말하기를, 일설에 우산·울릉이 원래는 한 섬이다. 그런데 여러 도지(圖誌)를 보고 생각하니 두 섬인 것이다. 하나는 바로 소위 송도이고 두 섬 다 우산국이다. 按輿地志云一 說于山鬱陵本一島而考諸圖志二島也一則其所 謂松島而蓋二島俱是于山國也(申景濬『旅菴全書』卷之七,「彊界考」十二, 鬱陵島)."

또한, 안용복의 활약으로 당시 조선에서는 일본인이 말하는 송도가 조선의 우산도, 즉 독도라는 인식이 확실하게 정착되었다. 영조 46년(1770)에 왕명에 따라 홍봉한 등이 고금의 문물과 제도를 수록한 공문서『동국문헌비고』에는 다음과 같이 기록되어 있다.

"여지지(輿地誌)가 말하기를 울릉·우산은 모두 우산국의 땅, 우산은 즉 왜가 말하는 송도(松島)이다 輿地志云鬱陵于山皆于山國地于山則倭所謂松島也(申景濬『增補文獻備考』卷之三十一「與地考 十九」蔚珍古縣浦條)."

우산도와 울릉도는 두 섬이고, 우산도는 일본이 말하는 송도(독도)이며, 둘 다 우산국, 즉 조선 영토라는 인식이 신경준에 의해 더욱 확실해졌다. 이것이 조선왕조가 독도를 조선의 영토라고 천명했던 증거다.

일본 정부도 이와 같은 조선 측의 인식을 인정했다. 1877년 당시 메이지 정부의 행정기관이었던 태정관은『태정관 지령문』을 통해 '울릉도와 그 섬 밖에 있는 한 섬은 월록 5년(1692) 조선인들이 그 섬으로 들어간 이후 본방(일본)과 관계가 없다. 울릉도와 그 밖에 있는 한 섬에 관한 건은 본방과 관계가 없음을 명심할 것'이라는 지령을 각 부처에 하달했다.

여기서 지령문이 말하는 '월록 5년 조선인들이 그 섬으로 들어간 이후'라는 내용은 1692년 이후 안용복이 울릉도와 독도에 들어간 사건을 말한다. 일본 측도 안용복 사건을 계기로 울릉도와 그 섬 밖에 있는 한 섬을 일본 영토

이외의 섬, 바로 조선 영토로 인정한 것이다.

◆ 이영훈 - 1900년 10월 25일 반포된 대한제국 칙령 제41호 이후로 우산은 어느 자료에도 나타나지 않는다. 우산도는 환상의 섬이라고 공포한 것과 다를 바 없다.

▶ 호사카 - 칙령 제41호는 울릉도를 군으로 승격하여 도감을 군수로 승격시켰고 군의 이름을 울도군이라고 정했다.

1770년에 출판된 『동국문헌비고』를 1908년에 개정한 지리지 『증보문헌비고』에는 "여지지가 말하길 울릉 · 우산 모두 우산국의 땅. 우산은 즉 왜가 말하는 송도이다."라고 기재되어 있다.

대한제국은 1908년에 우산도라는 옛 명칭을 사용하면서, 1905년 일본이 멋대로 시마네(島根)현에 편입시킨 독도에 대해 한국의 영유권을 주장했다.

◆ 이영훈 - 칙령 제41호에 나온 석도는 독도가 아니라 오늘날의 관음도다. 일본의 주장과 똑같다.

▶ 호사카 - 석도(石島)는 1882년에 이름을 상실하고 이후 울릉도 사람들이 돌섬이라고 부른 독도를 한자 이름으로 부른 명칭이다. 돌섬이 전라도 방언으로 '독섬'이라서 '독도'가 되었다.

◆ 이영훈 - 1904년 일본은 독도를 자국의 영토에 편입하였다. 2년 뒤 1906년 그 사실을 우연히 알게 된 울릉군수가 중앙정부에 보고했지만, 별다른 반응이 없었다.

▶ 호사카 - 일본은, 1904년이 아니라, 1905년 독도를 일본 영토로서 부당하게 편입시켰다. 독도는 일본 해군성이 작성한 수로지에 1905년까지

조선(한국)으로 명시되어 있었지만, 1905년 일본 정부가 시마네현으로 편입시킨 다음, 일본 영토로 변경한 것이다.

울도군수가 춘천군수를 통해 올린 보고서를 읽고 의정부의 참정대신 박제순은 "독도가 일본 영토가 되었다는 설은 사실무근이다. 일본인들이 어떤 행동을 하는지를 조사하여 보고하라."라는 지시인 '지령 제3호'를 내렸다. 이때 박제순은 명확하게 '독도'라는 이름을 사용하여 독도가 한국 영토임을 밝혔다.

◆ 이영훈 - 한국 정부가 독도가 역사적으로 그의 고유한 영토임을 증명하기 위해 국제사회에 제시할 증거는 하나도 존재하지 않은 실정이다.

▶ 호사카 - 독도가 한국 영토라고 증명할 수 있는 증거는 수도 없이 많다. 그러나 이영훈은 그러한 증거들을 알지 못하는 척 얼토당토않은 예를 들어가며 일본 우익의 대변자 역할을 자처하고 있다.

◆ 이영훈 - 1951년, 미국 정부의 견해는 대일평화조약(샌프란시스코강화조약)이 포츠담선언을 반드시 지킬 필요가 없다고 먼저 전제한 다음, 미국의 정보에 의하면 1905년 이전에 독도가 한국의 일부였다는 증거가 없고, 한국이 독도 영유권을 주장한 적도 없으며, 1905년 이후 독도는 일본 시마네현 오키섬 관할 하에 있었다. 그러므로 독도를 한국 영토 조항에 넣어 달라는 한국 정부의 요구를 수용할 수 없다는 것이 미국 정부의 결론이었다.

현재 일본 정부는 이 부분을 크게 선전하면서 독도가 일본 영토로 남았다고 주장하는데, 이영훈도 일본 측의 이러한 주장에 동조하고 있다.

▶ 호사카 - 이 러스크 서한은 미국만의 견해였고, 비밀문서였다. 또한, 러스크 서한이 공개된 것은 그 후 25년 이상이 지난 1978년이다. 그때까지는 미 국무성의 당시 관계자만 아는 정보였기 때문에 국제적으로 인정된 문서가

아니었다.

미 국무성도 러스크 서한에 '우리(미국)의 정보에 의하면'이라고 전제하고 있는데, 그것은 일본이 준 정보였다. 그래서 미국은 그들만의 견해를 연합국회의에서 다른 연합국에 공표하지 않았다.

한편 미국 외의 연합국들은 독도를 한국 영토로 인식하고 있었다. 1946년 연합국 사령부가 일본 정부에 송부한 훈령인 SCAPIN 제677[101]호에 독도가 한국 영토라고 분명히 기재되어 있었고, 연합국이 설치한 맥아더 라인에서도 독도는 분명히 한국 측 수역에 포함되어 있었다.

한국 영토가 SCAPIN 제677호와 맥아더 라인을 토대로 결정되는 것은 당연한 일이었고, 변경이 있을 시에는 연합국 대표들의 승인을 얻어야 했다. 그러나 미국은 그런 절차를 밟지 않았으므로 독도는 한국 영토로서 그대로 남았다.

1953년 12월 9일 러스크 서한과 관련 있던 덜레스 국무장관은 비밀문서를 통해 "독도에 대한 미국의 견해는 많은 (샌프란시스코 조약) 서명국 중 하나의 견해일 뿐"이라고 밝혔고, 독도가 일본 영토라는 견해는 샌프란시스코 조약의 내용이 아니라고 결론 내렸다. 그 인식을 토대로 1954년 이래 미국은 미국지명위원회 사이트를 통해 독도의 주권국가는 '한국'이라고 인정하고 있다.

이후 대한민국은 국제적 선례에 의거해 1952년 1월 18일, 이승만 대통령에 의한 '해양주권선언'을 선포해 동해에 평화선을 긋고 독도를 한국 측 해역에 포함시켰다. 이 행동은 한국이 1948년 8월 15일 유엔 감시하에 대한민국을

---

[101] SCAPIN 677 : 광복 직후 연합군 총사령관의 일본 통치권에서 제외되는 영토에 대한 규정이다. 이 SCAPIN 제677호의 제3조에는 "일본은 일본의 4개 本島(北海島·本州·九州·四國)와 약 1천 개의 더 작은 인접 섬들을 포함한다고 정의된다. … 그리고 제외되는 것은 鬱陵島·리앙쿠르岩(Liancourt Rocks ; 獨島, 竹島)·濟州島 등이다"고 규정하여 '독도'(Liancourt Rocks, 竹島) 등을 일본영토에서 분리한다고 명확하게 규정했다.
연합국 최고사령부가 '독도'(리앙쿠르섬, 죽도)를 원래의 주인인 한국으로 반환하기로 결정하고 일본으로부터 분리했다는 점에서 매우 중요한 기록이다.(국가기록포털)

선포하여 미국을 비롯한 많은 나라에 의해 독립을 인정받은 주권국가라서 가능했다. 주권국가인 한국이 일방적인 '러스크 서한'을 따라야 할 이유는 전혀 없었다.

한편 한국 정부가 '해양주권선언'을 선포했을 때 연합국 총사령부는 어떤 조치도 취하지 않았다. 사실상 맥아더 라인을 계승한 평화선(이승만 라인)을 연합국이 인정해준 셈이다.

이후 1965년까지의 한일회담에서 독도는 당초 한일회담의 의제도 아니었다. 그런데 1962년부터 일본 측이 독도 문제를 국제사법재판소에 회부하자고 한국 측에 요구하기 시작했다. 한국 측은 독도는 한국의 고유 영토이므로 국제사법재판소에 갈 이유가 없고, 한일협정 문서 어디에도 '독도'나 '다케시마' 명칭을 명기하는 것에 반대했다.

결국, 일본과 한국은 1965년 6월 22일 조인식 예정 시간을 30분쯤 남겨놓고 '분쟁을 해결하기 위한 교환 공문'에 합의했다. 이 문서에는 한국의 요구대로 '독도' 혹은 '다케시마'라는 명칭을 넣지 않았고, '양국 간의 분쟁이 있을 경우 우선 외교적 경로로 해결하고, 해결이 되지 않을 경우 양국이 합의한 절차에 따라 조정을 통해 해결하자'는 내용을 넣었다.

이후 일본은 독도 문제를 '분쟁'이라고 주장하고, 한국은 '분쟁'이 아니라고 주장해 왔다.

◆ 이영훈 - 역대 한국 정부가 독도를 잘 관리했는데 2003년 노무현 때부터 독도에 대한 공격적인 자세를 취하기 시작해 상황이 달라졌다. 노무현 정부 때부터 "독도에 여러 시설을 설치하고, 주민을 입주시키고, 민간 관광을 권장하였"다.

▶ 호사카 - 독도에 첫 번째 주민이 거주하기 시작한 것은 1981년이다.

한국은 1997년 김영삼 정부 때 독도에 접안시설 공사를 시작했고, 그때부터 독도 입도를 허가제로 운영하기 시작했다. 이어서 1998년 김대중 정부 때 1954년에 건립한 독도 무인등대를 유인등대로 승격시켰고, 그때부터 2~3명이 등대에 거주하며 근무하고 있다. 1952년 이승만 대통령이 평화선을 선포한 이후 한국은 꾸준히 시설물을 독도에 설치해왔다.

노무현 정부 때부터 시작된 것은 2005년에 독도 입도 허가제를 신고제로 바꾼 일이다. 이를 계기로 독도 관광객이 비약적으로 증가했다.

일본 시마네현 의회는 2005년 3월 '다케시마(독도)의 날'을 제정해 독도를 시마네현 소속의 영토라고 우기기 시작했고, 매년 2월 22일 다케시마의 날 행사를 결행하고 있다.

이어서 2006년 4월 당시 일본의 고이즈미 정권은 독도 영해에 일본 해상자위대의 탐사선을 보내겠다고 한국에 일방적으로 통보했다. 당시 일본 관방장관이었던 아베 신조의 아이디어였다. 이에 노무현 정부는 독도 영해 12해리에 16척의 경비정을 배치했고, 노무현 대통령은 일본 탐사선이 독도에 오면 배로 밀어 부수라는 명령을 내렸다. 한국의 기세에 놀란 일본 측이 외교차관회담을 제기해 사태는 수습되었고, 이후 일본 배는 독도에서 13해리까지는 접근하지만 독도 영해를 노리는 행위는 하지 않았다.

우리나라를 '거짓말의 나라[102]'로 규정한 이영훈 교수의 『반일 종족주의』는 일본어로도 번역되어 나왔다고 한다. 일본에서 반기는 사람이 많고, 찬양하는 사람도 많을 거라는 생각이 든다.

책 내용 중의 '독도, 반일 종족주의의 최고 상징' 글에서 자신을 지식인이라고 내세우며 "참된 지식인은 세계인입니다. 세계인으로서 자유인입니다. 세계인

---

102) 이영훈, 위의 책, 10쪽, '프롤로그, 거짓말의 나라'

의 관점에서 자신이 속한 국가의 이해관계조차 공평하게 바라보아야 합니다. … 저는 한 사람의 지식인으로서 우리 헌법이 보장하는 양심의 자유, 사상의 자유, 학문의 자유를 믿고 제 소신에 따라 발언할 뿐입니다."103)라고 한다.

몇 가지만 검토해보기로 하자.

① 스스로 '지식인'이라고 하는데, 지식의 한계는 고려해보지 않았을까?

② 자신을 진짜 '참된' 지식인이라고 믿는 걸까?

③ '참된 지식인은 세계인', 세계에 혼자만 산다는 소릴까?

④ '자유인'은 그에 따르는 아무런 책임이나 의무가 없다 하고, 제멋대로 떠들어도 되는 건가?

⑤ '공평'은 누가 판단하는가?

⑥ '양심'은 '자신의 행위에 대하여 옳음과 그름, 선함과 악함을 분별하여 도덕적으로 올바른 행동을 하려는 의식'이라고 한다. 과연 이영훈 교수는 '양심'을 가지고 그런 글을 썼을까?

그런데, 우리에게는 문제가 없을까? 일본인들이 우리를 건드리면 우리는 너무 발끈발끈한다. 그리고 금방 식는다. 그들은 그게 재미가 나서 계속하는 것이다. 놀려먹기 좋다는 심상이다.

그들의 말장난에 놀아나지 말아야 한다. 그들의 잔꾀에 휘둘리지 말아야 한다. 그들의 꼼수를 간파해서 대처해야 한다. 좀 더 냉철하게 꾸준히 대처해야 한다. 냉철하지 않으면 스트레스 쌓이고 속병이 생길 뿐만 아니라 당할 우려가 있다. 그들은 자기들 국력이 앞선다 해서 우리의 문제를 가지고 세계 곳곳에서 장난을 치지만, 우리도 못지않게 국력을 키우고, 국제사회에서 통하고 먹혀들 수 있는 활동을 꾸준히 펴야 한다.

---

103) 이영훈, 위의 책, 152쪽.

협잡질은 잘해도 좋은 것은 잘 보이지 않는지, 그들은 우리의 국민성을 잘 모른다. 우리 국민은 복잡한 것을 싫어하며 단순하다. 마음씨가 착해서 전쟁을 싫어한다. 원수도 쉽게 용서할 수 있는 너그러운 마음씨를 가지고 있다. 일본인들이 진정으로 자기들의 잘못을 깨닫고 용서를 구한다면 금방 풀어질 사람들이 우리다. 그런데도 자기들처럼 밸밸 꼬인 심보를 가지고 있을 것으로 착각한다.

『독도(Dokdo) 다시 술(述)하다』 책을 쓴 최홍배 교수는 독도에 관한 자세한 역사를 서술하며, 문제의 해결 방법이라고 할 만한 결론으로 '평화를 위한 법과 대화를 지향하며'104)라는 글을 실었다. 검토해보자.

무력 행사

무력 행사, 특히 전쟁을 통해 영토 문제를 해결하는 것은 현행 국제법상 위법 행위로 간주되며, 정당성을 인정받을 수 없습니다. 무력 충돌은 한일 양국 모두에게 큰 손실을 초래할 뿐 아니라, 국제 사회에서도 비난을 받을 가능성이 높습니다. 따라서 독도 문제는 평화적 방법으로 해결하는 것이 중요합니다.

외교 협상

외교 협상을 통해 양국이 합의하여 영토 문제를 해결하는 방법이 있습니다. 영토 조약을 체결하거나 일방이 영유권 주장을 포기하는 방식입니다. 그러나 한국과 일본 중 한 나라가 독도를 양보하는 것은 현실적으로 어려운 상황입니다. 한국이 독도를 양보하는 것은 불가능하며, 일본 역시

---

104) 최홍배, 『독도(Dokdo) 다시 술(述)하다』, ㈜ 박영사, 2024, 201~202쪽.

독도 주장을 포기하지 않을 것입니다.

미해결의 보류

'미해결의 보류' 방식은 1965년 한일 국교 정상화 회담 당시 논의된 '독도 밀약'의 형태로 처리되었던 방법입니다. 이는 문제를 당장 해결하지 않고 미래로 미루는 방안이었으나, 1996년 이후 이 약속은 깨졌고, 이후 독도 관련 여러 사건들로 인해 이 방법은 더 이상 유효하지 않게 되었습니다.

ICJ 제소

국제사법재판소(ICJ)에 제소하여 법적 판단을 받는 방법입니다. 일본은 독도 문제를 ICJ에 제소하여 해결할 것을 주장하고 있으나, 한국 정부는 독도 문제를 정치적 분쟁으로 판단하고 있어 법적 판단을 받을 이유가 없다는 입장입니다. 따라서 한국은 일본의 ICJ 제소에 반대하고 있습니다.

결국, 독도 문제는 어느 한쪽의 주장만으로 해결되기 어려운 복잡한 문제입니다. 한일 양국 국민들이 독도의 실체적 진실을 올바르게 이해하고, 감정적 대응보다는 평화적이고 냉정한 접근이 필요합니다. 이를 위해서는 교육과 홍보를 통해 국민들이 올바른 역사적 인식을 갖도록 하고, 양국 정부가 외교적 노력을 기울여야 합니다. 궁극적으로 독도 문제는 양국 간의 신뢰와 협력을 바탕으로 해결해야 할 과제입니다.

독도 문제를 깊이 연구한 호사카 유지 교수나 최홍배 교수뿐만 아니라 많은 학자가 우리에게 좋은 지식과 정보를 제공해 독도가 확실하게 우리 땅이라는 주장을 할 수 있게 해준다. 얼마나 좋은 일인가. 하지만, 어쩐지 우리 국민의 속이 시원해지는 해법으로는 뭔가 부족한 부분이 있는 것 같다.

그렇다면 어찌해야 속이 시원해지며, 그들이 우리 땅 독도를 넘보지 못하게 할 수 있을까?

1) 일본이 독도 문제를 끌고 나와 떠들면 일단 언론부터 입 다물고 조용히 있어야 한다. 모른 체해야 한다. 우리 국민도 모르고, 알아도 모른 체해야 한다. 정부(외교부)가 폼으로 있는 것은 아니니까, 정부가 적절하게 대응하면 된다. 온 국민이 들고일어나서 맞장구치듯 떠들어 주는 것은 일본의 주장을 돕는 꼴이 된다. 일본은 그걸 바라며, 재미가 나서 더욱 설친다.
주로 자기들의 국내 문제가 있을 때 독도 문제를 일으키는데, 우리가 대응해 줄수록 그들은 더욱더 기세를 올린다. 하지만, 우리가 조용히 있으면 그들은 맥이 풀려 그냥 주저앉고 말 것이다.

2) 심각할 정도로 도를 넘어 위험하게 대드는 경우가 있을 것이다. 그건 침략행위로 간주하고 강력하게 대응해야만 한다. 지금은 조선 시대나 대한제국 시대가 아니다. 그들에게 기가 눌려 빌빌거리는 나라가 아니다. 군사적으로도 얼마든지 맞붙을만한 힘을 가지고 있다. 북한도 있지 않은가.

3) 우리 땅을 두고 자기네 땅이라고 우기며, 어떻게 하든 분쟁 지역으로 만들어서 국제사법재판소(ICJ)로 끌고 가려고 한다. 그들에겐 밑져야 본전이기 때문이다. 하지만, 그들은 우리가 그걸 ICJ로 함께 끌고 갈 거라고 믿을 턱이 없다. 믿지 않으면서도 계속해서 시도하는 이유가 뭐겠는가? 빈틈을 노리는 것이다.
우리 학자들도 독도 문제를 '조용히' 다루어야 한다고들 한다. 물론 좋은 말이다. 그러나 조용히 할 때와 그렇지 않을 때는 구분해야 한다. 고 노무현 대통령이 강력하게 대응한 게 국제법을 어긴 건 아니다. 엄연히 국제법이 있는데, '조용히'만 한다? 오히려 국제적으로 얼마나 큰 비웃음을 사겠는가? 교활하게 약은 머리를 쓰는 일본의 작전에 넘어가는 일이다. 할 일은 해야 하고, 강력하게 할 때는 해야 한다.

다만, 일반 국민이 아니라, 정부가 해야 한다.

문화인의 가장 소중한 덕목은 생명 존중이다.

우리 한민족은 생명을 존중하는 민족이다. 일본인들이 심리적 미개에서 벗어나 생명을 존중하는 참된 문화인이 된다면 세계인 모두와 마음 터놓고 어우러져 살 수 있을 것이며, 우리와도 진실한 이웃이 될 것이다. 그렇게 되어야 한다. 두 나라의 자손들을 위해서라도 꼭 그렇게 되어야 한다.

9장
태극기가 태극기인가?
통일 국기를 만들어야 한다.

1. 세상의 중심, 통일한국을 향해

　세계인 대부분은 자기 나라가 세계의 중심이라고 한다. 하지만, 우리나라는 상당 기간 세계의 중심이 아니라 차이나(中國)의 동쪽 나라라고 여겨왔다. 오행(五行)에서 동쪽을 청색으로 나타내기 때문에 청구(靑丘)라 부르기도 했다.
　세상이 바뀌었다. 어쩌다 보니까 우리나라가 차이나의 동방이나 변방이 아니라 세계의 중심 나라가 되어버렸다. 지도를 펼쳐놓고 보면 강대국들이 우리나라를 중심에 두고 지킴이(?) 노릇을 해주는 형국이다. 세계평화는 우리 대한민국에 달려 있다는 생각이 절로 든다.
　세계평화를 누리려면 우리 대한민국부터 안정되고 평화스러워야 할 텐데 아직은 그렇지를 못한 것만 같다. 가장 큰 원인으로 남북이 갈려 있기 때문이다. 남북이 통일되면 그 통일한국은 세계평화를 이끌게 될 것이다.

하지만, 우리나라가 언제까지 살아남아 있을지 불안하긴 하다. 요즘 세태를 보면 인구가 크게 줄어들 것으로 보이기 때문이다. 우주여행을 갔다가 몇백 년 뒤에 돌아오면 대한민국은 없어진 나라일 수도 있다. 아니면 한민족(韓民族)은 없어지고 다른 민족으로 대체될 수도 있다.

인구가 줄어드는 여러 요인이 있겠지만, 해결할 방법은 있다. 바로 남북통일이다. 통일되어 민족도 살아남고, 세계평화도 이끌게 되면 그 얼마나 좋겠는가!

요즘은 사라진 말 같지만, 내가 어렸을 적 자주 들었던 말 중의 하나가 '북진통일'이다. 사라진 것 같은데도 말하는 내용을 뜯어보면 그런 주장을 하는 사람들이 아직도 상당히 많다. 걸핏하면 북한을 깨부숴야 한다, 폭격해야 한다는 사람들이다. 그야말로 전쟁도 좋다는 사람들이다. 전쟁의 참상을 크게 겪은 우리나라에서 또다시 전쟁으로 통일하자고 한다.

남침으로 일어난 6·25동란으로 얼마나 많은 사람이 죽고 다쳤으며, 얼마나 많은 사람이 지금까지도 고통스럽게 지내는가? 전쟁으로 통일이 보장되지도 않는다. 그런데 또 전쟁이 일어나도 좋다고? 전쟁은 절대 안 된다. 통일을 하려면 말로, 평화롭게 해야 한다.

세상일이라는 것이 세밀히 따져보면 원인과 결과가 있기 마련이지만, 원인이 불분명한 일들, 잘잘못을 가리기 힘든 일들이 수없이 많이 일어난다. 엉뚱하거나 사소한 일들이 세계정세를 바꾸고 역사를 바꾸기도 한다. 거대한 소련(소비에트 사회주의 공화국 연방)이 무너지고 해체될 거라고는 상상도 못 했던 일이다. 하지만 갑자기 무너졌다. 그걸 보고는 미국이나 차이나(중국)도 어느 날 갑자기, 쉽게 무너질 수 있겠다는 생각도 든다.

세계적으로 그 기술력을 자랑하던 일본의 후쿠시마 원전에 전혀 예상치 못했던 쓰나미가 덮치더니 제대로 해결하지 못하고 허우적대고 있다. 그런 일본 땅이 언제 바닷속으로 기어들어 갈지 그것도 알 수 없는 일이다.

우리나라도 비록 남과 북이 갈려 있지만, 독일처럼 언제 합치게 될지도 모르는 일이다. 비록 외세, 특히 강대국들이 자기들의 유불리를 따지고 저울질하며 우리의 통일로 장난질하겠지만, 세상의 중심이 되어버린 우리나라, 그들이 진정으로 세계평화를 바란다면 우리나라부터 통일되어야 한다는 것을 깨우쳐야 할 것이다.

그러나 외세의 눈치만 보고 있을 일이 아니다. 우리 스스로 통일의 길을 열어야 한다. 가장 좋은 방법으로, 남북한 온 백성들이 휴전선에 몰려들어 철책을 잘라버리고 남북을 왔다 갔다 해버리면 간단하게 해결되겠지만, 그렇게 못할 바에는 철저히, 끊임없이 여러 방법을 시도해 나가야 할 것이다. 우리가 통일을 위해 노력하지 않는다면 아무래도 세계인들은 뒷짐 지고 관망만 하지 않을까?

2019년 4월 27일, 평화손잇기 행사 중, 철원 노동당사 앞에서~

통일을 위해 준비해야 할 일이 한둘이 아니겠지만, 먼저 남북이 만나기부터 해야 한다. 자주 만나야 한다. 할 말 없으면 눈인사만 하고 헤어져도 좋다. 그래도 또 만난다. 또 또 자주 만나다 보면 할 얘기가 생기기 마련이다. 이것저것 얘기 나누다 보면 단단한 얼음이 녹고 가로막는 철책도 거두자는 얘기가 나올 것이다.

통일을 전제로 가장 먼저 논의해야 할 것이 '국호'다. 아무래도 '한', '조선', '고리(Korea)' 등이 물망에 오를 텐데, 나는 우리 민족의 가장 앞선 나라 '한국(한, 환인, 환국)'이 좋다고 보지만, '조선'이나 '고리(Korea)'도 무방하다고 본다. 세계적으로 많이 알려진 '고리'가 채택될 수도 있을 것이다.

다음으로 국기(國旗)다. 국기는 나라를 상징한다. 남한은 '태극기(太極旗)'를, 북한은 '람홍색공화국기(藍紅色共和國旗)'를 쓴다. 태극기는 그 역사가 깊고, 수많은 선열이 태극기를 앞세우고 광복 운동을 하며 큰 힘을 받았다. '람홍색공화국기'는, 광복 후에도 태극기를 쓰던 북한이 1948년 7월 10일부터 쓰는 깃발이다.

또 한반도기가 있다. 1989년에 제정된, 통일 한국을 상징하는 깃발로, 공식적인 국기는 아니나 국제사회에서 남북 단일 스포츠팀 등의 잠정적인 공식 깃발로 쓴다. 대한민국에서는 한반도기라고 부르지만, 북한이나 중국, 일본에서는 주로 통일기(統一旗)라는 이름으로 부른다. 영어권에서는 한반도기(Korean Peninsula flag)도 종종 쓰기 하지만 한국통일기(Korean Unification Flag)라는 이름을 더 많이 쓴다고 한다. 우리는 왜, '통일기'라는 좋은 이름을 젖혀두고 굳이 '한반도기'라는 곧 '한韓 반 쪼가리 섬 깃발(韓半島旗)'이라는 걸맞지 않은 말을 써야만 할까? 또한, 땅 그림을 국기로 쓰는 게 합당할까?

우리 남북이 합쳐서 하나가 되고 나라의 상징인 국기를 선정할 때, 위의 세 가지 깃발 중에서 하나를 고르자며 전체 투표에 부친다면 어떻게 될까? 아무래도 숫자가 많은 남한의 백성들이 태극기를 선택할 가능성이 커, 통일된 나라의 국기로도 선정되지 않을까 싶다. 물론 다른 선택을 할 수도 있고, 북한의 반대가 커서 다른 깃발을 새로 만들 수도 있다. 어떻든 태극기가 일차적인 관심의 대상이 될 것으로 예상된다.

그런데, 애당초 우리의 국기 태극기를 만들 때는 정국이 어수선하고 국제 관계도 순조롭지 못했다. 그래서였겠지만, 많은 국민의 의견을 충분히 듣지 못하고 졸속으로 만들었다는 느낌이 든다. 태극기를 앞세우고 외세와 투쟁하며 순국한 선열의 숭고한 정신을 높이 선양하는 의미에서라도 세밀히 검토해 볼 필요가 있을 것이다.

우리나라를 상징하는 깃발인 태극기라서 거론하는 것부터 조심스럽기는 하다. 하지만, 우리가 쓰고 있는 태극기의 역사는 어떠했는지, 제대로 만들어진 것인지, 제대로 가르치고 있는지, 제대로 만들어진 게 아니면 고쳐야 할 것인지, 통일 한국에서 이대로 그냥 써도 될 것인지 등을 아는 것도 좋지 않을까 싶다. 물론 잘못된 점이 있으면 바로 고치는 게 정상이겠지만, 여러 형편상 당장 고치자고 하기에는 어려운 면이 있다. 그저 통일시대를 위해 준비해야 하는 게 아닐까 하는 생각까지 든다. 아무튼, 졸속으로 만들어진 우리 국기, 이젠 차분히 검토해 볼 여유는 있지 않을까?

우리의 태극기를 얘기할 때 가운데 청·적색의 둥근 원을 '태극'이라 하는데, 이게 알맞은 말인지는 천천히 검토하기로 하고, 일단 나도 그걸 '태극'이라 칭하며 얘기를 펼쳐나가겠다.

태극기라는 명칭이 처음으로 사용되기 시작했을 때는 조선 국기가 제작된 지 14년 후인 1896년 전후로 추정된다. 여러 애국가에 '태극기'가 등장하며, 서재필이 중심이 되어 독립신문과 독립협회를 만들고, 자주독립과 민권 그리고 태극기의 중요성을 주창하면서부터라고 할 수 있다.[105] 1896년이면 대한제국이 건립되기 1년 전인데, 조선에서 생성된 태극기가 대한제국을 거치고 대한민국으로 이어져 왔다는 얘기가 된다.

2. 태극기(太極旗)의 탄생

1) 청나라와 일본의 우리 국기 간섭

국기 문제는 1876년 강화도조약(조일수호조규)을 맺는 과정에서 처음 발생했다. 운요호 사건시 조선수비대가 쏜 포에 운요호에 게양된 일장기가 불탔다고 일본에서 시비를 건 것이다. 이때서야 조선에선 국기라는 것에 관해 깨달은 바가 있었고, 이를 파악한 청나라와 일본에선 각기 자기들에게 유리한 쪽으로 조선에 서로 다른 문양을 들이댄다.

청나라의 황준헌은 『조선책략』이라는 책을 수신사 김홍집에게 건네는데, 그 책 속에 '빨리 조선 임금에게 아뢰어 해군·육군이 청국의 용기(龍旗)를 사용하게 하라.'고 한다. 일본은 1881년, 조선의 관아궁관의 문에 흔히 그려진 청백홍 삼색 문양(천지인 문양·삼원 문양)을 일장기와 비슷하게 그려 쓰라고 종용한다. 이는 1932년 일본인 하나부사 타로(花房太郞)가 편찬한 『계림사변』에 적나라하게 기록되어 있다[106]. 하지만, 고종 임금은 '누구 좋으라고 그따위 짓을 해?'라는 심산이었는지 이를 따르지 않는다.

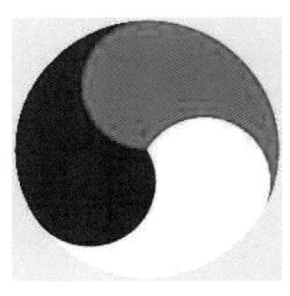

---
105) 이현표, 『우주를 품은 태극기』, 코러스, 2015, 5쪽.
106) 송명호, 『문화재 태극기』, 유페이퍼, 2023, 110~113쪽.

2) '해양국가의 깃발들'

고서점 '아트뱅크'를 운영하는 윤형원(尹亨源) 대표가 자신이 입수한 해상국가들의 깃발들<FLAGS of MARITIME NATIONS>(제5판)이라는 책자를 「조선일보」<2004년 1월 27일자>에 공개했는데, 이 책에는 세계 49개 국가의 국기 및 깃발의 채색 그림이 수록되어 있다. 국기는 알파벳순으로 배열되어 있으며, 태극기는 청나라 국기인 황룡기(黃龍旗) 오른쪽 '코리아(Corea)'난에 '기(旗·Ensign)'란 이름으로 게재돼있다. 태극은 청색이 좌측, 적색이 우측에 자리잡고 있다.

이 책은 미 해군성 항해국에서 발간한 것으로, 책 서문에 "3000부를 제작, 각 기관에 분배하기로 1882년 7월 19일 상원에서 결의했다"는 내용이 명기되어 있다. 그렇다면 여기에 실린 태극기는 이보다 최소 1개월 앞서 사용됐다는 이야기로, 최초의 태극기가 1882년 8~9월 특명전권대신 겸 수신사(修信使)로 일본에 파견된 박영효가 처음 만들었다는 그동안의 통설을 뒤집는 자료다.[107]

이건 우리가 쓰는 태극기의 가장 이른 그림이다. 우리나라의 영문 명칭을 'Corea'로 표기했고, 태극기 밑에는 'Ensign'이라는 설명이 붙어있다. 'Ensign'을 '선적기(船籍旗)'라고도 한다.

이 4괘 태극기 밑에 'Ensign'이 쓰여 있지만, 목차에는 'Corea: National Ensign'이라고 적혀 있다. 'Ensign'은 일반적으로 국기를 가리킬 때 쓰는데 그냥 '기'라는 뜻으로도 쓰이기 때문에 오해가 없도록 굳이 'Corea: National Ensign'이라고 밝혀놓은 것이다. 물론 미국의 국기도 목차에는 'United

---

[107] 신원봉, 「박영효 태극기의 유래와 그 발견의 의미」, 2009.

State of Amerisa: National Ensign'이라고 쓰고, 안쪽 도면 1쪽(PLATE 1)에는 간단히 'Ensign'이라고만 표기되어 있다.108) 'Ensign'이 '선적기'뿐만 아니라 '국기'의 뜻도 지니고 있다는 얘기다.

아래 그림에서 왼쪽이 1882년의 'Ensign(선적기)'이다.

오른쪽이 1899년에 발간한 『해양국가의 깃발들』(제6판)에 실린 태극기로 'Nation Flag(국기)'라는 설명이 붙어있으며 1882년의 태극기와 비교해보면 괘의 색깔과 위치가 사뭇 다르다.109)

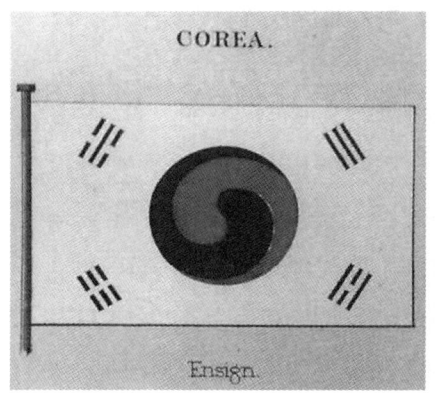 

여기서, 1899년의 'Nation Flag(국기)'는 어떻게 해서 이런 모양이 됐는지 감을 잡기가 어려워 논의를 피하기로 하고, 1882년의 'Ensign(선적기)'을 살펴보겠다.

이 『해양국가의 깃발들』에 실린 태극기와 같은 그림이 또 있다.

이태진 교수가 미국 워싱턴 국회도서관 소장 「슈펠트 문서 박스(The Papers of Robert W. Shufeldt Subject File, Box 24)」 속 '한국 조약 항목(Korean Treaty Items) 1881~82'에 들어있는 태극기 그림을 발견했다.

---

108) 황태연, 『대한민국 국호와 태극기의 유래』, 생각굽기, 2023, 260쪽.
109) 이현표, 앞의 책, 14쪽.

미국의 해군 제독 로버트 슈펠트(1822~1895)는 1882년 5월 조·미(朝美)수호통상조약(한·미조약) 당시 미국 측 전권대사였다.

종이에 펜으로 그리고 채색한 가로 17cm, 세로 8.5cm 크기의 이 태극기는 청·적색 태극 무늬와 검은색 4괘(卦) 등 현재 태극기와 비슷하지만, 태극의 형태와 괘의 좌우 위치는 차이가 있다. 그림 위에는 '코리아(Corea)', 아래에는 '깃발(Ensign)'이란 글씨가 적혀 있다.

이 태극기는 1882년 7월 미국 해군부 항해국이 출간을 결정한 '해양국가들의 깃발(Flags of Maritime Nations)'에 실린 태극기와 같은 형태로 원(原)도안으로 보인다. 그러나 한 가지 미심쩍은 일이 있다. 슈펠트가 그린 그림과 책자의 그림에서 'COREA'와 'Ensign'의 위치가 아주 같다는

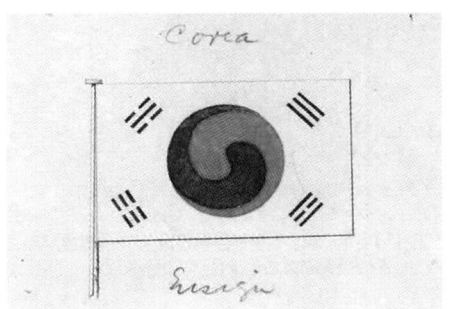

점이다. 이는 슈펠트가 자료를 제공했지만, 책자가 나온 뒤 다시 그렸던지, 아니면 책자가 나온 뒤 원래의 자료에 글자를 써넣은 것이 아닐까 하는 의문이 드는 것이다. 물론 이 『해양국가의 깃발들』 제5판 이전의 책자 양식이 이렇게 구성되어있어서 그걸 알고 있는 슈펠트가 이처럼 그렸지 않았나 하는 점은 있다.

이태진 교수는 "태극기 그림엔 작성 날짜가 없지만, 이 도안이 들어있는 항목이 1882년 '조·미 수호통상조약'이며 바로 뒤에 있는 문서는 같은 해 6월 11일 작성된 것으로 그 이전 자료가 분명하다."라고 했다. 슈펠트는 1882년 5월 이후 다시 조선을 방문한 일이 없다.110)

---

110) 『조선일보』, 2018년 8월 14일, 「미국서 찾아낸 최초 태극기 도안」

1882년에 발간한 『해양국가의 깃발들』의 태극기 그림을 보면 아주 재밌는 게 있다.

보는 쪽에서 깃대의 위치가 왼쪽이다. 당시 서양에서는, 오늘날 세계인 거의 모두가 따르는 것처럼, 많은 나라 깃발의 깃대가 왼쪽에 있었는데 우리나라 깃발은 오른쪽에 있었다.

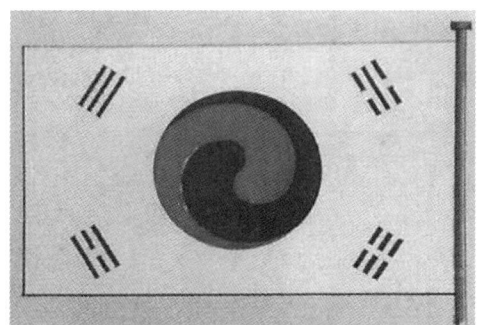

1882년 미 해군성에서 발간한 [해양국가의 깃발들](제5판)에 실린, 조선(Corea)의 Ensign(선적기)을 횡으로 뒤집은 그림

그런데 'Ensign(선적기)'을 옆의 그림과 같이 뒤쪽에서 보는 것처럼 횡으로 완전히 뒤집어 보자. 그러면 깃대가 오른쪽으로 오고, 건(☰), 곤(☷), 감(☵), 리(☲) 4괘가 오늘날 우리가 쓰는 태극기처럼 된다.

역시 이런 상태에서 보면 동그라미 태극의 그림이 명(明)나라 초기 조휘겸(趙撝謙)의 '천지자연지도(天地自然之圖)', 조중전(趙仲全)의 '고태극도(古太極圖)'와 닮아있다.

조휘겸의 천지자연지도

조중전의 고태극도

위 그림들에서, 괘(卦) 그림에 약간의 착오가 있긴 하지만, 왼쪽은 '천지자연지도'고 오른쪽은 '고태극도'다. '고태극도'는 우리 태극기의 바탕이 된 그림이라고도 한다.111) 고태극도의 머리에 그려져 있는 점들은, 음(陰) 속에 양(陽)의 기운이, 양 속에 음의 기운이 들어 있다는 뜻일 것이다.

이 '고태극도'에서 진(☳), 손(☴), 간(☶), 태(☱) 4괘를 빼고 동, 서, 남, 북으로 통하는 나머지 건(☰ 남), 곤(☷ 북), 감(☵ 서), 리(☲ 동) 4괘를 시계 반대 방향으로 45도를 돌려보자. 그러면 오늘날 우리가 쓰고 있는 태극기의 괘(卦) 자리와 일치한다. 또한 뒤쪽에서 보거나, 횡으로 뒤집어놓고 보면 1882년 '해양국가의 깃발들'에 실린 선적기 그림과 거의 같게 된다.

이는 'Ensign(선적기)'을 그린 슈펠트가 자기들이 쓰는 방식대로, 우리 태극기도 당연히 깃대가 왼쪽에 있을 것으로, 또는 횡으로 태극기를 뒤집어놓은 상태가 정상이라고 생각하며 그렸을 것으로 보인다.

3) '고태극도'의 '올챙이 태극'

고태극도의 올챙이 모양 태극은 지금 우리가 쓰고 있는 태극기, 소위 음양태극이라고 하는, 태극의 모양과 좀 다르다. 돌아가는 방향이 다르고, 올챙이처럼 꼬리가 아주 길게 늘어져 있다. 이는 역리(易理)에 입각한 것으로, 자연의 원리를 묘사한 것이라고 한다. 마당에 곧은 작대기를 수직으로 꽂아놓고 사계절의 그림자 길이를 재면, 위의 그림처럼, 이런 올챙이 그림이 나온다는 것이다.112) 이런 원리로

그림자 길이로 그린 올챙이 태극 그림

---
111) 김상섭, 『태극기의 정체』, 도서출판 동아시아, 2001.

'고태극도'를 그렸다는 것이 확실하다고 볼 것인지에 대해서는 의문이 들지만, 반박할 만한 논리가 마땅치 않아 보인다.

데니 태극기

아무튼 1882년 해양국가들의 깃발들<FLAGS of MARITIME NATIONS>의 Ensign(선적기)을 뒤쪽에서 보았을 때 또는 횡으로 뒤집어놓았을 때의 태극 문양, '고태극도'의 올챙이 태극, 고종이 미국인 외교 고문 데니(Owen N. Denny, 1886년부터 1890년까지 조선에서 근무)에게 주었다는, 우리나라에서 소장하고 있는 태극기 중 가장 오래된 '데니 태극기'의 태극과 모양이 비슷하다. 올챙이가 도는 방향이 시곗바늘 돌아가는 방향과 같다는 점을 중시해야 할 것이다. 데니 태극기의 깃대가 오른쪽에 있다는 점도 주의해야 할 부분이라 하겠다.

미 해군성 항해국에서 발간한 『해양국가의 깃발들』을 각 기관에 분배하기로 1882년 7월 19일 상원에서 결의했다면 그 이전에 이런 깃발이 있었다는 거다. 아무래도 조선에서 깃발이나 그림을 가져갔다고 봐야 하는데, 흔해빠진 걸 아무 데서 주워 갔다고는 할 수 없는 일, 특별한 자리에서 베껴갔든지 얻어갔다고 해야 할 것이다. 시간으로 보나 만날 수 있는 사람으로 보나 두 달 전쯤 고종 19년, 1882년 5월 22일(음력 4월 6일)에 맺은 조미수호통상조약 때라고 보는 게 진실에 가장 가깝지 않을까 싶지만, 기록이 남아 있지 않아 그것도 확신할 수가 없다.

---
112) 신원봉, 앞의 논문

하지만, 이와 다른 견해를 가진 사람도 있다.

　　기존의 연구에서 미국 해군부 항해국에서 간행된 『해상 국가들의 깃발들』이라는 책자가 1882년 7월 19일자로 간행되었다고 보았던 것 같다. 어떻게 해서 이 날짜를 간행일로 보았는지는 전혀 알 수가 없다. 이 책에는 특별한 판권이 없어 정확한 발간일자가 적혀 있지 않다. 다만, 책의 표지에 '1882'이라고 하여 간행된 연도만 적혀 있다. 그럼에도 불구하고 기존의 연구에는 이 책의 간행일을 '1882년 7월 19일'로 간주하고 있는 것 같다.

　　이와 같이 『해상 국가들의 깃발들』의 간행일을 '1882년 7월 19일'로 보았을 때 가장 큰 문제는 태극 4괘의 국기를 만든 박영효의 기록들은 역사적 사실로 받아들 수가 없는 것이다. 박영효가 1882년 9월 25일 국기를 제정하고, 10월 3일 본국의 기무처에 국기 제정 사실을 보고하였다. 박영효가 국기를 제정하기 전에 미국에서 발간된 책자에 '태극기'가 실렸다면, 박영효가 쓴 『사화기략』의 기록은 모두 믿을 수 없는 것이 된다는 문제점이 있다. 다시 말해, 박영효가 태극기를 제정하기 전에 미국에서 발간된 책자에 태극기가 실렸다면, 박영효의 기록을 사실로 받아들일 수가 없게 된다는 모순이 발생한다.[113]

　　그렇긴 하다. 조선(Corea)의 'Ensign(선적기)'이 실린 『해양국가의 깃발들』이 '1882년 7월 19일'에 간행되었다면 박영효의 기록이 사실이 아니라는 얘기가 될 수 있다. 하지만, 『해양국가의 깃발들』(제5판)에는 표지에만 '1882'년이 표기된 게 아니라 속표지 뒷면에는 상원에서 '1882년 7월 19일', 하원에서

---

113) 김도현, 「1882년 '이응준 감정본' 국기 자료 검토」, 2016.

'1882년 7월 28일'에 결정, 동의한 내용이 실려있고,114) 앞서 나온 것처럼 '슈펠트 문서'에서도 확인된다고 보아, 책자의 간행 날짜가 정확히 언제인지는 알기 어렵다 해도, Ensign(선적기)이 7월 19일 이전에 있었다는 것은 확실하다 할 수 있겠다.

그렇다면 박영효의 기록은 어떻게 보아야 할 것인가? 그건 아무래도 창제(創製)가 아니라 이미 있었던 것을 고친, 소위 신제(新製)라고 해야 하지 않을까? 실제로 박영효는 『사화기략』에 '국기를 새로 만들어 여관 망루에 매달았다(新製國旗懸寓樓).'라고 했다.

4) 조미수호통상조약(朝美修好通商條約)의 국기

미국인 그리피스(William Griffis)가 1899년에 발간한 『극동에서의 미국(America in the East)』에는 태극기에 관해 '슈펠트 제독은 군함 스와타라호를 타고 제물포에 와서 1882년 5월 19일(5월 22일의 착오) 세계에서 가장 작은 나라의 하나인 조선과 가장 큰 나라의 하나인 미국 간의 평화와 우호를 다짐하는 문서에 서명했으며, 스와타라호는 조선의 새로운 깃발에 대해서 예포를 발사했다. 오늘날 서울의 하늘에는 신생국의 성조기와 유구한 나라의 신비로운 태극·팔괘기가 조화롭게 펄럭이고 있다(『극동에서의 미국』 201쪽).'115)고 했다.

1912년 발간된 폴린(Charles Paullin)의 『1778~1883년간 미 해군 장교들의 외교교섭』에는 미국 대표 슈펠트의 행적이 기록되어 있는데, '5월 14일, 두 명의 조선 관리가 수행원 여럿과 통역 한 명을 대동하고 슈펠트를 방문했다. 미국 측은 군함 스와타라호에서 세 발의 예포를 발사하는 등 조선 관리들을 정중한 예우로 맞았다.'고 한다.116) 슈펠트 제독이 남긴 문서 「조선조약의

---

114) 황태연, 앞의 책 264쪽.
115) 이현표, 앞의 책, 18쪽.
116) 이현표, 앞의 책, 17쪽.

역사(The History of Treaty with Korea)』에도 '조약은 제물포에서 예포가 울려 퍼지고 국기들이 나부끼는 가운데 조인되었다(The Treaty was signed at Chemulpo, admist the salutes of cannon and the waving of flags; …).'117)고도 한다. 그렇다면 당시에 걸린 우리 국기가 『해양국가의 깃발들』에 실린 슈펠트의 태극기와 같은 것이었을까? 또한, 그 태극기가 조인식장에 걸렸다면 조인을 주선한 차이나의 관리들이 몰랐을 수가 없었을 텐데 이건 어찌 이해해야 할 것인가? 고종 임금이 극비리에 그려 슈펠트 측에 건네준 것은 아니었을까? 의문스러운 점은 많지만, 확실하게 단정할 수 있는 게 없다. 그러나 어찌 됐든 미국 측에 건너간 것만은 사실이다. 이후 차이나뿐만 아니라 일본 측에서도 이 태극기에 관해 아는 바가 없는 듯한 행동을 보인다.

5월 22일(음력 4월 6일) '조미조약'을 조인한 날과 5월 27일에 이 태극기에 관해 전혀 알지 못한 듯한 청의 사신 마건충(馬建忠)과 조선의 김홍집이 국기 얘기를 나눈다.

5) 마건충(馬建忠), 청국문답(淸國問答)

청국문답, 1882년 5월 22일 1차 회담과 5월 27일 2차 회담에서 조선 관리 김홍집과 청국 사신 마건충이 양국 간의 몇 가지 문제를 두고 주고받은 문답을 기록한 문서다. 그 가운데 우리나라 국기 제작에 관한 얘기가 실려있다.

1차 회담 이전에 조선의 역관 이응준(李應俊)이 조선의 국기를 만들고,『조선책략(朝鮮策略)』을 쓴 청의 황준헌(黃遵憲)이 청나라 깃발처럼 조선의 국기에 용(龍) 그림을 넣으라고 권했다 한다.

마건충이 1차 회담에서 이를 밝히는데, '이응준이 손수 그려 보여준 국기 도식은 일본 국기와 비슷하여 서로 혼동되어' 안 되겠다고 한다. 일본 국기와

---
117) 황태연, 앞의 책 284~285쪽.

비슷해서 서로 혼동되겠다는 걸 보면 미 해군성에서 만든 『해양국가의 깃발들』에 실린 'Ensign(선적기)'과는 다른 모양이었을 것 같다.

이응준이 그려 보여준 도식은 주위에 괘(卦)가 없는, 가운데 동그라미만 남기고 그 안에 음양 양의(兩儀)를 넣었든지 아니면 올챙이 태극을 넣었든지, 일본인 하나부사 타로(花房太郞)의 종용으로 청백홍 삼색 동그라미 문양을 그렸든지, 그것도 아니면 한 가지 색으로 칠했을 가능성이 있다.

하지만, 마건충이 'Ensign(선적기)'을 보고 일본 국기와 비슷하다고 했을 수도 있었다는 점을 완전히 배제해버릴 수는 없다. 마건충의 눈에 실제로 'Ensign(선적기)'이 일본 국기와 비슷하게 보였을 수도 있고, 자기의 의도를 벗어난 것이라 억지를 부렸을 수도 있다. 'Ensign(선적기)'과 더 나아가서는 1884년에 제작되었다는 '통리교섭통상사무아문' 태극기를 보면 마건충의

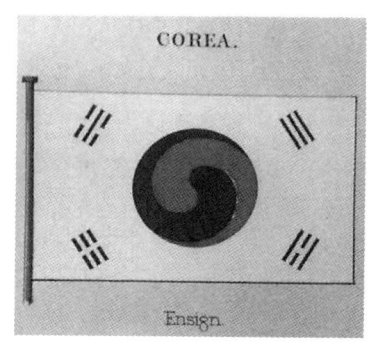
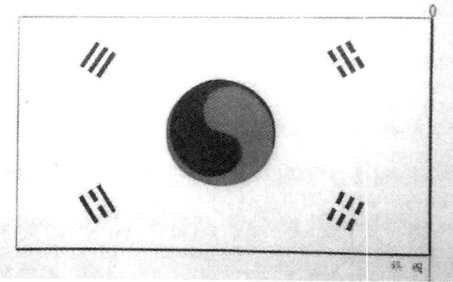

통리교섭통상사무아문의 1884년 배포 공식 국기
영국국립문서보관소 소장 태극기, 한철호 교수 발견 사진

눈이 비뚤어졌다고만은 할 수 없는 점이 있다. 실제로 이 깃발들의 사괘가 가운데 태극과 거리가 멀어 일본 국기와 혼동하여 볼 수도 있겠다 싶기 때문이다.

2차 회담에서 마건충은 바탕은 흰색, 가운데는 태극을 그리되 반은 홍색, 반은 흑색으로 하고 태극 둘레에는 팔괘를 그려 넣고, 깃발의 가장자리 사각 둘레는 홍색으로 장식하기를 권한다. 어쩌면 압력을 가했다고 보는 것이

타당할 것이다. 이건 마건충이 갑자기 만들어 낸 게 아니고, 앞에 나오는 '고태극도'를 끌어냈거나, 차이나(中國)에서 흔히 볼 수 있었던 '태극 팔괘도'를 끌어냈을 수도 있다. 가운데 태극은, '고태극도'나 각종 문서의 태극에 음(陰) · 양(陽)을 흑색과 백색으로 나타냈지만, 제대로 된 색상으로는 흑색과 홍색(또는 적색)이기 때문에 이를 따르자고 한 것이 아니었을까 싶다. 음 · 양을 나타낼 때 음은 흑색, 양은 홍색을 써왔다.

아래 그림이나, 이와 비슷하게 생긴 걸로 지금도 차이나(中國)나 동남아시아, 해외에 나가 있는 차이나인들의 집이나 가게에서 많이 볼 수 있는 '태극 팔괘도'가 있는데, 특히 도교의 상징으로 많이 쓴다고 하지만, 우리나라에서도

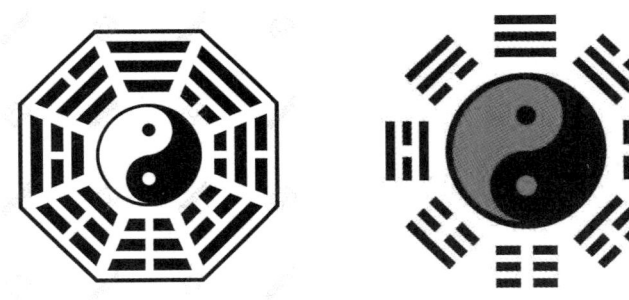

유학자를 비롯하여 많은 사람이 즐겨 썼지 않았을까 하는 생각이 든다. 팔괘가, 태극 쪽에서 밖으로 보며 그릴 때와 밖에서 태극 쪽을 보며 그릴 때의 차이가 있다. 나도 우리 집에 1960년대 초반까지 흑(또는 청) · 적 태극 문양에 팔괘가 그려진 '모자(帽子) 집'이 있었던 걸 기억한다. 아마 마건충이 살던 시기에도 차이나에서 이 그림을 많이 봐왔기 때문에 "우리 위대한 청나라에서는 용(龍) 그림 깃발을 쓸 테니까 너희 나라에서는 그저 아무나 쓰는 차이나의 '태극 팔괘도'를 국기로 쓰라."는 약아빠진 의도가 깔렸을 수도 있다.

마건충이 홍색 · 흑색 태극과 팔괘를 주장하는데, 한쪽에서는 팔괘가 사괘

로 줄어든 'Ensign(선적기)'을 만들거나 걸었다면 '조미수호통상조약'의 같은 시간대에 이런 일이 가능했을까?

이홍장이든 마건충이든 청의 관리들은 조선과 미국이 수교 조인을 하는데 조선을 자기들의 손아귀에 넣고 흔드는 소위 종주권을 행사하려 했다. 조선의 국기를 만드는 데도 '용기(龍旗)'를 주장했다가 '태극 팔괘도'를 주장하기도 하는 등 어떻게든 조선이 자기들의 영향력 아래 있다는 것을 나타내려 했다. 이런 행위에 배알이 뒤틀린 조선과 미국 대표는 조약을 맺는 마당에서 청을 배제하려 한다. 그래서 조인식장에 조약을 주선한 청나라 관리들을, 희망 사항이었는지는 모르겠지만, 참석시키지 않았다는 얘기까지 나왔다. 기록에는 없으나 만일 조선 국기를 만들었거나 조인식장에 걸었다면 청의 관리들을 무시 또는 속이고 진행했을 거라는 생각도 든다.

이응준이 일본 국기 비슷하게 그린 깃발이든 마건충이 압력적으로 권장한 깃발이든, 팔괘에서 사괘를 빼고 사괘만 남은 깃발이든 우리에겐 당시의 정확한 그림이나 깃발로 남은 게 없다. 다만 '조미수호통상조약' 무렵의 확실한 것으로 'Ensign(선적기)'이 남아 있을 뿐이다.

다음 해인 1883년 3월 6일(고종 20년, 음력 1월 27일) 고종은 왕명으로 국기를 제정·공포했지만, 이게 '태극기다.'라고 하지도 않았고 국기 만드는 방법을 구체적으로 정하지 않은 탓에 이후 다양한 형태의 국기가 가지각색으로 그려진다.

6) 박영효(朴泳孝)와 『사화기략(使和記略)』

1882년 7월 23일(음력 6월 9일)에 일어난 임오군란을 빌미로 청국군과 일본군이 우리나라에 들어오고, 8월 30일에 조선과 일본 간에 빚어진 문제를 처리하기 위해 '제물포조약'을 조인한다.

이후 일본의 요구에 따라 박영효를 특명전권대신 겸 수신사로 18명의 사죄사(謝罪使)를 일본에 보내게 되는데, 9월 20일 인천에서 일본 기선 메이지마루(明治丸)호를 빌려 타고 떠났다. 박영효는 9월 12일부터 4개월에 걸쳐 일본에 다녀온 기록을 일지 형식으로 남겼다. 이것이 『사화기략』이다. 여기에 우리 국기에 관한 얘기가 실려있다.

고베(神戸)에 도착하여 니시무라야(西村屋) 숙소에 머무르게 되는데, '새로 만든 국기를 깃대에 메어 숙소 지붕에 달았다. … 중심부에 태극을 그리고 청·홍색을 칠하였으며, 네 모퉁이에는 건(☰), 곤(☷), 감(☵), 리(☲) 4괘를 그렸으니, 이미 주상으로부터 명을 받은 것이다.'라며 국기를 일본에서 처음으로 게양한 얘기를 한다. '팔괘 태극도'에서 진(☳), 손(☴), 간(☶), 태(☱) 4괘를 빼고 건, 곤, 감, 리 4괘만을 넣은 형상이라고도 할 수 있다.

고종의 명을 받은 거라고 한 것을 보면 박영효가 스스로 결정하여 만든 게 아니다. 또한 중심부 태극에 청·홍색을 칠하였다고 했는데, 이는 백색(또는 적색)과 흑색으로 양(陽)과 음(陰)을 표현해 태극을 만드는, '고태극도'를 비롯한 차이나(중국)의 방식과 색상에서 구별이 된다.

우리도 지금은 태극의 적색과 청색은 양과 음을 나타낸다고 하지만, 원래 오행(五行)에서 동·서·남·북·중앙색을 청·백·적·흑·황색으로 표현해 왔다. 이 가운데 음(陰)으로 흑색을 선택하여 북쪽을 나타내고 양(陽)으로 적색을 선택하여 남쪽을 나타낸다. 태극의 옛 그림들을 보면 백색과 흑색으로 그린 게 많은데, 그중 백색은 적색이라고 보면 될 것이다.

고종의 명으로 태극을 청·홍색으로 칠했다면, 음양오행의 색상을 모를 리는 없었을 터라, 고종 임금이 태극기를 만들 때 차이나와 다르게 했다고 봐도 될 만하다.

청색과 적색은 자연현상에서 일어나는 무지개의 양쪽 끝에 나타나는 색깔로 자연현상을 태극에 적용한 것이라는 주장이 있는데, 그럴 듯도 하지만, 이후 대다수 사람이 음양을 표현하는 것이라고 하는 걸 보면 소수 의견에 머무르고 마는 느낌이 든다.

아무튼 이때 박영효가 그렸다는 태극기를 상상해보면 미국의 『해양국가의 깃발들』에 실린 'Ensign(선적기)'을 횡으로 뒤집어놓은 모양, 이후 고종이 하사했다는 '데니 태극기'와 비슷한 모양이지 않았을까 하는 추정을 해본다.

그런데 박영효는 고종의 명을 따라 국기를 만들었다고 하면서도 또 다른 얘기를 한다.

7) 박영효와「송기무처서(送機務處書)」

송기무처서, 박영효가 일본으로 가는 도중에 국기 만든 경위를 기무처에 보내는 글이다.

메이지마루(明治丸) 배 안에서, '조미수호통상조약' 시기에 마건충이 제안한 듯한 팔괘 태극기를 논의하는데, 태극 팔괘에 관한 지식이 없었을 영국인 선장 제임스(James)가 팔괘는 너무 조잡하니까 진·손·간·태 사괘는 빼버리고 건(☰)·곤(☷)·감(☵)·리(☲) 사괘만 남겨 시곗바늘 반대 방향으로 45도를 돌리면 모양이 그럴듯할 것이라고 제안했다.

박영효는 고종이 명한 바를 따라, 가운데 태극은 청·홍색을 칠하고 네 모퉁이에는 사괘를 그렸다고 했는데, 고종의 의견인지 제임스 선장의 의견인지 상당히 헷갈리게 한다. 아무래도 고종 임금도 청나라의 눈치를 보느라 그랬는지는 모르겠지만, 국기에 관한 확정된 견해가 없어서 신하들에게 재량권을 주었던지, 아니면 일일이 그려주기가 어려워 말로 설명만 해줄 수도 있었을 것이다. 그것도 아니면 국기 만드는 걸 비밀로 해야 해서 몇 명만 알고 진행하지 않았을까? 다음 해 왕명으로 국기를 제정·공포하지만, 이후로도 국기가 가지각색으로 그려지는 걸 보면 더욱 그런 생각이 짙어진다.

그뿐만이 아니다. 박영효가 일본에 갔을 때, 일본에서 유학 생활을 하던 유길준이 그렸다는 태극기를 보면 정말 이해하기가 어려울 정도다.

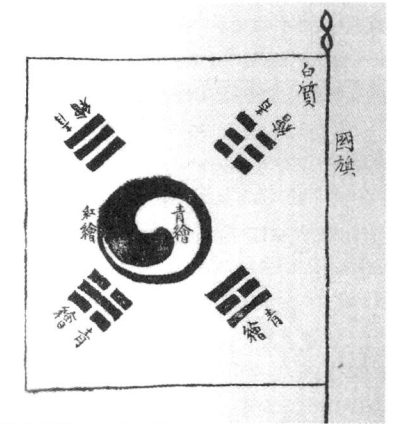

박영효 방일 당시 일본 유학 중이던 유길준이 그린 태극기
(유길준전서 제4권)

8) 박영효 태극기

한철호 교수는 2008년 1월 27일부터 2월 1일까지 영국 국립문서보관소를 직접 방문하여 두 가지 국기 소재를 확인함과 동시에 그 원형과 관련 문서를 실물 크기로 복사해 왔다. 이를 검토해 2008년 2월 27일 '박영효 태극기'를 우리나라 최초의 국기로 단정하고 이를 일반에 공개했다.

1882년 11월 일본 외무성 요시다 기요나라(吉田淸成)가 영국 공사 해리 파크스(Harry S. Parkes)에게 보낸 문서에 남아 있는 태극기. 박영효가 그린 것으로 추정한다. (영국 국립문서보관소 소장)

두 가지 중 하나는 1882년 11월 1일에 일본 외무성의 요시다 기요나라가 주일영국공사 해리 파크스에게 보낸 '박영효 태극기'였고, 또 하나는 1884년 6월 10일에 조선 주재

통리교섭통상사무아문의 1884년 배포 공식 국기
영국국립문서보관소 소장 태극기, 한철호 교수 발견 사진

- 283 -

9장. 태극기가 태극기인가?

영국 총영사 애스턴이 주청영국공사 파크스에게 보낸 통리교섭통상사무아문 제작의 '조선국기'였다.

『사화기략』에 의하면, 박영효는 9월 20일 메이지마루(明治丸)를 타고 일본으로 출발하여 배 위에서 선장 제임스와 의논한 끝에 국기를 만들었으며, 9월 25일 고베(神戶)에 도착하여 숙소인 니시무라여관(西村旅館)에 국기를 내건 뒤 10월 3일 국기 만든 사실을 기무처에 보고하였다. 그런데 여기서 의문스러운 게 있다. 메이지마루 선상에서 선장에게 국기로 쓸 세 가지를 그리게 해서 하나는 조정에 보냈다고 했는데, 남은 것 중 하나를 니시무라여관(西村旅館)에 걸었다는 것인지, 아니면 새로 그려서 걸었다는 것인지 약간 혼동되는 부분이 있다.

이후 박영효는 10월 4일 고베를 떠나 몇 군데를 거치며 각국 공사·영사들을 만나기도 하다 1883년 1월 6일 돌아온다. 요시다 기요나라가 파크스에게 태극기를 보낸 11월 1일에는 박영효가 일본에 있었던 시기라서 그가 제작했던 국기밖에 다른 게 있을 수가 없었다고 보기도 한다.118)

일본 [시사신보]에 실린 〈조선국기〉

9) 시사신보 태극기

일본의 『시사신보』 1882년 10월 2일, 「조선의 유신」이라는 제목의 기사 내용은 각종 일본 신문의 주요 기사를 발췌해 만든 '신문집성명치편년사 新聞集成明治編年史' 등을 통해 오래전부터 알려져 있었지만, 그 속에 함께

---

118) 한철호, 『우리나라 최초의 국기('박영효 태극기' 1882)』

들어 있던 '조선국기' 그림은 1997년 8월 15일 광복절을 맞이해서 당시 서울시 직원 송명호가 처음 발굴·소개하였다. 이 '조선국기' 그림에 따르면, 4괘가 '건·곤·감·리'가 아니라 '손(☴)·진(☳)·간(☶)·리(☲)'가 그려져 있다. 즉, '리' 괘만 박영효 태극기와 위치가 같을 뿐 나머지 3괘는 다르다.

또한 바탕은 옥색이며, 태극 문양은 적·청색으로 표시했는데 박영효 태극기와 달리 태극이 상하가 아니라 좌우로 배열되었다. 아울러 그 기사에 "사각형의 옥색 바탕에 '태극의 圖(태극 양의)'를 청·적색으로 그리고 기의 네 귀퉁이에는 동서남북의 역괘(易卦)를 부쳐서 이제부터 조선의 국기로 결정하였다고 한다."라는 설명이 들어있다.119)

10) 통상약장유찬의 대청속 고리국기

박영효 태극기는 지금까지 태극기 원형과 가장 가까운 것으로 알려졌던 『통상장정성안휘편通商章程成案彙編』(혹은 통상조약장정성안휘편『通商條約章程成案彙編』)의 '대청국속고리국기大淸國屬高麗國旗', 『통상약장유찬通商約章類纂』의 '대청속고리국기大淸屬高麗國旗'와 형태가 거의 똑같다. 이 '고리국기'는 1991년 장학근이 해군사관학교 도서관에 소장된 『통상장정성안휘편』 권30에서 처음 발굴·소개한 것이다.

그는 해군사관학교 도서관에 『통상장정성안휘편』 권1이 결실되었기 때문에 출판연도를 '미

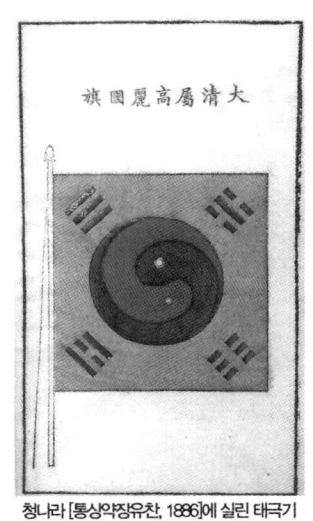

청나라 [통상약장유찬, 1886]에 실린 태극기 음양에 각각 흰 점이 있다.(서울대학교 소장)

---
119) 한철호, 앞의 논문.

상'으로 보았지만, 이 태극기가 '조선국기'가 아니라 '고리국기'로 명명된 점에 주목하였다. 아울러 그는 1871년 신미양요를 전후해서 조선과 적극적으로 통상관계를 맺으려 했던 미국이 그에 필요한 사전정보를 모으는 과정에서 "1874년 이전에 만들어 조선의 군함과 상선에서 사용되고 있었던" 태극기를 우리나라에서 입수하여 자국의 국제신호서에 삽입한 후 사용했으며, 청국과 관계를 개선할 목적으로 국제신호서 1부를 청국에 전달했는데 "국제신호서에 등재할 때 Korea Flag로 한 것을 청국이 한자로 표기"하면서 '고리국기'라고 썼다고 한다.

그러나 이 견해는 1998년 김원모에 의해 수정되었다. 이 책은 1886년에 간행되었으며, 깃발은 1883년 3월 6일 공식적으로 국기 제정이 반포된 뒤 3월 18일 청국이 고종으로부터 받았다는 것이 밝혀졌다[120]고 한다. 하지만 이 또한 의문스러운 점들이 있다.

  태극기가 정식 국기로 공포되고 불과 12일 안에 조선과 청이 공식적인 절차를 밟아, 청에서 고종이 국기를 공포한 사실을 알고 국기를 보내달라는 요청이 오고, 조선에서 이 요청에 따라 국기를 보내고 한 것이 과연 당시에 시간적으로 가능했을까라는 생각과, 청은 당시 우리 국호가 '조선' 임을 명백히 알고 있음에도 '고려 국기'라고 표기한 것은 아무래도 의문으로 남는다.[121]

11) 쥬이 태극기

우리나라의 국기는 1882년에 탄생한 '태극기'다. 국기의 중앙에 태극 문양

---

120) 한철호, 앞의 논문.
121) 김상섭, 앞의 책 111~112쪽.

이 있어서 '태극기'라고 부른다. 실물로 가장 오래된 것은 미국 워싱턴DC의 스미스소니언 국립자연사박물관(Smithsonian National Museum of Natural History)에 소장된 '쥬이 태극기'다. 주한미국공사관의 서기관이었던 피에르 쥬이(Pierre L. Jouy·1856~1894)가 수집해 그렇게 부른다.

쥬이 태극기(1884, 미국 스미스소니언 박물관 소장)

1882년 조선과 미국이 정식으로 국교를 맺고, 조미수호통상조약에 따라 양국의 외교사절이 상주하게 되었다. 1883년 5월 13일 초대 주한미국공사 푸트(Lucius H. Foote)는 스미스소니언의 박물학자였던 피에르 쥬이를 서기관으로 데리고 왔다. 일본에서 동식물을 연구·수집하던 쥬이는 주한미국공사관에서도 박물학자로서 한국의 동물자료를 수집했지만, 그를 가장 사로잡은 것은 고대 토기 등 한국의 민속유물이었다.

쥬이는 한국의 전역을 다니면서 토기와 조각상·구슬·철기 등 많은 유물을 수집했으며, 그가 모은 자료는 1890년 스미스소니언에 소장되었다. 쥬이는 외교관으로 활동하며 조선의 국기인 '태극기'도 수집하였고, 이는 현재 다른 유물들과 함께 스미스소니언의 인류학분과에 소장돼 있다(소장번호: E151638). '쥬이 태극기'는 흰색 비단에 가운데 청색과 홍색의 태극 문양이 있고, 네 귀퉁이에 검은색의 4괘가 있다.

태극 문양은 청색이 오른쪽에, 홍색이 왼쪽에 있으며, 음양의 넓은 부분이 좌우로 굽혀져 있다. '쥬이 태극기'는 태극 문양이 현행 태극기보다 훨씬 크고, 색깔도 짙은 청색과 엷은 홍색이다. 스미스소니언 홈페이지에 따르면 이 태극기는 1884년 경기도 지역에서 수집되었고, 크기는 36×53cm다. 모사본이 아닌 실물 태극기로는 현재 가장 오래된 것[122]이라고 한다.

데니 태극기

12) 데니 태극기

1880년대에 나온 우리 국기 중 가장 확실한 게 '데니 태극기'인 듯싶다. 데니 태극기는 1886년부터 1890년까지 고종의 외교 고문을 지낸 미국인 오언 데니(Owen N. Denny)가 1890년 5월 청의 미움을 받아 파면되어 미국으로 돌아갈 때 가져갔던 것으로, 일명 '데니 태극기'라고도 한다. 현재 우리나라에 남아있는 태극기 가운데 가장 오래된 것으로 추정된다.[123]

원 안의 올챙이 중 하나는 적색으로 또 하나는 청색으로 그리고, 사괘는 청색을 칠했다. 청색이 흑색보다 멋있어서였는지, 예로부터 우리나라를 동방으로 여겨서 청색(동방)으로 칠한 건지 가늠하기가 어렵다.

올챙이 돌아가는 방향과 사괘의 배치가 '고태극도'에서 진·손·간·태 사괘를 빼고 건·곤·감·리 사괘를 왼쪽으로 45도 돌린 그림과 같다.

13) 태극기 원형 찾기

지금까지 간략하게 몇 가지를 검토해봤지만, 도대체 어떤 게 태극기의 원형인지 확실하게 단언하기가 어렵다. 기록에 남아 있는 걸 차례대로 정리해

---

122) 김도형, 「가장 오래된 실물 태극기 '주이 태극기'」, 문화일보, 2023. 08. 21
123) 국립중앙박물관 '데니 태극기' 해설.

보고자 한다.

① 1882년 미국 해군부 항해국이 출간한 '해양국가들의 깃발(Flags of Maritime Nations)'에 실린 'Ensign(선적기)' 태극기로, 1882년 7월 19일 이전에 있었던 것으로 추정된다. 이 그림이 1882년 5월 22일(음력 4월 6일) '조미수호통상조약' 때 걸렸는지는 확실하지 않지만, 가능성이 크다.

② '조미수호통상조약'이 있던 날, 차이나의 관리 마건충의 발언으로 이전에 '이응준 태극기'가 있었다는 것을 알 수 있다. '해양국가들의 깃발'에 실린 'Ensign(선적기)'과 같을 가능성이 전혀 없는 건 아니지만, 확실하게 어떻게 생겼는지는 알 수 없다.

마건충은 가운데 동그라미를 흑·홍색으로 칠하는 '태극 팔괘기'를 권장한다. 사실 권장이 아니라 억지를 부렸을 것이다.

③ 다음으로 박영효의 1882년 9월 12일 이후의 『사화기략(使和記略)』과 「송기무처서」의 기록이다.

'중심부에 태극을 그리고 청·홍색을 칠하였으며, 네 모퉁이에는 건(☰), 곤(☷), 감(☵), 리(☲) 4괘를 그렸으니, 이미 주상으로부터 명을 받은 것'이라고 했다. 마건충이 강권한 '태극 팔괘도'는 분명 아니다. 중앙의 태극 색깔은 청·홍색으로 바꾸고, 팔괘는 사괘로 고쳤다. 그렇다면 이는 올챙이 돌아가는 방향에 의문이 일긴 하지만, 『해양국가의 깃발들』에 실린 'Ensign(선적기)'의 청·홍색 태극과 사괘 그림을 횡으로 뒤집어놓은 것과 같다고 볼 수도 있다. 또한, 몇 년 뒤의 일이긴 하나 남아 있는 비슷한 시기의 태극기 그림 중에 가장 확실한, 국왕 고종에게 직접 받았다는 '데니 태극기'와도 같다. 가운데

'올챙이 태극'의 돌아가는 방향이 시곗바늘 도는 방향이다. 그 방향이 '고태극도'와도 같다. '박영효 태극기', '쥬이 태극기', '대청속고리국기' 등은 올챙이가 시곗바늘 반대 방향으로 돈다.

메이지마루(明治丸) 선장이 팔괘를 사괘로 고치길 권했다는 얘긴 무엇일까? 이때 박영효는 팔괘도를 내놓았다. 이미 국왕은, 약간의 재량권을 주었을지 모르지만, 박영효가 떠나기 전에 어떻게 그려 사용하라는 명령을 내린 뒤다. 청국과의 충돌을 피하기 위해 마건충이 권장한 팔괘도를 가지고 갔던지 아니면 메이지마루 선장에게 팔괘도를 말로 설명했을 수 있다. 또한 '조미수호조약'이 있은 지 4개월이 지났기 때문에 메이지마루 영국인 선장은 『해양국가의 깃발들』에 실린 'Ensign(선적기)' 모양을 봤을 가능성도 있다.
이때 박영효가 그린 그림이나 깃발은 남아있는 게 없다. 단 이 무렵에 베껴 그린 게 몇 가지 남아있는데 '영국 국립문서보관소본 태극기' 이른바 '박영효 태극기'와 '일본 시사신보 태극기', '유길준 태극기'다. 이 세 가지가 똑같이 생겼으면 후예들이 고생을 덜 하겠지만, 각각이 다르다.

④ 고종이 1883년 3월 6일 정식으로 태극기를 국기로 반포한 뒤, 같은 달 18일 청국에 그려 보냈다는 태극기로 '대청속고리국기'가 있다. '박영효 태극기'와 괘의 위치는 같으나 바탕이 황색이고 태극의 음과 양 내부에 또 다른 점이 그려져 있는 것이 특징이다. 이게 조선 왕실에서 공식적으로 그린 그림일까? '대청속고리국기(大淸屬高麗國旗)'라는 말부터 틀렸다.
이때는 이미 청나라가 세상에서 가장 크고 가장 힘센 나라라는 기존의 인식이 퇴색되어가던 때다. 외국에서 '조선'을 '고리(高麗)'라고도 했지만, 조선에서는 '고리(高麗)' 사용을 달가워하지 않았다. 또한, 조선에서 깃발을 만들

때 바탕을 황색으로 한 것이 없는 건 아니지만, 스스로 동방이라고 여겼기 때문에 바탕에 색을 칠하려면, 그래도 국기인데, 청색을 썼을 가능성이 크고, 청·홍 올챙이 태극에 사라져가는 눈깔을 그리는 등의 행위는 하지 않았을 것이 틀림없다고 여겨지기 때문이다.

또한, 1883년 3월 6일 공식적으로 국기 제정이 반포된 뒤 12일 만인 3월 18일 청국이 고종으로부터 국기를 받았다는 것은 믿을 수가 없는 일이다.

⑤ 과연 1890년대까지 믿을 만한 최초의 국기는 어떤 것인가? 당시의 국왕 고종이 지시해서 만든 것이든지, 인정한 것이든지 한 것이라야 확실하다고 할 수 있을 텐데, 남아 있는 자료 안에서는 아무래도 '데니 태극기'라고 할 수밖에 없다.

다음으로 꼽을 수 있는 것은 1882년 미 해군부에서 발행한 『해양국가의 깃발들』에 실린 'Ensign' 그림이다. 그건, 앞에서 얘기한 바 있지만, 그 책자의 목차에 'Corea: National Ensign(국기)'이라고 적혀 있기 때문이다. 물론, 나의 사견이지만, 'Ensign'을 깃대가 오른쪽으로 오도록 횡으로 뒤집어 놓은 것이 정상이라고 확신한다.

『해양국가의 깃발들』에 실린 'Ensign' 그림을 제공한 조·미수호통상조약의 전권대사였던 미 해군 제독 슈펠트가 일국의 대표인데 'Ensign'을 조선의 '국기'로 알았을 정도였다면, 기록으로 남아 있지는 않지만, 한 국가를 상징하는 국기 제작에 임금의 지시나 승인이 없었을 수가 없는 일이다. 그런데 이 깃발은 가장 확실하다고 볼 수 있는 '데니 태극기'보다 그 제작 시기가 몇 년 앞선다. 그렇다면 『해양국가의 깃발들』에 실린 이 'Ensign'이 밝혀진 자료 중에서 최초의 우리 국기 문양이라고 해야 할 것이다.

광복 후 1949년, 국기제정위원회에 제출된 다섯 가지 안 가운데 '구황궁 소장안'을 왼쪽으로 90도 돌려세운 모양과도 같다.

⑥ 위와 같이 본다면, 이 깃발은 임금의 지시나 승인이 있었다 해도 누가 만들었을까 하는 의문은 남는다. 논란도 많다. 가장 많이 거론되는 사람이 '이응준'이다. 청의 관리 마건충도 '이응준 국기'를 말하지만, 확실하다고 볼 수 있는 것이 없다.

이 외에도 공주관찰사 이종원 제안설, 오경석·김경수 고안설 등 많은 설이 있어 연구 검토해볼 만하겠지만 확실한 자료가 남아 있지 않아서 애로가 있다. 확실한 자료가 나오든지 또는 더 연구가 진행되어 밝혀내든지 할 때까지는 그저 고종 임금이 만들었다든지 지시·승인했다고 할 수밖에 없을 듯싶다.

3. 태극(太極), 팔괘(八卦)의 발전

1) 『주역(周易)』과 태극, 팔괘의 발전 과정

<태극(太極)>
「1」『철학』 중국 철학에서, 우주 만물의 근원이 되는 실체.
「2」『철학』 하늘과 땅이 분리되기 이전의 세상 만물의 원시 상태.

이처럼 우리의 사전이 가르쳐주는 '태극'의 의미는 그야말로 대단하다. '태극'의 의미를 알게 되면 철학적으로 우주 만물의 근원이 되는 실체를 알게 되고, 세상 만물의 근원이 되는 원시 상태까지 꿰게 된다는 것이다.

그런 태극을 그림으로 나타내고자 동그라미 안에 청·적색을 넣고, 산가지[124] 모양의 네 가지 괘(卦)를 주위에 붙인 깃발이 우리나라를 상징하는 태극기다.

그런데 우리 국민은 태극기를 보면서 이런 의미를 실감하며, 또한 만물의 근원이 되는 실체나 원시 상태를 이해하게 되는지, 이해하려고 하는지는 의문이다. 어떤 사상이든, 철학이든 역사성은 있기 마련이니까 태극과 팔괘 등의 연원과 진행을 찾아 차근차근 더듬어보기로 한다.

태극은 『장자(莊子)』[125] 내편(內篇) 대종사(大宗師)에 처음 나온 말이다.
『장자』의 '태극'은 우주무한론에서 현상계의 최고 극한을 말한 것일 뿐 결코 특수한 철학적 의미를 가진 것이 아니다. 즉, '태극'이라는 개념은 도의 존재 상태를 묘사한 용어일 뿐, 실체 개념이 아니다.[126]

태극을 얘기할 때 어쩔 수 없이 살펴봐야 하는 것이 『주역(周易)』 계사상전(繫辭上傳)에 나오는 '태극'이다.

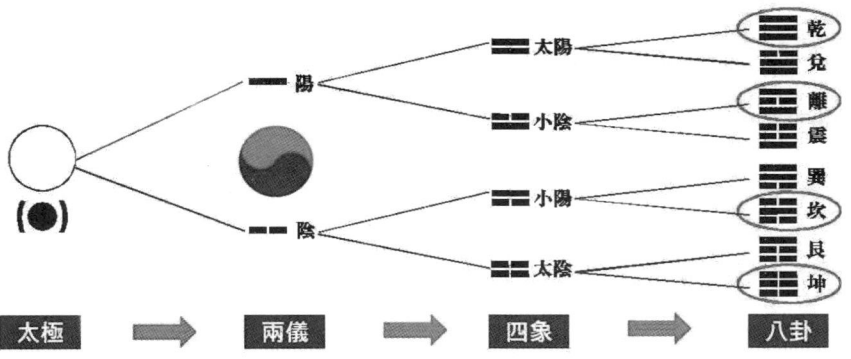

---

124) 산-가지(算가지) : 점술에서, 괘(卦)를 나타내기 위하여 쓰는 도구. 네모 기둥꼴로 된 여섯 개의 나무로, 각각에 음양을 표시한 네 면이 있다.≒산목.
125) 『莊子』 : 장자(莊子, 기원전 369년?~기원전 286년)와 그의 제자들이 엮은 책. 내편(內編), 외편(外編), 잡편(雜編)으로 이루어져 있다.
126) 김상섭, 앞의 책 138쪽.

'역에 태극이 있으니 이것이 양의를 낳고, 양의가 사상을 낳고, 사상이 팔괘를 낳는다. 팔괘가 길흉을 정하고, 길흉은 대업을 낳는다(易有太極,是生兩儀,兩儀生四象,四象生八卦, 八卦定吉凶, 吉凶生大業.)'고 한다.

뒤에 나올 '복희팔괘차서도'를 바탕으로 위에 그림으로 그려봤다. 양의의 그림은 일단 우리 태극기의 양의(兩儀)를 임의로 넣었다. 우리 태극기의 사괘는 팔괘(八卦) 중에서 고른 것인데, 그림에서 타원형으로 표시한 건(☰), 곤(☷), 감(☵), 리(☲)다.

『주역(周易)』은 3천여 년 전 서주(西周) 시대의 점(占)에 관해 서술한 책이다. 원제는 단순히 역(易)이다. 후에 경전을 의미하는 경(經)을 붙여 역경(易經)으로 부르기도 한다.

주역 이전에도 하나라의 연산역(蓮山易), 상나라의 귀장역(歸葬易)이 있었다고 하나 모두 실전되고 주나라 문왕이 괘사를 짓고 그 아들 주공이 완성하여 이름을 붙였다는 주역만이 남아서 전해지고 있다. 공자는 주역의 중요함을 알고 죽간을 엮은 가죽끈이 세 번이나 낡아 끊어지도록 봤다고 한다. 공자 사후에는 점술 책으로 여겨져서 진시황의 분서갱유를 피했고 한(漢)나라 이후 점술 책이 아니라 유교 경전으로 그 가치가 인정되어 오경 중 으뜸이 되었다는 말도 있으나, 실제로는 분서갱유 당시 주역 역시 유교 경전으로 취급받아 같이 불탔기에 한나라 시절에 복원하였다고도 한다.

이 주역은 우주의 질서를 체계화, 도식화, 수량화하여 미래를 예측하는 상수 역학이자 음양론으로 우주 만물과 그 운행원리(道)를 설명하고 그 이치를 담은 철학서이자 우주 만물의 변화를 음양의 변화원리로 풀이한 서책이며, 변화의 원리로 미래를 예측하는 점서(占書)이자 그 점으로 마음을 닦는 수양서이며, 우주의 순행원리와 대자연의 질서, 인간세계의 도를 규명하는 학문이며,

달리 만학의 제왕으로 불린다. 그리고 주역은 우주 만물에 존재하는 모든 현상을 팔괘로 표현했다.(나무위키)

간단하게 얘기하자면 점치는 책에서 시작하였다는 것이다. 아마도 나뭇가지 등을 숫자 세는 데에 쓰다가 점치는 데로 발전시켰을 것이다. 그게 세월이 흐르면서 온갖 이념과 사상을 붙이며 변화, 확장되어 내려온다. 우리 태극기도 여기서 나왔다.

그러나 우리 태극기가 차이나(중국)에서 나온 것이 아니고 독자적으로 제작되었다고 애써 주장하는 사람들이 있다. 그 애족, 애국의 정신은 찬양할 만하지만, 인정할 것은 인정해야 하지 않나 싶다. 어떻든 태극 팔괘는 차이나에서 발전시켜 왔기 때문이다. 차라리 초기 역(易)을 만들었다는 태호복희(太昊伏羲)가 우리 한족(韓族, 東夷族)이라는 점을 강조하는 것이 더 믿을만하고, 효과적일 것이다.

차이나인들은 태호복희가 자기들의 조상이라고 한다. 물론 그럴만하다. 그렇다면 조금만 더 깊이 살펴보자. 고대 동북아의 역사를 살펴보면, 빙하기의 얼음이 풀리고 초기 문명이 먼저 이루어진 곳은 어차피 우리의 서해안과 발해 연안, 요하 유역이었다. 기후 환경의 영향이었던지 요하 유역의 주민들이 남쪽으로 이동하는데 주류는 동·남쪽으로 내려오고, 비주류는 서쪽 황하 유역으로 내려가127) 남쪽이나 서쪽에서 들어온 화족(華族)을 지배하며 또 새로운 문명을 일궜다. 이게 '황하문명'이다.

이후 먹고살기 좋은 황하 유역으로 서쪽이나 남쪽에서 계속 밀려드는 화족의 숫자가 많아지며, 화족에게 밀리기도 하고 동화되기도 하면서 韓族(한족, 東夷族)은 그 영역이 쭈그러든다. 그래서 지금까지도 차이나의 중·북부 지역인과 남·서방의 족속에 생김새, 언어를 비롯한 문화 등에 차이가 나는 것이다.

---

127) 우실하,『고조선문명의 기원과 요하문명』, 지식산업사, 2019, 68쪽.

이는 차이나에서 정신이 제대로 박힌 사람이라면 다 인정하는 거다. 이런 걸 인정하지 못하는 학자라면 어째 좀 그렇다. 각 성씨의 집안으로 치면 종갓집은 우리나라고 차이나는 방계 집안이다. 태호복희의 전설은 남·서쪽으로 내려간 우리 한족(韓族)의 일부가 업고 간 것이다.

 차이나의 춘추전국시대(春秋戰國時代)와 진(秦), 한(漢), 당(唐)을 거쳐 송(宋)에 이르러 태극·팔괘에 여러 이념과 철학, 사상을 집어넣으면서 더욱 복잡하게 전개된다. 유교(儒敎)와 도교(道敎)가 불교의 영향을 받아 변화의 길을 걷게 된 점도 태극·팔괘 사상의 변화에 이바지했을 것이다.
 태극·팔괘의 생성과 발전을 얘기하고자 하는데, 주로 김상섭 박사가 쓴 『태극기의 정체』128)를 바탕으로 펼쳐나갈 것이며 일부를 발췌, 요약해 싣기도 하겠다. 나는 이 책으로 태극기 공부를 많이 하게 됐으며, 좋은 책을 내준 데 대해 늘 고맙게 생각한다.

 차이나(중국) 역학(易學)의 학파는 송대(宋代)에 이르러 정립되는데, 두 학파와 여섯 분파로 분류된다. 두 학파는 상수역(象數易)과 의리역(義理易)이고, 시대로는 한역(漢易)과 송역(宋易)으로 나눈다. 여섯 분파는, 의리역의 도가역(道家易), 유가역(儒家易), 사사역(史事易)과 상수역의 점서역(占筮易), 기상역(機祥易), 도서역(圖書易)이다. 이 가운데 도서역은 각종 그림을 그려 『주역』의 원리를 해설한 분파다.
 도서역의 창시자는 화산도사(華山道士)라고 불리는 북송의 진단(陳搏)이다. 진단이 충방(种放)에게 전수한 이후 도서역은 유목(劉牧)의 '하도(河圖)'와 '낙서(洛書)' 계통, 주돈이(周敦頤)의 '태극도' 계통, 소옹(邵雍)의 선천도 계통으로 나눠 발전하게 된다. 우리나라 태극기는 '도서역' 가운데 이 '선천도 계통'에서

---
128) 김상섭, 『태극기의 정체』, 도서출판 동아시아, 2001.

나왔다.

그런데 진단의 역학은 후한(後漢)시대 위백양(魏伯陽)의 『참동계(參同契)』에 근원을 두고 있다. 『참동계』는 도교(道敎)의 연단(鍊丹) 이론서 가운데 하나다. 이 『참동계』는 당대(唐代)와 오대(五代)의 도사들에게 계승되어 각종 그림으로 연단술(鍊丹術)의 이론을 표현하게 되었는데, 이러한 학풍이 송대에 이르러 도서역파로 발전하게 된 것이다. 진단 도서역의 근원이 위백양의 『참동계』라는 것은 도서역이 도교에서 나왔다는 것이다. 이처럼 도서역은 원래 도교에서 나왔으나 송대에 이르러 유가에 흡수되어 발전하였다.

주희(朱熹)는 『역학계몽(易學啓蒙)』을 저술하였는데 송대 도서역의 총결서라고 할 수 있으며, 이후 도서역은 주희라는 대학자의 이름에 힘입어 450년의 세월을 유행하다가 청대에 이르러 왕부지(王夫之)와 호위(胡渭) 등에 의해 마침내 반대에 부딪히게 된다. 오늘날에도 『주역』을 말하는 사람들은 그림을 가지고 그 원리를 밝히는데, 이것은 도서역이 여전히 성행하고 있음을 보여준다.

2) 유목(劉牧)의 태극 그림

유목은 북송 시대 '하도(河圖)'와 '낙서(洛書)'계통의 한 사람이다. 그는 도서역 최초의 책인 『역수구은도(易數鉤隱圖)』를 펴냈다. 유목 역학의 근본은 '수'이므로 책 이름도 그렇게 지은 것이다. 그는 '천지의 수가 이미 설정되면 천지의 상은 여기에 따라 정해진다.'라고 하였다. 수에 따라 상이 정해진다는 것은 수를 근본으로 하여 상을 말하였음을 뜻한다.

그는 '태극은 하나의 기(氣)다. 천지가 둘로 나누어지기 전의 원기(元氣)가 뒤섞여 하나인 것이다.'라고 한다. 두 개의 기가 뒤섞여

유목의 태극 그림

아직 나누어지지 않았으므로 태극을 하나의 원으로 그린다. 흰 점은 홀수를 나타내고 검은 점은 짝수를 나타낸다. 흰 점과 검은 점이 각각 다섯인 것은 두 개의 기가 뒤섞여 있음을 표현한다. 그는 한유(漢儒) 이래의 태극원기설(太極元氣說)을 받아들여 태극을 기(氣)로 해석, 천지가 둘로 나누어지기 전의 원기가 뒤섞인 것을 다섯 개의 흰 점과 검은 점이 뒤섞인 것으로 표현하고, 이 하나의 기를 원으로 그린 것이다.

3) 주돈이(周敦頤)의 태극도

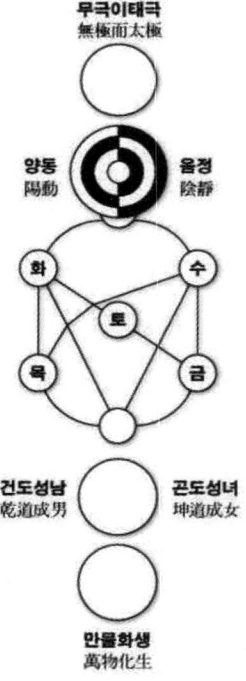

주돈이의 태극도

태극이나 태극기를 얘기할 때 어쩌면 가장 많이 나오는 것이 이 주돈이의 태극도일 듯싶다. 주돈이는 송대 성리학의 개조(開祖)로, 진단의 도교 역학을 고쳐서 유가의 계통으로 귀속시킨 사람이다.

태극도는 다섯 층으로 이루어져 있다.

가장 위층은 무극이태극도(無極而太極圖)로 '무극에서 태극이 나왔다.'는 것이고, 둘째 층은 양동음정도(陽動陰靜圖)로 '태극이 움직여 양을 생하고 움직임이 극에 이르면 머무르고, 머물러서 음을 생한다.'고 했다. 셋째 층은 오행도(五行圖), 넷째 층은 건남곤녀도(乾男坤女圖), 마지막 층은 만물화생도(萬物化生圖)로 이는 '남녀의 두 성이 서로 교감하여 만물이 생성되고 변화하니, 만물은 낳고 또 낳아서 변화는 끝이 없다.'라고 하였다. 이것은 무극에서 태극, 음양, 오행, 건곤남녀, 만물화생으로 이어지는 우주 발생과 과정을 그림으로 그린 것이다. 주돈이의 학문은 『주역』「계사전」을 근거로 하는데 이 태극도에 오행이 끼어든 것은 의문으로 남는다.

가장 위층 무극이태극(無極而太極圖)은 하나의 원으로 표현했다. 둘째 층 양동음정도(陽動陰靜圖)는 양쪽으로 양(陽)과 음(陰)을 나눴는데 가운데는 하나의 비어있는 원, 곧 태극을 그려 넣었다. 이 그림을 눈여겨봐야 할 것인데, 이후 중앙의 원 반쪽을 색칠한 잘못된 그림이 나오기 때문이다.

이 양동음정도(陽動陰靜圖)는 후한 위백양(魏伯陽)의 『참동계(參同契)』에서 '감괘와 리괘가 역이다(易謂坎離)'는 설을 바탕으로 그린 '수화광곽도(水火匡郭圖)'에서 나왔다. '수화광곽도'는 감괘(☵)와 리괘(☲)가 서로 둘러싸고 있는 그림이라는 뜻이다. 그림에서 검은색은 음이고 흰색은 양이다. 왼쪽의 반은 리괘(☲)고 오른쪽 반은 감괘(☵)다. 원래 이 그림은 연단술을 설명한 것인데 안쪽의 작은 원은 단약(丹藥)을 가리킨다.

수화광곽도

주돈이가 이 수화광곽도를 끌어와 위에 무극이태극(無極而太極)을 그리고 다음에 양동음정도(陽動陰靜圖)를 그렸는데 중앙의 동그라미는 태극, 좌우는 음양, 곧 '태극양의(太極兩儀)'를 나타낸 것이다.

4) 소옹(邵雍)의 복희팔괘방위도(伏羲八卦方位圖)

소옹은 태극에서 시작하여 팔괘까지 나누어지는 과정을 그림으로 표현하였는데 이 그림은 주희의 『주역본의』에 '복희팔괘차서'란 이름으로 실려있다.

이 그림에서 흰색은 양을, 검은색은 음을 나타낸다. 태극에서 음과 양으로 나누어지는데, 재밌는 것은 음에도 양이 들어 있고 양에도 음이 들어 있는 점이다.

소옹은 이 '복희팔괘차서도'에 배열된 팔괘를 각각 여덟 방위에 배열시킨

복희팔괘방위도

그림을 그렸다. 이것이 바로 '복희팔괘방위도'다. '복희팔괘방위도'는 '복희팔괘차서도'에서 배열된 팔괘를 『주역』「설괘전」 '천지정위(천지정위)'129) 조의 한 문장을 근거로 하여 여덟 방위에 배열시킨 것이다.

여기에서 건(乾)은 남쪽과 여름을, 곤(坤)은 북쪽과 겨울을, 리(離)는 동쪽과 봄을, 감(坎)은 서쪽과 가을로 보면 될 것이다. 또한, 건·태·리·진은 '복희팔괘차서도'에 나타낸 것처럼 양(陽)에 속해 왼쪽으로 돌고, 손·감·간·곤은 음(陰)에 속하여 오른쪽으로 돈다. 우리 태극기 사괘의 배열은 이 '복희팔괘방위도'에 근거를 둔 것으로 팔괘 가운데 태, 진, 손, 간 4괘를 빼내고 나머지 건, 리, 감, 곤 4괘를 남겨 왼쪽으로 45도 돌려놓은 것이다.

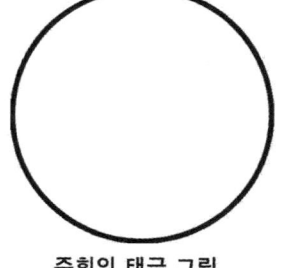

주희의 태극 그림

5) 주희(朱熹)의 태극도

주희는, 태극은 모든 것을 초월하면서 동시에 모든 것에 내재한다고 하고, 만물의 근원이면서

---

129) 하늘과 땅이 바르게 자리를 정하고, 산과 못이 기를 통하며, 우레와 바람이 서로 근접하고, 물과 불이 서로 꺼리지 아니하여 팔괘가 서로 섞인다. 지나간 것을 셈하는 것을 순(順)이라 하고, 앞으로 올 것을 아는 것을 역(逆)이라 하니, 그러므로 역(易)은 앞으로 올 것을 셈하는 것이다. 天地定位, 山澤通氣, 雷風相薄, 水火不相射, 八卦相錯, 數往者順, 知來者逆, 是故易逆數也.

존재 근거라고 하며, 만물의 총체적인 보편 원리요, 특수한 개별자의 개별 원리라고 한다. 수로 표시하면 태극은 하나다. 주희는 이 하나를 원으로 표현했다. 주희뿐만 아니라 대부분이 태극을 그릴 때는, 주로 원을 그리며, 하나라는 것을 알 수 있게 된다.

6) 래지덕(來知德)의 원도(圓圖)

래지덕의 원도

래지덕은 명대(明代)의 역학가다. 그가 저작한 『주역집주』 앞장에 19개의 그림이 실려있는데, 처음 나오는 그림이 '양산래지덕원도(梁山來知德圓圖)'다. 그는 이 그림이 『주역』의 리(理)와 기(氣), 상(象)과 수(數) 등 모든 원리의 내용을 포괄하고 있다고 하였다. 그림 가운데의 흰 원은 만물을 주재하는 리다. 이 리는 음양상수 속에 감추어져 있는 태극이다. 그래서 그림의 가운데에 원으로 표현한 것이다. 이 그림은 래지덕의 독창적인 것으로 자신이 갖고 있는 『주역』의 모든 원리를 하나로 표현하고자 했다.

4. 양의(兩儀)와 올챙이 태극

1) 우리 태극기의 양의

우리나라 국기, 태극기 안쪽에 들어있는 청, 적색의 동그라미 그림을 태극이라고 한다. 그러면서 전체를 태극기라고 한다. 과연 이게 맞는 말일까? 의문을 가질 만한 점은 없는 것일까?

앞에서 나온 바 있지만, 조휘겸의 '천지자연지도', 조중전의 '고태극도'에서 음(陰)과 양(陽)으로 표현되는 올챙이는 그 긴 꼬리를 줄이면서 우리 국기의 양의(兩儀) 그림처럼 정돈이 된다.

복희선천시화지도

원대(元代)의 도교 대사(大師) 황공망(黃公望)의 저서 중에 '복희선천시화지도(伏羲先天始畵之圖)'가 있다. 소옹의 '복희팔괘방위도'를 바탕으로 하여 그린 것이다. 이 시대가 되면 이미 차이나(중국) 도교(道敎)에서 정돈된 올챙이 그림을 활용했다는 얘기가 된다. 우리나라 국기의 양의(兩儀)와 다른 점은 두 올챙이 그림에 눈깔이 박혀 있는 점이다. 이 눈깔은 음(陰) 속에 양(陽)이 들어있고, 양(陽) 속에 음(陰)이 들어있다는 뜻이다. 우리 국기는 이 눈깔을 지워버리고 적색과 청색으로 양과 음만을 표현한 것일까? 아니면 모양만 취하고 색상은 무지개 양 끝 쪽의 색상을 표현해 자연현상을 담고자 한 우리나라 고유의 작품일까? 그동안의 진행 과정을 보면 아무래도 차이나의 올챙이 그림을 따른 것으로 여겨지지만, 우리 고유의 문양이라고 우기는 사람들이 뒤로 물러서기도 어려울 것으로 보여 이를 검토해보기로 한다. 먼저 오래전 신문에 실린 기사 하나를 살펴보자.

태극기의 '태극'은 중국에서 유래한 것일까? 국내 전문가들은 "그렇지 않다"고 말한다. 삼국시대부터 한민족이 애용해 온 전통적 고유문양이자 음양 사상을 표현한 민족 부호라는 것이다. 김원모 교수는 "서기 1070년 나온 중국의 《태극도설(太極圖說)》보다 388년 앞서 서기 682년에 건립된 신라의 감은사 주춧돌에 태극 문양이 선명하게 새겨져 있다"고 설명했다. 이것은 고려시대 허재(許載) 석관의 태극무늬(1144)와 충주 예성 신방석 태극무늬(1277), 종묘 정전 나무기둥의 삼태극문양(1608) 등으로 계승됐다. 모양도 중국과는 다르다. 중국의 태극이 동그라미가 겹쳐 있는 것인데 비해 한국은 처음부터 좌우 상하로 휘감긴 문양을 사용하고 있었다. 이태진 교수는 "태극팔괘도는 정조 대왕의 정치이념인 '군민(君民) 일체설'의 표현이었다"는 의견을 내고 있다.130)

과연 이 말이 맞는 걸까? '태극'이 '삼국시대부터 한민족이 애용해 온 전통적 고유문양이자 음양 사상을 표현한 민족 부호'일까?

또한, 엄밀히 살펴보면 우리 태극기가 주돈이의 『태극도설(太極圖說)』에서 나왔다고 보기도 어려운데 왜 태극기 문제만 나오면 이 '태극도설'을 들먹일까?

2) 올챙이 문양

이 올챙이 문양은 동쪽으로 저 먼 남아메리카 남쪽 끝에서부터 저 서쪽 섬 아일랜드까지 세상 여기저기에 널려 있다. 심지어 나라의 국기 안에 이 그림을 넣기도 한다. 두 올챙이 문양은 음과 양, 남과 여를 나타낸다고 하면 그런대로 이해하기가 편리하지만, 세 올챙이 문양이 나오면 더욱 혼란스럽게 된다. 너무 먼 옛날부터 내려온 것이라 그 의미를 제대로 알기가 어렵다. 물론 '천지인' 등 의미를 만들어 넣기도 한다. 여기서는 우리 국기에 관해 알아보자는 것이니까 두 올챙이 문양을 중심으로 알아보겠다.

손성태 교수가 쓴 책 『우리민족의 태극』131)과 김성규 박사가 운영하는

---

130) 조선일보, 「태극은 중국에서 유래? 삼국시대부터 쓴 고유문양」, 2008년 5월 29일.

카페132)의 글과 그림을 주로 참조, 인용한다.

고대의 우리나라와 세상 여기저기에 널려 있는 올챙이 문양들 몇 가지를 살펴보자. 여기서는 올챙이의 의미가 어떻고 깃든 사상이 어떻다는 등의 얘기는 삼가겠다. 왜냐하면 나는 그걸 잘 모르기 때문이다.

나주 복암리 목간 2파문
(618년경, 백제 무왕 시기 유적 추정)

경주 감은사지 올챙이 2파문

'지금까지 발견된 것 중 가장 오래된 태극 무늬가 그려진 목제품이 나주 복암리 고분군에서 발굴됐다. 618년경 무왕 시기의 유적으로 추정된다. 이는 지금까지 가장 오래된 태극 문양으로 알려져 있던 경주 감은사지 장대석의 태극문(682년)보다 앞서고, 송나라 주돈이(1017~1073)의 태극도보다도 400여 년 더 앞선 것이다. 그래서 태극 문양은 중국의 태극에 근본을 두었다기보다 한국 고유의 문양으로 인식되고 있다. 이 유물은 역(易), 오행(五行) 등 백제의 도교 사상과 밀접한 관련이 있는 것으로 파악되어 백제의 사상사 연구에 일조할 것으로 여겨진다.(문화재청)'라고 한다.

문화재청의 이 설명에 재밌는 게 있다. 한국 고유의 문양으로 인식된다고

---

131) 손성태, 『고대 아메리카에 나타난 우리민족의 태극』, 커리, 2017.
132) 김성규, 「코리안들이 신대륙을 발견했다」, http://cafe.daum.net/zoomsi

하면서, 이 유물이 역, 오행 등 백제의 도교 사상과 밀접한 관련이 있는 것으로 파악된다고 한다. 그렇다면 도교가 백제의 고유 사상이라는 말일까?

세계 곳곳에 남아 있는 유물들에 그려진 올챙이 문양들을 보면 우리 유적에 남아 있는 올챙이 그림이 우리 고유의 문양이라고 주장하기에는 어쩐지 무리가 있어 보인다.

쿠쿠테니-트리필랴 문화(Cucuteni-Trypillia culture)는 동유럽의 신석기-순동기(기원전 5500년경-기원전 2750년경) 고고문화다. 지리적 범위는 카르파티아 산맥에서 동쪽으로 드네스트르강을 건너 드니프로강에 이르렀다. 오늘날의 몰도바가 이 문화권의 정중앙에 위치하며, 동서로 오늘날의 우크라이나 서부와 루마니아 동북부가 일부 포함된다.

7000년 전, 동유럽 2파문(쿠쿠테니-트리필랴 문화)

삼좌점 유물은 요하 유역의 삼좌점 성터에서 발굴된 돌비석이다. 삼좌점 성터는 기원전 2000년부터 기원전 1500년경까지 발달했던 하가점 하층문화 유적지에 있는 성터로, 그곳에서 먼저 홍산문화(기원전 4500년~기원전 3000년)가 발달했는데, 하가점문화는 홍산문화의 후기 문화다. 기원전 2333년 고조선이 건국된 지역이 바로 그곳이다.133)

삼좌점 성터(기원 전 20~15세기)

---

133) 손성태, 앞의 책, 132~133쪽.

쿠쿠테니-트리필랴 문화보다는 더 늦은 시기지만, 차이나(중국) 문화의 뿌리가 될 수도 있는 상(商, 은)나라 유물에도 올챙이 문양이 보인다.

상(商, 기원전 1600년경 ~ 기원전 1046년경)은 중국 역사상 최초의 왕조다. 마지막으로 옮긴 수도가 은(殷)이기 때문에 은나라로 부르기도 한다. '주(周)'를 비롯한 다른 나라에서 '은(殷)'이라는 이름으로 부른 탓에 '은'으로 더 잘 알려져 있으나, 스스로 나라 이름을 칭할 때 '은'나라를 세운 '부족' 이름인 '상(商)'이라는 이름을 더 많이 사용했으므로, 학계에서는 '상'으로 통일해 부른다(위키백과).

고대 상(은)나라 유물들에 그려진 올챙이 파문들

켈트족(Celts)은 인도유럽어족의 한 일파인 켈트어파를 쓰는 인도유럽인을 가리킨다. 갈리아의 라틴어 켈타이/(Celtae)에서 유래한 명칭이다. 또한 켈트 미술과 같은 문화적 특성이 고고학적 증거로서 발견되는 지역의 언어를 사용하는 민족도 포함하는 개념이다.

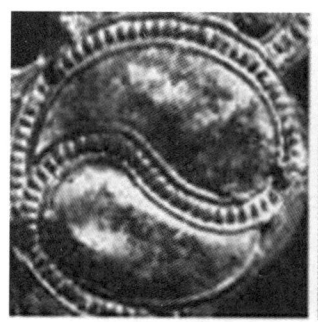
켈틱문화의 2파문
(기원 전 300년경, 프랑스)

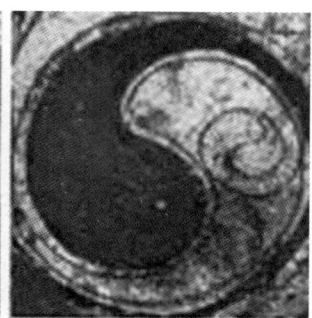
켈틱문화의 2파문
(기원 후 40~60년경, 영국)

켈트족은 프랑스, 독일, 스위스, 알프스 산맥 주변에서 출현한 인도유럽인들의 일파다. 기원전 1000년경 철기를 사용하는 켈트인이 이베리아 반도에 도래하였다. 기원전 7세기경까지는 도나우 지방에서 이동해 온 켈트족이 현재의 프랑스 알프스 주변에 형성되기 시작하며, 인접 오스트리아, 스위스, 독일 등으로 이주하였고 프랑크족으로 통합되었다. 스코틀랜드, 아일랜드에는 순수 켈트족이 많이 거주하며, 프랑스 북부의 브르타뉴 반도에도 거주한다.
(위키백과)

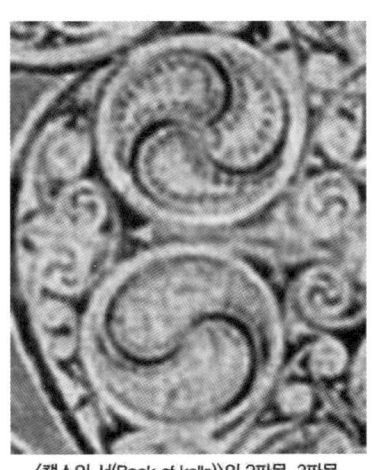

〈캘스의 서(Book of kells)〉의 2파문, 3파문
(아일랜드, 서기 800년경, 트리니티대학교)

『켈스의 서(Book of Kells)』는 일반적으로 아일랜드의 역사가 남긴 가장 귀중한 보배라고 한다. 서기 800년경에 제작된 이 책은 라틴어로 작성되었으며, 네 복음서와 예수의 전기, 그리고 몇몇 보충적인 텍스트가 들어 있다. 아일랜드 더블린에 있는 트리니티대학교(Trinity College)가 소장하고 있다.

이처럼 몇 가지 문양을 살펴보았지만, 올챙이 그림의 기원과 그 시기를 확실하게 알 수는 없을 것 같다. 하지만, 생긴 게 우리 태극기의 올챙이 문양과 어떤 연관성이 있지 않을까 하는 의문은 남는다.

우리가 학교에서 세계 역사를 배울 때, 가장 먼저 등장하는 것이 메소포타미아, 이집트, 인더스, 황하의 4대 문명이다. 그런데 최근에, 느닷없이 새로운 문명이 거론되고 있으니 바로 '요하문명'이다. 고조선 지역이었기 때문에 '고조선문명'이라고도 하고, 발해 연안이라 해서 '발해연안문명'이라고도 하는데 아직 그 이름에 합의가 되지 않은 듯싶지만, 황하문명보다 앞선 문명이라는 데는 이의가 없는 듯싶다.

이 상고(上古) 요하(고조선 또는 발해) 문명 지역에서 올챙이 문양과 비슷한 곱은옥(곡옥)이 발견되고, 뒤이어 신라에서는 모양이 더 정교해진 것들이 발견되었다. 문제는 이 곱은옥이 태극기의 문양과 관련이 있다고 주장하는 사람들이 있는데, 과연 그러한지 살펴보자.

곱은옥의 조형에 대해서는 여러 가지 설이 있으나 몇 가지만 살펴보면 다음과 같다.

① 동물의 치아에 구멍을 뚫어 차고 다니면서 맹수를 잡았다는 힘자랑으로, 또는 자신을 돋보이게 하려고 한 장신구로서 패용하였다는 설, ② 호부(護符)나 주술적(呪術的)인 의식용구로 사용하였다는 설, ③ 형태가 초승달과 비슷하여 고대인들이 농경·고기잡이·항해 등에 달을 이용하였다는 월신신앙(月神信仰)과 관련된 것으로 보는 설로서 보름달·반달·초승달 중에서도 특히 초승달의 모양을 본떴다고 한다. 초승달은 차고 푸르러 비취색·청색옥을 썼다고 한다. ④ 『구약성서』 사사기·이사야서의 서기전 10세기경 고대 오리엔트인들이 달 숭배사상에서 반달장식을 애용한 것에서부터 유래되었다는 설이다. 곱은옥은 중국 일부와 아시아 지역에서도 출토되고 있으나, 한반도 및 일본에서 크게 발달되었다(한국민족문화대백과사전).

이 가운데 곱은옥의 진정한 의미가 들어 있다고 할 수 있을까? 우리 태극기의 두 올챙이 문양과 관련이 있다고 해석할 수 있는 어떤 것이라도 들어 있을까? 여기서도 태극기의 두 올챙이 태극 그림의 의미는 찾을 수 없을 것만 같다.

손성태 교수의 '아메리카 인디언은 우리 민족이다'라는 부제를 단 『우리 민족의 대이동』134)과 『고대 아메리카에 나타난 우리 민족의 태극』135), 그리고 방송 강의 등을 보고 들으며 많은 걸 공부하고, 어렸을 적부터 가져왔던 여러 의문을 해소하게 됐다. 학계에서 인정받는 역사학자가 아닌, 언어학자가 이런 연구 성과를 내놓아 더욱 값지다는 생각도 든다. 역사학자라는 명예를 얻고 사는 사람들이 하지 못한 어려운 일을 해주어서 고마운 마음마저 들기도 한다. 과연 역사학자라 해서 아메리카 인디언에 관해 이만큼의 연구를 한 사람이 얼마나 있을까?

그런데 이 손 교수의 주장이 역사학계에서 외면받고 있다. 그의 논문을 검토하기조차 꺼리고 심지어는 환빠, 유사 역사학, 사이비 역사학이라는 비방까지 한다. 과연 이런 자세가 학문을 한다는 사람들의 자세일까? 역사학자만 역사를 논의할 자격이 있는가? 어떻게 이미 기획된 TV 방송까지 중도 하차하게 만드는가? 자기들이 하지 못한 일을 언어학자가 했다 해서 질시를 하는 게 아닌가 하는 의문까지 들기도 한다. 잘못된 게 있으면 더 깊은 연구를 통해 고쳐나가면 된다.

세계에서 지능이 가장 높은 족속이 우리 한민족이고, 가장 많은 외국에 나가 있는 족속이 우리 한민족이다. 가장 지능이 높겠다 싶은 유대인보다 우리 한민족의 지능이 더 높고, 유대인이나 차이나인보다 세계 곳곳 더 많은 나라에 나가 있다. 그만큼 미지의 세계를 두려움 없이 뚫고 들어가는 족속이 우리 한민족이다.

아메리카 인디언(인디오)이 서양인을 닮은 부분이 좀 있다고 하지만, 아시아에서 건너간 사람들이라는 점은 이미 다 인정하는 바다. 이 인디언을 몽골리안

---
134) 손성태, 『우리민족의 대이동』, 코리, 2016.
135) 손성태, 앞의 책.

(Mongolian)이라고도 하는데, 동·북아시아인을 통틀어 몽골리안이라고 하기 때문에 무방하긴 해도, 족속의 이름으로 나타낸다면 '한인(韓人)'이나 '고리인(高麗人)'으로 부르는 것이 마땅하지 않을까 싶다. 물론 다른 족속으로 밝혀진다면 그때 가서 바꾸면 된다. 하지만, 내가 보기에는, 우리 민족을 외면하고 다른 민족의 조상이 아메리카 대륙을 선점했다고 증명하기에는 괜한 헛고생만 하고 말 것만 같다.

빙하기에 베링 육교를 통한 이동이 있었다면, 빙하기가 끝나고 베링 육교가 끊어진 다음에는 알류샨열도 징검다리가 이동로로 활용되었을 게 뻔하다. 알류샨열도가 우리나라에서 3천7백km가 넘는 북쪽에 있는데도 1월의 평균 기온을 보면, 가장 서쪽의 니콜스코예가 3.9도, 가장 동쪽의 어널래스카가 0.2도로 서울의 1월 평균 기온 1.9도보다 더 높다. 사람 살기에도 그런대로 좋고, 이동로로 써먹기에도 부족함이 없는 지역이다. 우리 문화와 비슷한 문화 흔적이 곳곳에 남아 있다.

이 아메리카 인디언의 생김새와 언어를 비롯한 여러 문화 현상을 보면 아시아인 중에서도 특히 우리 한민족이나 한민족의 문화와 너무나도 많이 닮아있다. 빙하기에 베링 육교를 건너간 사람들이야 어떤 족속이었는지 확실하진 않다손 치더라도 빙하기 이후 알류샨열도 징검다리를 건너가 아메리카 대륙에 퍼져나간 사람들은 확실하게 우리 민족의 갈래였다고 해도 된다는 얘기다.

손성태 교수는 우리 태극기의 두 올챙이 태극 문양이 구부정한 고리 모양에서 비롯되었다고 한다. 노인을 공경하는 우리 조상 고리(高麗)족이, 스스로 '고리족'이라 하며, 족속을 나타내는 문양으로 허리 구부러진 노인을 닮은 '고리'를 썼다는 것이다. 이게 우리 조상 일부가 건너가 퍼진 아메리카 인디언에 나타나며, 남아 있는 그림이나 조각 등이 이를 증명해준다고 한다.

① 휘어진 물건과 노인(조상)을 고리라고 불렀다. 존경의 상징이다.

② 한자 표기 고구리(高句麗), 고리(高麗, 高驪, 櫜離, 高離), 구리(句麗, 句驪), 등은 모두 다 우리말 '고리'에서 나왔다.

③ 조선까지 고리라고 부르기도 했다.

④ 만주 대평원을 골화간/고리간이라 부르기도 했는데, 고리족이 살던 땅이다.

⑤ 아메리카 원주민들은 노인/조상을 골화라고 불렀는데, 역시 우리말 '고리'다.

아메리카 인디언의 조상이 우리 민족의 조상 일

 ➡  ➡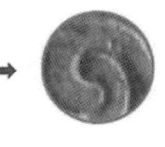

멕시코 인디언 유물, 신상 이마빼기에 그려진 올챙이 2파문(손성태 교수)

부고 그들의 문화유산에 올챙이 그림이 그려져 있다면, 그 의미가 무엇인지 확실하게 알 수는 없다 해도, 우리 쪽에서 같이 갔다고 볼 수도 있다. 또한 백제나 신라의 유적에 남아 있는 올챙이 문양과 관련이 있다고 할 수도 있다. 그러나 서쪽으로 저 먼 아일랜드에까지 널려 있는 올챙이 문양은 어떻게 설명할 것인가? 더군다나 우리의 고대 올챙이 문양보다 더 확실하고 선명하게 그려진 것은 어떤가? 우리 쪽에서 동쪽 아메리카 대륙으로 올챙이 태극 문양을 업고 갔다손 치더라도 서쪽에 퍼져 있는 것들은 해석하기가 어렵다. 손성태 교수의 설명에 이 부분이 빠져 있어 아쉬움을 남긴다.

올챙이 모양의 음양태극이든, 삼태극이든 고대인들이 어떤 의도로 그렸는

'태양의 신상' 토토나카판에 나타난 태극 문양

지, 손성태 교수는 '고리'에서 비롯되었다고 주장하지만, 단언하기는 어렵다고들 한다. 아무래도 전문 학자들의 더 많은 연구가 있어야 할 것으로 보인다.

그러나 역사상의 인류 이동을 살펴보면 뭔가 잡히는 것이 있다.

한 지역에 고정되어 있을 것만 같은 초원이나 숲, 강 등이 기후 변화에 따라 끊임없이 이동한다. 바다도 늘어났다 줄어들었다 한다. 인류도 끊임없이 이동한다. 수렵·채집인들과 유목민들도 이동하고 심지어 붙박이처럼 보이는 농토나 농경민들도 이동한다.

아프리카에서 일어났다는 우리 인류는, 중동 지역에서 서쪽으로 빠져나간 족속도 있지만, 많은 인원이 동으로 동으로 끊임없이 이동하다 빙하기에는 우리 한대갑(韓大岬, 한반도)136)에 머무른 사람들이 많았다. 동아시아에서 가장 많은 동굴이 분포한 우리의 중부지역은 최대 인구 밀집 지역137)이었다. 거기에다, 빙하기에 초원이었던 서해는 빙하기가 지나며 바다로 바뀌고 서해안이나 발해 연안은 세계적으로 사람 살기에 가장 좋은 갯벌로 변해간다. 덩달아 요하 유역까지도 인간 생활에 좋은 환경으로 변한다. 인류 이동에

---

136) 한대갑(韓大岬) : 한반도(韓半島)를 고쳐 부른 이름. 이 책의 '대한민국이 반 쪼가리 섬인가?'의 참조를 바람.
137) 신용하, 『고조선 문명의 사회사』, 지식산업사, 2018, 44쪽.

가장 중요한 변수는 기후, 그리고 먹을거리와 땔감이 얼마나 있느냐다.

사람들이 모여들며 한(韓)(고:조선, 요하 유역, 발해·서해 연안) 문명이 일어난다. 또다시 기후 변화에 따른 식생이 이동하며 요하나 발해, 우리나라에 몰려 있던 사람들이 여기저기 흩어지기도 한다. 동남쪽으로 서남쪽으로 나뉘어 이동하기도 하고 북방 초원로를 통해 멀리 필란드나 아일랜드까지 또는 아메리카 지역으로도 이동한다. 물론 역으로, 다른 지역의 족속이나 문화가 흘러들기도 한다.

그런데 검토해볼 만한 게 있다. 아래 지도처럼, 빗살무늬토기 문화나 거석문화, 채도 문화, 세석기 문화가 우리의 고(古)조선 지역에서 겹치는데, 이는 세계 문화에서 더는 없는 문화, 문명이라는 것이다.

여기서 빗살무늬토기 한 가지만 살펴보기로 하자. 전에는 이 빗살무늬토기 문화가 서쪽에서 왔다고 했는데, 지금은 우리 지역의 독자적인 문화라 하기도 하고, 오히려 서쪽으로 전파되었다고 보기도 한다. 서쪽의 스칸디나비아까지 그 분포 지역을 살펴보면 사실 한(韓)(고:조선 문명, 요하 문명, 발해연안문명)을 일으킨 지역만큼 문명을 일으킬 만한 지역이 없다.

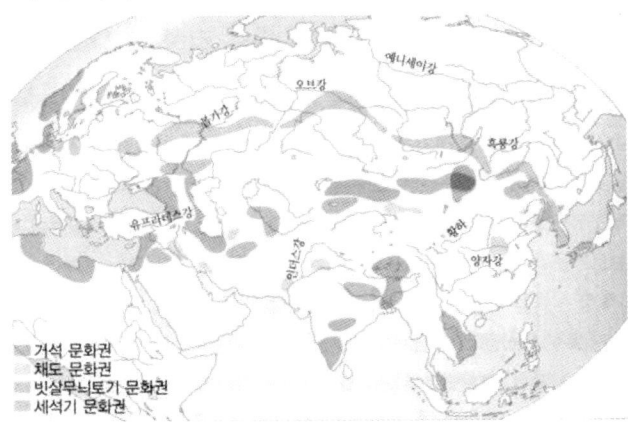

그렇다면 올챙이 태극 문양도 우리 쪽에서 일어나 서쪽으로 퍼져나갔을 가능성은 충분히 있다. 하지만 그 문양의 의미를 확실하게 알 수 없어서

장담하기는 어렵다. 여하튼 이 문양이 차이나로 스며들며, 이미 들어가 발전해 온 차이나의 음양이론과 접목했다고 볼 수도 있다. 그래서 올챙이의 긴 꼬리가 짧게 정돈되어 오늘날 우리 태극기의 음양태극 문양이 된 게 아닐까? 팔괘(八卦)도 비슷한 현상으로 발달하고 확산한 게 아닐까?

하지만, 우리 태극기의 음양 올챙이 그림과 4괘가 우리 고유의 것이라고 주장하기에는, 위에서 검토된 것처럼, 무리가 있다.

팔괘는 주역에서 나왔다. 주역은 원래 점치는 책이다. 점을 치며 각 괘를 만드는데 '시초(蓍草)'라 불리는 풀 또는 나뭇가지를 썼다. '산(算)가지'라고도 한다. '산(算)'자를 쓴 걸 보면 애당초 셈하는 용도로 썼을 것으로도 보인다. 막대기 네 개를 쓰는 윷놀이도 연관이 있는지 모르겠다.

앞에 설명한 바가 있어서 여기선 이 정도로 줄이고, 태극부터 팔괘까지 펼쳐지는 과정을, 소옹(邵雍)의 복희팔괘차서도(伏羲八卦)次序圖를 바탕으로 해서 그린 그림을 살펴보자. 우리의 태극기가 만들어지는 과정까지 짐작할 수 있을 것이다.

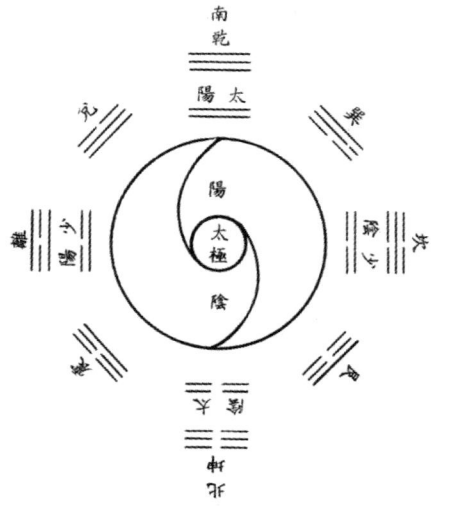

松潭 李栢淳 太極八卦圖

옆의 그림138)은 나의 서예·한문학 스승인 고 송담(松潭) 이백순(李栢淳) 선생이 그린 것이다.

가운데 하나의 원으로 태극(太極)을 나타내고 양의(兩儀), 사상(四象), 팔괘(八卦)까지 확장하며 그렸다. 위쪽이 정남으로 건괘(乾卦)인데, 아직 시계 반대 방향으로 45도 돌리지는 않은 상태다. 태극 팔괘를 설명하는

---

138) 이백순, 『한문학대개』, '지금의 태극기는 어떠한가?', 학민문화사, 2009, 15쪽.

데 아주 적절한 형식의 그림이라고 생각한다.

그런데 소옹의 복희팔괘차서도와 비교해보면, 태극 다음 올챙이 그림의 음(陰)과 양(陽)의 위치가 반대로 되어있고, 올챙이 돌아가는 방향이 거꾸로 되어있다. 스승의 논리를 반박하는 듯하여 머뭇거려지긴 하지만, 제자의 견해를 오히려 반기시리라는 생각에 내가 그린 그림을 아래에 싣고 분석해보고자 한다.

① 우리 태극기에 관해 알아보자는 것이어서, 태극기처럼 전체를 시계 반대 방향으로 45도 돌렸다.

② 역시 태극을 하나의 원으로 표현하고, 양의(兩儀) 4상(四象)을 그리며 복희팔괘차서도처럼 건(乾)·태(兌)·리(離)·진(震)은 양(陽)에 속하고, 손(巽)·감(坎)·간(艮)·곤(坤)은 음(陰)에 속함을 나타냈다.

雪松 任永模 太極八卦圖

③ 양의(兩儀) 색상은 우리 태극기 색상을 따랐는데, 제대로 한다면 청색을 흑색으로 바꿔야 하지 않을까 하는 생각이다.

④ 양이든, 음이든, 올챙이 머리 쪽 넓은 부분은 강함을 나타내고, 꼬리 쪽 가는 부분은 약함을 나타낸다. 음과 양의 속함과 강약을 표현하자면 올챙이는 시곗바늘 도는 방향으로 돌게 되어있다.

⑤ 건괘와 태괘는 태양(太陽)에 속한다. 태양을 나타내는 4상 중의 작대기 두 개 '태양(太陽)'을 건괘와 태괘의 중간 지점에 배치했다. 다른 것도 이와

같다.

자~ 위의 그림과 우리 태극기를 비교했을 때, 태극기가 차이나에서 발전한 태극팔괘도에서 나온 것이 아니고 우리 고유의 문양이라고 할 수 있을까? 이미 거론한 바가 있지만, 차라리 팔괘를 만든 태호복희가 우리 족속이라고 하는 게 낫고, 두 올챙이 문양, 사괘 등이 우리 고유의 문양이라 하기보다는 주역(周易)이 고조선의 강역이었던 요하나 우리의 한강, 대동강 유역에서 만들어졌다고 주장하는 게 더 나을 것이다.

3) 태극 팔괘도와 우리 태극기 비교

앞에 나온 태극 팔괘도와 그 팔괘도를 간략화한 우리 태극기를 비교해보자. 뭔가 이상하다는 느낌이 들기도 할 것이다.

① 우리 태극기에는 태극이 없다. 태극기에서 태극이라고 하는 적·청색 두 올챙이 문양은 '양의(兩儀)' 그림이다. 차이나의 유명 학자들도 '태극'이라고 표현한 바가 많은데 무슨 헛소리냐고 할 수도 있겠지만, 잘못된 건 잘못된 거다.

태극은 형상이 없는가 하면 모든 사물에 다 깃들어 있기도 하니까 머릿속에만 넣어두면 되는 걸까? 무극이태극(無極而太極)이라는 설이 있어서 그에 따라 양의(兩儀)에 실체 없는 상상 속, 추상적인 태극(太極)이 들어있다는 걸까? 아니면 두 올챙이 문양의 테두리가 둥근 원으로 되어있으니까 그걸 그냥 태극이라고 하는 건가?

물론 태극을 형상으로 나타내기가 어려우므로 상상 속에만 집어넣어 둘 수도 있다. 하지만, 양의를 두 올챙이로 표현할 양이면 '태극은 하나'를 표현하는 것이 정상이다. 그 '하나'를 작대기로 그리든 원이나 다각형으로 그리든 그리기는 그려야 한다.

태극기를 얘기할 때 가장 먼저 튀어나오는 주돈이의 '태극도'엔 태극이 하나의 원으로 표현되어 있다.

'고태극도'는 누가 그린 건지 확실하진 않지만, 청나라 호위(胡渭)가 처음 '하도'라 하였는데, 주돈이의 '태극도'가 있어 이걸 따라 '태극도'라 하였다가 다시 "고(古)자를 붙여 '고태극도'라 한 것이다.

앞에서도 나온 바 있는 래지덕(來知德)의 '원도(圓圖)'도 두 올챙이 안에 하나의 원을 그렸다.

주희도 태극을 하나의 원으로 표현했다.

이도순(李道純)139)은 3교(三敎)의 궁극적 경지는 표준을 세울 수 없고, 그 표준을 세울 수 없는 경지를 모두 'O'으로 표현하고 있기에, 이를 유교의 태극(太極), 즉 'O'을 통해 도교의 '금단(金丹)'과 불교의 '원각(圓覺)'에 적용하여 합일시켜 낸 것140)이라고 한다.

이렇듯 다른 예가 없으면 두 올챙이 문양을 '태극'이라고 할 수도 있다. 하지만, 둥근 원 하나로 태극을 표현한 그림들이 버젓이 살아있는데 그럴 수는 없는 일이다.

우리 국기는 '태극기'가 아니라 '양의 4괘기'다. 양의에 태극 사상이 스며있으니까 '태극'이라 해도 무방하다고 한다면 그건 4괘를 태극이라 하는 것과도 같고, 감나무에서 딴 감을 '나무'라고 하는 것과도 같다.

② 다음으로 두 올챙이 양의(兩儀)를 살펴보자. 적색을 양(陽), 청색을 음(陰)이라고 하는데, 음은 흑색으로 나타내야 하지만, 청색이 더 좋아 보이니까 그건

---

139) 송말원초의 도사
140) 김주영, 「이도순의 '태극' 중심의 3교합일론」, 2022.

그렇다 치자. 하지만 양(陽)에 속하는 건괘(乾卦)·리괘(離卦) 쪽에 적색이, 음(陰)에 속하는 곤괘(坤卦)·감괘(坎卦) 쪽에 청색이 배치돼야 한다.

③ 양(陽)은 곤(북)괘 쪽에서 일어나 동(東)의 리괘를 거쳐 건(남)괘 쪽으로 돌며 점차 강해지고, 음(陰)은 건(남)괘 쪽에서 일어나 서(西)의 감괘를 거쳐 곤(북)괘 쪽으로 돌며 점차 강해진다. 그렇다면 두 올챙이는 시곗바늘이 도는 방향으로 돌아야 한다.

우리 태극기처럼 간략화하며 괘 배치를 따라 두 올챙이 문양을 그리며 깃발을 만들어봤다. 아래 그림이다.

동·서·남·북 각 방위에 맞게, 그 방향을 따라 양(陽)과 음(陰)이 도는 길을 보자. 앞의 얘기처럼, 양(적색)은 북쪽인 곤괘(☷)에서 시작하여 동쪽 리괘(☲)를 거쳐 남쪽 건괘(☰)에서 최강이다. 계절로는 동지(冬至)141)에서 시작, 춘분을 거쳐 하지(夏至)에서 극성을 보이는 것과도 같다.

음(청색)은 남쪽인 건괘(☰)에서 시작하여 서쪽 감괘(☵)를 거쳐 북쪽 곤괘(☷)에서 가장 강해진다. 계절로는 하지(夏至)에서 시작하여 추분을 거쳐 동지(冬至)에 성해지는 것과도 같다. 뒤에 다시 살피겠지만, 우리 국기가 이 정도만 됐더라도 그런대로 아쉬움이 덜하지 않았을까 하는 생각이 든다.

---

141) 동지(冬至). 태양이 죽었다가 다시 살아나는 시기다. 실제로 북극권에서는 완전히 해가 뜨지 않는 날이 있다고 한다. 이런 인식과 그에 따른 문화가 남쪽으로 내려온다. 서양의 크리스마스도 이 날을 기념하던 명절과 복합되었다.

그런데, 이와 같은 깃발 그림이 전혀 나오지 않았던 건 아니다.

1949년, 태극기는 국기로 반포된 이후로도 그 원도를 발견하지 못하여 통일성이 결여된 채 사용되어 오다가 1949

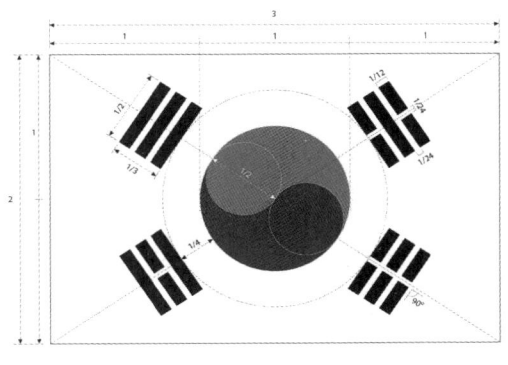

년 1월 14일 국기제정위원회 구성 준비위원회를 열어 각계에서 위원을 선임할 것을 결정, 2월 3일 42인의 국기제정위원회를 위촉하였다. 당시 제출된 안은 (1) 구왕궁142) 소장안, (2) 문교부안, (3) 국기보양회안(현 사단법인 대한민국 국기선양회), (4) 이정혁안, (5) 독립문안을 검토한 후 국기보양회에서 제출한 태극기 도안을 국기로 결정하고, 동년 10월 12일 대통령의 재가를 얻어 1949년 10월 15일 문교부 고시 제2호로서 공표하였다.143)

과연 이게 맞는 일이었을까? (3)의 국기보

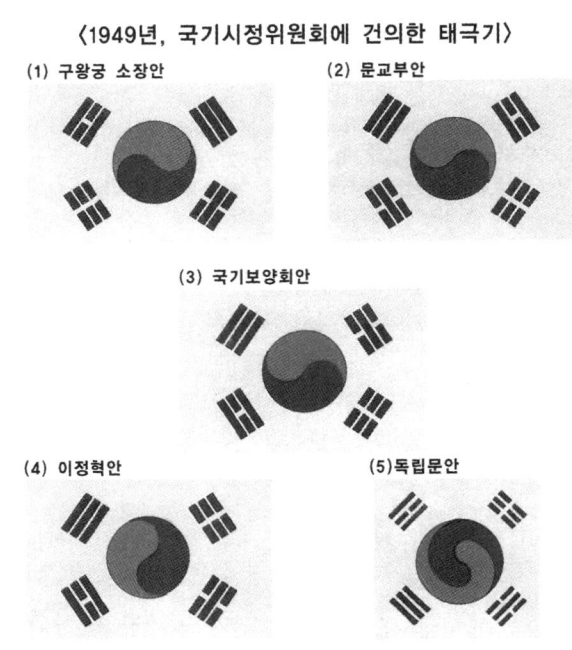

---

142) '구왕궁'이라고 하는 것보다는 '구황궁'이나 '구황실'이라고 하는 것이 더 좋지 않을까?
143) 『광복 50주년 기념 대한민국 태극기 변천사전』, (사) 대한민국 국기 선양회, 1995, 20쪽.

양회안, 곧 현행 태극기와 같은 형식이다. 외부 4괘와 내부 올챙이 음양태극의 연결고리가 끊어지고, 그 의미는 뒤죽박죽이 되어버렸다.

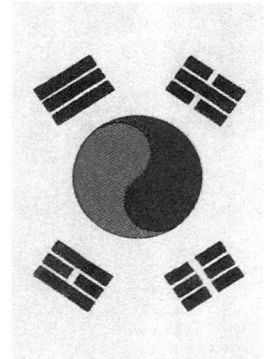

그러나 (1)의 구황궁 소장안은 옆으로 누워 있어서 그렇지 이걸 옆의 그림처럼 시곗바늘 반대 방향으로 90도를 돌려세우면 그림이 제대로 된다. 그런데도 국기보양회안이 선정되었다는 것은 아무래도 이해하기가 어렵다. 혼란스러운 시기였다고 하지만 우리 황궁에서 나온 것부터 엄밀히 분석했어야 할 일이 아니었을까? 황궁에서 나라를 상징하는 국기를 아무렇게나 그리지는 않았을 것 아닌가? 또한, 많은 형식의 태극기가 난무해도, 일관된 오랜 전통을 가지고 있었지 않았을까?

데니 태극기

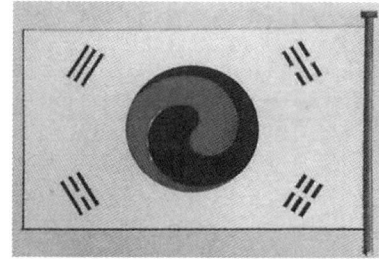

1882년 미 해군성에서 발간한 [해양국가의 깃발들](제5판)에 실린, 조선(Corea)의 Ensign(선적기)을 횡으로 뒤집은 그림

그런데 더 흥미로운 일이 있다. 이 황궁에서 나온 안이, 올챙이 꼬리 부분이 짧게 잘려 정리되긴 했지만, 시기를 거슬러 올라가 1886년부터 1890년 사이에 나온 '데니태극기'와 형식이 같고, 몇 년을 더 올라가 1882년 미 해군성에서 발간한 [해양국가의 깃발들](제5판)에 실린 'Corea Ensign(조선의 깃발)'을 횡으로 뒤집든지, 뒤에서 보든지 하는 그림의 형식과 같다는 점이다.

'데니태극기'와 '구황궁 소장안'이 궁중에서 나왔고 이것이 내내 이어져 온 것이라면 '해양국가의 깃발들'에 실린 'Corea Ensign'도 궁중에서 나온 거라고 유추해 볼 수도 있지 않을까? 곧 고종이 그렸든지, 그 모양을 지시했든지 했을 거라는 점이다. 데니태극기도 깃대가 오른쪽에 있다.

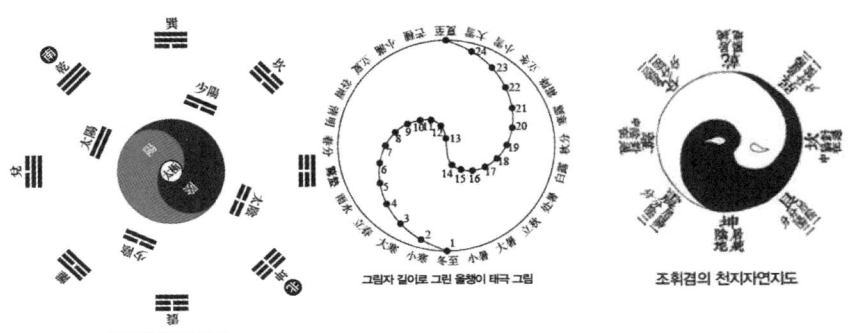

雪松 任永模 太極八卦圖 　　　그림자 길이로 그린 올챙이 태극 그림 　　　조휘겸의 천지자연지도

조중전의 고태극도

마건충이 제안했을 듯한
태극 팔괘도
김상섭, [태극기의 정체]

1882년 미 해군성에서 발간한 [해양국가의 깃발들](제5판)에
실린, 조선(Corea)의 Ensign(선적기)을 횡으로 뒤집은 그림

데니 태극기

〈불원복〉 태극기를 시곗바늘 반대 방향으로
90도를 돌려 세운 그림

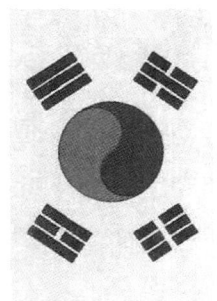

1949. [구황궁 소장안]을
좌측으로 90도 돌린 그림

9장. 태극기가 태극기인가?

앞에 여러 그림이 나왔는데, 간단하게 정리하며 우리 태극기의 건·곤·감·리 사괘의 위치를 고정하고 올챙이 돌아가는 방향이 같게 그려진 그림(임영모의 태극 팔괘도를 기반으로) 몇 가지를 실은 것이다.

① 임영모의 태극 팔괘도 ② 그림자 길이로 그린 올챙이 그림 ③ 조휘겸의 천지자연지도 ④ 조중전의 고태극도 ⑤ 마건충이 제안했을 듯한 태극 팔괘도 ⑥ 1882년 [해양국가의 깃발들]의 그림을 횡으로 뒤집은 그림 ⑦ 데니태극기 ⑧ 고광순 의병장(1848~1907)이 사용한 것으로 알려진 '불원복' 태극기 ⑨ 1949년 구황궁 소장안

5. 삼태극, 삼원태극, 삼일태극(三一太極)[144]

그 이름을 뭐라 하든 형색은 '삼색 원'이다. 그 삼색 원이 올챙이처럼 돌아가고 있다.

한국식 태극 문양에선 빨간색, 노란색, 파란색이 들어간 삼태극을 많이 썼는데 전통적인 부채나 한옥의 대문 등 민간에서도 그 모습을 확인할 수 있다. 흔히 이태극이 '음양의 어우러짐'을 상징한다면 삼태극은 '천지인(天地人)의 어우러짐'을 상징한다고 여긴다. 하늘(신)과 땅과 사람. 솟대가 담고 있는 종교적인 의미와도 닮았다. 더 나아가 '천지'가 있어도 그걸 알아볼 '사람(혹은 생명)'이 없으면 다 소용없다는 뜻을 담고

---

[144] 우실하, 『3수 분화의 세계관』, 소나무, 2012, 35~36쪽. 삼태극이나 삼원태극을 삼일태극으로 부르겠다고 한다.

있다고 해석하기도 한다. 그래서 일부에서는 태극기에 있는 태극이 이태극이어서 국운이 쇠하고 남북분단이 되었으니 국기의 태극을 이런 삼태극으로 바꿔야 한다는 주장을 하기도 한다. 그러나 이는 정치적인 시각을 담고 있는 주장이다. 게다가 공교롭게도 삼국시대의 고구려, 백제, 신라가 사용한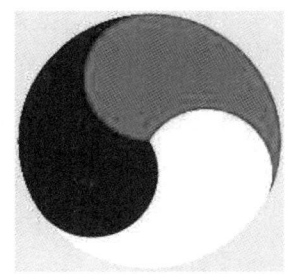
국색이 각각 빨강, 노랑, 파랑이다. 가히 삼한을 이어받은 대한이라는 뜻과 어울린다고 볼 수 있는 문양이다(나무위키).

송명호 선생은 '1926년의 『조선고적도보』에 보면 관찰(觀察)이나 사찰에 그려진 삼색 문양은 청백홍으로 유교의 천·지·인을 의미한 것이었다. 빨강·노랑·파랑의 삼색 문양이 표현된 것은 1940년대인 듯하고 이때부터 삼태극이라는 명칭이 나온 듯한데 천·지·인 문양이란 명칭이 더 전통적이다.145)' 라고 한다.

이를 보면 세 올챙이가 모여 둥글게 돌아가는 모양에 '태극'을 붙인 것은 그리 오래된 일이 아닌 듯싶다.

그러나 김명희 교수는 "삼태극은 누가 보아도 태극에 속한다. 우리가 이태극에 대해서는 그 의미를 우주 본체론적으로 해석하면서 삼태극은 '천지인'이라는 삼재(三才)로 풀이하거나 '천지인 조화 사상'이라는 넓은 의미로 해석을 하는 것은 타당하다고 할 수 없다. … 조선에서의 태극은 이태극이든 삼태극이든 모두 본체를 상징한 것이지 '천지인' 혹은 '천지인 조화 사상'으로 상징된 것은 아니다."라고 한다. 세 올챙이 둥근 모양을 '태극'이라 할 것인지 아니면 '천지인' 혹은 '천지인조화 사상'이라 할 것인지의 문제다.

---

145) 송명호, 앞의 책 113쪽.

북방 샤머니즘의 사유체계에 입각한 '3수 분화의 세계관'은 상·주 시기에도 주된 사상적 흐름이었다. 춘추·전국시기를 거쳐 다양한 사상들이 출현하였고, 이런 사유체계들은 처음에는 유가나 도가계열의 구별 없이 공유되던 것이었다.

  동북아시아 모태문화로서의 '3수 분화의 세계관'은 후대의 도가계열이나 유가 계열에 모두 수용되었다. 그러나 도가계열에서는 북방 샤머니즘의 '3수 분화의 세계관'을 계승하여 태극이 3기로 형성되어 있다는 3·1철학을 발전시켰고, 유가계열 특히 송대 성리학 이후로는 음양태극론으로 정비되어 가면서 '2수 분화의 세계관'을 정립시켜간다.

  『한서』「율력지」에는 '태극원기 함삼위일146)'을 분명하게 표명하고 있고, 삼국시대나 당나라의 학자들도 태극을 삼태극으로 이해했었다. 주렴계가 '무극(無極)-태극(太極)-음양-오행-만물'의 순으로 우주론을 체계화하고, 이것을 주자가 집대성하여 성리학이 성립되는 송대 이후에는 음양태극 관념이 주류를 이루게 된다. 결국 도가계열에서는 '3수 분화의 세계관'에 입각한 3·1철학이, 유가계열 특히 송대 성리학 이후로는 '2수 분화의 세계관'에 입각한 논리가 주류를 이루게 된다.147)

  2수 분화의 세계관은 주로 1 → 2 → 4 → 8 … 로 나가고, 3수 분화의 세계관은 1 → 3 → 9 → 81… 로 나간다는 얘기일 것이다.

  이 '3수 분화의 세계관'에 보이는 수상(數象) 전개의 특징을 명확하게 도상화하고 있는 것148)이 5~6세기에 조성된 신라 미추왕릉지구 계림로 14호분에서 출토된 장식보검(보물 635호)이다. 이 보검은 대체로 중앙아시아 쪽에서 넘어

---

146) 태극원기 함삼위일(太極元氣 含三爲一) : 태극 원기는 셋을 함유하고 있으면서 하나가 된다.
147) 우실하,「최초의 태극 관념은 음양태극이 아니라 삼태극/삼원태극이었다.」, 동양사회사상 제8집, 2003, 36쪽.
148) 우실하, 위의 책 149~150쪽.

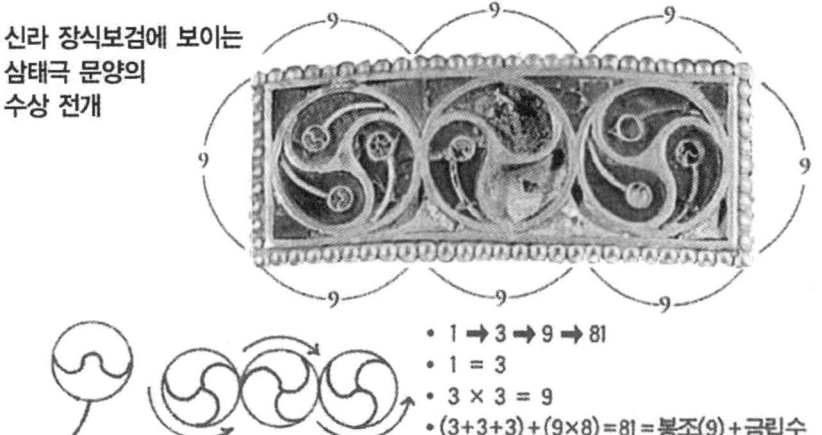

신라 장식보검에 보이는 삼태극 문양의 수상 전개

- 1 ➡ 3 ➡ 9 ➡ 81
- 1 = 3
- 3 × 3 = 9
- (3+3+3) + (9×8) = 81 = 봉조(9) + 금립수

온 것으로 보는 듯싶다.

　이뿐만이 아니다. 앞에서도 거론한 바 있지만, 두 올챙이 둥근 그림(음양태극)과 이 3색 둥근 원도 '3수 분화의 세계관'을 공유하고 있는 세계의 여러 나라에 널려있다.

　그렇다면 이 '3수 분화의 세계관'은 어디에다 그 연원을 둘 것인가? 우실하 교수는, 태양의 좌우에 두 개의 가짜 태양이 나타나는 특별한 기상현

환일과 세 개의 태양

상, 곧 '환일(幻日)과 세 개의 태양'에서 찾는다. 태양의 고도가 낮을 때 이따금 나타나는 현상이다.

　삼색 올챙이 원 문양의 연원에 관해 여러 주장이 있겠지만, 우실하 교수의 책에 소개된, 김영균·김태은 선생들의 저서 『탯줄코드』[149]에 실린 내용

9장. 태극기가 태극기인가?

몇 가지를 뽑아 살펴보기로 한다.

① 태아의 혈액순환은 모체에 종속된 3개의 탯줄 혈관을 통해 이루어지는데, 태생기 탯줄의 세 혈관은 인간 생명줄인 탯줄의 본래 모습이다.

② '삼신', '세삼', '삼신속', '삼신승', '삼본승', '삼신할망'에서 공통적으로 나타나는 '3'의 수는 모두 '탯줄의 해부학적 특징'이라는 하나의 모티브로 연결된다.

③ 윈새끼 절단면이 보여주는 구도는 삼태극(三太極) 도상과 일치한다. 이런 사실로 미루어 삼태극의 기원이 윈새끼일 가능성이 있다.

탯줄은 세 가닥의 혈관이 새끼줄처럼 꼬인 형태를 가지고 있다.   삼줄은 세 가닥으로 돌아간다.   고무찰흙으로 만든 윈새끼 꼬임의 삼본승 모델

세 올챙이 둥근 문양은 세상 여기저기에 널려있다.

리선근(1905~1983) 선생도 이미 1959년에 낸 논문에서 '우리 국기 도안이 의미하는 바는「고대 인류 공통의 우주관을 상징한 것」이라고 밖에 단정할 수 없다.'고 하며 양의 태극은 가장 단순한 표현임에 틀림없다고 한다. 또한, '광범위하게 고고학적인 검토를 가해 본다면 양원(兩元)을 말하는 양의태극 도안과 함께 3원 4원 혹은 다원(多元)의 도안이 세계적으로 분포되었음을 짐작할 수 있다.'150)고 한 바가 있다.

송춘영 교수는, 우리의 조상들이 각종 건물이나 생활용품에 이르기까지

---

149) 김영균·김태은,『탯줄코드』, 민속원, 2010.
150) 이선근,『한국사상의 제 문제』2,「우리 국기 제정의 유래와 그 의의」, 국사편찬위원회, 210쪽.

신비로운 부호로 태극형 무늬를 사용해왔다[151]고 하는데, 세계인 다수가 그 연원을 확실하게 알고 썼다기보다는 늘 '좋은 일'이 있기를 바라는 일종의 부적 같은 의미로 썼다고도 볼 수 있을 것 같다.

그렇다면 다른 나라들에서 우리처럼 '태극'이라는 이름을 붙일까? 확언할 수는 없으나 차이나(中國)라면 모를까 다들 그렇지는 않을 것만 같다. 특히 '삼태극'이라는 말이, 앞의 송명호 선생 얘기처럼, 우리나라에서 1940년대에 나 생겼다고 하는 걸 보면 전통적으로 쓰던 말이라고 할 수도 없다. 차라리 일본에서 주로 쓴다는 '삼파문(三巴紋)[152]'이라는 말을 쓰는 것이 더 나을 것이다. 만일 오행(五行)을 원 안에 집어넣어 그린다면 그것을 '5태극'이라 해야 할까?

6. 우리 '태극기'를 이대로 써야 하는가?

앞에서 여러 가지를 검토해봤지만, 우리 '태극기'를 '태극기'라고 하는 건 맞지 않는다. 꼭 태극기라고 하려면 아무것도 그리지 않은 단색 깃발로 하든지, 하나를 표현하는 원이나 점, 작대기 등을 그려 넣어야 한다. 내 생각으로는 아무래도 하나의 원을 그려 넣는 것이 좋겠다고 본다.

태극기를 고치는 게 좋긴 하겠지만, 당장 고치자고 주장하기에는 어려운 면이 상당히 많다. 하지만 남북통일이 될 때 그때나 고쳐 쓰자고, 꼭 그때까지 기다려야만 할 것인가?

우리 태극기를 보고 있으면 아주 무서운 느낌이 든다.

---

151) 송춘영, 『태극기의 어제와 오늘』, 형설출판사 2015, 113쪽.
152) 우실하, 앞의 논문 「최초의 태극 관념은 …」, 10쪽.

'남북분단'이다.

외국인들이 우리 국기를 보면 '태극'의 깊은 뜻을 알아보자고 하는 게 아니라, 곧장 남북이 갈려 있는 나라로 이해하고 말 것이다.

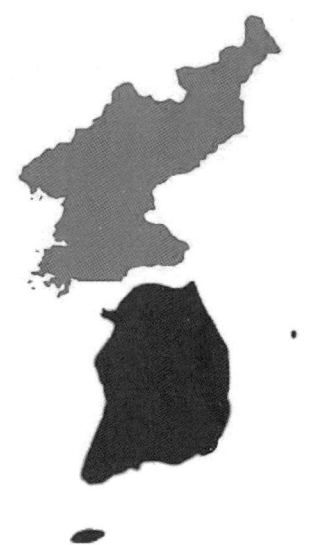

임진왜란 때 일본인들이 우리 땅을 집어삼키려다 잘 안 되니까 남쪽이라도 잘라 먹으려고 했지만 실패했다.

그러나 우리 국토의 등뼈를 이루는 큰 산줄기 백두산맥(백두대간)을 남북으로 두 동강을 내 낭림산맥과 태백산맥으로 나누는 데는 성공했다.

광복 후, 우리가 남북으로 갈리는데 태극기의 영향이 없었을까?

남북으로 갈린 우리 국기는 의식적이든 무의식적이든 사람들의 뇌리에 새겨졌을 것이다. 이른바 각인이다. 심사숙고 없이, 또는 우리 민족의 비애는 아랑곳하지 않고 분단선을 동서로 주~욱 그려버린 데에 영향을 미치지 않았을까?

과연, 반만년의 역사, 일천사백 년 가까이 하나로 이어온 나라를 칼로 무 자르듯 두 동강 내는데 남북으로 갈린 이 태극기의 영향이 전혀 없었다고 장담할 수 있는가?

10장
'선비정신'을 버리자고?
홍익인간, 선비정신은 함께 가야 한다.

1. '선비(士, 師)'의 천국

유럽과 아랍권은 기독교사상과 이슬람사상이, 차이나(중국)는 유가·도가 사상, 미국은 청교도 정신, 일본은 사무라이 정신이 나라를 이끌어 왔다고들 한다. 심지어 세계만방에 내놓고 자랑까지 한다. 우리도 예전에는 '선비'와 '선비정신'을 자랑스럽게 들먹였지만, 요즘은 죽은 말[死語]이 된 듯, 잊어버린 말이 된 듯 입에 잘 올리지 않는 분위기다.

그런데 이상한 건, '선비'라는 말은 그렇게 취급하면서도 선비의 한자어 '士'자는 안 붙여주면 섭섭할 사람들이 있을 정도로 여기저기 경쟁적으로 붙이면서 더 널리 써먹는다는 점이다. 박사·석사를 시작으로 회계사·중개사·운전사·기사 등등 '사'자가 붙지 않으면 큰일이라도 날 것처럼 웬만한 데는 다 '사'자를 붙이면서 그야말로 '士의 천국'을 만들고 있다. 이런 추세라면 농사꾼을 농사(農士), 장사꾼을 상사(商士), 도적놈을 도사(盜士)로 불러야 하지 않을까 싶기도 하다.

원래 비슷한 의미에서 생긴 '스승 사(師)'자까지 동원하여 두루두루 쓰기 때문에 '士'를 써야 할지 '師'를 써야 할지 헷갈리기도 하지만 여하튼 온통 '사'의 천지가 됐다.

그런데 왜 '선비'의 뜻인 이 '士'와 '師'는 즐겨 쓰면서 정작 우리 말인 '선비'는 즐겨 쓰지 않는 걸까? '저녁밥'이나 '저녁'을 '만찬(晩餐)'이나 '디너(dinner)'라고 해야 수준 높은 사람으로 보일 거라는 그런 의식과 같은 현상일까?

'선비' 곧 '士'나 '師'가 불한당이나 사기꾼·도적놈을 가리키는 말이 아니고, 그 정신이 나라와 겨레에 좋은 노릇을 하는 거라면 요즘 상황이 얼마나 아름다운가? 또한 '士'나 '師'가 사회 지도층의 의미를 지니기도 할 텐데, '士'자나 '師'자가 붙은 사람들이 늘어난 건 그만큼 좋은 나라가 됐다는 얘기가 아닌가?

그런데 돌아가는 꼴은 어째 좀 이상하기도 하고 얄궂기도 할 때가 많다. '士의 천국', '師의 천국', '선비의 천국'치고는 잘하면 선비로 불러줄 수도 있고 불리기를 바랄 만한, 잘난(?) 사람들의 하는 짓거리에 뒤틀린 부분이 상당히 많기 때문이다.

심지어, 대통령을 비롯하여 국회의원, 총리, 장관 등을 시켜보려고 하면, 깨끗한 느낌을 주며 사회의 모범을 보이는 '선비' 대우를 제대로 해줄 만한 사람이 드물 정도다.

그나마 사회 곳곳에서 훌륭한 인재들이 묵묵히 선비 구실을 충실히 해내며, 힘써 나라를 이끌어 왔기 때문에 이만큼이라도 유지되고 발전해 온 것만 같다.

나라가 흔들릴수록, 사회가 지저분할수록, 백성들의 삶이 짓눌릴수록 팔 걷어붙이고 일어서야만 할 선비, 진정한 민주주의의 나라, 사람 살기 좋은 나라를 만들기 위해서라도 투철한 선비들이 앞장서서 늘 새로운 힘을 일으켜 나가야 하지 않을까?

여기에서, 어쩌면 구닥다리라고 비판할 수도 있고, 할 일이 없어서 쓸데없는 데에 신경 쓰는 한심한 작자라고 비아냥거릴 수도 있겠지만, '선비'와 '선비정신'에 관한 논의를 조금만 펼쳐볼까 한다.

얕은 지식으로 '선비' 문제를 통틀어 다루려다 보면, 늘여 빼다가, 몇 권의 책으로도 모자라겠지만 사람의 행동은 마음에서 나오고, 마음과 말은 한통속에서 돌아가는 것이라고 보기 때문에 말을 중심으로 간략하게 엮을 것이다.

'선비'를 밝히는 데 도움이 될 듯싶어, 먼저 우리 한족(韓族, 東夷族)과 차이나의 화족(華族)이 얽힌 얘기를 약간만 하고 넘어가겠다.

2. 韓족(東夷族), 韓족의 말

'동이족(東夷族)'은 차이나(중국)의 화족(華族)이 주로 써왔던 말로 '동쪽의 오랑캐 족속'이라는 뜻이다. 우리가 그냥 쓰기에는 뱃속이 편치 않은 비하하는 말이다. 옛날부터 기록된 바가 많고 널리 써와서 우리도 그냥 쓰는 경우가 많은데, 사실 이 '동이족'이라는 말도 실체가 모호하다. 쓰는 사람에 따라 가리키는 족속과 지역이 오락가락한다. 어떻든 이제는 '韓족'으로 바꿔 부르는 것이 좋다고 본다. 물론 '동이족'의 뜻에 완전히 들어맞지는 않고 동이족을 韓족의 범위 안에 포함해야겠지만, 이 '韓족'을 제외하고서는 더 적절한 말이 없어 보인다.

여기서 '한'은 '환인(또는 환국)', '환웅'의 '환'에서 빼낸 말이다. (고)조선 이전의 환인이나 환국, 환웅의 '환'은 애당초 '한'이라고 불렸음이 확실하고, '동이족'을 대신해 쓰기에는 좋다고 여겨지기 때문이다. 물론 나 말고 그렇게 쓰는 학자들도 있다.

또한, '동이족'은 '동쪽의 이족(夷族)'이라는 말인데, 차이나를 중앙으로 하고 우리는 동쪽 변방이라는 의미가 깃들어 있어 이제는 이런 의식에서 벗어나야 한다고 보는 바도 있다.

이 글에서는, 아쉽기는 하지만, 이해하기 쉽게 '동이'도 '韓족'과 같은 의미로 섞어 쓰겠다.

우리 겨레는 크게 보아 남방족에 북방족, 차이나의 화족(華族) 일부가 섞여 이루어졌다. 한편 별스러운 주장이지만, 가야의 통치 세력 일부가 인도인이라는, 신라의 통치 세력 김 씨가 흉노나 선비의 후손이라는 등의 여러 주장이 나오고도 있다. 우리 겨레가 애당초 단일 겨레라고 부르짖는 학자들이나 그것을 믿고 있는 사람들로서는 듣기 거북한 말씀이겠지만 말이다.

우리 조상의 이동 길을 더듬어 볼 때, 동부·동북부 아시아 전체와 차이나의 황하(黃河) 유역을 빼면 이야기가 허전해진다.

문명이 처음 일어나던 고대 차이나의 황하 중부 지역부터 동부·동북부 지역은 韓족의 천지였다. 이 고대 '한족'이 지금의 '한민족'과 의미가 완전히 같다고는 할 수 없지만, 어떻든 우리의 조상이라고 할 수 있다. 원래 남방족이었으나 북방족이 가세하여 형성되었다. 북방족에 남방족이 가세했다고 할 수도 있다.

남인도, 북스리랑카 등에서 쓰고 있는 드라비다어가 우리말처럼 형태상 교착어고, 우리말과 가까운 부분이 상당히 많다.153) 동남아시아 언어에 교착어 성격이 짙은 게 많고, 고인돌을 위시한 문화 유적으로 우리 민족의 바탕이 남방족이라고 부를 만한 근거가 되는 것도 많다.

　나중에 이 한족이 서쪽의 화족(華族, 漢族)에게 동으로 밀리면서 쭈그러진 형태로 오늘날의 '한민족'이 이루어졌다고 볼 수도 있다. 그러나 이건 오늘날에 '한민족'이라고 칭하는 족속에 한정했을 때는 그럴듯한 말이지만, '한족'이라는 말을 쓰고 보면 얘기가 달라진다.

　고대 차이나에 살았던 韓족이 모두 다 제거되었거나 동쪽으로 옮겨왔다고만은 할 수가 없다. 대부분이 차이나 화족으로 변했다. 그래서 나는 차이나 화족, 특히 동부나 북부의 태반이 韓족의 후손이라고 본다. 그것은 차이나에서 인구의 증가 폭이 큰 쪽은 먹을거리 생산이 많은 동쪽 지역이며, 동쪽 지역은 韓족의 세상이었기 때문이다. 그래서, 고대 차이나 韓족의 말이 현재 우리가 쓰고 있는 말과 비슷했고, 차이나 말에도 韓족의 말이 많이 남을 수밖에 없었다고 본다. 이 점을 염두에 두어야 이후의 논의 전개에 도움이 될 것이다.

　韓족은 역사 초기부터, 차이나의 동남부로부터 황하 중부·동부·동북부·북부, 우리나라, (넓게 잡아) 일본까지 걸친 광범위한 지역에 분포하였다.
　'동이'라는 말은 처음에 화족이 자기들과 문화가 다른 가까운 동부지역 사람들을 부르던 이름이었다. 그뿐만 아니라 옛 상(商)나라 지배 족속은 자기들

---

153) 이것은 나만의 주장이 아니다. 구한 말, 미국인 선교사며 일제의 침략을 막으려고 애쓴 헐버트(Homer Bezaleel Hulbert, 1863~1949)로부터 시작해서 지금까지 많은 연구가 진행되었다. 헐버트는 자신의 저작 '조선어와 인도 드라비다어의 비교문법(1905)'과 'The passing of Korea(1906)'에서 40여 개의 낱말을 비교하여 그 유사성을 지적하면서, 한때, 한국어와 만주어의 유사성이 많았다고 보지만, 한국어와 드라비다어는 아직도 친족관계를 지니고 있다고 지적했다.

도 동이족이면서 더 동쪽의 족속을 '동이'라 부르기도 했다. 동이족의 범위는 보는 사람에 따라, 시대에 따라 그야말로 고무줄처럼 줄어들었다 늘어났다 했다고 보면 될 듯싶다.

그래서 딱 부러지게 어디서부터 어디까지 살았던 족속이 동이족이며, 어떻게 생긴 사람이 동이족인지를 규명하기란 쉽지 않다. 대체로 화족이 아닌 동·동북아시아 사람들을 부를 때 써왔다고 보면 될 것 같다. 물론 북방의 족속들이 남쪽을 향해 이동하며 고비 사막을 피해 동쪽으로 이동, 다시 산맥과 바다를 피해 남으로 내려온 바도 많았을 터라 모호한 부분이 있긴 하다.

씨족, 부족이 서로 다를지라도 생존을 위한 합류가 많았을 것으로도 보인다. 화족도 韓족에 들어온 바가 적지 않았기 때문에, 韓족의 말도 북방어와 남방어, 차이나의 말이 뒤섞여 왔다는 것을 미루어 헤아려볼 수 있다. 따라서 차이나의 화족 말과 우리 韓족의 말 사이에 전혀 관련이 없다고 하면 이야기에 아귀가 잘 맞지 않는다.

3. 차이나 화족(華族)과 그들이 쓰는 말

지금까지도 고대 차이나인의 기원과 형성에 학자들이 죽으라고 머리를 짜내도 확실한 정답을 찾지 못하고 있는 형편이다. 더군다나 요하문명권의 족속을 자기들의 조상이라고 우기면서 더욱 헤매고 있다. 단지, 그 지배 족속들이 화산(華山) 근방에서 일어났다 해 화족이라고도 하고, 하(夏)나라의 족속이 자기들의 조상이라 여겨서 하족(夏族) 또는 화하족(華夏族)이라고도 한다. 또한, 한(漢)나라를 세운 유(劉)씨와 그 핵심 추종자들이 한수(漢水) 지역에 있었던, 춘추전국시대의 漢나라에서 일어났다 해 '漢'이라는 말을 좇기도 하고, 그 뒤 한자(漢字), 한족(漢族) 등 이 '漢'을 따르는 많은 말들이 생겨난다.

화산이나 한수가 넓게 잡아 거기서 거기며, 황하와 양자강 중·상류 유역으로, 우리 韓족 세상의 서쪽 지역이라는 점을 새겨두면 좋을 것이다. 물론 그 화족에 다른 지역의 사람들이 많이 섞이게 되었지만, 우리 조상들, 곧 남방족을 중심으로 북방족이 섞인 韓족이 그들 세력 안으로 흡수되기도 했다.

차이나(중국)의 삼황오제(三皇五帝)나 고대 왕국 하(夏)·상(商, 殷)나라의 지배층이 韓족이었다고 주장할 만한 점이 있고, 그 위치가 황하의 중·하류 유역이었다는 점을 고려하면 족속 간의 뒤섞임이 많았으리라는 추측이 가능하다. 나아가 韓족의 말이 차이나 언어의 형성에 큰 영향을 끼쳤다고 할 수도 있다.

4. 차이나의 역사시대는 韓족(동이족)이 연다.

물론, 언제부터 '역사시대'라고 해야 할지 모호하기는 하다.

일제 침략기에 평안남도 순천군 북창면에서 천왕지신총(天王地神塚)이라고 하는 무덤을 발굴했다. 무덤의 벽에 차이나인들이 자기들의 조상 중 조상이라고 여기는 복희씨(伏犧氏)와 여와씨(女媧氏)154)의 모습이 용 그림과 함께 그려져 있는데, 차이나의 통일국가 진(秦)이 무너지고 한(漢)나라가 들어서는 시기에

---

154) 원(元)나라 증선지(曾先之)가 편찬하고 명(明)나라 진은(陳殷)이 해석을 붙인 십팔사략(十八史略)에는 여와가 '복희의 딸이라고도 하고 누이라고도 한다.'고 쓰여 있다. 이 복희와 여와가 부부라는 이야기도 있는데, 아무튼 차이나 사람들은 이 사람들을 인간 세상을 연 인물들로 보고 있다. 그런데, 이 사람들의 이야기가 차이나의 서쪽으로 번져나갔던지, 중앙아시아에서도 고구려 무덤 벽에 있는 것과 비슷한 그림들이 발굴되고 있다.

만들어진 것이라고 한다. 차이나의 신화 또는 역사가 정리되지 않아서 차이나 사람들 자신도 복희씨, 여와씨가 어떤 인물인지 잘 모르는 시대였다.155)

동이족의 뼈대를 지켜 내려온 고리(高麗, 고구리)의 무덤에도, 역시 차이나 사람들이 자기들의 조상이라고 여기는, 복희씨의 뒤를 잇는 염제신농(炎帝神農)의 그림이 들어 있다. 복희와 여와, 염제신농은 차이나의 고대 삼황오제 가운데 삼황으로 일컫기도 하는 사람들이다.

그런데, 그런 사람들의 그림이 고리(고구리) 시기 무덤의 벽에 그려져 있다는 것은 무슨 의미가 있을까? 차이나의 위대한 인물을 숭상했기 때문이었을까? 천만의 말씀이다. 그때 무엇이 아쉬워서 차이나인을 끌어들였겠는가. 고리인들은 복희와 여와, 염제신농을 자기들의 조상이라고 여겼기 때문에 가능했던 일이다.

우리의 조상이나 방계 조상으로 여길만한 고대 韓족이 화족을 지배한 것이 자랑스럽다거나 지금의 화족에게 뻐기자고 하는 말은 절대 아니다. 그래봤자 그만그만하다. 우리가 지금 남아시아·동남아시아 등에서 온 사람들을 천시하고 구박까지 하는 몹쓸 짓을 많이 하는데, 멀리 올라가 봐야 겨우 3~4만 년 전에 갈라진 가까운 족속이며 형제다. 하물며 차이나 족속이야 갈라진 시기를 가려봐야 얼마나 올라가겠으며, 피 뒤섞여진 바가 많은데 다르면 얼마나 다르겠는가. 다만, 역사의 진행을 알아볼 수 있는 데까지 알아보자는 것이다.

차이나의 서·서북쪽 실크로드나 초원길을 타고 들어온 사람들이 늘어나고, 양자강을 거슬러 오른 사람들의 숫자도 많아지면서 동쪽을 압박해 들어오게

---

155) 강무학, 『한국인의 뿌리를 찾아서』, 「도서출판 청화」, 1989, 100쪽.

된다. 동이족, 곧 韓족을 동으로 밀어붙인 것이다.

상(商)을 무너뜨리고 주(周)를 세운 화족의 주류도 말을 동사와 목적어 순으로 하는 사람들이라고 볼 수 있는데, 이 주의 세력이 커지면서 동이족의 많은 사람이 화족으로 변하기도 한다.

족속의 규정은 주로 말(언어)로 한다. 지금 우리말과 비슷한 동이족의 말이 화족의 말에 먹힌 것이다. 화족이 쓰는 말의 강한 성조(聲調)156)도 큰 영향을 끼쳤으리라고 본다. 지금도 우리나라 경상도 말에 성조가 많이 남아 있는데, 성조가 거의 사라진 전라도 말과 경상도 말이 붙으면 전라도 말이 경상도 말씨로 기우는 것을 보면 알 수 있는 일이다.

주(周)의 힘이 꺾인 춘추전국시대는 청동기문화에서 철기문화로 바뀌어 가는 시대였는데, 생산력 확대에 따른 인구 증가, 경작지·영토 확장과 아울러 분권의 봉건 체제에서 집권, 소위 중앙집권 체제로 향하는 세몰이 속에 약육강식의 치열한 전쟁과 세력다툼이 차이나 땅을 휩쓸게 된다.

이 과정에서, 많은 동이족(韓族)이 또 크게 화족으로 바뀐다. 또한, 일부는 북로를 통해서, 일부는 바다를 건너 만주와 한대갑(韓大岬, 한반도), 일본으로 이동하여 먼저 자리 틀고 있던 족속과 섞이게 된다.

이후로도 차이나 안의 세력다툼에서 밀린다거나 먹고 살기 힘겨운 사람들이 살기 좋아 보이는 우리 땅을 향해 끊임없이 들어온다.

우리 한족이 서쪽 차이나 족속에게 밀리게 된 것은, 물론 차이나의 생산력이 높아진 원인도 있었겠지만, 고대 차이나의 전쟁에서 막강한 위력을 발휘하는, 말이 이끄는 전차부대가 서쪽으로부터 도입되고 발달하여 온 점을 보면

---

156) 음절 안에서 나타나는 소리의 높낮이. 단어의 뜻을 분화하는 변별적 기능을 가진다. 중국어의 사성 따위가 있다.

알 수 있을 것이다.

　우리나라에서 가장 수가 많은 김(金)씨도 그 연원을 흉노나 선비 쪽뿐만 아니라 차이나 쪽에 두어야 한다는 주장도 있고, 많은 성씨의 뿌리가 차이나인이었다고도 하는데 모두 다 거짓말이라고 하기에는 알맞지 않은 약간의 근거는 있다. 그렇다고 지금 우리가 쓰고 있는 차이나 성씨에 해당하는 모든 사람이 다 차이나인의 자손이라는 것은 아니니까 안심하셔도 된다. 그런데 사람이 이동하게 되면 문화라는 것이 입과 손발에 달라붙어 따라다니기 마련이다. 차이나 쪽 사람들의 우리 쪽 유입에는 상당히 많은 낱말이 동행하게 되었음을 짐작할 수 있다.

5. '선비'라는 말

　먼저 우리 『표준국어대사전』에서는 '선비'를 어떻게 해석하는지 살펴본다.
　「1」 예전에, 학식은 있으나 벼슬하지 않은 사람을 이르던 말.
　「2」 학문을 닦는 사람을 예스럽게 이르는 말.
　「3」 학식이 있고 행동과 예절이 바르며 의리와 원칙을 지키고 관직과 재물을 탐내지 않는 고결한 인품을 지닌 사람을 이르는 말.
　「4」 품성이 얌전하기만 하고 현실에 어두운 사람을 비유적으로 이르는 말.
　-어원-
　· <션븨 < 션비 < 용가 >

　『우리말 어원사전』에는 '선비'는 '학식은 있으나 벼슬하지 않은 사람'이라고 풀이하고 있는데, 어원은 알 수 없고, 션빅 (월인석보)에서 션븨(두시언해)

를 거쳐 션븨(교본 역대시조전서)로 변화하고, 다시 오늘날 선비로 정착되었다고 한다.157)

한글학회에서 지은『우리말 큰 사전』에는 '① 학식은 있되 벼슬하지 아니한 사람. ② 학문을 닦는 사람'으로 되어있다.158)

박숙희 선생은『우리말 500가지』에서 '심신 수련을 하여 일정한 경지에 오른 사람을 가리키는 고조선 시대의 호칭이다. 백제의 수사, 고구려의 선인, 신라의 화랑과 비슷하다'라고 가르쳐 준다.159)

또한, 금장태 선생은 '선븨'의 '선'은 몽골어의 '어질다'는 말인 Sait의 변형인 Sain과 연관되고, '븨'는 몽골어와 만주어에서 '지식이 있는 사람'을 뜻하는 '박시'의 변형인 '븨이'에서 온 말일 수도 있다고 한다.160)

다음은, 신채호 선생의 말씀을 들어보기로 하자.

우리 민족은 우주의 광명이 그 숭배의 대상이 되어 태백산(太白山)의 숲을 광명신이 사는 곳으로 믿었는데, 그 뒤 인구가 번식하여 각지에 분포하매 각기 그 사는 곳에 숲을 길러서 태백산의 숲을 모상(模像)하고, 그 숲을 '수두'라 하였다고 한다. 한민족이 살아왔던 여기저기에 태백산이 널려 있는 것을 보면 지당한 말씀처럼 들리기도 한다.

그런데, 삼한사(三韓史)에 보이는 '소도(蘇塗)'는 '수두'의 음역이고 '신소도(臣蘇塗)'는 '신수두'의 음역으로 여기에서 '신'은 최고 최상을 의미하는 것이었다고 한다. 또한, 수두는 작은 단(小壇)이요, 신수두는 큰 단(大壇)이니, 수두에 단군이 있었으니까 수두의 단군은 작은 단군(小壇君)이요, 신수두의 단군은 큰 단군(大壇

---

157) 김민석,『우리말 어원사전』,「태학사」, 1997, 578쪽.
158) 한글학회,『우리말 큰 사전』,「어문각」, 1992, 2282쪽.
159) 박숙희,『뜻도 모르고 자주 쓰는 우리말 500가지』,「서운관」, 1994, 50~51쪽.
160) 금장태,『유교사상의 문제들』,「여강출판사」, 1991, 115쪽.

君]으로 곧 '수두 하느님'이라는 것이다.

'선배(선비)'는 이두자로 '先人, 仙人'이라 쓴 것으로서 先과 仙은 '선'의 음을 취한 것이고, 人은 선배의 '배'의 뜻을 취한 것인데, 단군왕검을 '선인왕검(仙人王儉)'이라 함은 일종의 종교 단체화한 수두 교도를 '선배'라 일컫게 됨에 따라 그 우두머리를 그렇게 부르게 되었고, 제정일치 시대에 정치와 제사를 주관하는 선배들의 최고 책임자·대표자의 권능을 갖게 되었다고 한다.161) 단군 할아버지는 '우두머리 선배'라는 얘기다. 확증하기에 어려운 측면이 있기는 하나, 여러 사항을 종합하여 보면 그럴듯하다는 생각이 든다.

'선비'라는 말이 족속의 이름으로 활용되었다는 견해도 있다.
고대 남만주에서 몽골 지방에 걸쳐 살았던 유목민족 선비족(鮮卑族)이다. 이 선비족이 전국시대에 차이나에 자주 침입하고, 후에 흉노에게 멸망된 동호(東胡)162)의 후예라고도 한다.

『후한서』에는 선비산(鮮卑山)에서 부족이 살았다고 해서 선비족이라는 말이 유래되었다고 씌어 있다. 하지만 이 설명은 별로 믿을 만한 기록이 못 된다. 선비는 어떤 특정 민족을 가리키는 단어가 아니라 '학식이 뛰어나고 세상 이치에 밝은 사람'을 가리키는 유목민족의 말이었다. 따라서 선비산이라는 지명은 오히려 선비족이 사는 근거지가 되니 나중에 이름붙인 것으로 보인다. 선비족이 자신들의 종족명을 '선비'로 정한 바탕에는 "우리는 세상 이치에 밝은 사람들이다."라는 자긍심이 깔려 있었다고 여겨진다.

---

161) 신채호, 『조선상고사Ⅰ』, 「일신서적출판사」, 1990, 63~66쪽.
162) 동호(東胡) : 춘추시대에서 한(漢)나라 초기에 몽골고원의 동부에서 생활한 유목민족으로 뒤에 나타난 오환(烏桓)·선비(鮮卑)·거란(契丹)은 모두 동호의 후예라고 한다. 동호란 퉁구스의 음역(音譯)이라는 설도 있고 회(흉노)의 동쪽 족속이라는 뜻으로 보기도 한다. 그런데 우리 겨레를 이 동호에 집어넣어야 한다는 견해도 있다.

참고로 우리 '선비(士)'도 유목족 단어 본래의 의미와 같이 학식이 뛰어나고 세상 이치에 밝은 사람을 뜻하고 있으니 필시 모용씨가 신라의 왕이 되면서 갖고 들어온 단어인 듯하다.163)

『삼국사기』 고구려본기 제4 고국천왕 13년(191년)의 일로 재상 '을파소(乙巴素)'에 관한 기록이 있다. 을파소의 얘기 중에 '때를 만나지 못하면 숨고, 때를 만나면 벼슬하는 것이 선비의 마땅한 도리다(不遇時則隱 遇時則仕 士之常也). ……'라는 말이 들어 있는데, 여기서 '士之常也'처럼 '선비 士'를 썼다. 그런데 이때가 191년이다. 한자 '士'를 썼지만, 과연 이게 '선배'나 '선비' 등으로 불렸을까 하는 의구심이 인다. 또한, 일국의 재상이 자신을 '士'라 한 점도 의문이다.

『삼국사기』는 1145년경에 나온 책이다. 을파소의 일이 191년의 일이니까 1천 년이 지난 뒤의 기록이다. 의문이 일긴 하지만, 단지 '士'만 남아 있어 확실한 걸 알기는 어렵다. 그저 『삼국사기』가 나올 당시 '士'자를 썼다는 것만은 알 수 있다. 그러면서 우리말로 '선배'를 썼든지, '선비'나 '사내' 또는 '조의선인(皂衣先人)' 등을 썼으리라 짐작할 수밖에 없는 일이다. 여하튼 이후에도 남아 있는 것으로 봐서는 '선비 士'로 써왔다고 보는 게 무방하지 않을까도 싶다.

신라에서도 '선비'라는 말이 보통으로 쓰였다고 주장할만한 점이 있다. 신라시대 원광법사(圓光法師)의 세속오계(世俗五戒)가 있는데, 우리는 이것을 원광법사가 화랑을 위해 만들어 준 행동 지침이라고 여기고 있으며 화랑오계(花郞五戒)라고도 한다.

---

163) 장한식, 『신라 법흥왕은 선비족 모용씨의 후예였다.』「도서출판 풀빛」, 1999, 45쪽.

삼국사기나 삼국유사에서 세속오계가 나오는 대목을 보면, 귀산(貴山)과 추항(箒項)이 원광법사에게 종신지계(終身之誡)를 원해 원광법사가 세속오계를 가르쳐 주었다고 한다. 귀산과 추항을 화랑으로 여기고 그 세속오계를 '화랑오계'라고도 하는 것이다.

하지만, 여기에서 화랑이라는 말은 나오지 않고 '속사(俗士)', '사당군무퇴(士當軍無退)', '현사(賢士)' 따위의 '사(士)'로 기록되어 있다.164) 이를 살펴보면, '士'의 번역을 '화랑'으로 한 점은 잘못된 것만 같다. '선비'로 번역해야 하지 않을까? '세속오계'를 굳이 다른 이름으로 부르고자 한다면 '화랑오계'보다는 '선비오계'로 하는 것이 적절하지 않을까 싶다.

『삼국사기』에는, 원광법사의 '세속오계'가 나온 지 300년 가까이 흐른 신라 말기, 최치원의 난랑비(鸞郎碑) 서문 얘기가 실려있다.

> 최치원의 난랑비 서문에는 "나라에 심오하고 미묘한 도가 있는데 풍류라 한다. 교(教)를 설시한 근원은 『선사』에 자세하거니와, 실로 삼교를 포함한 것으로써 여러 백성을 접촉하여 교화시켰다. 또한 들어가면 집안에서 효도하고 나가면 나라에 충성함은 노나라 사구165)의 뜻이요, 자연 그대로 행하고, 말이 없는 가르침을 행함은 주나라 주사166)가 주장한 요지며, 모든 악한 짓을 하지 말고 착한 일만 받들어 행함은 인도 태자167)의 교화다"
>
> (崔致遠鸞郎碑序曰 國有玄妙之道 曰風流 設敎之源 備詳仙史 實乃包含三敎 接化群生 且如入則孝於家 出則忠於國 魯司寇之旨也 處無爲之事 行不言之敎 周柱史之宗也 諸惡莫作 諸善奉行 竺乾太子之化也)168)

---
164) 『三國史記』卷第四十五 列傳 第五. 『三國遺事』義解第五 圓光西學.
165) 사구(司寇) - 공자(孔子)를 이른다. 공자가 한때 大司寇의 벼슬을 했기 때문이다.
166) 주사(柱史) - 노자(老子)를 이른다. 노자가 주하사(柱下史) 벼슬을 한 일이 있다.
167) 석가모니

심오하고 미묘한 도인 풍류(風流)가 유·도·불 삼교(三敎)를 포함한다고 했다. 우리 고유의 '선사'에 자세히 나와 있다 했으니 이는 '선비'와 연관되고, 백성을 접촉하여 교화시켰다고 했으니 선비의 책무로 여기지 않았을까 싶다.

백제에서는 '선비'를 '수사(修士)'라고도 했는데, 수사가 곧 '싸울아비'요, 이 '싸울아비'라는 말이 일본으로 건너가서 혀가 짧은(?) 일본인들에 의해 '사무라이'로 바뀌었다는 말이 있는데, 아무래도 장난말처럼 들리긴 하지만, 그럴듯하다는 생각도 든다. 일본인들은 '士'나 '武士'를 '사무라이'로 훈역(訓譯)해서 읽기도 한다.

이상을 살펴보았을 때, 단군 할아버지를 비롯하여 '선비'는 고대로부터 나라의 제사를 주관하며 정치를 이끌어 가고 무사로써 전쟁에 앞장서기도 했는데, 문(文)의 비중이 무(武)보다 커지면서 '선비'라는 말이 점차 문사 쪽으로 기울게 되었다고 보아야 할 것이다. 그러다가 조선조에 이르러 '선비'라고 하면 무사를 이르기도 했지만, 주로 문사를 지칭하게 되었던 듯싶다.

오늘날에는 유학(儒學) 공부를 많이 한 사람, 학자, 대학 교수 등을 선비라고 하는데, 옛말이기 때문에 쓰기가 불편해선지, 아니면 조선조에 '공자왈 맹자왈' 하던 사람들이 주로 쓰던 말이라 입맛에 맞지 않아선지, 아니면 겸손해서 그러는지는 잘 모르겠지만, '사'자 붙은 말은 천연덕스럽게 잘 쓰면서도 정작 그 '선비'라는 말은 많이 쓰지 않는 편이다.

나라를 지키는 무인(武人)을 기르는 '사관학교(士官學校)' 등 군대에서는 이 '士'자를 많이 쓴다. 그러면서 '선비'라는 말을 잘 안 쓰는 걸 보면 좀 이상하기는

---

168) 『三國史記』卷第四 新羅本紀 第四 眞興王 三十七年.

하다. 우리말 가운데 가장 아름다운 말일 수 있는데도 그렇다.

6. 선비 사(士)

이번에는 차이나 쪽으로 눈을 돌려, 우리가 '선비'로 풀이하는 '士'를 살펴보기로 한다.

士는 『설문해자(說文解字)』에서 '일한다. 섬긴다. 수는 1에서 시작하여 10에서 끝난다, 1을 따르기도 하고 10을 따르기도 한다(士, 事也·數始於一, 終於十·從一, 從十.).'라고 했으니 회의자(會意字)로 본 듯하며, 공자(孔子)가 '열을 미루어 하나에 합하여 士가 된다(孔子曰：推十合一爲士).'라고 했다 한다. 그런데, 설문해자가 만들어질 당시에 그런 뜻으로 쓰였는지는 모르겠지만, 이 해석이 어쩐지 미덥지가 않다.

금문(金文)에는 이 '士'자의 그려진 모양이 '± ± ⊥'를 포함하여 대부분이 도끼처럼 생겨서 장작 패는 도끼인지 무사의 전투용 도끼인지 헷갈리기는 하지만, 아무래도 싸움질하는 무사의 도끼로 보는 것이 알맞을 성싶다. 이런 글자 옆에 화살처럼 생긴 글자가 더 붙어 같은 뜻을 나타내는 '⫯'는 그런 생각을 더욱 굳게 만든다.

여기에서, 순수 우리말이라고 알고 있는 낱말들 가운데 차이나에서 들어온 것이 많다는 것을 가르쳐 주는 음운학자 최영애 선생의 '션비 士'에 대한 얘기를 들어 보기로 하자.

갑골문(甲骨文)에는 '士'가 금문(金文)처럼 단독으로 쓰이는 예가 없고, 다른 글자에 '⊥'의 형태로 '𤕦 𤕧 𤘓 𤙎 𤚒'와 같이 첨가되어 수컷을 나타내게 되며, 金文에 도끼 모양을 한 '±'가 등장하는데, 처음에는 일반 계집에 상대되는 의미로 '士'를 쓰다가 점차 힘을 가진 귀족계급을 나타내게 되었다고 한다.

이러한 수컷 생식기 모양의 "⊥(士)"가 한반도로 전래되면서 독특하게도 이 글자의 음을 취하지 않고 글자의 자형을 풀이하는 방식으로 받아들여 "발기한 생식기"라는 뜻의 "션"이라고 받아들였으나, 그 뜻은 한자의 원래 뜻과 마찬가지로 여전히 "남자"를 나타낸다. 12세기 한국어를 나타내는 자료 『계림유사(鷄林類事)』169)에 "士"의 한국어음 표기가 "進"이며, 그 밑에 첨부되어 있는 反切은 "寺儘切"로 이 反切의 中古音價는 [sign]이다. 그 음이 한국어 "션"과 신기할 정도로 부합하는 이 예는 "士"의 한국어가 "션"이라는 것을 단적으로 나타내준다.170)

높은 학식을 가진 전문가의 견해는 학문의 진전과 아울러 많은 사람에게 학문에 대한 열의를 갖게 해주는 고마운 일이 아닐 수 없다. 그런데 여기에다, 초기 한자를 우리 韓족이 만들었다거나 차이나에서 한자가 들어오기는 했지만 고대의 한자음과 우리말에 공통점이 많았다는 설명을 붙인다면 얼마나 좋을까 하는 생각이 든다.

'士'의 현대 차이나음 '스(shi)'의 원음도 성기가 선다는 '선'이나 사내의 '사' 따위의 우리말을 거슬러 올라가 찾는 것이 더욱 정확하리라고 본다. 이해를 돕기 위해, 동이족 이야기를 약간만 다시 끄집어내기로 한다. 차이나

---

169) 계림유사 : 중국 송(宋)나라의 손목(孫穆)이 지은 백과서(百科書). 현재 단행본으로 전하지는 않으며, 明나라 때의 『설부(說郛)』와 淸나라 때의 『고금도서집성(古今圖書集成)』에 수록되어 있다. 당시(11~12세기) 고려인들이 사용하던 언어 353개를 추려 설명하고 있다.
170) 최영애,『도올논문집』(中國古代音韻學에서 본 韓國語語源問題),「통나무」, 1998, 305쪽.

산동성 지역 용산(龍山) 신석기문화의 주체세력을 동이족으로 보는 것이 보통인데, 그 문화 유적이 대만을 포함하여 남쪽 광동성으로부터 북으로 요녕성·요녕반도, 서로는 섬서성까지 분포되어 있다.171)

「고비 사막이 장애가 되어 중석기 시대에 북방에서 오는 사람들은 동부 몽고나 만주를 돌아서 중국 동북부로 들어왔다. 중국 안에서 발견된 가장 오래 된 세석기(細石器)는 후룬놀, 챠라이놀로서 그 북쪽 바이칼 호수 주변에서 쓰인 것과 별로 다르지 않다.」
이 (중국인 학자의)말은 그때까지 북방계 원시림 지대에서 짐승이나 물고기를 사냥해 먹으며 살아온 사람들이 이목과 농경이 시작되자 살기 좋은 남방으로 이동해 와서 중국 문화사의 시초가 되었다는 말이다. 동시에 일부는 만주를 거쳐서 한반도로도 이동해 왔다.172)

그렇다면, 반복되는 이야기지만, 북방어가 차이나어 형성에 지대한 영향을 미쳤을 것이다. 특히 고대의 초기 한자에 나타나는 북방 유목 생활의 양상을 비춰주는 많은 숫자의 낱말들이 이를 방증해 주고 있다.
그렇게 보았을 때, 우리말 가운데 차이나 말과 비슷한 낱말들이 있다고 해도 차이나 말만이 우리말에 침투되었다고 볼 수만은 없다. 오히려 초기에 많은 우리말(북방어와 남방어)이 차이나 땅에 들어가 차이나 말이 자리를 잡는 데 이바지했기 때문에 차이나 말과 우리말 가운데 비슷하게 쓰는 말들이 상당히 많다고 해야 할 일이다.

---

171) 李春植, 『中國古代史의 展開』 (仰韶·龍山의 유적지), 「신서원」, 1995, 20쪽.
172) 박시인, 『알타이 神話』, 「청노루」, 1994, 27쪽.

7. '글(契)'과 '서(書)'로 보는 한자(漢字) 얘기

글자는 말이 있고 나서 생겨난다. 한자가 그림글자로부터 비롯되었기 때문에 그 형상에 따른 해석만을 주로 하는데, 형성의 기원을 알아보려고 한다면, 문자 시대 이전에 어떤 말을 썼는지 살펴보는 것도 좋은 방법이 될 것이다.

물론, 고대 하나라의 다수가 화족이었다고 주장하고, 상나라 갑골문의 문장 구조가 화족의 언어 구조라서 다른 말 필요 없다고 할지 모르지만, 용산문화권의 분포를 살펴보면 그렇게 간단하게 넘어갈 일은 아니다.

한자나 한자음의 어원을 알아볼 수 있는 좋은 방법의 하나가 북방어와 우리 韓족 언어를 더듬어보는 것이다. 나아가 한자와 차이나어, 북방어, 우리말을 종합하면 더욱 확실한 동북아시아 언어의 기원을 찾을 수도 있을 것이다.

여기서 또다시, 우리말의 어원을 연구하는 전문 학자 한 분의 견해, '글'이 중국어 '契'의 차용어라고 하는 견해를 약간만 더 들어보고, 혹 우리가 쉽게 지나쳐버리는 부분은 없는지 살펴보기로 한다.

우선 '契'라면 '書契'를 생각하게 된다. 이것은 우리가 보통 생각하는 문자(중국으로 말하면 漢字) 이전 단계를 말하는 것이다. 上古 중국어에 있어서의 '契'의 첫째 뜻으로 Karlgren(1964)이 'script notches'를 들고 있음을 참고할 것이다. '契'는 말하자면 문자 이전의 문자로서, 문자의 原初라고도 할 수 있다.

이렇게 볼 때, 만약 '글'이 '契'에서 온 것이라는 拙見이 타당한 것으로 밝혀진다면, 우리 민족의 先祖가 '文'이나 '字'를 차용하지 않고 '契'를

차용한 것은 자못 중대한 의미를 지닌다고 하지 않을 수 없다.173)

   정확한 우리말의 기원을 밝혀내는 것은 아름다운 일이 아닐 수 없다. 그러나 차용어만 강조할 뿐, 현재의 우리 겨레와 비슷한 방계 조상들이 차이나 땅에 많이 들어갔기 때문에, 많은 차이나어음이 원래 우리말과 같았거나 비슷했다는 논리를 펴는 데는 왜 이렇게 인색한지 모르겠다.
   우리는 한자 '書'를 '글서'라고 하고, 문장을 '글'이라고도 한다. '글'이 '契(계, 글, 결, 설)'의 차용어라고만 한다면, 곧 '글'이라는 말이 중국에서 왔다는 이야기가 된다. 그렇다면 '그리다', '긁다', '긋다' 들의 말도 중국에서 왔을까? 그것은 분명 아니다. '契'은 한자 생성 초기에 생겨난 글자가 아니고, 후대에, 점을 치는 갑골(甲骨)에 글자를 새긴다는 뜻으로 쓰기 시작한 글자다.
   현대음과 고대음에 차이가 있겠지만, '契'에서 '그리다'가 나온 것이 아니라 오히려 우리말 '그리다' 따위에서 '契(글)'이 나왔다고 봐야 한다.
   '書'도 마찬가지다. '書'에서 '쓰다'가 나온 것이 아니라 우리말 '쓰다'에서 '書'가 나왔다고 해야 이치에 맞다. 북방족이나 동이족이 황하 유역으로 대거 밀려들어 갔다는 점은 인정하면서, 그들의 언어가 많은 한자음의 기초가 되었다는 점을 인정하지 못한다면 그것은 상당히 큰 문제가 아닐 수 없다.
   그렇다고 한자가 우리나라에 들어오면서 차이나 한자음을 전혀 따르지 않았다는 것까지는 아니다. 단지 초기 한자음 형성을 너무 소홀히 다루고 있지 않나 하는 의구심이 일어 지적해본 것이다.

---

173) 李基文, 『國語 語彙史 硏究』, 「東亞出版社」, 1991, 229쪽.

8. '선비 사(士)'의 진행

 아무튼, 중국의 '士'는, 처음에는 보통 남자를 칭했고, 다음으로 힘이 센 남자, 무사, 군대의 지휘자, 대부(大夫) 다음의 계층 부류를 나타낼 때, 벼슬아치를 칭할 때 써먹었는데, 공자와 맹자를 중심으로 유가 사상이 정립되는 과정에서 인격이 높고 학문을 닦는 사람으로 자리매김하여 내려오게 되었던 것으로 보인다.

 명대(明代)에 와서 신사(紳士)라는 말을 쓰게 되는데, 여기에서 신(紳)은 의관속대(衣冠束帶) 가운데 허리에 두르는 큰 띠를 가리키며 이 신(紳)을 두른 사람을 신사라고 하였다. 대체로 송대(宋代)까지는 사대부 따위로 부르다가, 명대에 와서 주로 신사라고 하게 된 것이다.
 신사의 구실은 시대에 따라 다소 차이가 있지만, 주로 관청의 뜻을 매개하기도 하고, 백성의 뜻을 대표하여 민중 폭동이나 기타 관에 항거하는 행동에 앞장서는 구실도 하였다.
 또한, 공공토목사업·교화·조세 징수·구호 따위를 맡아 하기도 하였는데 이것은 통치 권력이 그들에게 부여한 특권의 지위로 지방행정을 옆에서 돕는 일이라 하겠다.[174] 지금은 이 신사가 이러한 뜻보다는 문벌이 좋다거나 신분이 높은 사람을 뜻하는 영어 'gentleman'의 번역어로 더 많이 쓰인다고 보아야 할 것 같다.

---

174) 차주환·이장우, 『중국문화개관』, 「한국방송통신대학교출판부」, 1996, 373쪽

9. 선비 유(儒)

다음으로 '儒'를 살펴보기로 하자.

『설문』에는 '부드럽다(연약하다), 술사를 일컫는다(儒, 柔也, 術士之稱).'고 적혀 있다. 갑골문의 '儒'는 '🧍🧍🧍🧍🧍'처럼 왼쪽 'イ'이 없었는데 사람이 목욕하는 모습을 그린 듯도 하다. 상(商)대 금문에서도 왼쪽 'イ'이 없었으며, '🧍🧍🧍'처럼 '雨'가 위에 올라붙어 비를 맞고 있는 사람 같기도 하고, 기우제 지내는 모습을 그린 것처럼 보이기도 한다.

상고 원시종교에서 목욕재계하는 모습을 그렸고, 후대로 내려오면서 비가 내리기를, 또는 비가 멈추기를 비는 모습을 그린 것도 같은데, 아무래도 무당을 나타내는 그림문자인 듯싶다.175)

이 무당 패거리가 못된 짓을 자주 했는지(소인유, 小人儒), 역시 무당의 자손으로 보이는 공자, 주술적·신정적 종교주의로부터 인간 중심, 이성적 인문주의로 문명의 축을 바꾸려는, 또한 소인유를 군자유로 바꾸려고 노력한 공자에 의해 인격을 갖추고 학문을 익히는 집단의 뜻으로 바뀌기 시작한 것 같다.

고대에 '무당'을 나타내는 글자로 '聖'도 있다. 원래 '聖'은 '聲, 聽'과 같이 쓰던 글자다. 하늘의 소리나 귀신의 소리를 잘 들어서 전달하는 사람, 곧 무당의 구실이 여러 갈래로 분화하게 된 것으로 볼 수 있다.

여기까지 살펴보면, 참으로 재미있는 현상을 발견할 수 있게 된다. 현대 차이나음이 고대로부터 많은 변화를 겪어 왔겠지만, 士(shi), 師(shi), 需(xu), 聖(sheng) 따위가 우리 '선비'의 음 '선'이나 사내의 음 '사'와 연관이 있을

---

175) 徐中舒, 『甲骨文字典』, 四川辭書出版社, 1998, 879쪽.

것이라는 점이다.

고대의 우리나라처럼, 중국에서도 선비[士, 師, 需, 聖]가 통치자와 무당, 무사의 구실을 맡았는데, 하·상·주 고대 왕국을 세운 시조를 성인이라 칭한 것을 보면, 우리 단군 할아버지(우두머리 선비)의 상황과 비슷한 면도 있다.

내친김에 한마디 더 보태자. 우리말의 '스승', '스님'과 한자의 '師(shi)', '僧(seng)'이 모계사회의 무당, 특히 여성 무당이나 군장한테서 나온 말이라고도 하지만, '선비'와 비슷한 의미를 지녔다.

10. 유가(儒家)의 선비는 … ?

내 개인적인 얘기지만, 보통 사람들보다는 유학 공부를 조금, 그것도 아주 조금 더했다 해서 나를 '선비'로 불러주는 사람들이 좀 있다.

조선조가 국가 통치이념으로 '유학'을 앞세웠고, 유학의 윤리 도덕 개념이 사회를 지배해왔기 때문인지 지금까지도 유학 공부를 좀 한 사람을 '선비'로 부르는 경향이 있는 듯싶다. 하지만, 우리 역사 전체를 더듬어보면 유학 공부를 한 문사들만 '선비'라고 하는 건 부족한 면이 있다.

어떻든 나는 스스로 '선비'라고 생각해 본 적이 없다. 그저 '선비 지망생'일 뿐이다. 어쩌면 '선비'를 지망하는 것마저 모자란 듯싶기도 하다. 뒤돌아보면 잘못한 일이 부지기수고 후회스러운 언행들이 많았기 때문이다.

하지만, 지난 일을 어떻게 되돌릴 것인가? 반성할 건 반성하며 최선을 다할 수밖에 없지 않겠는가.

내 별칭 중의 하나가 '골목청소부'다.

지금까지 오랜 세월 해온 일이지만, 마지막 가는 날까지 계속해서 골목길을 청소하며 살고자 한다. 깨끗해지는 주위 환경을 보며 쾌감을 느끼고, 많은 사람과 어울려 살아야만 하는 사회생활에서 다른 사람에게도 그 쾌감을 나눠줄 수 있다는 기대에 즐기기까지 한다.

다른 이유도 있다.

옛날 서당에서 한문을 배우다 보면, 대부분 소학(小學)176)이라는 책을 공부했다. 그 서문 첫머리에 쓰기도 어려운 아주 복잡한 한자로 '灑掃應對(쇄소응대)'가 나온다. 아침에 일어나자마자 '물 뿌려 청소하고 인사 잘하며 응(應)하고 대(對)하는 법을 배운다.'라는 뜻일 것이다.

이 말이 나온 건 아주 옛날이었을 텐데, 겨우 여덟 살이 되면서부터 가르치고 배워야 했다니 개인 생활에서나 사회생활에서나 기본적인 일이라고 보았을 듯싶다. 나는 이 말이 적절하다고 생각해왔기 때문에 70세가 넘은 나이에도 따르는 것이다.

시간을 아껴 열심히 공부하여 큰 부를 차지하고 높은 벼슬을 하는 등 출세하는 것이 얼마나 좋은 일인가. 하지만 기본부터 하자는 것이다. 기본이 충실해야 바른 생각과 바른 행동을 하게 될 것이 아니겠는가.

내겐, '선비'라는 말을 하거나 쓰게 되면 먼저 떠오르는 분들이 있다.

임진왜란 때 문인이었지만 의병장으로 활동했던 집안의 윗대 할아버지, 그리고 독실한 기독교(천주교) 신자인 대한의군 참모중장 도마 안중근(安重根, 1879~1910) 장군, 다음으로 스승 봉산(蓬山) 안종선(安鍾宣, 1899~1992) 선생이다.

나는, 어려서부터 문필(文筆)을 위주로 공부했지만, 별도로 약간의 무예를

---

176) 송(宋)나라 주자(朱子, 朱熹)의 제자 유자징(劉子澄)이 주자의 지시에 따라 편찬한 8세 안팎의 아동들에게 유학을 가르치기 위하여 1187년에 편찬한 수양서.

닦으며 병법과 전쟁사 등도 공부해왔다. 강감찬 장군, 이순신 장군 등 문무를 겸전(兼全)한 역사상 훌륭한 선비들이 자랑스러운데, 그 가운데서도 가까운 시대의 사람이어선지 안중근 장군에게서 가장 큰 영향을 받았다. 비록 문필가로 살지라도 나라가 위난(危難)에 처했을 때 적과 싸울 수 있는 역량을 갖추고, 소중한 목숨을 바쳐서라도 적을 물리치고 나라를 지키는 자세, 이게 곧 선비의 자세가 아니겠는가 하는 생각 때문이었다.

봉산 선생은 내 젊은 시절에 가장 주목받는 유학자(儒學者)라는 평을 듣던 유림의 큰 스승이었다. 마침 한 고향이어서 선생께 가르침을 많이 받았는데, 선생과 관계된 '선비' 얘기를 좀 하겠다.

내가 스물네 살 때 1975년, 군대에 가게 돼서 봉산 선생께 인사를 하러 찾아뵙게 되었다. 연세가 팔십 가까이 되셨지만 정정하셨다.

"예(禮)·악(樂)·사(射)·어(御)·서(書)·수(數)라는 육예(六藝)가 있지 않나. 선비라면 당연히 배우고 갖추어야 할 덕목이지만, 자네가 군대에 가게 된다니까 그 가운데 '사(射, 활쏘기)'와 '어(御, 말타기)'에 관해 얘길 해보겠네.

요즘 사정으로 보면 총 쏘는 것과 자동차 운전하는 것으로 바꿔 적용할 수 있겠지? 시대 상황에 맞춰 의식과 행동이 변하는 것, 그것도 선비의 자세일 거야. 그렇다면, 옛날 선비는 활쏘기와 말타기를 잘해야 했지만, 오늘의 선비는 사격과 운전을 잘해야 하겠지."

논산훈련소에서 훈련을 받았다. 군대에서는 사격과 구보(驅步)가 군인의 기본기이기 때문에 그걸 잘해야 한다는 얘길 자주 들었다. 나는 구보(뜀박질)에는 자신이 있었지만, 사격은 처음이라 긴장이 되긴 했다. 그러나 선생의 말씀이 자주 떠올랐고, 교관의 가르침에 잘 따른 덕분인지 '기가 막힌다.'라는 소리를 들을 정도로 사격을 잘하게 됐다. 논산훈련소가 생긴 이래 지금까지 훈련병 중에서 나만큼 사격을 잘한 병사는 없을 것이라고 자신하는데, 글쎄다. 군 주특기가 행정 병과였지만, 이후 자대에 가서도 사격만큼은 걱정할 필요가 없었다.

어떤 복(?)을 타고났던지, 복무 부대를 이곳저곳 옮기며 자동차 운전뿐만 아니라 불도저, 페이로더 운전도 배워 곧잘 했다. 하지만, 나처럼 눈이 색맹(적록색약)인 사람은 면허증을 받을 수 없다는, 곧 운전할 수 없다는 소릴 듣고 이것저것 다 포기하고 말았다. 이후 운전면허에서 색맹 문제는 풀렸으나 또 다른 사정이 생겨 면허를 따지 않고 지금까지도 운전은 외면하고 살아왔다. 폭파 교육도 상당히 받았는데, 그것도 면허증 제도가 있다고 해 군침을 삼켰지만 눈 때문에 포기하고 말았다.

군 제대하고 고향에서 사업을 하던 서른 살 무렵이었다. 당시 고향 향교[177])에서 장의(掌儀)[178])를 맡아 하면서 연세 많으신 유학자들, 소위 유림에 끼어들어 배움을 늘려가던 중이었다.

어느 날, 멀리서 살던 우리 군(郡) 유도회장(儒道會長)이 그의 친구인 장의(掌儀) 한 사람과 갑자기 내 사업체에 들렀다. 연세가 다 육십은 넘었을 것이다.

봉산(蓬山) 안종선(安鍾宣) 선생께 같이 가자고 했다. 그런데 선생 댁을 모르는 바도 아니고 왜 꼭 나와 같이 가자고 하는 게 이상하긴 했지만, 길을 나서서 연세 팔십이 훌쩍 넘은 선생 댁에 들어갔다. 선생과 유도회장은 연세가 십 년 넘게 차이가 났을 듯싶었는데, 선생의 부친 회봉(晦峰) 안규용(安圭容,

---

177) 고려와 조선 시대의 지방에서 유학을 교육하기 위하여 설립된 관학 교육기관이다.
178) 장의(掌儀) : 향교의 전교(典校)를 도와서 각종 업무를 수행하는 사람이다.

1873~1959) 선생께 함께 공부한 사이였지 않았나 싶었다.

서로 인사가 끝나고 봉산 선생께서 유도회장에게 먼저 말을 꺼냈다.

"전교(典校)179)를 선거로 뽑는다고?"

약간 화가 섞인 것처럼 들렸다.

"예, 죄송합니다."

유도회장의 목소리는 그야말로 큰 죄인이라도 된 듯 속으로 기어들었다.

"선비가! 어찌 자리를 놓고 다툰단 말인가?"

"잘못했습니다. 제가 그만두겠습니다."

긴 변명이 필요 없었다. 몇 마디로 끝이 났다.

무슨 일인지 상황을 좀 알아봤다.

나는 향교의 장의를 맡고 있었지만, 자주 참여를 하지 못해 향교 돌아가는 사정을 잘 모르고 있었는데 전교의 임기가 끝나게 됐던지, 어떤 다른 이유가 있었던지 여하튼 새로운 전교를 뽑게 됐단다.

유도회장이 전교가 되는 게 관례였는데 갑자기 어떤 다른 사람이 전교를 하겠다고 나서며 혼란이 온 것이다. 당시 지방에서 유림 출입을 하는 사람이라면 누구나 해보고 싶은 자리가 유도회장, 다음이 전교였을 것이다. 그만큼 영예로운, 어떤 사람에게는 국회의원 자리 정도와 바꿔 준다 해도 싫다고 할 수도 있는 자리였다.

결국 선거를 치르게 되었는데 이 소식을 봉산 선생이 듣게 됐다. 그래서 유도회장을 부르게 된 것이다. 유림의 큰 어른이고 스승이기도 한 봉산 선생에겐 도(道)와 덕(德), 예의염치(禮義廉恥) 등을 다퉈야 할 '선비'가 자리를 놓고 다투며 선거까지 치르게 됐다는 게 적절치 않다고 본 듯했다.

---

179) 전교(典校) : 지방 문묘를 수호하는 한편, 지역사회의 윤리문화 창달을 위하여 활동하는 향교의 총책임자.

유도회장이 선생 댁엘 꼭 나와 같이 가자고 했던 건 선생께 꾸중 맞는 게 두려워서지 않았을까? 젊은 사람을 구경하기가 어려운 당시의 유림사회에서 나는 어른들께 상당히 이쁨을 받는 편이어서 내가 곁에 있으면 선생의 꾸중이 좀 덜하지 않겠나 하는 기대가 있었을 것으로도 보였다.

봉산 선생의 얘기가 나돌고, 전교를 하겠다며 나선 다른 사람이 오히려 자신이 잘못했다며 포기하게 됨에 따라 유도회장이 전교를 맡게 되었다고 들었다.

"선비가!?"

유림사회에서 가장 무서운 말이 이 "선비가!?"가 아닌가 싶다. 맨날 '공자왈 맹자왈' 하며 살아도 완벽하게 잘만 하고 살 수는 없는 일, 잘못을 저지르면 듣게 되는 이 말의 아픔이 '선비'를 자처하는 사람이라면 그 정도가 더욱 클 것이다. 아무리 사서오경(四書五經)을 달달 외워 꿴다 해도 행실에서 문제가 있다면 어찌 '선비' 대접을 받을 수 있겠는가?

이런 건 유림사회만의 일은 아닐 것이다. 기독교 사회에서도 "목사가!?", "신부가!?" 하는 소리를 듣는다면 큰 욕이 될 것이다. 하지만, 목사나 신부는 신도들을 천국으로 이끄는 게 가장 큰 목적이라 할 수 있겠지만, 선비는 현실 사회의 행실을 중시하여서 그 의미에는 차이가 있지 않을까 싶다.

홀로 있을 때도 도리에 어그러지는 일은 하지 않고 삼간다는 뜻인 '신독(愼獨)'이라는 말이 유학을 공부하는 사람들에게 중시되는데, 어쩌면 이것도 너무 무서운 말 같기만 하다.

사람이 사회생활을 하다 보면 아무리 잘못을 저지르지 않고 살려 해도 완벽하게 잘만 하고 살 수는 없다. 잘못을 저질렀을 때 그걸 깨닫고 인정하며 정직하게 사과하고 마땅한 처분을 받는 것도 선비의 자세일 것이다.

대의민주주의 제도를 시행함에 따라 정치인 선거가 계속 늘어난다. 수많은 후보자가 나서며 모두 다 자기가 적임자라고 한다. 부와 권력 명예(?) 등을 얻기 위해 나서는 건 절대 아니라고들 한다. 봉사와 사명 의식을 앞세운다. 하지만, 임기가 끝나고 보면 딴판의 결과가 대부분이다.

그런데 경쟁에 나선 그 후보자들, 경쟁 상대가 자신의 능력보다 앞선다는 생각은 해보지 않는 걸까? 그렇게 얘기하며 뒤로 물러선 후보자를 본 일이 없어서다. 하지만, 분명히 경쟁 상대의 능력이 자신보다 앞선다는 걸 알고 있는 사람이 있을 것이다. 그러나 자신의 욕망이 두뇌를 마비시키고 눈과 귀를 가린다.

부와 권력, 명예 등을 찾는 건 인간의 본능이다. 하지만, 인간 사회라는 게 본능대로만 살 수는 없다. 본능을 억제하고 협력하여 살아왔기 때문에 인류를 만물의 영장이라고 일컬을 정도로 끌어왔고 오랜 기간 지속되어 왔다. 특히 남들 앞에 나서고 남들을 이끌어 가고자 하는 사람이라면 남들보다 더 강한 억제력을 발휘해야 하지 않을까 싶다.

오래전 일로, 대학교수들이 '우리 역사상 가장 뛰어난 재상'으로 고리(고구리)의 고국천왕 시기 '을파소(乙巴素)'를 꼽았다는 언론 보도가 있었다.

고국천왕 13년(191년), 나라에 모반이 있었고 왕이 이를 평정하면서 애를 많이 먹었던지 새로운 인재를 찾으면서 을파소가 등장한다.

"이제 너희 4부는 각기 현명하고 어질면서도 [지위가] 낮은 데 있는 자를 천거하여라."라고 하였다. 이에 4부가 함께 동부(東部)의 '안류(晏留)'를 천거하였다. 왕이 그를 불러 국정을 맡기려 하자 안류가 왕에게 말하여 아뢰기를, "미천한 신은 용렬하고 어리석어 진실로 큰 정치에 참여하기에 부족합니다. 서압록곡(西鴨淥谷) 좌물촌(左勿村)의 을파소(乙巴素)라는 자는 유리왕 때의 대신인 을소(乙素)의 손자인데, 성질이 굳세고 의지가 강하며 지혜와 사려가 깊지만, 세상에서 등용되지 못하고 힘써 농사지어 자급하고 있습니다. 만약 대왕께서 나라를 잘 다스리고자 하신다면 이 사람이 아니면 안 될 것입니다."라고 하였다.[180]

왕 다음으로 가장 큰 권력을 갖는 재상 자리를 차지해 선정을 베푼 을파소도 훌륭하지만, 자신의 능력을 알고 자신보다 더 뛰어난 능력을 갖춘 사람에게 그 좋은 자리를 양보한 '안류'라는 사람도 대단히 훌륭한 사람이라 해야 할 것이다.

옛날 차이나 노(魯)나라의 계강자(季康子)라는 인물이 공자(孔子)에게 '정치'가 무엇인지를 물었다. 이에 공자는 '정치는 바르게 하는 것(政者, 正也)'이라고 대답했다. 2천5백 년 전 얘기라서 고리타분하다 할지는 모르겠지만, 바른 얘기가 아닐까? 특히 멀쩡하던 사람도 정치물을 먹게 되면 괴상하게 변질하는 우리의 정치환경에서 소위 정치인이라고 하는 사람들이 곱씹어 보아야 할 말이지 않을까 싶다.

옛날보다 더욱 복잡한 현대사회에서 정치를 하거나 관리 생활 또는 회사나 집단의 중요한 직무를 수행하다 보면 뛰어난 능력이나 도덕성을 갖췄다는 사람도 실수를 저지르는 경우가 있을 것이다.

그럴 때, 자신의 실수를 인정하고, 벌을 받아야만 하는 일이면 벌을 받으며 사회적 처분에 맡기는 자세를 가져야 할 것이다. 그게 남 앞에 나서는 사람의 자세가 돼야 한다. 곧 선비의 자세다.

나라의 운명을 결정하는 정치는 협잡(挾雜)이나 권모술수(權謀術數)의 경쟁이

---

[180] 『삼국사기』 고구려본기 제4 고국천왕 13년(191년).

아니다.

11. 『예기(禮記)』'유행(儒行)'과 『사소절(士小節)』

사서오경(四書五經)181)가운데 '예기'가 끼어 있다. 그 안에 또 '유행' 편이 들어있는데 '선비'의 행동에 관한 여러 가지 얘기로, 노(魯)나라 애공(哀公)이 묻고 공자(孔子)가 답하는 형식의 글이다. 유학을 공부하는 사람들의 지침이나 규범이 되지 않나 싶다. 특히 유학이 사회의 틀을 짓는 조선조 유학자들에게 중시되지 않았을까 하는 생각도 든다. 이게 2천5백 년 전 농경사회에서 있었던 일이라는 걸 고려하면 좋을 것 같다. 그 가운데서도 몇 구절만 옮겨본다. 나의 스승 중 한 분인 송담(松潭) 이백순(李栢淳) 선생의 해석182)을 알아먹기 더 쉬울 듯한 말로 약간 고쳤다.

"선비는 금과 옥을 보배로 여기지 않고 충의와 신의를 보배로 여기며, 토지를 바라지 않고 의로움을 세우는 것으로 토지를 삼으며, 재물 많이 쌓는 것을 바라지 않고 학문 많이 닦는 것으로 부를 삼습니다."

"선비는 충의와 신의로 갑옷과 투구를 삼고, 예의와 의로움으로 방패를 삼으며, 인(仁)을 머리에 인 듯이 하고 지내며, 의로움을 가슴에 품은 듯이 처신하며, 비록 난폭한 정치가 있을지라도 지키는 바를 바꾸지 않으니 그 자립함이 이와 같은 사람도 있습니다."

---

181) 四書(論語 · 孟子 · 大學 · 中庸) 五經《詩經 · 書經 · 易經 · 春秋 · 禮記), 유학 교육의 가장 핵심적인 책이다. 송나라 시기에 확립된 정주학 이전에 이미 고전이 되었고, 사서 중 대학과 중용은 예기의 일부를 발췌한 것이다. 백제가 오경박사를 일본에 파견하였다는 기록이 있다.
182) 松潭 李栢淳, 『禮記解 下』, 學民文化社, 2007.

"선비가 요즘 사람과 더불어 살면서도 예전 사람을 헤아려서 그 행동이 후세에 모범이 되게 하며, 마침 세상을 잘못 만나 임금은 끌어올려 주는 것이 없고 아랫사람들은 밀어주지 않으며 헐뜯는 사람들이 무리를 지어 위태롭게 해도 몸은 비록 위태롭지만 그 의지는 빼앗을 수가 없으며, 비록 사는 것이 위태로울지라도 결국 자신의 의지를 믿어서 오히려 백성들의 어려움을 잊지 못하니 그 근심 걱정을 이렇게 하는 사람도 있습니다."

보통 사람도 이렇게 산다면 얼마나 좋겠는가? 하지만, 너무 거창한 듯해서 선뜻 동의하기는 쉽지 않을 것도 같다. 그러나 사회의 지도자가 되겠다고 나서는 사람, 벼슬을 하겠다는 사람, 백성의 세금을 받아먹으며 사는 사람 등은 자신의 마음가짐과 능력을 잘 살펴서 이런 자세를 갖고 살아야 하지 않을까?

우리나라 선비의 사소한 예절은 어떠해야 하는지를 나타낸 글이 있다. 조선조 영·정조(英·正祖) 때의 아정(雅亭) 이덕무(李德懋, 1741~1793) 선생이 쓴 『사소절(士小節)』이다. 도덕적 수양을 위하여 가져야 할 마음가짐과 몸가짐에 대한 행동규범을 엮어놓은 수신서다. 그 가운데서 선비의 성품과 행실은 어떠해야 하는지를 나타내는 몇 구절을 이동희 선생이 편역한 책에서 따 옮긴다.

어버이를 사랑하고 어른을 공경하며, 본심本心을 간직하고 착한 성품을 함양하며, 학문을 부지런히 하고 욕심을 절제해야 한다. 그리고 의관衣冠은 반드시 정제하고 걸음걸이는 반드시 신중히 할 것이며, 말은 경솔하고 야비하게 하지 말고, 앉고 서는 것은 절도 없이 제멋대로 하지 말 것이며,

일을 하는 데에는 공경恭敬으로써 하고 처신하는 데에는 경우 바르게 할 것이며, 허위虛僞를 지어내지 말고 남과 다투지 말 것이다. 그리고 착한 말을 들으면 신분의 비천을 따지지 말고 복종해야 하고, 과실過失이 있으면 조금도 기탄없이 고쳐야 한다.183)

훌륭한 성인군자나 뛰어난 학자일수록 자신의 의사를 표현하거나 남을 가르칠 때는 그 시대에 맞는, 대부분이 알아먹기 쉬운 말을 쓴다. 이덕무 선생의 이 글도 그 시대에 맞는 말로 썼을 것이다. 아주 엉망인 상태의 사회상황이었다면 결코 이런 글을 쓸 필요도 없고 그냥 멋으로 쓰지도 않았을 것이다. 곧 이런 글이 고개를 끄덕일 만한 것이었기에 썼을 것이다. 조선조 사회가 이 정도의 얘기는 먹혀들 수 있는 사회였다는 것이다.

하지만, 광복 이후에 이어져 왔던 조선조에 대한 비판은 악독한 침략자를 비난하는 수준이다. 성리학 또는 양반 위정자들이 망친 나라가 조선이라고 주장한다. 일제 침략자들이 자기들의 침탈을 정당화하기 위해 우리 백성의 눈과 귀를 가리고 조작하는 방법이다. 물론 비판받을 일들이 많았다. 그러나 어찌 오늘날의 잣대를 들이대며 조상을 그토록 비난만 해야 하는가?

조선조 세종 때의 일을 약간만 짚고 넘어가자.
관가의 노비가 아이를 낳게 되면 출산 전 1개월, 출산 후 100일의 휴가를 주도록 했다. 그 남편에게도 30일의 휴가를 줬다. 여자들이 남자 의원에게 병을 치료받는 것을 부끄럽게 여긴 나머지 치료를 받지 못하고 죽는 경우가 있어서 부인병 치료를 위해 여의(女醫)를 양성하게 했다. 불공평한 조세제도를 개선하기 위해 새로운 조세제도인 공법(貢法)의 도입 여부를 결정하기 위해

---
183) 이덕무 저, 이동희 편역, 『사소절』, (사)전통문화연구회, 2018, 27쪽.

17만여 명의 찬·반 여론을 수렴하는 여론조사를 실시했다.[184]

12. 우리 '선비정신'의 행로

　김영삼 전 대통령이 정권을 잡으며 '문민정부'라는 말을 쓰게 되었다. 그 발상이 어설프고, 문민(文民)이라는 말이 일본에서는 써먹었지만, 우리 입맛에는 맞지 않은 말인데, 뭔가 보여주는 바가 있긴 했다.
　무인이 총칼로 정권을 거머쥐고 흔들어대던 시대를 마감 짓고, 문인이 그 구실을 대신하게 되었다는 것을 만천하에 알리며 어깨에 힘을 주고 싶었을 것이다. 시대에 따라, 힘의 중량에 따라 무인과 문인이 번갈아 가며 정권을 잡고 상대를 억눌러 왔던 우리 역사의 한 과정처럼 보이기도 한다.

　고조선과 부여, 삼국 등의 전개 과정에서 세력다툼이 크게 일며 전쟁 잘하는 사람의 세력이 커짐에 따라, 사제와 통치의 기능을 수행해 왔던 선비의 임무가 분화한다.
　불교가 각 나라에서 위세를 떨치며, 국가의 사제기능은 승려가 떠맡게 되고, 민간의 사제기능 일부는 승려가, 일부는 무당이 담당하게 되니 사제기능도 분화한다. 나라가 커지고 문화가 발달하면 무인만으로는 그 체제를 유지해 나가기가 어렵다. 차이나의 선진문화가 밀려들며 차이나에서 자리 잡은 통치이념의 유학을 삼국에서도 받아들이고 문사가 맡는 일이 커짐에 따라 선비가 유학을 담당하는 문사로도 분화한다.

---

184) 안형환, 『국경을 넘은 한국사』, 김영사, 2015, 230~236쪽.

왕씨고리(고려)가 후삼국을 통일하는 과정에서 무인이나 문인이 모두 다 힘을 발휘하게 되지만, 통일을 이루고 안정세에 접어들어서는 문인이 권력을 잡고 무인을 깔아뭉갠다. 당하고만 지내던 무인들이 정변을 일으켜 정권을 잡아, 몽골의 침략을 받아 항복하기까지 약 1백 년간 영화를 누리다가 다시 문인들에게 주도권을 물려주게 된다.

　국권을 제멋대로 흔들어대던 무인들도 마찬가지지만, 주도권을 잡은 이 문인들 역시 '선비'라고 부르는 것은 차마 못 할 일인 듯싶다. 소위 권문세족이라 불리는 이들은 국권을 원에 농락당했음에도 조선조 말의 매국노나 숭일파 인사들처럼, 그 원의 세력을 등에 업고서 부와 권력을 제멋대로 휘둘러 민생을 어렵게 만들었다.

　더군다나 사찰의 승려들까지 이에 가세하니 나라는 깊은 수렁으로 빠져들고 만 것이다. 국부가 거의 한정된 마당에, 그 부를 착취하고 자주 국권을 포기한 사람들을 어찌 선비라고 불러줄 수 있겠는가?

　썩은 세태를 바꿔보고자, 또는 부와 권력 등을 얻어내고자 이들의 대항 세력으로 나타난 사람들이 새로운 유학, 곧 성리학을 받아들여 나라의 통치이념으로 삼고자 했던 신진 사대부들이다. 거기에 더해 외적의 침략을 막으며 군권을 쥐게 되어 권력의 실세로 등장한 무인들이 있었다. 신진 사대부와 무인들이 결탁하여 결국 왕씨고리(고려)를 뒤집어엎고 조선조를 창건하기에 이른다.

　그러나 일부 무인과 신진 사대부들은 역성혁명까지는 용인하지 않게 되는데, 그런 최영(崔瑩)과 이색(李穡), 정몽주(鄭夢周), 길재(吉再) 등이 이후 조선조에서 '충의'와 '선비정신' 구현에 본보기가 되었다고 하는 점은 야릇한 일이라고 아니 할 수 없을 것이다. 물론, 왕조를 지켜내고자 한 왕권의 부추김이 있었을 법도 하지만 말이다.

　조선조에 다시 안정기가 찾아오면서, 정사와 국가의 사제기능을 이 문인들이 떠맡게 됨에 따라, 일반 백성의 생활에는 가족 내부의 사사로운 사제기능과 승려의 종교기능, 무속인의 토속신앙 기능으로 각각 분화하게 된다.
　이후 문사, 특히 조선조 통치이념이 되었던 유학을 익힌다거나, 그것을 바탕으로 벼슬길에 나아가 제 뜻을 펼쳐보고자 했던 사람들을 주로 '선비', '儒', '士'로 부르게 된다.
　자신을 '선비'라고 하는 사람도 많았는데, 이상형으로 '성인'과 '군자'를 두고 있었기 때문에 최상의 인격자를 가리키는 말은 아니라고 생각했던 듯하다.

　　고려 시대에는 지배층을 구성하는 모집단, 즉 문사·무사·사제집단을 우리말로 어떻게 불렀는지 확실히 알 수 없으나, 조선 초기에 한글로 표기된 자료에 기초하여 유학에 바탕을 둔 문사 집단을 '선비'라 불렀고, 불교에 바탕을 둔 사제집단을 '스님'으로 불렀다는 것, 그리고 무속에 바탕을 둔 사제집단을 '화랭이', 그리고 무업에 바탕을 둔 무사 집단을 '한량' 등으로 불렀음을 알 수 있다. 이들 중에서 선비와 한량과 화랭이는 삼국시대의 화랑제도와 직접적으로 연관되어 파생되어 나온 낱말임을 짐작할 수 있다.185)

　'선비'라는 우리말 표기는, 물론 하나 마나 한 말이겠지만, 훈민정음이 제정된 다음의 일이다. 그러나 앞서 나온 바와 같이 『계림유사(鷄林類事)』에

---

185) 최봉영, 『조선 시대의 유교문화』, 「사계절」, 1997, 43쪽.

한자로나마 그 음이 나와 있고, 훈민정음이 제정될 당시 '선비'라는 말이 있었던 것을 보면 고대부터 그 말이 맥을 이어왔다는 것을 생각해 볼 수 있다.

그렇다면 조선조에서 '선비'는 과연 어떤 사람들이었을까?
『훈몽자회(訓蒙字會)』에 들어있는 '수도공학왈유(守道攻學曰儒), 곧 도덕(도리)을 지키고 학문에 힘쓰는 사람'이 그 답이 되어 준다고 본다. 요즘 말로 '인격을 갖추고 학문을 익히며 그 언행이 타의 모범이 되는 사람'이라고 풀이하면 적절하지 않을까 싶다. 조선조의 양반이나 현대 학자 등이 비슷한 뜻을 갖는다고 할 수도 있지만, 그 말맛은 약간 다르다.

그런데, 조선조의 선비는 나라가 어려움에 당했을 때 목숨을 내걸고라도 구제하지 않으면 안 된다고 인식했던 것 같다. 그러한 선비정신 발현의 좋은 예 하나로 임진왜란 때의 행위들을 들 수 있다. 글공부만 하던 나약한 서생들, 살생을 지극히 싫어하는 승려들이 창·칼을 손에 들고 나라를 지키겠다고 의병으로 일어섰으니, 바로 선비정신의 구현이라고 할 수 있을 것이다.

산업이라고는 농업이 대부분을 차지하는 조선조에, 학문하는 문사들이 벼슬길에 올라야 자기의 뜻을 펼치기도 하고 이름도 드날리며 부귀영화를 누릴 수 있었을 터인데, 그렇다고 모든 문사를 다 벼슬살이시킬 수도 없었으니 벼슬하는 사람은 하고, 벼슬 못한 많은 문사는 포의(布衣)니, 처사(處士)니 하는 소리를 들으며 지역에 남아 윤리·도덕의 지도자로, 시대의 지식인으로, 복잡한 문제를 해결해 주는 해결사로, 한문과 유가 사상을 가르치는 선생으로, 그러다가 운이 좋으면 벼슬길에 나아가는 관료로서 나라를 이끌어 가는 주도 세력이 된다.

오늘날에도, 자기들을 선비로 자처하는 집단, 특히 유림사회에서 "선비가 어찌 그런 짓을 할 수 있는가?"라는 비판을 받게 되면 완전히 매장이 되어버릴 정도인데, 조선조에서 어떠했을지는 가히 짐작되고도 남음이 있다. 조선조 지도 세력을 무슨 사기꾼 집단처럼 여기는 사람들이 많은 것 같은데, 깊이 성찰해 볼 필요가 있을 것이다.

일제가 침략해 들어오고 우리나라를 난장판으로 만들게 되자, 충군보국을 제대로 하지 못했다는 자책에 싸여 어떤 이는 자결하고, 어떤 이는 광복운동에 나서고, 어떤 이는 신학문을 익히지 않고 벼슬까지도 마다한 채 초야에 묻혀 살게 되니 『우리 말 큰 사전』처럼 '선비'는 '학식은 있되 벼슬하지 아니한 사람'이라는 말이 나오게 되었다. 그러나 이 해석이, 우리 역사 전체를 관찰했을 때는 합당하다 할 수가 없다.

13. 양반과 선비

앞에서 양반과 선비의 말맛이 다르다고 했는데, 선비와 양반은 분명 다른 말이다. 양반이 아니라도 선비가 될 수 있었다. 그러나 양반이라 해서 무조건 선비가 되는 것은 아니고 선비 대접을 받는 것도 아니었다. 그러나 양반이라면 당연히 선비 대접을 받고자 했을 것이고 그에 걸맞은 언행을 하고자 했을 것이다. 그것은, 지금까지도 행동이 바르고 도덕성이 가득한, 곧 '선비' 같은 사람을 일컬어 '그 사람, 역시 양반이야.' 하는 말이 남은 것을 보면 알 수 있는 일이다. 어떤 양반의 언행이 '선비'의 언행에 견줄만한 정도가 된다는 뜻이기도 하다.

하지만, 일제 침략기를 거치고 서양 교육을 많이 받으며 우리 역사와 문화를 비하하고 매도하면서, 조선조의 양반을 그저 상민들의 피나 빨아먹는 귀신(흡혈귀)처럼 여기게 됐다.

그런데 이상한 점은, 개개인은 자기 조상이 다 양반이고 나라와 겨레를 위해 좋은 일만 했다고 주장하는 것이다. 그것은, '너 상놈의 자손이지?' 한다는 것은 자기 초상날 잡아놓고나 할 수 있는 말이라는 점이 증명해준다.

그러면서도 우리 조상을 통틀어 이야기할 때는 모두 잘못된 쪽만 주장한다. 나아가, 양반이 지배한 조선조는 사람이 살 수 없었던 나라로, 사대주의에 찌들고 당파싸움으로 자고새는 피비린내 나는 나라로밖에 인식하지 못하게 만들었다. 일제와 서양 세력, 우리 문화를 깎아내리고 그들의 사상과 인식을 추종하고 찬양하기에 바쁜 사람들에게 세뇌된 것이다.

물론, 양반이라 해서 모두 다 제구실을 잘했다고 보기는 어렵다. 그래서 '양반이면 다 양반이냐?' 하는 말이 있다. '양반이 양반다워야 양반'이라는 뜻이다.

하지만, 양반이 그렇게 못된 짓만 골라 했던 사람들이었다면, 어찌 벼슬이나 재산과 관계없이 도덕성으로 가늠하는 그런 말들이 지금까지도 남아 있으며, 한 왕조가 5백 년이 넘도록 유지됐겠는가?

또한, 보통의 집을 부를 때 쓰는 택호(宅號)를 어찌 '서울양반댁', '부산양반댁' 따위로 했을 것이며, 혼례를 치른 어른을 부를 때 '대전양반', '광주양반'들로 했을 것인가. 이것이 꼭 신분 상승을 추구하는 마음의 발로라고만 하고 말 일이겠는가?

조선조 사회를 양반과 상민이 철저하게 구별된, 양반들이 상민들을 괴롭히기만 한, 그야말로 양반들을 '쳐 죽일 놈들!'이라고 해야 할 정도의 사회로 먹칠하는 사람들이 많다. 곧 양반이 아니면 제대로 숨 쉬며 살 수가 없었던 나라쯤으로 믿을 수밖에 없게 만드는 것이다. 물론 차별이 없을 수는 없었을 것이다. 하지만, 지금 우리가 이해하고 있는 정도는 결코 아니었다. 조선왕조 정치이념의 핵심은 민본(民本)사상이었다. 민본사상이 무엇인가? 백성을 나라의 근본으로 삼는다는 것이 아닌가. 그런 나라에서 상민이라고 무조건 무시하고 비위에 약간만 거슬려도 곤장을 치고 목을 날리기만 했겠는가. 동시대의 다른 나라들이 어떠했는지를 살펴보고 나서 매도를 해도 늦지 않을 것이다.

지금도 신분 상승의 길로 고관대작을 꿈꾸는데, 산업생산이 제한을 받았던 그 시대에는 벼슬이 신분 상승의 첩경이었다.

벼슬은 과거제도를 통해 이루어지게 되었는데 지금 우리가 알고 있듯이 양반들만 과거나 벼슬에 나간 것은 아니었다. 신분이 낮은 사람도 얼마든지 관직에 진출할 수 있었다. 조선 시대 전체 문과 급제자 1만4,615명 중 5,221명, 곧 36%가 낮은 신분 출신이었다[186])는 점을 보면 무조건 양반들만이 활개 치고 사는 세상은 아니었다.

외세의 침략도 더듬어보자.

> 한국은 전통 시대에 지구상에서 가장 전쟁을 적게 겪은 나라였다. 동아시아 전체의 모든 전쟁 통계를 집계하면 현대까지 포함해 한국은 고대 이래 전체 전쟁의 숫자에서 중국의 약 7.5분의 1, 일본의 6.5분의 1, 전쟁 발발 주기에서 중국의 7의 1, 일본의 8분의 1에 달할 만큼 전쟁이 거의 없었다. 한국은 두 세대에 한 번씩밖에 전쟁이 없는, 세계사에서 이례적인 평화 지역이었다.[187]

---

186) 한영우, 『과거, 출세의 사다리』, 지식산업사, 20013.

조선조만 떼어놓고 보아도 역시 마찬가지다. 조선조 519년 동안의 세계 역사를 더듬어보면, 같은 시기에 우리 조선만큼 전쟁을 적게 치른 살기 좋은 나라가 없었다. 그러나 이를 부정하며 가장 많이 들먹이는 말이 '임진왜란'이다. 물론 임진왜란 때는 어렵기 짝이 없었다. 하지만, 당시에도 이순신 장군과 권율 장군을 비롯한 여러 정규 군사와 의병들 덕택에 호남 곡창을 지켜내며 침략을 물리쳤다. 곧 전쟁에서 승리한 것이다.

그런데, 침략자들 욕부터 해야 그게 정상일 듯싶지만, 그건 뒤로 돌리고 우리의 임금을 비롯하여 지도층 욕부터 한다. 어떻게든 잘못된 점을 발굴(?), 부각하여 욕을 한다. 심지어 임진왜란 때 침략당하고 임금이 도망갔다고 해서 그 임금을 향해 '개∼ 새끼'라고 하는 짓까지 봤다. 그것도 세계적 석학이라고 자부한다는 학자가 방송 강의에서 한 말이다. 그럼 도망가야지, 가만히 궁중에 눌러앉아 있다가 붙잡혀 나라를 통째로 넘겨줬어야 옳았다는 말일까? 왜놈들이 우리 백성을 무마하고 구슬리기 위해 비방한 얘기를 그대로 옮긴 게 아닌가?

비평과 반성은 해야 할 일이다. 그러나 나라를 팔아먹고 다른 나라에 우리나라를 갖다 바치려고 한 것도 아니고, 나라를 지키려고 애쓴 조상을 향해 무조건 매도와 비난만을 일삼는 것은 자손으로서 할 일이 아니다.

물론 그 시대의 세계 역사를 검토해보는 것도 좋으리라고 본다. 임진왜란 말고도 크고 작은 전쟁이 없었던 것은 아니다. 병자호란도 우리 조선조에 적지 않은 고통을 주었다. 북의 세력과 남의 왜구 노략질은 그칠 날이 없었다고 할 수도 있다.

그러나 세계 역사를 두루 살펴보고 서로 비교해보면, 우리 조선조 500년은

---

187) 박명림, 「한국전쟁 깊이 읽기」,『한겨레신문』, 2013. 8. 16

다른 어느 나라보다 전쟁이 적었고 인권이 보장된 평화로운 시기였다고 할 수 있다. 세계사에 그 유례를 찾아보기 어려운 『조선왕조실록(朝鮮王朝實錄)』이나 『경국대전(經國大典)』 같은 책이 있었다는 것도 이를 입증해 준다고 본다. 또한, 좁은 땅덩어리에 산악이 대부분인 이런 나라에서 어떻게 이렇게 많은 인구가 남아났는지도 살펴보아야 할 일이다. 그 슬기로운 조상의 삶을 칭송해야 하지 않을까?

　물론 이웃의 차이나나 일본과 비교해보면 조선조 인구 증가가 약한 편이긴 했다. 밀가루 반죽처럼 늘릴 수 있었으면 좋았으련만, 그럴 수도 없는 좁고 척박한 우리의 국토, 크게 발달시킬 수 없었던 생산 기술은 더 많은 인구 증가를 가로막기도 했다. 하지만 이것도 세계 상황을 살펴보고 평가해야 할 일이다.

　조선조를 얘기할 때 자주 들먹이는 말로 '가렴주구(苛斂誅求)'와 '탐관오리(貪官汚吏)'가 있다. '가렴주구'는 임금을 비롯한 지배층이 세금을 가혹하게 거두어들이고 무리하게 재물을 빼앗는다는 얘기다. '탐관오리'는 백성의 재물을 탐내어 빼앗는, 곧 행실이 깨끗하지 못한 관리를 뜻한다. 이런 행위와 인물이 전혀 없었을까만은 모두 다 그 모양 그 꼴이었다는 식으로 깎아내리는 것은 무리다.
　조선조를 왕권 전제국가 또는 유교 국가라고들 한다. 하지만, 원시사회가 아닌 이상 법률이 없으면 국가라고 할 수도 없고 굴러가지도 않는다. 곧 조선조는 법치국가였다. 법은 상식을 따른다. 조선조는 그 상식의 원형을 유학 사상에서 찾았다. 유학 사상의 근본은 남의 울화통을 건드리지 않고, 피해를 주지 않으면서, 싸우지 말고 다 같이 어울려 잘 먹고 잘살자는 사상이다. 그런데 임금과 지배층이 가렴주구만 일삼고, 탐관오리만 배양했을까? 각자 자기 조상의 비석이나 족보 등을 세밀히 검토해 볼 일이다.

임진왜란 초기에 일본 침공군은 점령지에서 현지 주민과 잘 지내보려고 했다. 예를 들어 가토 기요마사(加藤淸正)는 점령군이 관대하다는 사실을 선전하기 위해 소출의 40%만 떼어가기로 했다. 원래 일본의 통상적인 세율은 70% 정도였고 90%까지 올라가는 경우도 흔했다. 그러니 일본군의 입장에서는 최대한 양보한 것이다. 하지만 당시 조선의 세율은 10%가 기본이었고 극단적인 경우가 아니면 30%를 넘지 않았다. 그러니 조선인은 애국심이 없어도 지배계층인 양반이 일으킨 의병(義兵) 부대에 합류해 싸울 이유가 충분했다.[188]

가장 중요한 먹고 사는 문제에 따른 우리의 인사법에 관한 얘기를 해보자. 많은 사람이 우리가 주로 하는 '밥 먹었느냐?, 진지 드셨습니까?'의 인사말이, 밥도 제대로 먹고 살기 어려워서 생겨난 말로 알고 있고, 그렇다고 퍼트린다. 그러나 천만의 말씀이다. 서양 문화에 주눅이 든 일부 학자들이 세계의 역사와 문화를 깊이 연구해보지도 않고 제멋대로 떠들어대는 말일 뿐이다.

물론 조선조가 오늘날의 우리나라처럼 먹을 것이 남아돌아서, 굶어 죽는 사람이 많은 북한의 온 형제자매들이 다 먹고도 남을만한 음식을 쓰레기 처리할 정도로, 먹고 싶은 것 마음대로 먹고 살 수 있는, 배 터지는 시대는 아니었다. 그러나 다른 나라 역사는 살펴보지도 않고, 배부르고 등 따뜻한 오늘날의 잣대로 우리 역사를 잣대질하다 보니 그토록 어렵게 살았다고만 생각하는 것이다. 이왕 그럴 바에는, 그 잣대를 다른 나라에도 똑같이 들이대서 비교해보아야 할 일이 아니겠는가.

우리 한민족이 차이나인이나 일본인보다 덩치가 더 컸다는 것은 모두 다 아는 일 아닌가. 못 먹고만 살았다면 그런 일이 생길 수 있었겠는가?

---

188) 홍대선, 『한국인의 탄생』, ㈜메디치미디어, 2023, 84쪽.

일제 침략기를 거치며 우리의 체격이 줄어들었다가 요즘은 다시 커지는 중이다.

　서양 문화는 떠돌이 유목 생활이 기초를 이루는, 좁은 땅에 많은 사람이 살 수 없는 생활문화다. 우리 문화는, 좁은 땅에 많은 사람이 몰려 사는, 주로 영양이 풍부한 쌀과 보리농사를 짓는 농경문화다. 그래서 우리말과 서양말은 서로 다를 수밖에 없는 것이다. 좁은 마을에 몰려 살면서 시도 때도 없이 자주 만나는데, 만날 때마다 '좋은 아침입니다(good morning), 좋은 저녁입니다(good evening).' 할 수는 없는 일이다. 그래서 '어디 가십니까?, 진지 드셨습니까?, 애쓰십니다.' 따위로 인사한다. 만난 기간이 꽤 됐으면 '그동안 별일 없으셨습니까?, 그동안 잘 지내셨습니까?, 편안하시지요?' 따위로 인사한다. 실제로 마음과 상황에 닿는 인사말을 나눈다.

　갑자기 쏟아지는 소나기에 비설거지를 하고 있는데, 지나가면서 '좋은 아침입니다.' 할 우리 백성이 아니다. 초상집에 조문 가서, 미치고 환장할 지경인 남은 가족에게, '좋은 저녁입니다.' 하고 인사할 사람이 있겠는가. '안녕하십니까?' 하는 인사말도 최근에 많이 쓰는 말이지 옛날에는 별로 쓰지 않던 말이다. 하루에도 몇 번씩 '안녕하냐?'고 물을 수는 없는 일 아닌가. 생활환경에 맞게 인사법도 만들어지고 변화하는 것이다.

　우리의 인사말은 어느 한 틀에 박힌 것이 없고, 상황에 따라 가지각색으로 다르게 나온다. 물론, '진지 드셨습니까?' 하는 인사말을 다른 말보다 더 많이 쓸 수밖에 없었다. 하루 세끼 밥을 먹고 사는데, 밥 먹은 바로 뒤에 만나는 일이 많기 때문이다. 그런데, 무조건 우리 문화를 비하하고, 우리나라가 먹고살기 너무 어려워서 '진지 드셨습니까?' 하는 인사가 생겨났다고 하는 것은 몰라도 너무 모른다고밖에 달리 할 말이 없는 일이다.

조선조의 위정자들이나 양반들이 백성을 못살게만 한 사람들이 아니라는 말을 하고 싶었던 건데 이야기가 좀 길어졌다. 물론, 양반이 다 선비는 아니었다. 또한, 선비가 다 양반도 아니었다. 그러나 진정한 선비가 양반 되는 것에는 집착하지 않았지만, 양반이 선비 되는 것에 집착한 것은 사실이라 할 수 있을 것이다. 그만큼 선비의 구실이 중요하고 영예로웠다. 오늘날에도 일깨워 주는 바가 크다 할 수 있을 것이다.

14. 학자와 선비

국어사전에서 '학자'를 찾아보자.
「1」 학문에 능통한 사람. 또는 학문을 연구하는 사람.
「2」 『역사』 경학이나 예학에 능통한 사람을 이르던 말.

조선조 유학자들이 지극히 존숭했을 공자의 말을 기록한 논어(論語) 헌문편(憲問篇)에 '옛날에는 자기 자신을 위해 배웠지만, 오늘날은 남을 위해 한다(古之學者爲己, 今之學者爲人).'는 말이 있다. 소위 '위기지학(爲己之學)'이다. 여기서 '남을 위해 한다.'라고 하는 것은 '남에게 나타내기 위해서' 하는 것이라고 해석해야 하지 않을까 싶다.

인간 존재는 마음과 몸의 두 요소로 구성되는데, 이 중에서 몸보다 마음이 더 근본이 되고, 마음에는 또 변하는 부분(人心)과 변하지 않는 부분(道心)이 있는데, 이 중에서 변하지 않는 부분이 더 근본이 되는 것이다.

이러한 마음은 사람들이 태어날 때 모두 가지고 태어나지만, 자라면서 남과의 경쟁에 진력함으로써 차차 잃어버리게 되므로 사람들은 잃어버린 마음을 다시 찾아야 하는 숙제를 떠안게 된다. 이 잃어버린 자기 자신의 본마음을 찾기 위해 하는 학문이 '위기지학'이다.

위기지학을 함으로써 자신의 본마음을 밝혀 그것을 실천하는 이상적 인간이 성인(聖人)으로 규정되므로, 위기지학의 목적은 구체적으로 성인이 되는 것으로 귀결된다. 전통적으로 우리나라에서 전개된 학문은 이러한 위기지학이 주류를 이뤄왔다『한국민족문화대백과사전』.

이렇듯 우리나라에서 유학이 사회를 지배하면서 '위기지학'이 주류를 이뤄왔고 이런 학문을 하는 사람을 우대했다. 오늘날에는 대학교수를 비롯하여 석·박사, 높은 학식을 갖추고 남을 가르치는 사람을 '학자'라고 부르며 우대한다. 공자의 '위기지학'이 '공부'하는 행위에 중점을 두지만, 요즘은 주로 가르치는 데에 중점을 두는 점에서 옛날의 학자와 오늘날의 학자가 가지는 자세도 약간은 다르지 않을까 싶다.

내 경험에 비추어보면, 50년 전만 해도 대단한 학식을 갖춘 한학자(漢學者), 유학자(儒學者)들이 자신을 '학자'라고 내세우는 걸 보지 못했다. 그저 '공부'하는 사람이라고 했다. 그러나 요즘은 다양한 방면에서 다양한 사람들이 자신이 '학자'라는 걸 내세운다. 주로 대학교수를 '학자'로 대우해주니까 별의별 꼬리표를 붙인 이상한 직위의 '대학교수'까지 양산된다. 그게 명예가 되고, 자본주의 사회에서 벌어 먹고살기에 유리해서인 듯하다.

여하튼 '학자'는 학문을 연구하며 남을 가르치는 사람이다. 또한 분석하고 비평하며 잘못된 점이 있으면 대안을 제시하는 사람이다. 직접 행동에 나서지 않아도 '학자'라고 한다. 다른 나라의 침략을 받았을 때 직접 총칼을 들고 전쟁에 참여하지 않아도 '학자'라고 한다.

그러나 우리 역사 전체를 통틀어 볼 때, 진정한 '선비'라면 이와는 다르다.

나라를 지키기 위해 직접 전쟁에 나선다. 곧 행동으로 나서는 사람이다. 칼로 무 자르듯 양단하기는 어렵지만, 이러한 구분이 대충은 맞아떨어지지 않을까 싶다.

15. 침략당한 대한제국과 선비

　가까이 지내는 선배 중에 대단한 학식을 갖춘 학자가 있다. 알아주는 대학 출신으로 몇몇 외국어에도 뛰어난 실력을 갖추고 있다. 인격도 훌륭한 사람으로 여겨지고 이 시대의 선비로 손색이 없다고 생각되던 사람이다.

　그런데 이 선배가 어느 날, "우리가 일제로부터 해방되지 않았더라면 더 좋았을 것이다."라는 말을 하는데, 나는 그야말로 망치로 머리를 얻어맞은 듯 아무 대꾸조차 하지 못했다. 그저 '내 곁에도 이런 사람이 있다니…?' 하는 정도였다. 물론, 이런 말을 했다는 것은 일제 침략에 관한 나의 인식을 바꿔보고자 하는 내심이 있었을 것이다. 이게, 선비 대접을 받을 만한 사람에게서 나온 말이라는 데에 더욱 기가 막힐 수밖에 없는 일이었다.

　이 선배의 말대로 하자면 일제의 침략은 잘된 일이며, 이완용, 윤덕영 등 소위 매국노라고 하는 사람들은 의사(義士) 대우를 받아야 한다. 윤봉길 의사, 안중근 장군 등은, 일제의 선전과 마찬가지로, 테러리스트로 전락해야 한다. 그야말로 일제에 맞서 싸운 우리 민족의 모든 행위가 헛짓이 되고 만다.

　그런데 놀라운 건, 이 선배와 비슷하게 생각하는 사람들이 상당히 많다는 사실이다. 더욱 큰 문제는 이들 대부분이 좋은 환경에서 자라며 높은 학식을 갖추고, 좋은 위치에서 잘 먹고 잘사는 사람들이라는 데에 있다. 그야말로 사는 게 남들의 부러움을 받는 그런 사람들이다. 그러면서 그럴듯한 논리로 국민의 정신을 호도하고 농락한다. 우리의 근대화가 일본 덕분이었다고 한다. 조선이나 대한제국의 임금을 비롯한 지도층의 우매와 무능으로 침략을 당했다고 매도하고, 결국은 침략당할 수밖에 없었다는 일제의 선전에 부화뇌동(附和雷同)한다.

 문명(文明)은 접촉과 교류 등으로 생겨나고 발달한다. 외부 세력의 침략이나 지배가 꼭 필요한 건 아니다. 조선이나 대한제국이 설사 엉망이었다 하더라도 외부와 접촉하고 교류하는 과정에서 지지고 볶으며 얼마든지 자체 정화되고 발전할 수 있었다. 단지 격동하는 세계정세 속에서 강대국들의 틈에 싸여 외부 정보를 빨리 얻어 들이지 못했을 뿐이다.

 단군 할아버지로부터 5천 년, 신라 통일로부터 1천3백 년이 된 나라가 아닌가? 이런 나라가 차이나(中國)나 일본, 러시아 등의 야만인들에게 침략당해야만 근대화될 수 있었다고 봐야 할 것인가? 세계인 모두 다 바라는 '인류 평화'의 디딤돌이 될 수 있는 우리의 '홍익인간 정신', '선비정신'을 말살하려 한 일본의 만행을 두둔해야 할 일인가?

 배가 좀 덜 부르더라도 내 가족과 내 사회, 내 나라에서 자유롭게 사는 것이 온 인류의 염원이 아니겠는가.

 『인류정신문화 뿌리 선비사상 바로 알기』를 쓴 김진수 교수의 얘기가 적절하다 싶어 이 책에서 일부를 요약하여 따 붙인다.

 조선시대는 선비들이 사회의 주도세력으로 시대를 이끌어 나간 사회였다. 이들은 유학(儒學)을 기반으로 정치에 참여하는 학자이자 정치가였다. 19세기 이후 외세의 침략이 거세지면서 전통적인 선비정신이 힘을 발휘하여 의병항쟁 등으로 나타난다. 그러나 선비정신은 결국 세계사적인 흐름에 묻혀 버렸고,

이들 선비가 가졌던 긍정적인 면모마저 시대착오적인 것으로서 평가절하되고 말았다.

　일제는 침략 논리로 조선 비하 논리를 개발하였고, 이에 우리 스스로 자학적 사관을 갖게 했다. 그래서, 장점도 단점으로, 단점은 더더욱 부각되는 왜곡, 모순, 허위의 역사로 만들어 역사가 역사가 아니라, 선조들의 행적 쓰레기장으로 변질시켰다.

　1910년 일제 강점기가 시작될 때 초대 조선총독으로 부임한 데라우치 마사타케는 매우 골치가 아팠다. 그가 와서 보니까, 조선은 방방곡곡에서 항일 의병들이 들고 일어나서 하루도 바람 잘 날이 없었기 때문이다.
　데라우치는 심복인 타카하시 도오루를 불러서 항일 의병장이 누구인지 파악하고, 항일 의병의 원인을 분석하라는 밀명을 내린다. 타카하시는 한복으로 갈아입고 삼남 지방(영남, 호남. 충청)을 염탐한다.
　의병장의 집을 방문한 타카하시는 깜짝 놀란다. 분명히 총과 칼이 있을 줄 알았는데 총과 칼은 하나도 없고, 의병장이라는 사람은 모두 방안에서 퇴계의 책, 율곡의 책, 다산의 책을 읽고 있는 것이었다.
　다카하시는 또 한 번 놀란다. 조선의 의병장들은 군인이 아니고 모두 선비라는 사실을 확인했기 때문이다. 이는 일본 관료의 상식을 뒤엎고 허를 찔렀다. 다카하시는 데라우치 총독에게 이렇게 보고한다.
　"조선을 식민통치하기 위해서는 조선의 선비를 말살시켜야 합니다. 조선에서 '선비 정신'이 살아 있는 한 식민통치는 어려울 것으로 사료됩니다."
　이로부터 조선총독부에서는 선비와 양반을 하나로 묶어서, 멸시하고 비하하고 폄하하고 왜곡시키는 무시무시한 정신문화 조작 교육이 시작된다. 식민 교육은 선비와 '선비 정신'을 한꺼번에 매도해버리고, 조선의 양반은 모두 나쁜 놈으로 만들어버린다. 당시 조선의 양반 계급은 상민을 함부로 죽이는 일본의 사무라이 계급이나 상민을 노예로 부리던 유럽의 귀족 계급에 비하면 진짜 양반 중의 양반이었다.

…….

일제는 식민 교육을 통하여 우리나라 지식인들에게 선비와 '선비정신'의 부정적인 면을 날조하고 조작하여 교육시켰고, 일제에 세뇌된 우리나라 지식인들은 똑같은 내용을 후손들에게 그대로 가르치는 참담한 오류를 범했다.189)

15. 일본의 '士'

이번에는 일본의 '사(士)'를 살펴보기로 한다.

일본 무사의 발생 원인 중 하나는, 헤이안(平安) 시대 후기(794~1191), 농민이 자신의 토지나 재산 등을 지키기 위해 무사가 된 경우다. 또 하나는 당시 일본의 도읍인 교토로 돌아가지 않고 지방에 눌러앉은 관리들이 무사가 된 경우다.190)

무사도(武士道)는 가마꾸라(鎌倉)시대부터 발달하여 에도(江戶)시대에 유교사상에 힘입어 대성한 무사 계급층의 도덕체계다. 충성·희생·신의·염치·예의·결백·검소·검약·상무(尙武)·명예·정애(情愛) 등을 중시한다.191)

1592년에 일어난 임진왜란으로 많은 이황의 저작들이 일본에 반출된다.

---

189) 김진수, 『인류정신문화 뿌리 선비사상 바로 알기』, ㈜북랩, 2023, 32~33쪽.
190) 호사카 유지, 『조선 선비와 일본 사무라이』, 김영사, 2024, 148~49쪽.
191) 朴正義, 『알기 쉬운 일본 상식』,「同化文化社」, 1996, 327쪽.

일본군에 의해 약탈당한 것이다. 그러나 아이러니하게도 그의 저작들은 일본인을 교화시키는 중요한 역할을 한다. 도쿠가와 이에야스와 그 후손이 대대로 장군을 맡은 에도시대(1603~1867)에 그의 저작물 11종 46권 45책이 일본각판으로 복간되어 일본 근세 유학의 기초를 만들기에 이른다. 특히 이황은 조선을 짓밟은 원수의 나라 일본에서 에도시대라는 평화시대를 창출한 사상적 원류가 되어 일본의 유학자들에게 신처럼 숭앙받았다.192)

옛 일본 무사는, 무사도의 핵심이라고 하는 주군에 대한 윤리적인 충성의식은 높지 않았다. 애당초 주군과 가신들의 주종관계가 의리나 신의에 입각한 것이 아니라 일종의 계약관계였기 때문이다. 가신이 주군에 대해 목숨을 걸고 봉공하여 무공을 세우면 주군은 가신에게 그 대가로 땅을 나눠줘야 했다. 그러므로 무사는 공로를 세워서 땅을 얻어 그 땅의 주인이 되는 것을 인생의 목표로 삼았다. 그러므로 무사는 당연히 은혜를 베풀어줄 수 있는 주군을 모시려고 지금까지 자신이 모시던 주군을 떠나기도 했다. 심지어 그런 계약관계를 파기하려고 하는 주군을 제거하는 하극상까지 일어났다.
하지만, 주군이 은혜로 줄 수 있는 영지가 무한대로 있는 것은 아니었다. 그러므로 다른 영지를 침략하는 것은 사무라이에게 나쁜 행위가 아니었다. 생존을 위한 당연한 행동이었다. 이런 생각은 임진왜란, 정유재란까지의 일본 사무라이의 상식이었다. 조선 침략마저 그들에게는 새로운 영지를 얻어 그것을 가신에게 분배해주는 사무라이의 생존법칙의 표현이었다.193)
임진왜란 후 권력을 잡아 '에도막부'를 수립한 도꾸가와 이에야스는 조선의

---

192) 호사카 유지, 위의 책, 119~120쪽.
193) 호사카 유지, 위의 책, 99~100쪽.

'선비 정신'과 퇴계의 '경 철학'을 수입하여 '조선실천성리학'을 막부의 통치이념으로 삼으며 수준 높은 '사무라이' 무사도를 확립했다.

어떻든 에도 막부시대의 안정과 발전은 조선 성리학을 통치이념으로 삼으며 조선의 문화를 도입, 활용한 덕분이었다. 그에 따라 조선과 일본의 관계도 원만하여 어찌 보면 두 나라 사이의 우호가 역사상 가장 좋은 시기였다고 볼 수도 있을 것이다.

명치유신에 의한 종래의 엄격한 계급제도의 철폐에 따라 사민평등이 되어 무사도 정신은 일단 배경으로 물러섰지만, 명치 정부의 부국강병책으로 군사력을 증대시키기 위해 그 정신 측면을 강화하는 의미로 무사도의 재평가가 시도되었다. 이 경우, 에도(江戶)시대에는 무사도의 충성심이 막부와 번(藩)의 양쪽으로 향한 이중 구조인 데 반해, 명치 이후에는 군대의 왕에 대한 충성심으로 일원화할 필요가 생겼다. 거기에 부응해 무사도론과 무사도 이전부터 있었던 대화혼(大和魂, 야마토다마시)의 새로운 구축이 행해지게 되고, 그것이 군국주의·일본 정신주의와 결합하게 된다.[194]

근대에 접어들어 서구문물을 먼저 받아들인 일본은 서구 언어를 번역하는 과정에서 많은 한자를 동원하게 되는데, 일본까지 가는 동안 한자의 뜻이 상당히 변질하기는 했지만, 그 번역 한자 낱말들이 다시 우리나라·차이나(中國) 쪽으로 흘러들었으니, 우리가 지금 쓰고 있는 '사'자 붙은 많은 말이 근대 이후 일본에서 새롭게 변질하여 만들어지게 된 것이다. 그런데 박사·석사 따위의 문사에도 '士'자가 붙은 것을 보면, 일본에서도 '士'가 무사뿐만 아니라 문사의 의미로도 계속 쓰여 왔음을 알 수가 있다.

---

[194] 미나미 히로시, 이관기 옮김, 『일본인론』, 도서출판 소화, 1999, 251쪽.

1900년에는 『Bushido: The soul of Japan』이라는 책이 발간된다. 미국에서 영어로 출간된 이 책은 하루아침에 일본을 야만국가에서 문명국가로 인식을 바꾸어놓는다.

『Bushido』의 저자인 니토베 이나조는 미국과 독일에 유학한 후 국제연맹 사무차장을 역임한 일본인 외교관이다. 그는 조선의 '선비정신'에 일본식 옷을 입혀 '사무라이' 정신이라는 글을 써서 『무사도』라는 책명으로 서양에 수출했다.

당시 일본은 서양에 수출할 수 있는 변변한 상품이 거의 없었다. 따라서 일본은 상품 수출보다 정신 수출을 먼저 시작한 나라이다. 이 책은 충효, 신의, 예절, 청렴, 검약, 용기, 지조, 기개 등의 선비정신을 사무라이 정신의 규율로 소개했다. 우리나라의 오래되고 고유한 전통 정신문화를 수입하여, 그것이 자기 나라 고유문화인 것처럼 화려하게 포장하면서 연유와 출처를 밝히지 않았다. 그렇기 때문에 엄격히 말해 비양심적 표절 행위임이 분명하다. 이 책은 나오자마자 미국과 유럽에서 베스트셀러가 되어, 일본의 이미지를 문화국가의 반열에 올려놓는다.[195]

이들은 야만적인 '사무라이' 문화가 자기들의 훌륭한(?) 전통문화라고 포장하여 세계인을 기만한다. 우리의 文·武를 관통하는 평화적인 '선비' 문화를 받아들여 한때는 나라 발전에 잘 활용하였으나 결국은 왜곡 변조하여 '武'만을 숭상하는, 곧 침략을 좋은 일인 양 인식하게 하는 '사무라이' 문화를 만들어 자랑스럽게 여기면서 외부에 선전까지 한다. 싸우지 말고 평화롭게 지내자는 인류의 보편적 바람에 반하는 짓이 아니고 무엇이겠는가.

---

195) 김진수, 위의 책, 38~39쪽

16. 서양의 '士'

우리의 고대 선비와 비슷한 것으로, 유럽에서는 기사(騎士, knight)라고 불렀던 사람들이 있었다. 중세 서유럽의 무장 기병 전사로 원래는 기병전의 전투원이었으나, 역사상 특정 신분으로, 사회 속의 한 범주를 가리키는 말로 쓰였다. 기사 서임식의 기원은 옛날의 게르만인 성년식에 두고 있다.

전형적인 게르만인은 하나의 전사다. 집안 살림이나 논밭의 경작 같은 일을 노예나 아낙네들에게 맡겨 놓은 채, 그는 오직 전쟁에만 전념하거나 혹은 전쟁과 같은 그런 신나는 일이 없을 때에는 그저 빈둥거리고, 마시고, 놀음하는 데 生을 바친다. 게르만인들의 지배자들은 군사적 지휘자들이다. 그들의 회의란 군대의 모임이다. 그들에겐 공적인 일이건, 사적인 일이건 무장하지 않고서 수행하는 일이란 없다. 그렇지만 종족의 공식적인 승인 없이 개인이 무기를 든다는 것은 그들의 관습상 있을 수 없는 일이다.[196]

중세에 이르러, 국왕·공작·백작과 같은 대귀족이 아닌 지방의 소 영주거나, 일정한 훈련과정을 거쳐 서임을 받게 되는 일들로 자격을 갖게 되는 이 기사는 주로 군대의 지휘관으로 활동했다.

이후 차츰 종교 색채를 띠고 신비화하는 경향을 나타내게 되는데, 십자군 시대부터는 기사의 단체가 결성하게 된다. 기병이 전술 면에서 과거의 존재가 된 후에도 기사단의 관념은 명예로운 신분 집단으로 계속 남아 있어서, 15세기에 창립된 스페인 및 오스트리아의 황금 양모(羊毛)기사단이 있고, 14세기 영국에서 있었던 것과 같이 근대의 훈작 제도에 그 형태를 남겨 놓게 되었다.

---

196) C. 스티븐슨. 羅鍾一譯.『封建制란 무엇인가』. 探求堂, 1981, 17쪽.

이 유럽의 기사도는 기독교의 영향을 받고 발달해서 용기·경신(敬神)·예절·염치·무용 따위의 덕을 이상으로 삼았는데, 주종관계가 계약으로 이루어지기 때문에 자유 전사라고 할 수 있어서, 절대 충성을 중시하는 일본의 무사도와 비슷한 양상이 있긴 하지만, 그래도 약간의 다른 성질을 지니게 된다. 하지만, 서양의 'knight'가 일본을 거치면서 '騎士'로 번역되었다는 것은 자기들의 '士'와 비슷하다고 생각하였기 때문일 것이다.

17. 선비의 책무

종합하여 살펴보자면, 차이나어(중국어)·몽골어·만주어·일본어·우리말의 '선비'라는 말이 비슷하게 사용된 것으로 보이며, 처음 일반 사내를 나타내는 말로 시작하여 무사·사제·문사의 개념을 두루 아우를 수 있는 말이 되었고, 시대가 변하면서 그 구실이 바뀌기도 하고 분화하기도 한 것이라 볼 수 있겠다.

선비가 조선조에서 비록 서민으로부터 왕·공에 이르기까지 사회구성의 틀을 넘나들 수 있는 사람이라고 해석하기도 하지만, 최고의 통치자인 왕에 다음가는 제2의 계층성을 갖는 것임을 부인할 수 없을 것 같다. 이 점은 중국의 士·儒, 일본의 무사, 유럽의 기사와 비슷하게 보이기도 한다. 그렇지만 어느 시대를 막론하고 사회의 지도층 노릇을 해 온 것은 사실이다.

지도층은 받는 대우만큼의 행동 제약과 의무가 따르기 마련이다. 선비에게는 지켜야 할 도리가 있고, 사회를 이끌어 가는 선구자 노릇을 해야 하는 책임을 비롯하여, 나라를 지키고 발전시켜야 하는 의무가 있다.

선비라고 불리는 위치에 있고, 선비로 대접받기를 바라는 사람이라면 이러한 책임과 의무를 소홀히 할 수는 없는 것이다.

유독 우리나라의 선비만이 이런 책무를 지는 것은 아니다. 사람이 사는 사회는 동서고금을 막론하고 지도층에 대한 보편 요구가 있게 마련이다. 서구사회에서 강조되어오고 있는, 높은 신분에 따른 의무라는 뜻의 '노블레스 오블리주(noblesse oblige)'도 우리의 선비정신과 맥락을 같이 하는 것이다.

역사상 나라가 기운 때를 살펴보면 최고 통치자의 잘못된 경영이 큰 원인이 될 때가 많다. 그러나 선비가 그 책임을 회피할 수는 없다. 나라가 잘못 굴러갈 때는 뒤집어엎어서라도 바로잡아 나가야 하는 것이 선비의 책무다.

선비의 역사성에 따라 따져보기로 하면, 오늘날의 교육자, 군 장성·장교, 공직자, 학자, 언론인, 정치인, 교회의 목사·신부, 사찰의 승려, 그리고 산업사회의 특성상 각 산업의 지도자·기술자와 같은 사회 지도층 인사들이 진정한 선비가 되어 주어야 한다. 가정이나 집단, 사회나 나라의 안녕과 발전에 이바지하면서 앞선 인격을 갖추고, 더욱 아름다운 사회를 만드는 데 노력하고 앞장서는 사람이 되어야 할 것이다.

자기 이익만을 챙기기에 눈알이 벌건 소인유(小人儒)가 아니라 공리 공복을 추구하는 대인유(大人儒)·군자유(君子儒)가 되어야 한다는 이야기다. 딱 한 가지를 꼬집어 이야기하자면 '도덕성'이다.

우리나라는 법치국가다. 법으로 다스리고 법을 바탕삼아 굴러가는 나라다. 그런데 문제는 법만으로 모든 것이 해결되는 것이 아니라는 데 있다. 그렇다면 법에 앞서 도덕이 강조되지 않으면 안 된다.

우리가 꿈꾸는 진정한 민주사회는 더욱 도덕성이 요구되는 사회이기도 하다. 선비가 바로 그 도덕의 선구자가 되어야 하며, 그러한 선비가 우리에게 차고 넘칠 정도가 되어야 한다. '도덕' 하면 구시대의 유물처럼 여기고, 유가 사상의 부르짖음으로만 생각하여 도외시하려는 사람들이 많은 것은 사실이지만, 도덕성이 부족하고서는 나라가 제대로 굴러갈 리가 만무며, 선진국을 지향하는 우리에게 어림없는 이야기다.

또한, 부존자원이 부족한 우리 실정에서 세계인과 더불어 장사해 먹고 살아야 하는데, 도덕적인 민주국가가 아니고서야 어찌 세계인의 신뢰를 얻을 것이며 어찌 장사를 잘해 먹을 수 있겠는가?

여기에서 금장태 선생의 '선비정신의 현대적 의의'에 관한 의견을 들어보자.

> 전통사회에서 선비는 분명히 그 사회의 양심이요 지성이며 인격의 기준으로 인식되었고, 심지어 생명의 원동력인 원기라 지적되었다. 삼국시대부터 조선사회까지 그 시대적 양상에서 차이가 있다 하더라도 선비는 각 시대에서 지도적 역할을 하는 지성으로서의 책임을 감당해 왔다. 이처럼 개화 이후에도 시대이념을 수호하고 이끌어가는 주체로서 지성인의 역할이 요구되는 것이 사실이다. 독립투쟁기에는 의사(義士)·열사(烈士)가 요구되고, 산업성장기에는 경영자·기술자가 요구된다. 선비는 언제나 그 사회가 요구하는 이념적 지도자요 지성인임을 가리킬 수 있다.
>
> 여기서 전통의 선비상은 우리 시대에도 의미 있는 선비의 조건을 제시해 준다. 곧 선비는 현실적·감각적 욕구에 매몰되지 않고 보다 높은 가치를 향하여 상승하기를 추구하는 가치의식을 갖는다. 그리고 그의 신념을 실천하는 데 꺾이지 않는 용기를 지닌다. 자신의 과오를 반성할 줄 아는 성찰자세가 필요하며, 사회의 모든 계층을 통합하고 조화시키는 중심의 역할이 있다. 선비는 이제 신분적 존재가 아니라 인격의 모범이요 기준으로

서 인간의 도덕성을 개인내면에서나 사회질서 속에서 확립하는 원천으로서 이해될 수 있다.197)

여기까지 논의를 거쳐봤지만, 현시대에서 확실하게 어떤 사람을 선비라고 부르고, 어떤 사람이 선비정신 구현에 앞장서야 할 것인지를 규정하기로 한다면 모자라는 부분이 있다. 사회가 다원화·다양화하며 급변하는 상황에서 전통 선비관이 설 자리가 적고 그 의식과 정신이 흐려가고 있는 데다 새로운 선비관이 정립되지 못하고 있기 때문이다.

사람은 누구에게나 불인지심(不忍之心)이 있다고 한다. 사람이라면, 곧 짐승이 아니라면 누구나 타고난 성정이라고 한다. 차마 못 하는 것이다. 굶어 죽고 얼어 죽는 사람을 차마 모른 채 지나치지 못하는 것이다. 애달파서 우는 이들을 차마 모른 체하지 못하는 것이다. 몸과 마음이 쓰려 자살하는 이웃을 나에게도 책임이 있다고 여기는 마음이다. 이걸 잃어버린다면 이는 곧 하느님과 조상과 부모님이 물려주신 아름다운 성정과 양심을 저버리는 것이다. 이것은 순리를 거역하는 것이고 불효를 저지르는 것이며 인간의 아름다움을 잃어버리는 것이다. 그러고서 모가지에 힘을 준들 무슨 소용이 있겠는가.

무조건 대통령이나 국회의원, 장관이 된다고 해서 무슨 자랑거리가 되겠는가? 비록 그것이 출세가 되어 이름이야 날릴지 모르지만, 백성들에게 풍요로운 마음과 행복을 안겨주지 못한다면 안 하느니만 못한 일이다. 아예 이 세상이나 이 나라에 없는 것이 더 좋을 것이다.

타고난 성정과 양심을 속이지 않고 왜곡하지 않으며 사는 것, 그것이 바로

---

197) 금장태, 위의 책, 134쪽.

선비가 지향해야 할 길이며, 너도나도 다 잘 먹고 잘살게 하는 노력이 선비가 해야 할 바른 노릇이 될 것이다. 또한, 우리의 우두머리 선비요, 우리가 이토록 좋은 땅에서 살 수 있도록 나라를 열고 이어주신 한인(환인), 한웅(환웅), 단군 할아버지의 홍익인간 정신을 구현하는 길이기도 하다.

선비정신은 세계무대에서 한국인이 최고의 가치를 지닐 수 있게 해주는 정신이다. 또한, 대한민국을 세계 최고의 일류국가로 만들 수 있는 정신이다.
인류뿐만 아니라, 온 생명체를 단 몇 분이면 한꺼번에 날려버릴 수 있는 무시무시한 핵무기가 이미 빼기를 내밀려는 세상, 홍익인간 선비정신을 세계만방에 퍼뜨리고 실행하게 하면서 인류 평화를 이루어내야 한다.
먼저, 순우리말인, '선비'를 자주 쓰며 앞세우고 많이 길러내며 우대하는 풍조를 만드는 것부터 시작해야 한다.
세상에 이보다 더 아름답고 숭고한 말이 얼마나 더 있을까?

어느 시대를 막론하고 시대의 아픔이 있기 마련이다. 시대의 아픔을 치유해주고 더 나은 길로 인도해주는 책무도 선비의 몫이다.

11장
요하문명인가, '한(韓)'문명인가?
한(韓)문명은 세계 최고(最古)의 문명이다.

1. '문화(文化)'와 '문명(文明)'

먼저 우리의 『표준국어대사전』에서 설명하는 '문화'와 '문명'을 살펴보자.

문화(文化) 「명사」 자연 상태에서 벗어나 일정한 목적 또는 생활 이상을 실현하고자 사회 구성원에 의하여 습득, 공유, 전달되는 행동 양식이나 생활 양식의 과정 및 그 과정에서 이룩하여 낸 물질적·정신적 소득을 통틀어 이르는 말. 의식주를 비롯하여 언어, 풍습, 종교, 학문, 예술, 제도 따위를 모두 포함한다.

문명(文明) 「명사」 인류가 이룩한 물질적, 기술적, 사회 구조적인 발전. 자연 그대로의 원시적 생활에 상대하여 발전되고 세련된 삶의 양태를 뜻한다. 흔히 문화를 정신적·지적인 발전으로, 문명을 물질적·기술적인 발전으로 구별하기도 하나 그리 엄밀히 구별할 수 있는 것은 아니다.

다음으로 국사편찬위원회 한국사데이터베이스에 실려있는 '문화'와 '문명', '4대 문명'의 의미를 살펴보자.

<문화, 문명> 이 두 단어는 요즈음 주로 각기 서양어 'culture / culture / Kultur'와 'civilization / civilisation / Zivilisation'의 번역어로 쓰이지만, 구한말 이전에도 한자어로 사용되어 각기 "권력이나 형벌보다도 文德으로 백성을 가르쳐 이끎, 人智가 깨고 세상이 열리어 밝게 됨"과 "文彩가 나고 분명함"이라는 의미를 지녔다. 그러기에 전통 어법에서는 '문화'가 교양의 의미를 지니어서 'culture'를 처음 옮길 때는 "사람의 지혜가 열리고 사상과 풍속이 진보함"(이희승 편, 『국어대사전』, 민중서관, 1961)의 의미를 지니던 '開化'라는 단어를 선택하였다.

흥미로운 것은 문화와 문명이 서양어의 번역어로서 정착된 후에 특이하게도 거의 언제나 '정신문화'와 '물질문명'의 대칭구도를 보여주었다는 점이다. 그러니까 양자가 이중 구조의 한 쌍을 이룰 뿐만 아니라 문명에 대해 문화가 우월한 것이라는 일종의 계서를 설정했다.

<4대 문명> 인류 문명의 원류를 중국, 인도, 이집트, 메소포타미아의 네 갈래로 구분해서 말하는 관습적 표현으로, 중국 청나라 말기 변법자강운동 사상가이자 중화민국의 정치인이었던 양계초(량치차오, 梁啓超)가 1900년 자신의 저서 『20세기 태평양가(二十世紀太平洋歌)』에서 언급한 이후 일본의 고고학자 에가미 나미오(江上波夫) 등이 이러한 구분을 사용하면서 동양을 중심으로 확산한 개념이다. 세계 4대 문명 모두 큰 강 유역을 중심으로 번성하였다는 공통점이 있다.

반면 서양에서는 세계 4대 문명이라는 표현보다는 '문명의 요람(Cradle of civilization)'이라고 주로 쓰는데, 관습적으로 메소포타미아, 이집트, 인도, 중국, 메소아메리카, 안데스 이렇게 6개를 꼽는다. 다만 문명의 요람(Cradle of Civilization)이든 4대 문명이든 둘 다 '관습적'인 표현이며, '문명의 요람'에서도 구대륙(Old World)의 가장 이른 문명을 메소포타미아, 이집트, 인도, 중국, 네 갈래로 간주한다.

'문명'이라는 이름이 걸린 책으로는 가장 많이 읽혔을 법한 『문명의 충돌』에서 새뮤얼 헌팅턴의 얘기를 들어보자.

> 문명과 문화는 모두 사람들의 총체적 생활 방식을 가리키고 있다. 문명은 크게 씌어진 문화다. 문명과 문화는 모두 주어진 사회에서 면면히 이어져 온 세대들이 우선적으로 중요성을 부여한 가치, 기준, 제도, 사고방식을 담고 있다. 브로델에 따르면 문명은 하나의 공간, 하나의 문화 지역 문화적 특성과 현상의 집약이다. 월러스틴이 정의하는 문명은 모종의 역사적 총체를 형성하면서 이런 현상의 이형(異形)들과 공존하는(반드시 동시적이지는 않더라도) 세계관, 관습, 구조, 문화(물질문화와 정신문화 모두)의 특수한 연쇄다. 도슨이 이해하는 문명은 '특수한 민족의 업적인 문화적 창조성의 특수하고 독창적인 과정'의 산물인 반면, 뒤르켕과 모스에게 있어 문명은 '그 안에서 개별적 민족 문화는 전체의 특수한 형태에 지나지 않는, 다수의 민족들을 포괄하는 일종의 윤리적 환경'이다. 슈펭글러는 문명을 "문화의 피치 못할 '운명'...... 발달한 인류의 종이 누릴 수 있는 가장 외현(外現)적이고 인위적인 상태 ...... 하나의 결론, 과정물을 승계한 완성물이다."라고 파악했다. 문화는 문명의 정의에서 사실상 빠짐 없이 등장하는 공통 주제다.[198]

---

198) 새뮤얼 헌팅턴, 이희재 옮김, 『문명의 충돌』, 김영사, 1999, 47쪽.

'문화'나 '문명'은 둘 다 많이 쓰는 말이지만, 아무래도 '문화'를 쓰는 예가 더 많은 것 같다. 아무 데나 '문화'를 붙여 쓴다. '식생활 문화'라는 말을 쓰지만, '숟가락 문화'까지도 쓴다. 그러나 '식생활 문명'이나 '숟가락 문명'이라는 말은 쓰지 않는다. '문화'보다는 '문명'의 범위를 더 크게 다루지 않나 싶다. 여러 '문화'를 합하여 한 '문명'으로 쓰기도 한다.

그런데, '고대문명'이나 '4대 문명' 등을 주로 다루어서인지, '문명'이라고 하면 어쩐지 옛날 옛적 어떤 집단의 생활 양태, 또는 옛날부터 계속해서 오늘날까지 이어온 지역이나 족속의 생활상을 얘기하는 것처럼 들린다. 오늘날의 생활상을 두고 '문명사회' 등 '문명'이라는 말을 쓰긴 하지만, 어느 한 지역의 최근 상황이나 현재만을 두고 '문명'을 쓰면 어쩐지 이상하게 들린다. 그래서 '미국 문명', '호주 문명'이라는 말은 고개가 갸웃거려지는 말이 된다.

2. '4대 문명'만이 '문명'인가?

오래된 문명이라 해도 오늘날 국경이 있는 나라 이름으로 그 문명의 이름을 일컫는 것은 마땅치가 않다. 고대에 일어난 문명을 오늘날의 국경으로 그 범위를 한정, 왜곡하기 때문이다.

서양에서는 '4대 문명' 대신 '문명의 요람(Cradle of civilization)'이라는 표현을 쓰며 6대 문명을 꼽는다. '문명의 요람'은 애초 서양에서 이집트문명 하나만을 의미했지만, 오늘날에는 6대 문명을 다 쓰는 것이다. 하지만, 이것이 적절하다고는 할 수 없다. 최근에 생긴 '나라 이름'을 '지역'과 섞어서 쓰기 때문이며, 그들도 이외의 지역 문명을 거론하기 때문이기도 하다. 크레타, 에게해 연안

도서지방에서 일었던 '미노스 문명'이나 고대 유럽에서 강력한 세력을 자랑한 켈트족이 만들었던 켈트 문명 등 다른 문명들이 많이 있다.

고대문명이 주로 '메소포타미아 문명', '나일 문명' 등 큰 강을 위주로 일어난 문명이라고들 하지만, 미노스 문명이나 잉카, 아스테카 문명 등이 꼭 큰 강이 있어서 일어난 건 아니다. 큰 강 유역이 아니라도 '문명'으로 불릴 수 있는 문명이 많다는 얘기다. 몇 가지를 한정해서 못 박을 수는 없는 것처럼 보인다.

문명사가 토인비는 인류 문명을 '독립 문명(Independent Civilization)'과 '위성 문명(Satellite Civilization)'으로 나누고, 최초의 독립 문명으로서 ① 메소포타미아 문명(수메르·아카드 문명), ② 이집트 문명, ③ 에게해 문명, ④ 인더스 문명(인도 문명), ⑤ 중국 문명, ⑥ 중앙아메리카 문명(마야문명), ⑦ 안데스문명(페루 잉카문명)을 들었다. 그리고 꽃피지 못하고 '유산된 문명(Abortive Civilization)' 6개가 있다고 관찰하여 기록하였다. 인류의 최초 독립 문명 발상지가 모두 북위 40도 이남 지역임도 주목해둘 필요가 있다. 토인비는 1945년 이전 일제 침략기 일본 학자들의 '(고)조선'을 부인하는 식민주의 사관에 따른 한국 역사 자료를 사용했기 때문에 '(고)조선 문명'을 발견하지 못하고, 한국 문명, 일본 문명, 베트남 문명을 모두 AD 1세기 이후 중국 문명에 부속하여 태어난 '위성 문명'으로 오해하였다[199].

토인비가 세계적인 학자라지만, 분명히 오해한 것 같다. 지금도 우리의 고대문명을 차이나 황하문명의 위성 문명 또는 아류 문명으로 인식하는 사람들이 많을 듯싶은데, 그 동쪽, 동북쪽에서 황하문명 이전의 더 앞선 문명이 발견된 이상 잘못된 인식을 고쳐나가야 하리라고 본다.

---

199) 신용하, 고조선문명의 사회사, 지식산업사, 2018, 30~31쪽.

3. 중국 문명(?)

　양계초(梁啓超)가 말한 '4대 문명론'으로 인해 이 4대 문명 모두 다 비슷한 시기에 일어난 문명이라고 착각하게 되지만, 이 가운데 황하문명은 다른 문명에 비해 한참 뒤에 일어난다. 여러 여건을 고려해 봤을 때 다른 문명에 비해 뒤처질 이유가 없는 것 같은데도 2천~3천 년 후에나 일어났다.

　차이나, 한국, 일본에서나 한자(漢字) 말 '중국', '중화'를 쓴다. 하지만, 일본에서는 '지나(支那)'를 더 많이 써서 차이나 인들의 약을 올린다고 한다. 그러나 일본인들이 차이나를 '중국'이라고 쓰면 자기들은 '주변국'이 되기 때문에 '지나'를 쓴다 해서 욕할 일은 아니다. 그래서 나는, 좋은 게 좋은 거라고, 차이나인들도 좋아해서 자기네들 국호에도 버젓이 넣은 '차이나(China)'를 쓰자고 주장한다.
　한자를 쓰지 않는 나라에서는 영어 China나 그와 비슷한 말, 또는 그들 나름의 말을 쓴다. 세계인들 모두 다 쓰는 것도 아니고, 자기들만 쓰는 '중국'이나 '중화민국'은 나라 이름으로 쓴 지가 백여 년밖에 되지 않고 '중화인민공화국'은 80년도 되지 않았는데, 옛날 옛적의 생활 양태를 주로 이르는 '문명'을 붙여 '중국문명', '중화문명'을 쓴다는 것은 합당치 않다. 서양인들이 주로 쓴다는 '문명의 요람'에서 'Cradle(요람, 搖籃)'은 '발상지'의 의미로 쓰지 않는가.
　그런 차이나인 중에 제법 학식이 있었다고 인정받는 양계초(梁啓超)가 떠든 '4대 문명'론이 일본에서 먹혀듦에 따라 우리 학자들도 얼씨구나 좋다 하고 쓴 것이 오늘날 우리까지 '문명'의 인식 틀을 쭈그러뜨리고 틀어지게 했다. 더군다나 요즘 들어 '중국 문명'이나 '중화 문명'까지 합창하듯 쓰고 있다니 그저 한심스러울 뿐이다.

차이나에서는 아예 '중국 문명', 혹은 '중화 문명'이라는 용어를 사용하는 중이지만, 장강 유역에서 비슷한 수준의 문명이 확인되고 있다는 이유로 '황하-장강, 혹은 양쯔-황하' 문명으로 부르기도 하는데 주류 학계에서도 이 용어가 정착하고 있는 편이다. 다만 한국의 경우 기존에 '황하문명'이란 용어가 너무 오랫동안 정착되어 아직 용어가 바뀌지 않고 있다. 하지만 교과서 개편이 이루어지면서 한국사와 세계사 교과에는 '중국 문명'으로 교체되고 있다.(나무위키)

차이나인이 아니라면 이 '중국 문명', '중화 문명'이라는 말을 쓴다는 건 또 다른 무리가 있다. 주위의 여타 문명을 주변 문명으로 만들기 때문이다. 그런데 이 '중국 문명'의 구성도 언제 바뀔지 모른다. 지금 차이나인들 하는 짓을 보면 '요하 문명'이나 '발해 연안 문명' 또는 '고조선 문명' 등을 이 '중국 문명'에 집어넣을 것만 같기 때문이다. 그런 짓을 충분히 하고도 남을 부류라는 생각이 든다. 대국(大國)이라면 대국다운 면모를 보여야 하는데, 다른 족속의 역사 뺏는 걸 예사로 여기는 그야말로 파렴치한 짓을 서슴없이 저지른다. 물론 통합과 분열을 거듭해온 차이나의 역사인지라 분열에 대한 불안감이 가득하다는 점은 이해한다. 하지만 언젠가는 어차피 분열할 텐데, 그렇게까지 안달하며 파렴치한 짓을 저지를까를 생각하면 그저 짠한 생각까지 든다.

다시 살펴보자면, '중국 문명', '중화 문명'이 적절한 말이라고 할 수는 없다.

① '이집트 문명'이나 '인더스 문명'은 일관성이라도 있다. 하지만, '중국 문명', '중화 문명'은 일관성이 없어서 언제 그 구성이 바뀔지 알 수가 없다.

② '중국'이라는 용어 문제다. '중화민국'이나 '중화인민공화국'의 줄임말이라고 하지만, 쓰는 나라가 겨우 당사국인 차이나, 그리고 한국, 일본 세 나라뿐이다. 그것마저도 일본에서는 몇몇 사람을 제외하고 '지나'를 주로 쓴다. 차이나인 자기들 말고는 우리나라만 쓰는 꼴이다. 여타의 나라에서는 영어 China 등과 자기들 나름의 입맛에 맞는 말을 쓴다.

③ '중국'이라는 나라 이름이 생긴 지 100년 정도밖에 되지 않는다. 그런데 '문명'을 붙인다는 건 어불성설이다.

④ '황하문명', '장강문명' 등등 잡다한 '문명'들을 '중국 문명' 하나에 넣고 '문명'이라고 한다면 그렇게 하지 못할 나라가 어디에 있겠는가?

⑤ '중국'이나 '중화'를 쓰면 우리나 일본 등이 주변이 되고 만다. 시대가 바뀌었다. 우리는, 모든 나라가 그러는 것처럼, 세상의 중심 나라다. 굳이 '중국 문명'을 써야 한다면 'Chinese Civilization' 곧 '차이나 문명'이라고 하면 된다.

위에서도 거론한 바 있는, 문명의 전개를 도전과 응전으로 보는 토인비는 황하 문명을 일으킨 족속과 차이나의 서쪽, 남쪽 지역의 족속이 같다고 보는 듯하다.

> 황하 하류 지역의 중국 고대문명의 발생을 고찰하면 상술한 티그리스 및 유프라테스 두 강과 나일강의 도전보다 훨씬 가혹한 물적 자연으로부터의 도전에 대한 인간의 응전을 보게 된다. 일찍이 인간이 중국 고대문명의 요람으로 변형시킨 이 황무지에는 늪과 숲덤불과 홍수라는 시련 외에 또 여름의 혹서(酷暑)와 겨울의 혹한이라는 계절에 따르는 기온의 극단적 변화의 시련이 중첩되어 있었다. 중국 고대문명의 선조들은 황하에서

브라마푸트라강200)까지, 또 티베트고원에서 지나해(支那海)까지 남쪽과 서남쪽으로 전개되는 광대한 지역에 살고 있던 자들과는 다른 종족인 것 같지 않다.201)

하지만, 황하 유역의 족속과 남쪽·서쪽의 족속이 같다고 하는 것은 무리다. 지금이야 짬뽕이 되어 구분이 흐릿해진 면이 있긴 하지만, 대개 황하와 양자강(장강) 사이에서 흐르는 회하(淮河, 회수)가 차이나 남북의 족속과 문화를 갈랐다.

4. 황하문명

황하문명(黃河文明)은 중국의 황하 중하류 지역에 성립한 옛 문명의 총칭이다. 일반적으로 전통적인 서구의 시각에서 국가·청동기·문자 등이 문명의 성립 요소가 되는데, 이런 의미에서 황하문명의 성립기(成立期)는 다른 주요 문명인 오리엔트나 인도보다 늦은 기원전 2000년~3000년쯤이라고 한다. 다만 청동기 등을 문명의 성립 요소로 본다면 금속 제련 기술이 없던 아메리카 대륙의 문명을 분류하는데 문제점이 생기므로 이에 대한 논란도 있다.

신석기 시대의 츠산 문화, 양사오 문화, 룽산 문화를 거쳐, 상나라, 주나라 등의 금속 문명으로 발전해 갔다.

선사 시대의 차이나인 생활 구역은, 황하 유역 산기슭의 물이 솟아나는 지대에 많으며, 수해를 피하려고 단구(段丘) 위에 거주했다. 나일강이나 인더스

---

200) 브라마푸트라강 : 티베트 서남부에서 발원하여 티베트의 남단과 히말라야산맥의 북단을 수평으로 가로지르며, 티베트 지역을 넘어 인도의 아루나찰프라데시주로 접어든다. 하류에서 갠지스강과 합류하여 벵골만으로 흘러든다.
201) 토인비, 서머벨 축약, 노명식 역, 『역사의 연구 Ⅰ』, 삼성출판사, 1977, 93쪽.

강 유역에서는, 하천의 정기적인 범람으로 인한 비옥한 흙의 퇴적을 이용한 관개 농업이 성립했다. 이 점은 차나 농업의 성립 조건과는 다르다. 황토는 잿빛이 나는 황색의 석영(石英)이나 장석(長石) 등 미립(微粒)의 퇴적으로서, 빗물 속의 석회질을 모아 땅이 비옥하고 부드러워서 농경 생활을 하기에는 아주 적합했다. 이 황토 지대에서 농업 생산력의 발전을 기초로 문명이 성립된 것이다. 장강 유역에 고문명이 성립하지 않은 이유는, 고온다습(高溫多濕)하므로 초목이 무성하여, 철기시대 이전에는 개간이 곤란했기 때문이라고 하는데, 최근 장강 중·하 유역 문화 유적의 발굴 조사가 진척 중이다.(위키백과)

「고비 사막이 장애가 되어 중석기 시대에 북방에서 오는 사람들은 동부 몽고나 만주를 돌아서 중국 동북부로 들어왔다. 중국 안에서 발견된 가장 오래 된 세석기(細石器)는 후룬놀, 챠라이놀로서 그 북쪽 바이칼 호수 주변에서 쓰인 것과 별로 다르지 않다.」
이 (중국인 학자의)말은 그때까지 북방계 원시림 지대에서 짐승이나 물고기를 사냥해 먹으며 살아온 사람들이 이목과 농경이 시작되자 살기 좋은 남방으로 이동해 와서 중국 문화사의 시초가 되었다는 말이다. 동시에 일부는 만주를 거쳐서 한반도로도 이동해 왔다.202)

만주 지역에서 살던 족속이 남서쪽 황하 유역에 내려갔다면 자연환경에 어떤 변화가 있었을 것이다. 가장 중시할 수 있는 점은 기후 변화다. 만주의 서쪽을 지켜주고 있는 대흥안령산맥과 그 남쪽의 연산산맥은 동서의 기후에 영향을 미친다. 그 남쪽 통로를 통해 접어들면 산동 지역과 황하 유역으로 만주 지역과 기후 환경에서 차이가 났을 것이다. 기후 변화로 인한 사람들의

---

202) 박시인, 『알타이 神話』, 「청노루」, 1994, 27쪽.

이동에 따라 만주 지역에 일었던 문명이 황하 유역으로 전파된다.

그런데 황하 유역에는 이미 차이나의 남쪽이나 서쪽을 통해 들어온 화족(華族)이 자리 잡고 있었다. 동북쪽에서 들어온 족속이 이들을 지배하며 새로운 문명을 일구니 그게 바로 황하문명이다. 문명은 대개 두 족속의 접점에서 일어난다. 갑골문의 문장 구조가 뒤섞여진 것도 이를 뒷받침한다.

5. 요하문명

요하문명에 관해 그 연구 열의와 치밀하고 공정한 분석은, 차이나 우리나라, 일본 등을 막론하고 우실하 교수 정도의 학자가 없는 듯 보인다. 우 교수가 쓴 책, 『고조선문명의 기원과 요하문명』에서 요하문명의 대략을 알 수 있는 일부를 따서 아래에 붙이고 다음을 이어가겠다.

예로부터 중국은 만리장성을 '북방한계선'으로 하여 야만인이라고 여겨온 북방민족들과는 분명한 경계를 두었었다. 황하문명을 중국 고대문명의 발상지로 여겼으며, 기타 지역에서 발견되는 새로운 문화들은 이 지역에서 전파된 것으로 보는 것이 일반적인 설명방식이었다.

그런데 1970년대 말부터 시작해서 1980년대 들어서면서 장성 밖 요하(遼河) 일대에서 황하문명보다 시기적으로 앞서고 문화적으로도 발달된 신석기문화가 속속 확인되었다. 특히 요하문명의 여러 신석기시대 고고학문화 가운데 홍산문화(紅山文化: BC 4500-3000) 후기 (BC 3500-3000)에 속하는 우하량(牛河梁)유지에서 발견된 대규모 적석총, 제단, 여신사당 등을 갖춘 유적의 발견은 중국학계에 큰 충격이었다.

곽대순(郭大順)은 중화문명이 요하 일대의 '흥륭와문화(興隆洼文化:BC 6200-5200) 사해(査海)유지'에서 초보적으로 시작되어 '홍산문화 우하량유지'에서 문명사회로 진입한다고 강조하고 있다. 그에 따르면 지금으로부터 8000년 전 요녕성 부신시(阜新市)의 흥륭와문화 사해유지에서는 (1) 사회 조직이 이미 분화된 것을 보여주는 위계적으로 배열된 방 유적지가 발굴되었고, (2) 사회적 분업을 통해서 옥기(玉器)가 만들어졌으며, (3) 의식의 발전 정도를 나타내는 '용 형상물'도 발견되는데, (4) 사해유지는 이미 '문명의 시작 단계(文明的起步)'에 들어섰음을 보여주는 것이라고 강조한다. 또한 곽대순은 요하문명이 발전해간 모습을 반영하는 홍산문화 우하량유지에서는 (1) 5000년 전의 '제단(壇)·사당(廟)·무덤(塚) 삼위일체'의 대규모 종교의례를 상징하는 건축군과, (2) '용(龍)·봉(鳳)·사람(人)' 위주의 각종 옥기(玉器)들이 발견되었는데, (3) 이것은 요하 유역이 '문명사회로 진입했다는 중요한 실증'들이라는 것이다.

우하량유지의 발견 이후 중국은 중국의 상고사, 고대사에 대한 기존의 시각을 근본적으로 수정하고 있다. 요하문명 발견 이후 중국에서는 국가 주도의 수많은 역사 관련 프로젝트=공정(工程)을 통해서 기존의 황하문명보다 앞선 요하문명을 중화문명의 발상지로 새롭게 재정립하고 있다.

곽대순은 요하 일대에서 새롭게 발견된 고대문명을 1995년에 '요하문명'으로 명명한다. 이후 중국은 국가가 주도하는 수많은 역사 관련 프로젝트=공정(工程)을 수행해왔다. 우리나라의 일반인들은 '고구려 역사 빼앗기' 정도로 잘못 알려진 '동북공정'만 아는 사람들이 대부분이다. 그러나 중국에서는 요하문명 명명 이후 (1) 하상주단대공정(夏商周斷代工程:1996- 2000), (2) 동북공정(東北工程: 2002-2007)으로 약칭되는 동북변강역사와 현상계열연구공정(東北邊疆歷史与現狀系列研究工程), (3) 중화문명탐원공정(中華文明探源工程:2004-2015), (4) 국사수정공정(国史修訂工程: 2010-2013) 등을 기획하고 완료했으며, 현재는 (5) 중화문명전파(선전)

공정(中華文明傳 播(宣伝)工程:?)이 제안되어 있는 상태이다.

현재 중국에서는 (1) 중국인의 조상이라는 황제(黃帝)의 손자인 고양씨(高陽氏) 전욱(顓頊)과 고신씨(高辛氏) 제곡(帝嚳) 두 씨족 부락이 지금의 하북성과 요녕성이 교차하는 유연(幽燕) 지역에서 살면서 모든 북방민족들의 시조가 되었으며, (2) 신석기시대 이래로 만주 일대에서 발원한 모든 민족은 중국인의 조상이라는 황제(黃帝族)의 후예이고, (3) 요하문명의 핵심인 홍산문화는 황제족의 후예인 고양씨(高陽氏) 전욱(顓頊) 계통에 의한 문명이며, (4) 따라서 이 일대에서 발원한 모든 민족과 역사는 모두 중화민족의 역사라는 시각을 정립해가고 있다.

우리가 주목해야 하는 것은 만일 중국학자들이 최근 논의하고 있는 이러한 견해들을 비판 없이 수용하면, (1) 우리 민족의 선조들인 단군, 웅녀, 주몽, 해모수 등은 모두 황제의 후예가 되는 것이며, (2) 우리 민족의 상고-고대사의 대부분은 중국 역사의 방계역사로 전락하게 된다는 점이다. 따라서 우리 역사-고고학계에서도 이 요하문명에 대해서 주목하고 연구해서 대응책을 마련해야 한다.203)

6. 황제(黃帝) 헌원(軒轅)과 치우(蚩尤)

삼황오제(三皇五帝)는 차이나 신화에 등장하는 제왕들로 세 명의 황(皇)과 다섯 명의 제(帝)를 말한다. 삼황오제는 근대 이전의 차이나에서 역사적 사실로 오랜 기간 추앙되었다. 특히 황제와 요, 순은 차이나의 이상적인 성천자로

---

203) 우실하,『고조선문명의 기원과 요하문명』, 지식산업사, 2019, 47~49

일컬어졌다. 그러나 청나라 말기 캉유웨이, 구제강 등이 주도한 의고학파(疑古學派)의 연구를 통해 삼황오제 기록의 역사성이 부정되고 종교적 영향으로 꾸며진 신화임이 판명되었다. 그러나 1990년대 이후 차이나의 민족주의와 국가주의가 강화되면서 차이나는 정부 차원에서 역사의 기원을 상향 조정하고 신화 속 제왕들의 연대를 비정하는 등 삼황오제를 비롯한 신화 속의 인물들을 실존 인물이라 주장하는 각종 공정을 진행하고 있다(위키백과).

　차이나인들은, 옛날 우리 어른들이 '뙈놈, 떼놈' 등으로 불렀듯이, 하는 짓을 보면 영락없는 막무가내 뙈놈들이다. 나라가 좀 크고 덩달아 세력이 커졌다고 얼굴에 철면피를 깐다. 역사를 자기 입맛에 맞게 아무렇게나 고쳐댄다. 그것도 '학자'라는 사람들을 앞장세운다. 양심이라는 게 있는 건지 의문스럽기까지 하다.
　황제헌원이 자기들 족속, 곧 화하족을 일으킨 조상이라고 하더니 이제는 자기들과 다른 오랑캐라며 비하했던 치우도 자기 조상이라고 끌어들인다.

　상고시대의 기록인 《금문》을 보면 헌원이 왕위에 올랐다는 내용이 없다. 중국 고대 왕의 계보는 신농으로부터 시작하며, 신농 열산씨-소호 금천씨-전욱 고양씨-제곡 고신씨-제지 청양씨-제요 도당씨-제순 유우씨-우-백익으로 나온다. 또한 진나라의 진시황제나 한나라의 태조인 유방이 전쟁 전에 헌원이 아닌 치우에게 제사를 지낸 기록들도 나온다. 그래서 헌원과 치우에 대해서 다르게 보는 바도 있다. 물론 애초에 헌원은 싸움 잘한 덕에 이긴 것이 아니며, 관우처럼 결과적으론 패배한 장군인데도 불구하고 후대에 추앙받은 케이스가 있는 걸 보면 딱히 과할 정도로 이상한 것은 아니다. 그리스 신화에서의 아레스도 트로이 전쟁에서 아테나에게 패배하는 이야기가 있지만, 그리스인들

에게 잘만 섬겨졌다.(나무위키)

사마천의 『사기(史記)』에는 '치우가 복종하지 않고 난을 일으키므로 황제헌원은 여러 제후들을 불러모아 탁록(涿鹿)의 들에서 치우와 싸웠다. 드디어 치우를 사로잡아 죽이고…'204)라고 한다.

그런데 「사기집해(集解)」에는 '치우는 옛날 천자다(蚩尤 古天子).'라는 말이, 「사기정의(正義)」에는 '치우는 구려 임금의 이름이다(九黎君號蚩尤).'라는 말이 실려있다. 또한 「사기정의(正義)」에서 치우가 '동 머리와 철 이마(銅頭鐵額)'였다고 하며, 증선지(曾先之)의 『십팔사략(十八史略)』에는 '치우가 반란을 일으켰다. 그 사람은 구리와 철로 된 이마를 가졌으며… (蚩尤作亂 其人銅鐵額…)'라는 얘기가 실려있다. 물론 그 당시에 철(鐵)이 개발되었다고 볼 수는 없는 일이라서 이 '鐵(철)'자는 뒤에 집어넣었겠지만 말이다.

중국, 베트남, 태국 등에 흩어져 사는 묘족, 흐몽족 등은 구려(九黎)족의 후예를 자처하며 치우를 민족의 조상으로 추앙한다. 구려(九黎)족은 동이족의 일파다. 한국에서도 치우씨(蚩尤氏), 치우천왕(蚩尤天王) 등으로 부르며 치우 또는 그 부족이 한민족에 속했다고 주장하기도 한다(위키백과).

치우가 묘족의 조상이든, 한민족의 조상이든 더 깊고 폭넓게 연구해나가기로 하고 여기서는 헌원과 얽힌 얘기를 해보기로 하자.

앞의 얘기를 따르면, 치우는 청동기를 사용했고, 헌원은 아직 청동기를 사용하지 못했다. 그런데 두 패거리가 붙어서 싸웠다. 그런데 헌원이 이겼다?

---

204) 사마천, 『史記 卷一』, 「五帝本紀 第一」, '蚩尤作亂 不用帝命 於是黃帝乃徵師諸侯 與蚩尤戰 於涿鹿之野 遂禽殺蚩尤…'.

청동은 구리[동(銅), Cu]에 주석[석(錫), Sn]과 납[연(鉛), Pb]을 주성분으로 합금되었기 때문에 순구리보다 훨씬 단단하고 강해서 생산도구나 무기를 만드는 데 쓰인다.

청동제 생산도구와 무기의 사용은 인류의 산업을 급속도로 발전시켰을 뿐만 아니라 국가의 성장을 가속화시키는 계기가 되었다.

동북아시아에서 비교적 초기의 청동기가 발견되는 곳은 발해연안 북부 대릉하 유역과 서요하(西遼河) 유역이다. 이 지역에서 발견되는 초기 청동기는 칼·끌·장신구 등 소형의 청동제품으로 이른바 하가점하층문화(夏家店下層文化)라고 명명된 유적에서 주로 출토되었다. 이 시기는 대개 기원전 20세기 내지 15세기에 해당된다.

……

그러나 만주 지방과 한반도에서는 청동기의 제작이 크게 발달하지 못한 반면 중국 은(殷, 商)나라에서는 극도로 발전하였다. 은나라 시기[기원전 17~11세기]에는 제사용 청동 예기(禮器)가 유행하였다.

제2차 세계대전 이후 발해연안 북부에서 기원전 12~11세기경 은말주초(殷末周初)시기의 청동 예기가 다량으로 발견되었다. 이는 은이 망한 후에 동북 방면으로 이동한 은나라 유민[은유(殷遺)]이 남긴 청동기일 것으로 보고 있다.205)

앞서 나온 의고학파의 연구처럼 삼황오제의 이야기는 어차피 신화지만, 한(漢)나라 시대에 와서야 그런대로 짜 맞춰진 신화란다. 하지만 차이나인들은 이것조차도 자기들의 입맛에 맞게끔 계속 고쳐나가고 있다.

---

205) 이형구, 『한국 고대문화의 비밀』, 새벽출판사, 2012, 154~155쪽.

신화라고 하지만, 실제로 있었다고 가정하고 헌원과 치우의 소설 하나를 써보자.

　① 헌원과 치우가 맞붙어 싸웠다면 같은 시기의 인물일 것이다. 물론 헌원과 치우 개인들이 아니고 헌원족, 치우족이었을 수도 있다.

　② 한쪽은 청동기를 쓰고 또 한쪽은 청동기를 쓰지 않은 족속이라면 그 시기는 청동기문화 초기라고 볼 수 있다.

　③ 이들이 어떤 지역으로부터 황하 유역으로 흘러들었다면 두 집단의 원 거주지가 같았다고 보기는 어려운데, 원 거주지가 같았지만, 이동의 시기가 다를 수 있었다고 볼 수도 있다.

　④ 청동기를 쓰지 않은 헌원 집단은 이미 먼저 들어와 자리 틀고 있었고, 청동기를 쓰며 어깨에 힘이 들어간 동쪽이나 동북지역의 치우 집단이 만만하게 보이는 서·남 방향의 헌원 집단을 밀고 들어갔다고 볼 수도 있다. 하지만, 치우 집단에 맞선 헌원 집단도 상당히 커서 세력도 만만치 않았을 것이다.

　⑤ 헌원과 치우가 싸웠다는 탁록대전의 탁록은 어디였을까? 대개는 북경 서북쪽, 지금의 하북성(河北省)에 있는 탁록이 그때의 탁록이라고 한다. 그런데 이상한 점들이 있다. 위치가 어중간할 뿐만 아니라 그곳에서 뭐 먹을 게 있다고 죽고 사는 전쟁까지 벌이며 땅따먹기를 했을까 하는 점이다.

　탁록대전이 일어났다는 탁록은 차이나 땅 여기저기에 널려 있다. 진짜로 두 족속 간의 큰 전쟁이 일어났다면, 과연 그 탁록은 어디였을까?

　한 가지,「사기집해(集解)」에는 "전하는 말에 따르면, 황제(黃帝)와 치우가 탁록 들판에서 전쟁을 벌였는데, 황제가 치우를 죽이고 그 몸을 나눠서 따로따로 묻었다.[206]"라는 말이 있는 걸 보면 묘소는 여기저기 있을 법하지만, 어떻든 탁록만큼은 한 군데일 수밖에 없는 점이 있다.

---

206) (傳言黃帝與蚩尤戰於涿鹿之野 黃帝殺之 身體異處 故別葬之.)

나는 여러 주장과 자료를 검토하고 공부하며 고대의 탁록은 산서성 남단 해현(解縣), 지금의 운성현(運城縣) 지역이라고 보게 됐다. 물론 그곳에 탁록이란 지명이 자료로 남아있으며, 탁록대전은 소금(鹽)으로 인해 일어난 것으로 바로 '소금 쟁탈전'이라고 보는 주장이 적절하다고 보기 때문이다. 이곳의 염지(鹽池, 소금 못)는 차이나 고대에서 자연염(自然鹽)을 발견하여 이용한 장소 중의 하나로, 약칭 '해지(解池)', 또는 '하동염지(河東鹽池)'라 불렀다.

해현(解縣) 염지(鹽池)는 고대 차이나 각 부족 간의 쟁탈 목표 중의 하나였다. 따라서 염지를 점유함은 바로 각 부족의 영수 자격을 가졌음을 의미한다. 요(堯), 순(舜), 우(禹)가 이곳 일대에 성을 쌓은 것은 바로 염지(鹽池)를 지키기 위한 것으로 생각할 수 있다.

그러나 차이나인들은 옛날부터 이 산서성의 탁록을 북경 서북쪽으로 옮겨놓고 탁록대전의 탁록이라고 줄기차게 우겨 왔다. 산서성의 탁록은 동쪽의 치우가 서쪽으로 화족을 밀어내며 들어선 지역이다.

⑥ 치우 집단만 동쪽이나 동북지역에서 온 게 아니고 헌원 집단도 동쪽이나 동북지역에서 치우보다 먼저 들어왔다고 할 수

도 있다. 우리나라 학자 중에 헌원이 동이족이라거나 한민족(韓民族)의 조상이라고 하는 이도 있다.

하지만, 동이족이었다거나 한족(韓族)이었다고 하면 모를까, 한민족의 조상이라고 하는 건 어째 좀 그렇다. 또한, 같은 지역에서 왔다면 그렇게까지 치열하게 싸웠을까 하는 의문이 인다. 물론, 싸울 수는 있다. 그러나 이 '헌원'이 화족이 아니라면 그 주민들이 자기들의 우두머리로 삼았을까 하는 점도 의문이다.

⑦ 치우가 들어오기 전의 기층 주민이 헌원과 같은 족속이 아니라면, 그 지역에서 특별히 들이댈 만한 다른 족속이 없다. 원래 차이나인들이 구분했던 대로 헌원은 화족(華族)이거나 아니면 화족을 완전히 지배한 애매한 인물이었고, 치우는 확실히 동이족(東夷族)이였다고 하는 것이 부드러울 것 같다.

⑧ 고대에는 화족을 '민(民, 民)'이라 했고, 동이족, 곧 한족(韓族)을 '이(夷)'라 했다(3장. 화족<華族>과 한족<韓族, 동이족> 얘기 참조). '民'은 원래 '노예'를 뜻하는 글자다. 화족이 동이족[韓族]에게 패하고서 노예가 됐다는 것이다. 상(商)나라의 갑골문을 보면 적은 수의 夷족이 많은 수의 華족을 지배했다는 것을 알 수 있다.

⑨ 요하문명이 발견되기 전의 차이나인들 주장처럼, 헌원 족속은 남쪽이나 서쪽으로부터 황하 중류로 몰려든 집단이라고 할 수 있다. 이미 들어와 자리잡고 있던 화족을 헌원족이 지배했다고 할 수도 있다.

⑩ 이후, 치우와 같은 족속으로 여겨지는 집단이 지배족으로 군림하며 전설상의 나라라는 하(夏)나라와 상(商, 또는 殷)나라를 일으키고 청동기 문화를 꽃피운다. 동북지역의 초기 청동기 문화가 상나라로 이어진 것이다. 다음에 상나라를 뒤엎고 주(周)나라가 들어서며 화족이 지배족이 되면서 조작된 신화를 만들고 이어 내렸을 것이다. 상나라와 다른 문화를 일군다.

⑪ 청동기를 먼저 사용한 치우족이 전쟁에서 패배했다면 헌원족의 노예가 되었을 텐데 그렇게 되었다면 치우족 곧 동이족이 하(夏)나라, 상(商)나라의

지배 족속이 되어 문자와 청동기문화를 그토록 발달시킬 수는 없었을 것이다. 이런 점을 고려하면, 설령 치우가 헌원에게 패해 사지가 갈기갈기 찢겼다 해도, 그건 거짓일 것이다. 설령 그렇게 됐다 쳐도, 그 부하들이나 같은 족속이 결국 헌원 족속, 화족을 굴복시켰다고 볼 수밖에 없다.

⑫ 치우가 전쟁에서 패배했다면 위대한 군신으로 남을 리가 없다. 사기(史記)의 기록이 거짓말이든지 아니면 쓰다 말았다고 할 수밖에 없는 또 다른 이유다. 동이족의 세력이 줄어들고 화족의 세력이 커진 이후에야 화족의 우월의식을 대변하는 듯 역사를 조작한 것으로 의심된다. 물론 조작한 것이 아니고, 몰라서 그랬다고 할 수도 있다. 사마천은 '갑골문'을 구경조차 하지 못했을 것이기 때문이다.

⑬ 치우는 그야말로 세계적인 군신(軍神)이다. 멀리 이집트까지에도 치우가 남아있다. 서양에서 만들어진 요일에서 화요일(火曜日)의 영어 'tuesday'의 'tue'는 군신 '치우'다.

⑭ 헌원 집단은, 화족(華族)이었든지 화족을 지배한 동이족이었든지, 어떻든 民이었고 치우는 동이족(東夷族) 곧 夷·人·仁·韓(한)이었다.

자, 소설이라 했지만, 역사라고 써먹어도 될 만하지 않은가?

7. '요하문명'이라는 말이 적합한가?

적합하지 않다. 그러나 의미를 줄여 쓰면 그런대로 괜찮다.

첫째, 지금의 요하(遼河)는 그 옛날의 요하가 아니다.

요하에 관한 가장 오래된 기록으로 『산해경(山海經)』 해내동경(海內東經)에 '요수가 위고의 동쪽에서 나와 동남쪽으로 발해에 흘러드는데 요양으로 들어간다(遼水出衛皐東, 東南注渤海, 入潦陽.)207).'는 말이 있다. '동남쪽으로 발해에 들어간다'라는 말을 눈여겨 봐야 한다. 여기서 리지린은 『고조선 연구』에서 "『산해경』의 경문(經文)에는 '료양으로 들어간다(入潦陽)'는 말이 '료수'에 관한 기록의 끝에 씌여 있는 바 이것은 문장상으로 보아서는 '동남쪽으로 흘러 발해로 들어간다(東南注渤海)' 위에 놓여야 할 것이라고 인정된다. 왜냐하면 '료수'는 '료양'을 지나서 발해로 들어가기 때문이다. 이러한 착간(錯簡, 순서가 잘못됨)은 『산해경』 경문에는 흔히 있는 일로서 별로 문제 삼을 바는 못 된다."208)라고 한다.

심백강 박사는 『사고전서 사료로 보는 한사군의 낙랑』에서 요수(遼水)를 다음과 같이 설명한다.

> 요수(遼水)는 오늘날은 보통 요하(遼河)라고 호칭한다. 고대의 요하는 시대에 따라 위치와 호칭상에서 차이를 보였다. 고구려 시대에는 구려하(句驪河), 한대(漢代)에는 대요수(大遼水), 오대 이후에는 요수(遼水)로 칭하였고 청대(淸代)에는 거류하(巨流河)라 불렀다.
> ……
> 여기서 말한 요수는 현대의 대요하(大遼河)가 아니라 『수경(水經)』에서 말하는 대요수(大遼水)를 지칭한 것이 확실하다고 하겠다.209)

둘째, 지금의 요하는 차이나(중국) 땅에 들어있다. 차이나는, 황하문명이나 장강문명 등을 '중국문명'에 싸잡아 집어넣고 있듯이, '요하문명'도 역시 거기에 집어넣고 말 것이다. 하지만 앞에서도 얘기했듯이, 고대문명을 일컬으

---

207) 정재서 역주, 『산해경』, 민음사, 2019, 284쪽.
208) 리지린, 이덕일 해역, 『고조선 연구』, 도서출판 말, 2021, 152쪽.
209) 심백강, 『사고전서 사료로 보는 한사군의 낙랑』, 바른역사, 2014, 78~80쪽.

며, 생긴 지 몇 년 되지도 않은 '중국'문명에다 몰아넣을 수는 없는 일이다.

셋째, '요하문명'의 이름은 지금의 차이나 화족(華族)이 고대 요하문명을 일군 것으로 인식하게 한다. 차이나의 공식 이름은 '중화인민공화국'이다. '화족(華族)'이 세운 나라라는 뜻이다. 그런데 요즘 고대 요하문명을 화족의 조상이 세웠다고 주장하는데, 이걸 동의한다면 정상이라 할 수 있을까?

넷째, '요하문명'이라고 못박아버리면 비슷한 시기에 일었던 주위 문명과 단절돼버린다. 이른바 발해연안문명, 고조선문명, 대동강문명, 한강문명 등의 주위 문명은 허접쓰레기가 돼버릴 것이다.

다섯째, '요하문명'을 쓰려면 ① 고대 '요하'의 위치가 확실하게 정립되어야 한다. ② '요하문명'을 일으킨 족속이 어떤 족속이었는지에 관한 규명이 있어야 한다. ③ 주위 문명과의 관계를 밝혀야 한다. ④ 동북아시아 전체의 거대 문명권을 외면하고 '요하문명'을 논할 수는 없다. 동북아시아 전체의 틀 속에서 그 위치가 정립되어야 한다. ⑤ 동북아시아 전체의 어떤 큰 문명 아래 '요하문명'을 넣으며 하위 문명으로 규정해야 한다. 그래야 역사를 탐구하는 세계인의 시각을 바르게 할 수 있다.

그 거대 문명의 이름으로 '한(韓)문명'을 제안한다. 설명은 뒤에 하겠다.

8. 발해연안문명

발해연안문명, 이형구 교수가 사용하는 동북아시아 문명 이론이다. 차이나의 동해안 지역과 발해·서해 연안, 만주 일대, 그리고 한대갑(韓大岬, 한반도) 지역을 포함해서 하나의 문명으로 보는 것이다.

구석기시대 다음으로 신석기시대가 전개되는데, 이 시기에는 처음으로 흙을 빚어 그릇을 만들어 구운 토기를 발명한다. 인류의 탄생 이후 깬돌[타제석기(打製石器)]만을 사용하던 인류가 이때부터 거친 돌을 갈아서 만든 간 석기[마제석기(磨製石器)]를 만들어 쓰는 새로운 신석기 문화를 창조한다. 기후는 전보다 더 따뜻해지고 물도 풍부해져서 인류는 강가나 바닷가에 자리 잡고 농사를 지으며 살게 된다. 우리는 이때부터를 인류의 문명 시기라고 부른다. 이 시기에 인류가 가장 살기 좋은 곳이 바로 발해연안이었다. 그래서 발해연안에서는 많은 신석기시대 유적이 발견되고 있다.
이 시기의 대표적인 문화 유형으로 요동반도 남단, 발해의 섬 중 하나인 광록도(廣鹿島)에서 발견된 소주산(小珠山) 하층문화와 요하(遼河) 하류의 심양(瀋陽) 신락(新樂)문화, 그리고 발해연안 북부 대릉하 유역의 흥륭와(興隆窪)문화와 홍산문화(紅山文化)가 있다. 이들 신석기시대 문화유적에서는 동북아시아 신석기시대 문화를 대표하는 빗살무늬토기가 보편적으로 출토되고 있어 한반도의 빗살무늬토기와 함께 가히 "빗살무늬토기 문화"라고 이름할 만하다. 이는 인류 문화에 새로운 장을 열었는 바, 곧 '발해연안문명(渤海沿岸文明)'의 여명(黎明)이다.210)

---

210) 이형구 『한국 고대문화의 비밀』, 새녘출판사, 2012, 52~53쪽.

이형구 교수에 관한 얘기를 더 잇는다.

요하문명은 황하문명보다 시기가 상당히 빠르다. 중국 황하문화의 핵심이 앙소문화인데 이는 서기전 5000년 전의 문화이다. 서기전 8000년 전의 요하문명 신락문화와 비교하면 요하문명이 황하문명보다 3000년이나 빠르다는 사실을 알 수 있다. 이 문명들이 중요한 이유는 바로 우리 역사와 연결되기 때문이다.

이형구 교수는 우리 민족 고유의 빗살무늬토기는, 시베리아의 것이

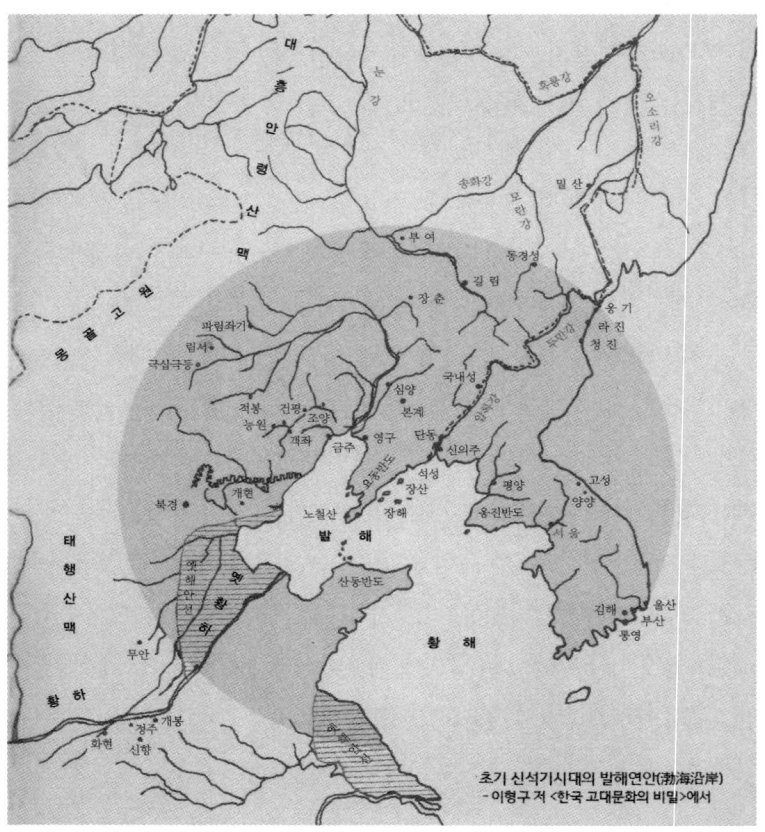

초기 신석기시대의 발해연안(渤海沿岸)
- 이형구 저 〈한국 고대문화의 비밀〉에서

한반도와 발해 연안 것보다 1000년 이상 늦다는 점에 주목하고 발해연안문

명을 제창했다. 우리 민족은 한반도와 발해연안, 곧 요동반도와 산동반도, 만주에 이르는 넓은 지역에서 일찍부터 살아왔다는 것이다. 서양의 이집트 문명이나 에게해 문명보다 더 연대가 앞선 인류 역사상 가장 오래된 문명이다. 그래서 우리 민족의 원류를 추구하려면 시베리아보다는 발해연안에서 찾아야 한다는 것이다.[211]

발해연안문명, 비록 큰 강을 들먹이지는 않지만, 미케네문명이니 크레타문명이니 하는 문명도 거론하는 터라 발해연안문명이라 해서 쓰지 못할 바도 아니다. 그러나 흡족하지는 않다.

① '발해'는 현재 차이나(중국)의 바다다. 세계인이 봤을 때, 이건 고대 동북아시아가 차이나의 영역으로 인식될 수밖에 없게 만든다.

② 발해는 바다라고는 하지만 모퉁이에 숨어있듯 박혀 있는 작은 바다다. 이런 작은 바다 이름으로 차이나의 산동 지역, 대릉하, 요하, 우리나라 등 거대 문명권을 포괄한다는 건 무리다.

③ 발해는 우리의 서해와 분명히 다르다. 세계의 갯벌 중 사람 살기 가장 좋고, 문명을 일으키기에 안성맞춤인 서해가 외면받게 된다. 또한 동아시아에서 가장 많이 분포된 우리나라 동굴도 고려하지 않게 될 것이다.

9. 대동강문명

대동강문명, 북한에서 주장하는 논리다. 남한 학자들은 말도 안 되는 소리라는 듯 비아냥거리지만, 얼마든지 할 수 있는 주장이라고 본다. 다만 그 주장이

---

211) 허정균 기자, 「뉴스서천」, '발해 연안 문명', 2020. 05. 28.

합리적인지 아닌지는 따져봐야 할 일이다.

　신문 기사 하나를 따서 붙인다. 판단은 독자의 몫이다. 다만 한 가지만 지적하자면, '문명'은 '문화'보다 더 큰 개념이라고 하는데, 협소한 대동강에 '문명'을 붙일 수 있는지에 이르면 의문이 인다.

　　우리 역사학계에서는 단군과 고조선이 신화냐 역사냐를 두고 아직도 의견이 분분하다. 실체가 충분히 고증되지 않았기 때문이다. 그러나 북한에서 고조선은 오래 전에 '고증된' 역사다. 북한은 1990년대 초 단군릉 일대에서 약 5천 년 전 부부의 유골이 발견됐고 그것이 단군 부부로 판명됐다고 발표한 바 있다.

　북한은 이후에도 평양 일대에서 고인돌 무덤 등 구석기, 신석기 유적과 유물이 잇따라 발견됐다고 발표했고 마침내 1990년대 후반 이 일대의 고대문화를 '대동강문화'라고 이름 지었다. 특히 4천800년 전의 고인돌 무덤에서는 하늘의 별자리 위치를 표시한 규칙적인 구멍들이 발견됐는데 천문학의 역사가 오래된 나라들보다 3천 년 가까이 앞선다고 주장하기도 했다.

　북한은 이런 연구활동을 근거로 1998년 3월 "과학적으로 증명된 수많은 자료는 대동강 유역이 고대문화, 단군조선의 문화임을 입증한다"며 대동강문화를 '세계 5대 문명' 중 하나라고 선포했다. 유물의 연대, 분포 등을 볼 때 대동강문화야말로 중국 황허, 인도 인더스강, 이집트 나일강, 서남아시아 티그리스·유프라테스강 문명 등 '세계 4대 문명'과 어깨를 나란히 한다는 것이다.

　조선중앙통신은 지난 22일에도 "세계 5대 문화의 하나인 대동강문화는 평양을 중심으로 한 대동강류역에서 발생한 고대문화"라는 내용의 보도를 내보냈다. 중앙통신은 "발굴된 유적, 유물에 의하면 대동강류역은 원인,

고인, 신인 등 인류 진화의 순차적 단계를 거쳐오면서 농경문화를 위주로 하는 청동기문화, 도기, 천문, 문자 등 여러 분야에서 세계문화 발상지의 하나였다"고 주장했다.

대동강 유역에 집중된 고인돌 무덤과 돌판 무덤, 큰 부락터 유적, 옛성, 집터 등은 평양이 고대문명의 발원지였다는 것을 충분히 뒷받침해준다는 것이다. 또 "자연지리적 조건이 유리하고 산수가 수려해 인류가 발생발전하여온 대동강류역은 세계가 공인하는 조선사람의 발원지이며 조선민족의 성지"라고 자랑했다. 그러나 북한의 이런 주장에 역사학자들은 "근거가 약하다"는 평가를 내놓는다.

일단 북한이 유물·유적의 발굴과정이나 연구보고서 등을 충분히 공개하지 않기 때문에 주장의 사실 여부 자체를 확인하기 어렵다는 것이다. 특히 대동강문화를 세계 4대 문명과 비교하려면 문명의 규모, 세계 역사에 끼친 영향 등을 종합적으로 고려해야지 단순히 유물·유적이 오래됐다고 해서 세계문명으로 인정받는 것은 아니라고 지적한다.

단군릉만 하더라도 고구려 양식이라는 점에서 진위가 의심스럽다고 보는 학자도 있다. 9층 계단식 돌무덤으로 건설된 사각형 모양의 이 무덤은 1994년 10월 현재 모습으로 개축됐다.

한국 고대사 전공인 윤용구 박사는 "우리 고대 문화를 이야기할 때 대동강지역이 선진지역이었던 것만큼은 틀림없다. 그러나 질적, 양적으로 전 세계에 영향을 준 4대 문명과 비교할만한 문화였는지에 대해서는 고증이 이뤄지지 않았다"고 말했다. 북한이 단군, 고조선을 중심으로 한 대동강문화를 지속적으로 강조하고 나서는 배경에는 정권의 역사적 정통성을 강조하려는 의도가 깔렸다고 보는 분석이 많다.

대동강문화 개념이 탄생하고 강조된 시기는 1990년대 중후반으로 북한의 격동기와 겹친다. 1994년 7월 김일성 주석이 사망한 뒤 김정일

국방위원장은 권력기반 다지기에 나서야 했다.

일각에서는 남한과 벌이는 체제경쟁 구도에서 우위적 명분을 확보하려는 의도가 깔렸다는 분석도 나온다. 대동강문화에서 고조선이 유래했고 또다시 고구려, 발해, 고려, 조선으로 이어졌기 때문에 북한이야말로 역사적 정통성을 지니고 있다는 점을 대내외에 강조하려는 의도라는 것이다.212)

10. 고조선문명

아랫글은 '고조선문명론'을 주장하는 신용하 교수의 『고조선문명의 사회사』에서 그 머리말의 일부를 따온 것이다.

……

약 5,000년 전 동아시아에는 한강·대동강·요하 유역을 중심으로 또 하나의 고대독립 문명인 '고조선문명'이 실재하였다.

고조선문명은 신석기시대 한족의 한강문화와 대동강문화, 맥족의 홍산문화(중국 고고학계의 '요하'문명), 예족의 신석기문화가 하나로 통합되어 약 5,000년 전 동아시아 최초의 고대국가 '고조선'이 건국됨과 궤를 같이하면서 탄생한 인류의 세 번째 고대문명이었다.

고조선문명은 인류가 창조한 최초의 고대 독립문명 가운데에서 겨울에는 얼어붙는 동토와 접변하여 가장 추운 지방에서 한파와 싸워가면서 탄생한 독특한 문명이었다.

---

212) 이준삼 기자, 「연합뉴스」, '평양이 세계 5대 문명 발상지 중 한곳?', 2011. 06. 24.

古한반도는 이미 구석기시대와 신석기시대 초기에 유라시아 대륙의 상대적 인구 밀집 지역의 하나였다. '태양이 가장 먼저 솟는 땅(land of the sunrise)'을 향하여 유라시아 대륙의 해안을 따라 이동해 온 인류의 집단들이 태평양 바다에 막혀서 누적되었기 때문이었다. 그들은 지구 기후가 오늘날처럼 온난화되자 동굴에서 나와, 절대적으로 부족한 식료문제 해결을 위해 古한반도 남한강과 금강 상류를 비롯하여 한반도의 크고 작은 강과 해변에서 약 1만 2,000년 전부터 단립벼 쌀과 콩과 잡곡의 경작 재배를 시작해서 신석기 농업혁명을 수행하였다.

……

그들은 약 5,100년 전~4,600년 전에 동아시아에서 가장 일찍 청동기를 발명 제작했으며, 이어서 찬란한 금·금동·칠기 등 독자적 유형의 금속문화를 크게 발전시켰다. 그들은 선진 농업과 선진 청동기문화에 기초하여 약 5천 년 전에 古한반도에서 '아사달(Land of the Sunrise)'이라는 이름의 고조선 고대국가를 개국하여 한반도 만주·연해주·동 내몽고에 걸친 거대한 고대연방국가를 성립 발전시켰다.

……

고조선문명은 고조선 고대연방국가에서 공통으로 사용하는 고조선 언어를 형성시켰다. 이 고조선 언어가 고조선 연방국가 해체 이후 각지에 흩어진 고조선 옛 주민들의 민족이동에 따라 유라시아 대륙 북방에 긴 띠를 만든 우랄어족, 알타이어족, 우랄알타이어족의 조어(祖語)가 된 것이었다.

고조선문명은 매우 일찍 성립 발전된 목축에 기초하여 '기마문화'를 성립 발전시켜서 광대한 고조선 연방국가의 교통·통신·운반·이동 수단과 국방 수단으로 사용하였다. 고조선문명의 기마문화는 고조선 국가가 해체되어 고조선 주민들이 민족이동을 단행할 때 그 후예들 일부가 중앙아시아를 거쳐 아나톨리아 반도 · 발칸 반도 · 판노니아 평원 · 라인 강유역 · 발트 연안(에스토니아) · 스칸디나비아 반도(핀란드) · 갈레리아 반도까지 이동 정착한 수단이 되었다.

……

고조선문명의 내용과 구조는 인류 최초 5대 고대독립문명의 내용과 구조를 모두 갖추고 있었으며, 가장 선진한 내용도 많이 갖추고 있었다. 고조선 문명은 '우랄어족' '알타이어족' '우랄알타이어족'의 언어를 사용하는 모든 사람들의 문화와 문명의 원래의 뿌리이고 기원이 된 문명이었다.

뿐만 아니라 동아시아 최초의 고조선문명은 그 다음 동아시아 두 번째 문명인 고중국(황하) 문명의 형성에 지대한 영향을 끼쳤다. 고중국 문명 형성의 주역의 핵심인 '商(상)' 문명은 고조선 이주민들이 고조선 문명을 갖고 이동해 들어가서 형성한 문명이었다.213)

앞에 나온 우실하 교수도 마찬가지지만, 신용하 교수도 애당초 역사를 전공한 역사학자가 아니고 사회학을 전공한 사회학자란다. 우리나라 역사학자들이 제구실을 제대로 하지 못하니까 열을 받아서 나선 게 아닌가 하는 의문이 들기도 하는데, 글쎄다. 아무튼, 훌륭한 학자들이고, 진정으로 역사를 바로 쓰자는 자세를 갖추고 있는 것만 같다.

신용하 교수의 '고조선문명론', 우리가 듣고 쓰기에는 기분이 좋아지는 말이지만, 과연 이 말이 동북아시아의 거대 문명권을 한마디로 표현하는 데에 합당할까?

① '고조선', 이렇게 쓰면 말이 이상하다. '고조선'은 '조선'에 옛날을 뜻하는 '고(古)'가 붙었다. 이 '고(古)'의 뜻도 모호하다.

---

213) 신용하, 위의 책, 5~10쪽.

② 한쪽에서는 우리가 (고)조선 단군의 후예라고 하지만, 다른 한쪽 사람 중에 (고)조선 자체를 부정하는 학자들도 있다.

③ (고)조선 강역이 확실하지 않다. 중구난방이다.

④ 옛 '조선'에는 단군조선, 기자조선, 위만조선이 있다. 어느 조선에 맞추어야 하는가?

⑤ '고조선문명'을 내세울 때 그 주체는 어떤 족속이라 해야 할까? '고조선족'이라고 할까? 어쩐지 말이 좀 이상하다.

11. '한(韓)'문명

인류 발달사를 보면 나일강이나 메소포타미아, 그리고 인더스강 유역에서 고대문명이 일어났는데, 비슷한 시기에 동아시아에서 어떤 문명이 일어나지 않았다고 하는 게 어쩐지 이상한 일이라고 할 수밖에 없었다. 물론 기후를 비롯한 환경의 영향을 받았다고 할 수는 있지만, 빙하기가 끝나며 신석기시대가 비슷하게 일어나고 사람들의 인지능력도 비슷하게 발달했을 텐데, 비슷한 시기에 유독 동아시아에서만 문명이 일어나지 않았다는 것은 이해하기 어려운 일이었다. 비록 황하 유역에서 고대문명이 일어났다고 하지만, 그 시기가 너무 늦었다.

그런데 다행히도, 기술과 학문의 발달에 힘입어 황하 유역의 동쪽, 동북쪽에서 황하문명보다 더 이른 시기의 문명이 있었다고 밝혀지면서 그동안의 의문이 해소되었다. 위에서 거론했듯이 요하 문명, 고조선 문명, 발해 연안 문명, 대동강 문명, 한강 문명 등이다. 다 '문명'이라는 이름들을 붙이기가 부담스러우면 '문화'라 해도 좋겠다.

차이나의 덩치가 크고 떼거리가 많아서인지 현재 그들 나라 지역의 '요하 문명'이라는 이름이 더 널리 확장되는 것 같지만, '발해 연안 문명'이나 '고조선 문명', '대동강 문명', '한강 문명' 등의 이름도 가볍게 여길 일은 아니다. 그런데 앞에서 살펴보았듯이 '요하문명'을 비롯해 이 이름들에 모자란 점들이 있다.

황하문명권 동쪽, 동북쪽의 문명을 '한(韓)문명'이라고 하면 어떻겠는가?

요하 유역, 발해 연안, 산동성 지역, 대동강 유역, 한강 유역을 묶고, 북쪽으로 바이칼호를 포함하는 몽골과 '소남산 유적' 등을 포함하는 흑룡강 유역 등을 주변 문화로 얽어 하나의 '한(韓)문명'으로 하자는 것이다.

① 우리나라 이름이 '대한민국'이어서 '한'을 쓰자는 건 결코 아니다. 차이나의 동쪽, 동북쪽의 족속을 묶는 데 '한'만큼 좋은 이름을 찾을 수가 없어서다. 물론 동이(東夷), 고리(高麗, Korea), 조선(朝鮮) 등을 쓴다 해도 우리로서는 크게 나쁘다고 할 수는 없겠지만, 여러 사항을 고려하면 '한'만은 못하다. '한'은 하늘에 그 바탕을 두고 있다. 하늘에 바탕을 둔 말이라면 하, 하늘, 하나, 한, 환, 칸, 간, 곤, 콘 등 지역이나 족속에 따라 그 발음을 달리한다 해도 좋은 이름이라 할 수 있다.
② 이 문명이 차이나의 '황하문명'과 다르다는 것은 차이나인을 비롯해 세계인들이 다 안다. 다만, 정치적으로 이용하고자 하는 세력에 의해 이상하게 변질하고 있다. 그래서 세계인이 헷갈린다. 이를 해소하기 위한 가장 좋은 이름이 '한문명', 곧 영어로 'Han Civilization'이다.
③ 족속의 이름을 문명의 이름에 쓰는 것은 무리라고 할 수 있다. 하지만,

마야, 켈트, 아즈텍 등 많이 쓴다. 심지어 차이나에서는 '중화문명'이라는 말까지 들고나오는데 '중화'는 족속 이름이다.

④ 차이나(중국) 화족(華族)은 동사+목적어 어순의 말을 쓴다. '한족(韓族)'은 화족(華族)의 말과 달리 목적어+동사 어순의 말을 쓴다. 이는 동북아시아 여러 민족을 '한족(韓族)'으로 묶으면서 '한문명' 이름을 쓸 수 있게 한다. 그러면서 동북아 고대문명을 구분하고 이해하기가 쉽게 한다. 빗살무늬토기, 옥기, 비파형 동검, 묘제, 성곽, 고인돌 등등.

⑤ '황하문명'을 일군 족속의 지배 세력은 동쪽이나 동북쪽에서 들어간 동이족(東夷族)이었다. 기층 주민 다수는 화족(華族)이었다. 여기서 '동이족'이라는 말이 모호하니까 '한족(韓族)'으로 바꿔 쓰기로 하자. 굳이 한자 '韓'을 쓰지 않아도 되고 오히려 안 쓰는 게 좋을 수도 있지만, 차이나의 '漢族(한족)'이라는 말이 있어서 혼동하기 쉬우므로 '韓'을 붙인다.

'韓'과 '漢'은 글자 생긴 것도 다르고, 차이나식의 성조도 달라 차이나인들은 구분하기 쉽지만, 우리나라 사람들은 한자(漢字)를 잘 쓰지 않기 때문에 구분하기가 어렵다. 또한, 우리는 두 글자를 모두 우리글 '한'으로 쓰고 발음도 '한' 한 가지로 하므로 헷갈릴 수밖에 없다. 여하튼 구분이 필요하니까 일단 '韓'을 같이 쓰기로 한다.

한자(漢字)를 쓰는 차이나나 일본에서 '韓'을 쓰기 싫어 '汗', '干' 등 다른 글자를 쓴다 해도 나쁘다고 할 수는 없을 것이다.

차이나인들을 '한족(漢族)'이라고도 하지만, 자기들 국호에도 '華'자를 쓰기 때문에 '화족(華族)'이라 부르는 것이 좋을 것이다.

'황하문명'을 일군 족속의 지배세력이 비록 '韓족'이었다고 해도 周나라 이후로는 차이나 땅의 한족(韓族)이 죄다 화족(華族)으로 바뀐다. 화족이 장악함에 따라 차이나인들은 물론이고 세계인들이 다 '황하문명'을 '차이나 문명'으로 여긴다. 그건 어쩔 수가 없다. 그러나 동아시아 고대사를 잘못 이해하게 된다. 곧 '황하문명'의 조상 문명을 알 수 없게 된다. 모르면 바보가 되는데, 굳이 그런 걱정까지 할 필요가 있나 하는 생각이 든다.

차이나인들은 자기들의 문명이 '요하문명'에서 나왔다고 하면서도 이상한 논리를 만들어 장난을 치면서 자기 국민뿐만 아니라, 온 세계인의 머릿속을 혼란스럽게 만든다. 하지만 세계인들도 '한문명'을 들이댄다면 이해하고 수긍할 것이다. 아니, 어쩔 수 없이 받아들이게 될 것이다.

⑥ 우리나라 안에서도 '고조선', '고조선문명' 등을 인정하지 않거나 반대하는 사람들이 있다. 하지만, '한문명'을 내세우면, 이것만은 부정하거나 반대할 수 없을 것이다.

12장
한민족이 인류 최고(最古)의 문명을…?
최고(最高)의 자질도 이어받았다.

1. 내 나이 37억 살

빅뱅(Big Bang) 우주론에 따르면, 137억 9900만 년(±210만 년) 전 대폭발로 우주가 형성됐다. 그전에는 어떤 상태였는지 의견은 분분하지만, 정확히 알 수는 없다. 빅뱅 이후 쉬지 않고 팽창하여 오늘에 이르렀고 또한 계속해서 팽창하고 있다. 이 팽창이 계속될 것인지, 다시 수축할 것인지에 관해서도 정답은 없는 것으로 보인다.

최근 관측에 따르면 우주에는 2000억 개가 넘는 은하가 떠돈다고 한다. 이런 은하가 서로의 중력에 의해 속박된 50개 미만의 무리로 구성되면 은하군(銀河群, Galaxy group, Group of galaxies)이라 부르고, 은하군보다 더 큰 무리를 은하단(銀河團, Cluster of galaxies)이라고 부른다. 은하군과 은하단은 서로 모여 초은하단을 구성한다.

우리 은하는 국부 은하군214)에, 그를 포함하는 라니아케아 초은하단에 포함되어 있다. 국부 은하군은 폭이 1000만 광년이지만, 라니아케아 초은하단은 폭이 5억 광년 이상이다. 관측 가능한 우주에서의 초은하단의 수는 1000만 개 이상으로 추정된다고 한다.

이런 것을 연구하며 계산하고 예상까지 해주는 우리 인간이 없다면 우주는 얼마나 서운할까? 아니, 인간이 없다면 우주는 있으나 마나가 아닐까? 인식하는 주체가 없으면 대상도 없는 거나 마찬가지일 터, 우주는 그저 우리 인간에게 감지덕지해야 할 일처럼 보인다.

은하는 수천억 개 이상의 별·가스성운·암흑성운 등으로 이루어진 대집단을 가리킨다. 우리 은하계(The Galaxy)는 이러한 우주의 수많은 은하 중에 태양계가 포함된 은하로, 태양계를 비롯하여 약 1000억 개의 항성, 성단 및 성간 물질로 이루어져 있다. 계산하려 들면 머리만 아플 테니까 그냥 '하~ 많다!' 하고 넘어가는 게 좋을 것 같다.

우주의 수많은 별은 머리로 생각하면 대충 읽을 수가 있지만, 우리 인간이 맨눈으로 볼 수 있는 수는 6000여 개에 불과하다. 그중에서 한순간에 지평선 위에 떠 있는 수는 그 반이며, 그나마 아주 맑은 밤이라도 대기의 영향으로 빛이 바래 실제로 우리가 볼 수 있는 별은 넓은 초원이나 사막에서도 2500개를 넘지 않는다.

태양계(太陽系, Solar System)는 우리 은하의 오리온자리 나선팔에 있는 행성계

---

214) 국부 은하군(局部銀河群, Local group) : 국부 은하군은 우리 은하가 포함된 은하군으로, 안드로메다은하를 포함한 크고 작은 40개 이상의 은하로 이루어져 있다.(위키백과)

로, 모항성인 태양을 중심으로 8개의 행성과 왜행성, 그 밖의 위성 및 소행성 등으로 구성되어 있다. 태양은 우리 은하(The Galaxy) 중심을 약 2만 4000~2만 6000광년 거리에 두고 약 2억 2500만~2억 5000만 년에 한 바퀴씩 초속 약 220Km의 속도로 은하의 중심을 바라보며 돌고 있다. 이것은 지구가 태양 주위를 도는 공전 속도 초속 약 29.76km보다 7.4배나 빠른 속도다. 우리 은하의 중심을 향해 태양계가, 태양을 향해 지구가 이렇게 빨리 돌고 있는데도 우리가 흔들리지 않고 할 일 다 하며 살 수 있는 것은 지구의 중력 덕분이다.

사실 알고 보면 엄청난 우주여행을 하며 사는 셈인데, 게으른 나처럼 외국 여행을 싫어하는 사람이나 형편이 되지 않아 외국 여행을 못 가서 한탄하는 사람이 있다면 이 우주여행을 만끽하는 여유를 가져보는 것도 좋으리라는 생각이 든다.

우리의 대장별 태양의 지름은 약 139만km로 지구 지름의 109배, 부피는 지구의 130만 배, 질량은 지구의 33만 배란다. 지구처럼 고체의 껍질을 가진 것이 아니라 전체가 거대한 고온 기체의 공이다.

일종의 '원자력 발전소'인 태양은 이미 약 50억~46억 년 전부터 불타고 있었으며, 매초에 400만 톤의 질량을 상실하고 있지만 상상할 수 없을 정도로 긴 이 기간에 줄어든 질량은 겨우 1000분의 3에 지나지 않는다. 그러나 태양에 비축된 수소의 양이 어마어마하다고 해도 한정이 있는 것이기 때문에 앞으로 약 50억 년 정도가 지나면 수소의 연소가 다 되어 태양도 끝이 나는 일이 있게 된단다.

지구는 태양과 비슷한 시기 또는 3000만 년 뒤에 만들어졌다고 한다.

뜨겁던 지구가 점차 식어가며 물이 나타나고, 5~6억 년이 지나 유기 물질들 사이의 반응으로 뉴클레오타이드가 생겨난 뒤 이 뉴클레오타이드들이 서로 연결되어 RNA(리보핵산)를 만든다. 이후 RNA보다 더 안정적인 구조를 갖는 DNA(디옥시리보핵산)가 등장하여, 생명체의 핵심을 이루는 DNA와 단백질의 세계가 시작되었다. 지금부터 37억 년 전의 일이다.

원시 지구의 생명체를 자세히 알기는 어려운 일이지만, 이러한 최초의 생명체에서 남조류(남빛 말)가 생겨난다. 남조는 세포에 핵이 없는 원핵생물이다. 이것이 진화하여 세포에 핵이 있는 진핵생물이 태어났다. 이런 단세포 생물이 다세포 생물로 진화하고, 변하고 변하여, 오늘날 우리 인류를 비롯한 150만여 종 이상의 생명체가 지구상에 활동하게 되었다.

지금으로부터 700만~300만 년 전에, 아프리카의 환경 변화로 고릴라, 침팬지 등과 비슷한 어떤 종류의 동물에서 두 발로 걷는 인류의 조상이 탄생하여 진화를 거듭하며 다른 지역으로 퍼져나가기도 했다. 그러나 그들이 현생인류의 조상은 아니다. 약 20만~30만 년 전, 어떤 영향을 받았는지 확실치는 않지만, 아프리카 어느 지역에서 우리 조상에게 커다란 변화가 있었다. 바로 현생인류가 탄생한 것이다. 호모 사피엔스 사피엔스다. 이 조상들이 세계 각 곳으로 퍼져나가 구시대의 인종을 교체, 또는 혼혈(?)하며 오늘날의 현대인으로 발전해 왔다.

나는 RNA의 시작을 생명체의 시발로 보아, 나의 나이를 37억 살이라고 한다. 전에 내가 썼던 다른 책들에서 40억 살이라고 우겼는데 좀 양보한 거다. 이후로 나이가 얼마나 더 늘어날지는 알기가 어렵다. 아마, 우리의 자손들이 그 나이를 계속 늘려줄 것이고, 각종 종교 또한 영생을 보장해

주고 있어서 나이의 끝을 확정한다는 건 아무래도 어려운 일인 듯싶다.

2. 현생 인류의 아프리카 탈출

쉬어가는 셈 치고 잠깐 나의 군대 얘기를 좀 하고 이어가겠다.

나는 호적에 2년이나 늦게 실린 데다 학교를 일찍 다닌 바람에 1975년 10월, 친구들이 거의 다 제대한 뒤 스물네 살에야 군대엘 갔다. 농촌 촌놈이 양력 11월생인데도 일곱 살에 초등학교에 들어갔으니 같은 학년 동무들이 대부분 나보다 나이가 많았다. 지원해서 일찍 가려고도 했지만, 눈이 색맹(적록색약)이라서 받아주는 데가 없었다. 주특기는 인사행정, 5군단 비서실에서 복무하다가 쫓겨나 다른 곳들을 거친 끝에 5공병여단 직할 조립교 중대에서 복무하다 1978년 8월에 제대했다.

조립교 부대는 전시에 다리가 끊어지면 임시 다리를 만들어 대체한다. 부교(浮橋)는 물에 띄운 여러 배 위에 다리를 만들지만, 이 조립교는 공중에 띄워 만든다. 임시 다리라지만 탱크도 지나다닐 수 있다. 이따금 훈련을 나가는데 우리 중대는 주로 한탄강으로 나간다. 이 '한탄강(漢灘江)'이 한자로 쓰면 그렇지 않지만, 하필이면 휴전선에 걸쳐있기까지 해서 그냥 우리말로 들을 때는 '한탄(恨歎)하는 강'처럼 들려 어쩐지 가슴을 저미게 한다.

이 조립교 장비가 워낙 무거워서 까딱 잘못하면 다치기 쉽다. 나는 힘도 좋은데다 몸을 사리지 않고 열심히 하다 보니 전우들이 "군단 비서실에서 복무하다 온 놈이 맞아?"라며 감탄하기도 했는데, 나는 "머리는 멍청해도 힘쓰는 일은 잘한다."라며 웃어넘기기도 했다.

눈 내리는 추운 겨울에는 부대 안에서 다리의 구조, 설치, 폭파 등의 교육을 받기도 한다. 덕분에 좋은 공부를 상당히 많이 했다. 중대장의 특별 배려로 화생방 부대에 가서 1주일간 전문 화생방 교육을 받기도 했다.

제대가 곧 다가오던 1978년 여름, 당시 나는 다른 지역에서 파견 생활을 하고 있었다. 볼일이 있어 한탄강에서 훈련하고 있던 나의 원 소속 부대, 조립교중대에 들르게 됐다. 강가에 서서 북쪽을 바라보며 밀려오는 어떤 느낌이 있어서 짤막한 글 하나를 썼다. 물론 내가 서 있던 자리는 남한 땅이었다.

한탄강(漢灘江)

한탄강 굽이쳐 역사의 설움이 꿈틀거리고
부딪치는 바위마다
이지러진 겨레의 눈물이 얼룩지누나.

조각난 강토를 타고 흐르는 저 강물은
어제오늘 그리고
내일을 가늠하리라만
잊으라 잊으리라 말이 없구나.

부르면 답할 건너편 산울림도
강가에 애처로이 주춤거리는데
빛 잃은 눈동자로 나 여기 섰다.

먼 후일 남과 북이 손을 잡는 날
저 강물도 춤추며 노래하련만
그날을 기다리는 백의 겨레의 안타까움이
서글프구나

그래도,
가자! 어디론가
우리 모두 손잡고 가자
가슴에 얹힌 체증을 풀고.
내일의 찬란한 영광을 찾아.

1978년 여름,
한탄강가에서, 육군 병장 임영모

 1977년 봄이었을까, 한탄강 상류 영평천 제방공사('철통 5호' 공사였던 것 같다.)에 통제부 인원으로 파견되었다. 파견이라기보다는 대령인 여단 참모장이 통제부장을 맡으면서 붓글씨, 특히 한문 붓글씨로 유명한 나를 곁에 두고 싶어서 데리고 나갔다고 해야 맞을 성싶다.
 명목상 직책은 듣도 보도 못한 측량병이었다. 워낙 큰 공사여서 통제부에 두 명의 측량병 자리가 있었는데 나를 그 한 자리에 집어넣어 편제에 맞춘 것이다. 숨소리만 빼고 모두 다 거짓말이라고 했던 아주 재미있는 내 조수(?)가 진짜 측량 기사였고, 어떤 단체에 소속되어 있어서 뒤처리해주는데, 그가 측량, 서명하고 조치를 하면 효력을 발한다고 했다. 그래서 인근 주민들이 원하는 측량을 해주면서 인기가 아주 좋은 병사들이 됐다. 포천에서 산정호수 가는 길목에 '38선'이라는 큰 표지석이 서 있는 바로 그 앞 하천, 영평천이다.

 공병 1개 대대 포함, 보병·포병·기갑 각 1개 대대와 미 2사단 공병대의 지원, 민간인 기술자들의 지원 등으로 1년 공사였으니 그야말로 만리장성을 쌓는다는 말이 나올 정도로 어마어마하게 큰 공사였다. 홍수 피해 예방, 하천 정비 등의 구실이 있긴 했지만, 하천의 남쪽으로 대전차 방어 제방을 쌓으면서 북한군의 침략을 저지하는 진지를 곳곳에 만들었으니 어찌 보면 가슴 아픈 공사이기도 했다.

1978년 1월, 추운 날씨로 영평천 공사가 쉬는 때라서 부대에 들어와 안에서 교육을 받던 때다. 뒤에 들어서 알게 됐지만, 이 시기에 구석기시대의 역사가 바뀌는 일이 일어났다.

그 1월에 나보다 두 살이 더 많은 그렉 보웬(Greg Bowen, 1950~2009)이라는 주한미군 공군 상병이 동두천 군부대의 가수, 나중에 아내가 되는 한국인 여자친구 이상미(1954년생) 씨와 한탄강에서 데이트하던 중에 커피를 마시려고 코펠에 물을 끓이기 위해 주변에서 돌을 모았다. 그때 이상미 씨가 주워 온 '이상한 돌'을 보고 뭔가를 알아차린 보웬 상병은 그 돌을 챙겨와 프랑스의 고고학 권위자에게 편지를 보냈다. 프랑스 교수의 소개를 통해 김원용 서울대 고고인류학과 교수에게 유물을 보내 조사를 요청했는데, 그 돌이 약 30만 년 전 것이라고 추정된 전기 구석기시대의 유물인 '전곡리 주먹도끼'로 밝혀진 것이다. 이것으로 서울대학교 박물관은 전곡리 일대에서 유물 4500여 점을 획득하였다.

우연히 나간 데이트 장소가 구석기 유적지였다는 것과 데이트를 하던 중 여자친구가 수많은 돌 중에서 주먹도끼를 주워왔는데 때마침 남자친구가 고고학 전공자였다는 조건이 모두 맞아떨어진 점에서 기적에 가까운 일이었다. 내가 복무하던 가까운 곳에서 그렇게 역사적인 일이 일어났지만, 당시에 나는 전혀 모르는 일이었다.

이 발견은 당시 고고학 학계를 완전히 뒤엎었다. 이전까지 동아시아에서는 아슐리안형 뗀석기가 발견되지 않아 모비우스(Movius) 등으로 대표되는 학자들이 '구석기 문화 이원론'을 주장했는데, 이는 '모비우스 라인'이라는 가상의 선으로 아슐리안 석기가 발견되는 지역과 발견되지 않는 지역을 나누어 고인류의 문화권을 크게 둘로 나눈 가설적 이론이었다. 한동안 인도 동부에서부터 극동 아시아까지 아슐리안 석기가 발견되지 않는다는 점을 들어 고인류 중 일부가 아슐리안 석기가 개발되기 전에 동아시아에 진출했고 개발된 후에 인류가 유럽으로 들어갔다고 추정했다.

전곡리 선사유적지에서 아슐리안식 석기가 발견됨으로써 이전까지 정설로 인정받던 모비우스 학설이 한순간에 뒤집혀 버렸다. 이 일은 세계를 놀라게 했고 미국 버클리 대학의 아프리카 구석기 권위자인 데즈먼드 클라크 같은 세계적인 학자들까지 한국에 와서 석기들을 감정하고 진품임을 인정했다.

그런데 30만 년 전이라는 수치는 전혀 확실한 연대로 보기 힘들다는 학자들도 있다. 구석기 연대측정의 경우 한국만이 아니라 어느 나라도 제대로 신뢰할 만한 값을 얻기가 매우 힘들다는 것이다. 일단 시료의 제한과 더불어 재퇴적 등 문제 있는 경우가 많아 신뢰할 수 있는 연대를 추정할 만한 유적은 극히 일부라고 보는 것이란다.

사실 이 문제는 단순히 구석기 고고학의 문제만이 아니라 한대갑(韓大岬, 한반도)에서 가장 특이한 지질 형성 과정을 보여주는 추가령 구조곡의 지질학적 문제도 얽혀 있어서 쉽게 결론이 나기 힘들단다.

인류의 진화 과정에서 호모 에렉투스가 약 200만 년 전에 아프리카에서 진화한 후에 아시아와 유럽으로 퍼져나갔다는 것이 현재의 학설이다.

석기만으로 정확한 연대를 거슬러 올라가는 것에는 한계가 있고 현생 인류도 비슷하게 돌의 양면을 깨서 쓴 석기가 있으므로 유적의 시대를 정확히 단정하기는 어려운 부분도 있단다. 최근에 발간된 유용욱 교수의 임진-한탄강 유역 구석기의 종합적 연구에서는 이제는 30만 년 전설은 학술 가치를 가질 수 없는 대한민국 학계의 공상적인 해프닝의 결과일 뿐이라고 주장하였다. 또한 한국 고고학계에서 2024년에 새롭게 발간한 '한국 고고학 이해'에서도 30만 년 전설은 공식적으로 완전히 파기되었다고 한다.(나무위키)

하지만, 북경원인이 100만 년 전의 인류라고도 하는데, 우리 한대갑에도 그와 가까운 시기에 이미 인류가 살고 있었다고 한다 해서 꼭 잘못되었다고 볼 수만은 없지 않을까 하는 생각도 든다.

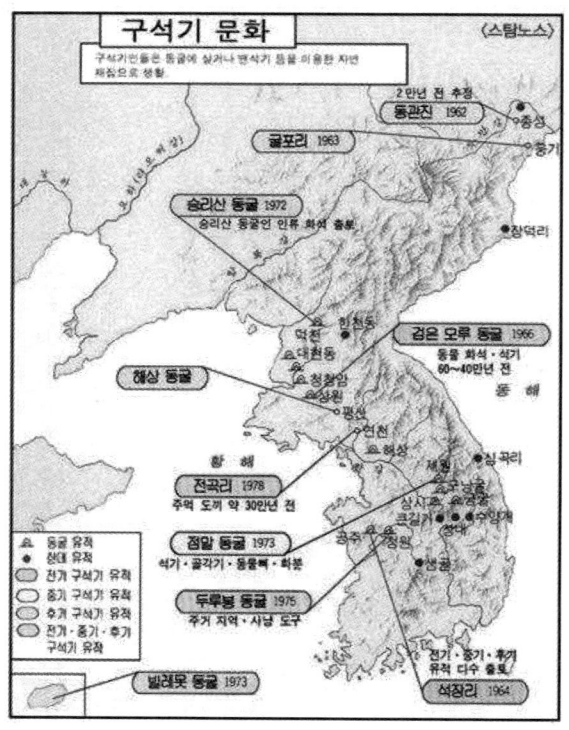

우리나라의 구석기 시대는 약 70만 년 전부터 시작되었으며, 그 유적은 우리나라 여러 지역에서 발견되고 있다. 대표적인 유적은 함경북도 웅기군 굴포리, 평안남도 상원군 검은모루 동굴, 경기도 연천군 전곡리, 충청남도 공주시 석장리 등지에서 발견되었다(우리역사넷)고도 한다.

7만 4000년 전, 적도 바로 위에 있는 인도네시아 수마트라섬의 토바 화산이 대폭발했다. 대규모 화산재가 수년간 지구 전역의 하늘을 뒤덮으며 햇빛을 가리거나 반사해 기온을 떨어뜨렸다.

당시 현생인류는 고향인 아프리카를 떠나 더 넓은 곳으로 확장하려던 참이었다. 일부 과학자들은 토바 화산 대폭발에 의한 기온 냉각으로 아프리카 현생인류의 수가 1만 명 수준으로 격감했을 수 있다는 '화산재 겨울' 가설을 내세우기도 했다. 그러나 현재 아프리카 일대에서 발굴되는 고고학적 증거들은 토바 화산 폭발 이후에도 현생인류는 계속 번성했으며 기후 영향에 따른 피해는 그렇게 크지 않았음을 보여준다.

엄청난 규모의 폭발에 비해 피해가 상대적으로 적은 이유는 무엇이었을까? 미국국립대기연구센터를 비롯한 국제 공동연구진이 실제 토바 화산 폭발 이후 기온과 강우량에 어떤 변화가 있었는지 기후모델을 통해 모의 실험한 결과를 미국립과학원회보(PNAS)에 발표했다.

토바 화산의 경우, 추정하기에 비교적 좋은 조건이었다. 우선 분출 장소가 명확하게 드러나 있다. 당시 화산 분출은 길이 100km, 폭 30km, 깊이 500m의 거대한 호수를 만들어냈다. 연구진에 따르면 화산재와 가스가 어느 고도까지 도달했는지도 비교적 정확한 추정 자료가 있다. 다만 황의 배출량이나 당시 날씨에 대해서는 알 수 있는 자료가 없는 상태다.

네안데르탈인이 살던 북반구는 대부분 기온이 크게 하강했으나 현생인류의 고향인 사하라 사막 이남 아프리카에선 큰 변화가 없었다. 그 결과, 토바 화산 폭발은 최악의 유황 배출 시나리오에서도 아프리카 기후에 비교적 약한 영향을 미쳤을 것이라는 결론을 얻었다.

시뮬레이션 결과에 따르면 남반구와 북반구의 기후 영향이 크게 달랐다. 북반구는 황 배출량에 따라 1~2년 안에 기온이 최소 4도에서 최고 10도까지 떨어졌다. 반면 현생인류가 거주하고 있던 남반구는 최악의 배출 시나리오에서도 기온 하강 폭이 4도를 넘지 않았다. 강우량이 크게 줄었을 가능성도 작게 나왔다. 연구진은 "이는 토바 화산이 인간 진화사에서 세계적 규모의 위기를 초래하지는 않았다는 것을 뜻한다."라고 밝혔다.

당시 북반구인 동유럽과 아시아에는 인류의 사촌 격인 네안데르탈인과 데니소바인이 살고 있었다. 이들에겐 토바 화산 폭발에 따른 기후 변화가 생존의 큰 위기였을 것이다. 어떤 연구진은 "시뮬레이션 결과 이들은 특히 심각한 기온 저하에 노출됐을 것으로 예측됐다."라고 밝혔다. 이때 약해진 생존의 동력이 결국 멸종으로 이어졌을지도 모를 일이다.215)

위의 기사를 따르기로 하면, 토바 화산의 영향력이 사라지면서부터, 곧 7만 년 전경부터 본격적인 이동이 시작되었다고 하는 게 좋을 듯도 싶다. 하지만, 곳곳에서 살아남은 사람들이 있어서 그 후손을 이었다고 하는 점도 전혀 배제할 수만은 없는 일이다. 네안데르탈인과 데니소바인의 유전자가 현생인류에 남아 있다는 점도 토바 화산 폭발 당시 북반구의 모든 인류가 멸종되었다고 보기는 어려울 것도 같다.

13만~11만 년 전 아프리카 밖으로 첫발을 내디딘 현생 인류, 호모 사피엔스는 당시 중동 지역으로 남하하던 네안데르탈인과 처음으로 조우했다. 다행스럽게도 첫 만남은 평화로웠던 것으로 보인다. 그러나 토바 화산 폭발 후 아프리카를 빠져나와 유럽까지 이동해 온 호모 사피엔스는 만만치 않았다. 게다가 대략 4만 년 전 이탈리아 나폴리 근처에서 발생한 연이은 화산 폭발과 급격한 기온 하락은 당시 호모 사피엔스와의 경쟁에서 밀리던 네안데르탈인에게는 치명적이었다. 결국 3만 9000년 전 네안데르탈인은 절멸에 이르게 된다. 흥미로운 점은 중동 지역에서 5만 4000~4만 9000년 전 사이에 호모 사피엔스와 네안데르탈인 간에 교잡이 있었다는

---

215) 곽노필 기자, 「한겨레신문」, '인류는 어떻게 토바 화산 대폭발의 화를 면했나', 2024-06-29.

사실이다. 그 결과 우리 몸에는 네안데르탈인의 DNA가 2퍼센트가량 포함되어 있다.

한편 아프리카를 빠져나온 후 계속 동쪽으로만 움직였던 호모 사피엔스 무리도 있었다. 그들은 이동 경로로 주로 해안을 선호했다. 아라비아반도를 지나 인도의 해안선을 따라 동쪽으로 이동하던 호모 사피엔스들은 인도차이나반도에 도달하자 사바나로 덮여 있던 내륙 안쪽으로 들어가기 시작했다. 오랜 기간 아프리카의 사바나 환경에 익숙한 호모 사피엔스에게 인도차이나 반도 남쪽으로 넓게 펼쳐진 사바나 지역은 해안 못지않게 손쉬운 이동 통로였다. 그들은 사바나 식생 지대를 관통해 당시 낮아진 해수면으로 아시아와 연결되어 있던 남쪽의 순다랜드[216])까지 이동해 들어갔다. 그들이 순다랜드에 도달한 시기는 대략 6만 년 전~4만 5000년 전 사이로 추정된다.

곧이어 그들은 순다랜드와 바다로 분리되어 있던 사훌 지역까지 건너갔다. 순다랜드와 사훌랜드[217])의 경계부는 해심이 깊어 해수면이 낮았던 빙하기에도 뭍으로 드러나지 않았으며 동물의 이동이 거의 불가능했다. 그러나 당시 순다랜드의 인간들에게는 바다가 별다른 장애로 작용하지 않았던 모양이다. 수만 년 전 초기 호모 사피엔스들이 배를 만들어 항해를 할 수 있었다니 그저 놀랍기만 하다.[218])

현생인류 일부가 고향 땅 아프리카를 탈출했다면 그것도 기후 변화의 영향이었겠지만, 그 시기에 관해서는 여러 학설이 있어서 아직은 어떤 게

---

216) 순다랜드(Sundaland)는 해수면이 낮아진 지난 260만 년 동안 노출된 더 큰 육지에 해당하는 동남아시아의 생물지리학적 지역이다. 인도네시아의 발리주, 보르네오섬, 자와섬, 수마트라섬과 그 주변의 작은 섬들, 아시아 본토의 말레이반도를 포함한다.
217) 사훌(Sahul)랜드는 오늘날의 오스트레일리아 대륙이다.
218) 박정재, 『기후의 힘』, 바다출판사, 2021, 26~27쪽.

맞는다고 확정할 수는 없을 것만 같다. 아무래도 빙하기에 바다가 가라앉으며 바닷길이 많이 열리는 시기가 이동에 편리했을 것으로 보인다.

아래 그림은 위에서도 인용한 바 있는 박정재 교수의 저서 『기후의 힘』에서 따왔다. 더 많이 나도는 다른 어떤 그림들에 비해 이 그림이 더 믿음성이 가는 것은 베링해협의 남쪽 알류산열도의 징검다리와 남북아메리카 서해안 이동길이 그려져 있는 점이다. 물론 이것이 다 정확하다고

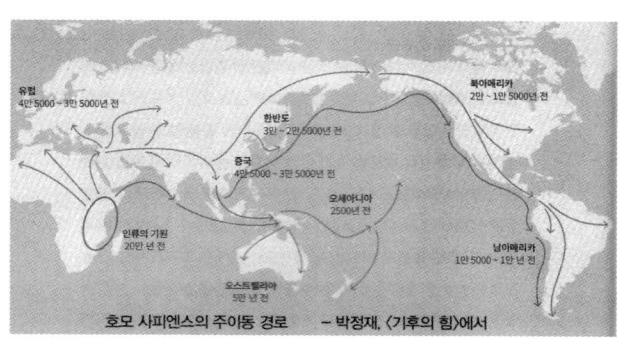

하기는 어려울 것이다. 그 시기도 그렇고 이동로도 그렇다. 어떻든 우리 한대갑으로 들어오는 길과 이동, 확산하는 길을 짐작할 수 있을 것 같다.

3. 순다랜드에서 한대갑(韓大岬, 한반도)으로

순다랜드에서 남쪽을 택하지 않고 북쪽으로 이동하던 무리 가운데 동남아시아 지역에서 먼저 떨어져 나간 사람들이 있었다. 이들은 신석기 시대에 라오스와 말레이반도에서 수렵채집 생활을 하던 호아빈 집단으로 이어졌다. 호아빈의 선조 무리는 티안유안인, 조몬인 등과 함께 동아시아의 초기 수렵채집민 사회를 대표하는 집단이다. 한편 북쪽으로 계속 전진한 사람들은 현재의 차이나 북부, 만주, 몽골 등을 포함하는 넓은 영역에 터를 잡았다. 이들이 바로 티안유안인

집단이다.

베이징 인근에 있는 티안유안 동굴에서 인골이 하나 출토되었다. 인골의 연대를 측정하니 대략 4만 년 전까지 거슬러 올라갔다. 이 티안유안인의 자료는 지금껏 동아시아에서 보고된 고DNA 정보 가운데 가장 오래된 것이다. 티안유안 동굴 외에 아무르강

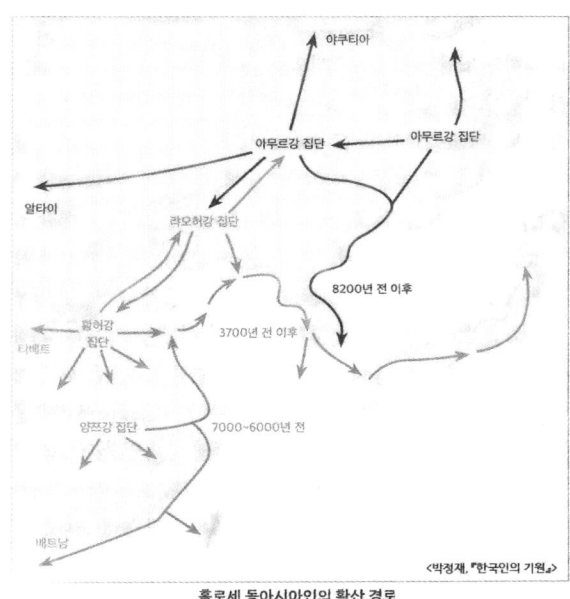

홀로세 동아시아인의 확산 경로

유역과 몽골의 살킷에서도 티안유안 계통의 인골이 발굴되었다. 이런 자료들은 티안유안인이 상당히 광범위한 지역에 퍼져 살았음을 보여준다.

마찬가지로 북쪽으로 이동했지만 티안유안인과 달리 오른편의 일본 열도 쪽으로 움직인 수렵채집민도 있었다. 이들이 바로 조몬인으로 일본뿐 아니라 한반도에도 존재했던 것으로 추정된다. 그러나 한반도 전역에 분포했는지 아니면 일본과 가까운 남부에서만 살고 있었는지 정확히 알 수 없다. 동아시아의 동쪽 끝에 살면서 고립도가 높았기 때문에 내륙의 티안유안인 집단과는 점차 유전적으로 구별되었다. 1만 8000년 전 이후로 최종 빙기 최성기가 끝나고 해수면이 올라감에 따라 일본의 조몬인은 동아시아 본토에 자리 잡고 있던 티안유안 혹은 아무르강 계통의 수렵채집

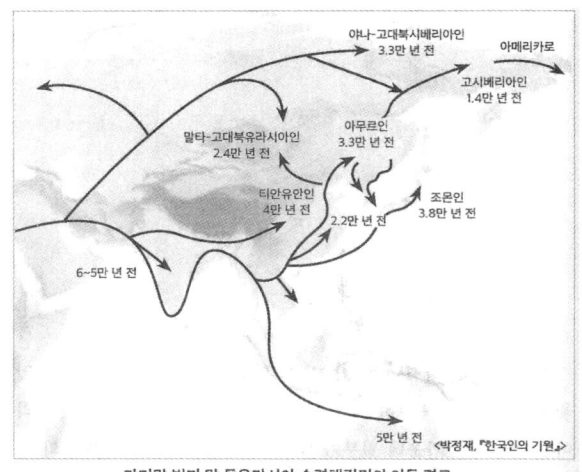

민 사회로부터 더욱 멀어졌다. 그 결과 조몬인과 티안유안인의 유전적 차이는 크게 벌어지게 된다.219)

마지막 빙기 말 동유라시아 수렵채집민의 이동 경로

그런데 빙하기, 특히 최성기에는 순다랜드에서 우리 한대갑(한반도)까지 바다 쪽으로 길고 넓은 초원이 펼쳐졌었다. 지금은 바다가 되어있는 차이나(중국)의 동부지역에 길고 넓은 초원길이 만들어져 있었다.

우리 서해안도 초원이었으며, 일본 열도도 대륙과 연결됐을 수도 있고, 떨어져 있어도 그 간격이 별로 크지 않았을 수도 있다(학림TV 참조)고 한다.

차이나 동쪽의 초원길을 통한 이동은 어떠했을까? 높은 산들이 가로막지 않아 길이 평탄하고, 바다와 연해 있어 먹을거리가 풍부해

---

219) 박정재, 『한국인의 기원』, 바다출판사, 2024, 94~95쪽.

서 이 초원길을 통해 많은 사람이 이동하지 않았을까?

이 길을 통해 우리 한대갑까지 올라왔다면, 마라톤 하듯 달려오지는 않았을 것이고, 중간중간에서 가로막는 강들을 우회하기도 했을 것이다. 올라오다 어떤 지역에선 정착 생활도 했을 터라 그런 곳에 유적이 남아 있을 법도 하다. 하지만, 바닷속으로 잠겨서 찾을 수가 없 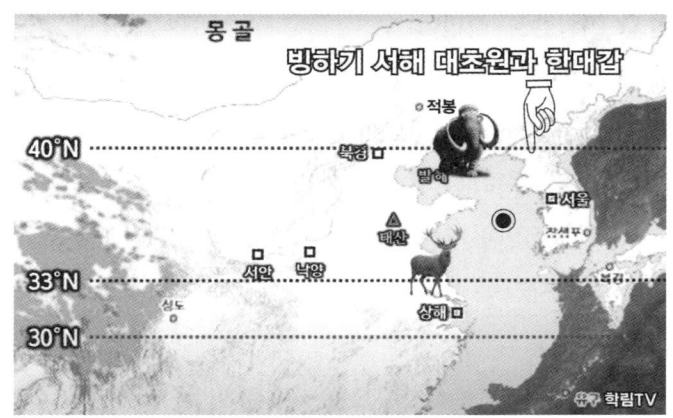 으니 그저 상상으로 짐작할 수밖에 없는 일이다.

구석기인들에게 가장 두려운 것의 하나는 맹수들과 함께 매일 찾아오는 밤의 '어둠'이었다. 그러므로 구석기인 가운데 가장 용기 있고 호기심 많은 구석기인 무리는 태양(해)이 가장 먼저 솟아올라 어둠을 사라지게 하고 '밝음'의 '아침'이 먼저 찾아오는 해 뜨는 '동방'을 향하여 천천히 이동하는 형세를 이루게 되었다.

古한반도와 연해주는 유라시아 대륙의 가장 동쪽 끝이고 그 동쪽은 깊은 태평양 바다(동해와 오호츠크해)이므로, 해(태양) 뜨는 동쪽을 향해 수만 년·수십만 년에 걸쳐 천천히 동쪽으로 이동해 온 구석기인 무리(bands)의 인류사적 대장정의 '종착역'(터미널) 같은 지역이었다. 구석기인들의 동방 행렬은 종착역 古한반도와 연해주 지역에 누적될 수밖에 없었다.[220]

따뜻한 순다랜드에서 이동했다면 위 이야기와 같은 영향과 더불어 순다랜드의 일부가 바닷속으로 기어들었든지, 인구가 늘어났든지, 병충해의 피해가 컸든지 여하튼 떠나는 것이 좋겠다고 생각한 사람들이 짐을 싸 들고 북으로 동으로 향했을 것이다.

그러나 이동해 온다고 해도 한계가 있었을 것이다. 바로 기후다. 대략 2만 5000년 전~1만 8000년 전까지의 빙하 극성기에는 북위 40도 이북에는 사람 살기가 어려울 정도로 추워서 그 북쪽으로는 더 올라가기가 어렵고, 오히려 올라갔던 사람들도 북위 40도 이남으로 내려와서 서해 대초원과 한대갑에 자리를 틀고 정착하게 되었을 것이라고 한다.

4. 북쪽에서 한대갑으로

배기동 교수의 데니소바 동굴 얘기다.

러시아와 카자흐스탄, 그리고 몽골 국경이 만나는 알타이산맥 북쪽 사면에 있는 데니소바 동굴은 전 세계 고고학 유적 중 유일하게 노벨상 수상자를 배출한 곳이다. 그런데 우리에게 더욱 흥미로운 점은 이 유적에 관한 연구 결과물이 우리 한민족의 기원을 이해하는 데에도 한줄기 단서를 던지고 있다는 것이다.

'이렇게 먼 오지에 무슨 사람들이 살았을까?'라는 생각이 들지만, 알타이산자락 곳곳에는 구석기시대 이래 사람들의 흔적이 남아 있다. 신라 고분과 관련 있다는 파지리크 적석총(Pazyryk 積石塚)[221]도 알타이산의 남쪽에 있고,

---

220) 신용하, 『고조선문명의 사회사』, 지식산업사, 2018, 21쪽.
221) 파지리크 적석총 : 적석총은 지하에 구덩이를 파거나 지상에 덧널을 짜 놓고 그 위에 돌무지와

데니소바에서 멀지 않은 곳에도 똑같은 적석총들이 있다. 원래 이 데니소바 석회암 동굴은 오늘날 동굴의 이름이 된 '디오니시(Dyonisiy)'라는 무당이 살던 곳인데, 지역 사람들은 곰바위라고 불렀다. 어쩐지 우리의 단군 할아버지를 생각나게 하는 이름이다.

겹겹이 쌓인 지층에는 네안데르탈인들이 사용한 것으로 알려진 '르발루아' (고급 석기 제작 기술)가 보인다. 또 4만 5000년 전 현생 인류의 돌날 석기들도 발견돼, 유럽지역 문화가 이 지역까지 빠르게 확산했다는 것을 알 수 있다. 특히 뼈바늘, 타조알로 만든 장신구나 작은 뼈 인물상들은 상당히 발달한 수준의 문화였다는 것을 짐작할 수 있다.

최근 세상을 깜짝 놀라게 한 고고학적 사건이 이곳 데니소바 동굴에서 발생했다. 자발라 교수와 독일의 막스 플랑크 연구소 팀이 동굴에서 발견된 175개의 샘플에서 고인류의 미토콘드리아 유전자를 추출한 것이다. 세계에서 가장 오래된 인간의 유전자다. 과거에는 죽은 사람의 뼈에서 유전자를 추출하는 일은 쉽지 않았다. 그런데 '흙에도 유전자가 있을 것'이라는 인류학자의 기대가 대단한 반전을 가져온 것이다.

더 놀라운 것은 유전자 분석에서, 갈래가 다른 여러 종의 인류가 이 동굴에서 살았던 것으로 확인된 점이다. 가장 오래된 인류는 데니소바인으로 25만 년 전에서 17만 년 사이에, 그 후에는 네안데르탈인들이 이 동굴을 차지하고 살았을 것으로 보인다. 현생 인류는 약 4만 5000년 전 이 동굴에 나타났던 것으로 확인된다.

2014년 발굴된 2300여 점의 뼛조각들을 분석해 고인류의 뼈를 찾아냈다.

봉토를 덮어 봉분을 만든 적석목곽분·목곽적석총·적석봉토분 등의 무덤양식이다. 파지리크 문화(Pazyryk culture)는 기원전 6세기~기원전 3세기의 철기 시대 고고학 문화로, 시베리아 남부의 영구동토층과 알타이산맥, 카자흐스탄, 몽골 인접 지역에 걸쳐 발굴된 유물과 미라화된 유해를 통해 확인된다. 미라들은 장형분(長形墳, long barrow)으로 불리는 특징적인 무덤(또는 쿠르간)에서 발굴되며 우크라이나의 스키타이 문화에서 발견되는 무덤과 유사하다.

바로 이 뼈의 주인공이 이제까지 알려지지 않았던 고인류임을 밝혀냈다. 특히 13세 소녀로 추정되는 이 뼛조각의 주인공은 네안데르탈인계 어머니와 데니소바인계 아버지 사이에 태어난 '혼혈'로 밝혀졌다. 이는 두 가지 다른 고인류종 사이에 태어난 것으로 확인된 최초의 고인류다.

현생 인류가 과거 각 지역에 살고 있던 네안데르탈인 등 여타 고인류를 모두 대치했을 것이라는 '대치설'이 더는 설 자리가 없게 됐다. 인류의 진화는 소위 '종' 간 유전자 교류로 이뤄졌다는 것을 명확하게 증명한 것이다.

데니소바인의 존재는 데니소바 동굴의 22개 지층 중 11번째 층에서 발견된 작은 손가락뼈에서 처음 확인됐다. 막스 프랑크 연구소의 스반테 파보(Svante Paabo · 스웨덴) 박사가 이 손가락뼈에서 추출된 유전자가 현생 인류나 네안데르탈인의 것과는 다른 유전자임을 밝혀낸 것이다. 그리고 이 '절멸한 인류종(種)'의 유전자 발견으로 파보 박사는 2022년 노벨상(생리의학상)을 받게 됐다.

이 연구를 토대로 네안데르탈인은 물론, 데니소바인의 유전자가 현대인에게 여전히 남아 있다는 것도 확인됐다. 실제로 데니소바 유전자는 동남아시아 섬 지역 주민을 중심으로 동아시아 지역에 널리 분포하는 것으로 확인됐지만, 유럽지역 주민에게는 발견되지 않았다. 반면, 네안데르탈인 화석은 유럽과 중근동 지역을 중심으로 발견되는데, 사실 알타이 지역은 네안데르탈인 화석이 발견되는 가장 동쪽 경계다. 결국 시간적인 차이가 있긴 하지만, 유라시아 대륙을 동서로 양분해 두 개의 서로 다른 인류 종이 분포하는 형국이다.

현재 데니소바인의 기원지를 분명하게 말하기는 어렵다. 일단, 데니소바 유전자가 오늘날 동남아시아 섬 지역 주민에게서 높은 비율로 나타나는 이유는 섬 지역이 새로운 유전자 유입이 제한된 환경이기 때문일 것이다. 또 동아시아 지역에서 발견된 고인류 화석 중, 달리인(Dali man) 등 머리뼈 형태가 데니소바인 계통일 것으로 추정되는 것들이 있다. 한대갑(한반도)에 가까운 것으로는 최근 새롭게 주장되는 만주 하얼빈 강가의 화룡동인(Dragon Man)이 그렇다. 이 화석들에서 발견되는 특징은 다른 지역 화석에선 볼 수가

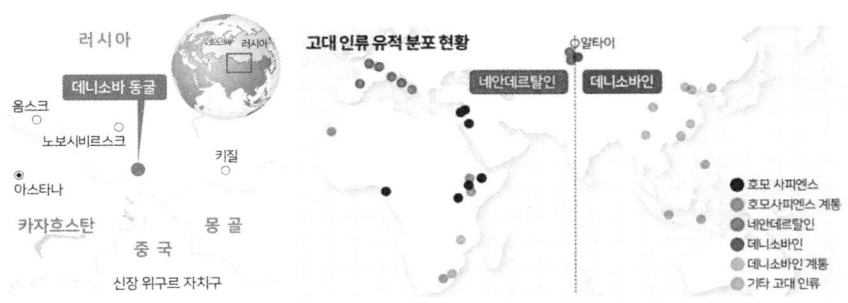

없다.

　이렇듯 고인류 화석 분포, 유전자 분포로 볼 때, 데니소바인은 동아시아, 혹은 동남아시아 지역에서 나타나 북쪽 시베리아로 확산했을 것으로 추정된다. 그리고 데니소바 동굴은 바로 확산 지역의 서쪽 경계선에 해당하는 것이다.
　한국인의 기원이 되는 유전자 흐름도 이와 크게 다르지 않다. 중근동에서 시작된 데니소바의 석인석기 문화는 몽골을 거쳐 한대갑으로 왔다. 결국 구석기시대 알타이 지역은 유라시아의 동쪽과 서쪽에서 발생한 사람·문화가 교차한 곳이었다.222)

　이어서, 유적 가운데 북극에 가장 가까운 '야나강 유적'에 관해 배기동 교수의 얘기를 더 들어보자.
　북극해로 흘러 들어가는 야나(Yana)강 하류에도 오래된 인류의 흔적이 있다. 동토대(凍土帶)의 끝에 있는 이 유적들의 주인공들은 매머드를 따라서 북으로 이동한 현생 인류들일 것이다. 이 유적은 인류의 끈질긴 생존 욕구를 보여주기

---

222) 배기동, 「한국일보」, <데니소바의 '구석기 동굴' 이야기>, 2023. 12. 24.

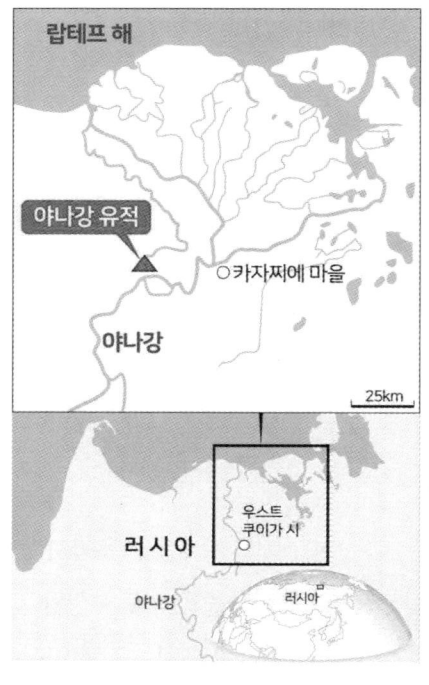

도 하지만, 끊임없이 새로운 세계를 찾아 나서는 인류의 본능적 이동 욕구를 이해하는 실마리도 담고 있다.

매머드 같은 대형 동물들의 흔적들은 인간들도 이런 극한의 환경에서 오랜 기간 생존할 수 있었다는 것을 분명하게 보여준다. 그 큰 덩치의 초식동물인 매머드가 살았는데, 인류가 살지 못했을 이유는 없다. 바로 '선사시대 매머드 헌터'들이 살았을 것이다. 매머드 고기로 배를 채우고, 뼈로는 집을 짓고, 털과 가죽으로는 옷을 만들어 입었던 구석기시대 문화가 유라시아

대륙 곳곳에 있었던 것이다. 매머드의 주식은 놀랍게도 툰드라 지역 이끼류였다. 눈처럼 발이 푹푹 빠지는 이끼류와 그 속에서 자라는 베리류의 열매, 그리고 작은 버섯이 바로 그 거대한 몸집을 지탱하게 하는 에너지원이었을 것이다.223)

---

223) 배기동, 「한국일보」, "매머드와 함께 버틴 '혹한의 정류장'", 2023. 10. 29.

이번에는 한국일보에 실린 엄남석 기자의 이야기다.

시베리아 북동부 지역의 선사 유적지에서 발굴된 유치(乳齒·젖니) 2개를 통해 약 3만 1000년 전 혹독한 기후에서 살던 인류의 존재가 새롭게 확인됐다. 이 종족은 멸종했지만, 아메리카 원주민들의 먼 조상이 된 것으로 나타나 고대 인류의 이동에 관한 이해를 바꿔놓는 계기가 될 것으로 보인다.

영국 케임브리지대학 세인트존스 칼리지와 외신 등에 따르면 유전학자 에스케 빌레르슬라우 교수가 이끄는 연구팀은 야나강 인근 '야나 코뿔소 뿔 유적(RHS)'에서 발굴된 젖니에 관한 분석을 포함한 시베리아 고대 인류에 관한 연구 결과를 과학저널 '네이처(Nature)' 최신호에 실었다.

RHS는 2001년에 처음 발굴됐으며, 지금까지 석기를 비롯한 인간의 주거 흔적과 함께 동물뼈, 상아 등 2500여 점의 유물이 쏟아져 나왔다. 젖니도 이 중 일부로 인간의 유해로는 가장 오래되고 유일했던 것으로 나타났다.

연구팀은 젖니에 대한 유전자 분석 등을 통해 약 3만 1000년 전에도 이 지역에서 고대 인류가 혹독한 기후를 견디며 털북숭이 매머드와 코뿔소, 들소 등을 사냥하며 생존했을 것으로 추정했다.

이들은 현존하는 시베리아인 유전자에 미세한 흔적만 남아 있어 지금까지 존재가 확인되지 않았다. 약 3만 8000년 전 유럽과 아시아인의 조상과 같은 시기에 갈라져 나온 직후 서유라시아에서 시베리아 북동부로 이주했으며 유전적으로 아시아계보다는 유럽계에 더 가까운 것으로 분석됐다.

연구팀은 이들이 빙하기 중 가장 춥고 혹독했던 '마지막 최대 빙하기(Last Glacial Maximum)' 때인 2만 6500~1만 9000년에 남쪽으로 더 내려왔을 것으로 추정했다.

특히 RHS 남쪽에 있는 시베리아 콜리마강 인근에서 발견된 1만 년 전 유해는 이들의 후손일 가능성이 큰 것으로 나타났다.

이 유해의 유전자 분석 결과, 고대 북시베리아인과 동아시아인의 유전자가 섞여 있었으며 이는 아메리카 원주민의 유전자와 매우 흡사하다.

미국 밖에서 아메리카 원주민과 비슷한 유전자를 가진 유해가 확인된 것은 이번이 처음으로, 연구팀은 아메리카 원주민의 조상을 고대 북시베리아인의 피가 섞인 아시아인으로 특정할 수 있게 됐다.224)

3만 2000년 전 그 당시는 플라이스토세 말기로서 마지막 빙기가 시작되는 시점이었다. 야나인이 매머드와 식용 동물들을 사냥하며 나름대로 자리를 잡아가고 있을 때 지구 환경은 급변하고 있었다. 드디어 LGM(Last Glacial Maximum) 즉 최후빙하극성기가 도래한 것이다. 300만 년 동안의 빙하기 시절 빙기와 간빙기가 수십만 년 단위로 진행되다가 마지막 빙기가 지구를 점령하기 시작했다. 당시 지구의 평균 기온이 6도 하강하였고, 북극권에서는 14도가 더 내려가는 가장 혹독한 추위가 몰아쳤다. 지질학적으로 보면 5억 년 만에 기온이 가장 낮은 시기였다고 한다. 유럽은 알프스산맥 북쪽이 거의 빙하로 덮였고, 북아메리카에서는 캐나다 전역이 최고 6000미터 높이까지 빙하가 형성되었다. 좀 더 구체적으로 설명하면 지구상에 존재하는 물 중에 20%가 얼음이었다고 한다. 지구에 생존하는 동물들은 삶의 조건이 맞는 지역으로 대 이주 현상이 벌어졌다. 유럽 중부에서 화려한 오리아시안 문화를 형성했던 크로마뇽인은 지중해안이나 보다 따뜻한 레반트 지역으로 이주를 했고, 알타이와 바이칼호 부근에 살던 호모 사피엔스도 남쪽으로 이주했다. 3만 1000년에 시작한 최후빙하극성기는 1만 6000년까지 이어졌다. 무려 1만 5000년 동안 지구는 꽁꽁 얼어 있었다.

그런데도 시베리아 동북부 지역과 지금의 알렉스카 지역은 빙하에서 벗어나

---

224) 엄남석 기자, 「연합뉴스」, "젖니 2개가 밝혀준 멸종 '고대 북시베리아인' 존재", 2019-06-07.

는 극적인 현상이 일어났다. 기온은 급히 하강했지만, 빙하의 재료가 되는 수분이 극히 제한된 환경이 조성되었다. 눈이 내린다고 해도 빙하가 형성되지 않을 정도로 건조한 환경이 빙기 동안 계속 이어졌다. 기후학자나 지질학자들이 그런 현상에 대해 최첨단 과학기술을 동원하여 분석하지만 3만 년 전의 자연 현상을 설명하기엔 역부족이 아닐 수 없다. 그렇더라도 과학적인 근거로 인해 현재는 위의 가설에 힘을 실어주고 있다고 한다. 바로 그 광활한 땅에 관목과 초원 지대가 형성되었고 동물들도 그 환경에 맞게 적응하며 생존했다. 물론 인간도 그중 일부였다.[225]

지리적으로 야나 유적은 유럽보다 동북아시아에 더 가깝지만, 야나인은 유전적으로 고대 동아시아의 티엔위안 남성보다 동유럽의 숭기르인에 더 높은 친화력을 보여주었다. 야나인은 숭기르 이전에 초기 유라시아인 조상에서 분기되어 독자적인 고대 북유라시아 혈통으로 변화된 것으로 생각된다. 이렇듯 고대 북유라시아 혈통은 문화적으로나 유전적으로나 동아시아보다는 유럽의 고대인에 좀 더 가까웠다.

또한 야나인은 바이칼 호수 가까이에 있는 2만 4000년 전 말타 뷰레티 사람들과 가장 높은 유전적 유사성을 갖는다. 아마도 야나인들은 빙하기

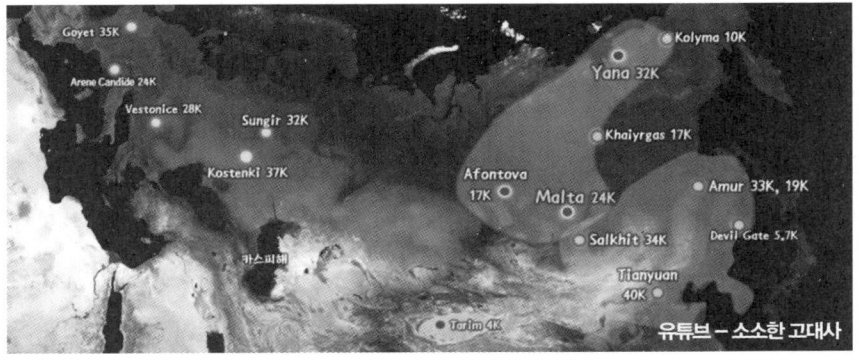

225) 안호용, 「brunch story」, 2022. 8. 16.

추위가 극심해지면서 동쪽 베링기아의 추코트카 지역으로 향하는 대신 레나강 지류를 따라 좀 더 따뜻한 바이칼 호수로 향했던 것으로 생각된다. 실제

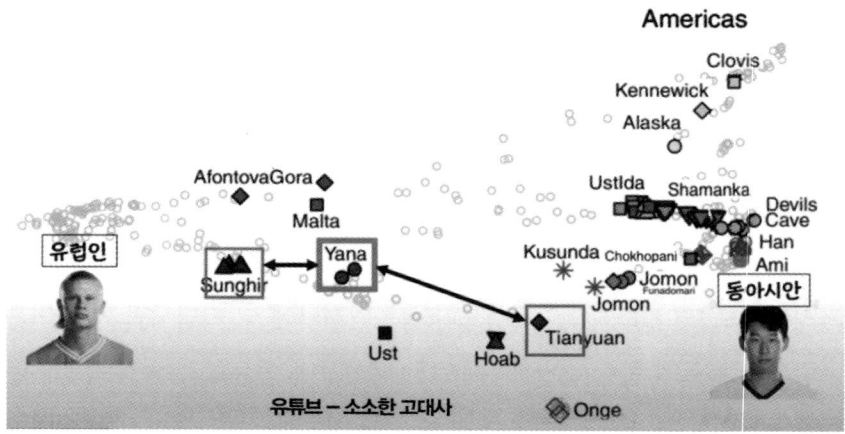

야나 유적에서 사람의 흔적은 빙하기 최대 절정기인 2만 2000년 전 완전히 사라졌으며, 야나인은 베링기아를 직접 건너진 않고, 후손들에게 유전적으로 간접적 영향만 미친 것으로 조사된다.(유튜브 - 소소한 고대사)

말타-부레티 문화(Mal'ta-Buret' culture)는 바이칼호 서부의 안가라강 상류 부근에서 발견되고 후기 구석기시대인 2만 4000년~1만 5000년 전에 비정되는 고고학적 문화다. 이름은 유적이 발견된 러시아 이르쿠츠크 주의 마을 말타(Мальта)와 부레티(Буреть)에서 딴 것이다.

말타 근처에서 발굴된 약 2만 4000년 전의 것으로 추정되는 남자아이의 유해는 MA-1으로 이름 붙여져 있으며, 구석기시대 인구 이동의 분석에 있어 매우 중요한 자료다. 최근의 연구에 의하면 MA-1이 속하는 유전적 혈통은 시베리아와 아메리카 원주민의 조상은 물론 청동기시대 유라시아 스텝지역의 얌나야 문화와 보타이 문화 구성원의 조상과도 연관된 것으로

드러났다. 오늘날의 인구 중에는 특히 아메리카 원주민, 케트인, 만시인, 셀쿠프인이 MA-1과 높은 혈통적 연관성을 보인다. 고고유전학에서는 말타-부레티 문화와 연관된 것으로 보이는 고대 혈통을 '고대 북유라시아인(Ancient North Eurasian, ANE)'이라 명명하고 있다.(위키백과)

이번에는 '악마문 동굴인'에 관해 살펴보자.

울산과학기술원(UNIST) 게놈연구소가 소속된 영국·러시아·독일 국제 공동연구진이 한국인의 유전적 뿌리가 되는 '악마문 동굴인'의 게놈 분석 결과를 내놓으면서 한국인의 기원과 이동과정에 대한 비밀이 상당 부분 풀리게 됐다. 연구를 이끈 박종화 UNIST 게놈연구소 소장은 1일 "한국인의 뿌리 형성과 그 결과를 설명하는 결정적 생물학적 증거를 찾았다."고 평가했다.

국제 공동연구진은 러시아 극동지방에 있는 악마문 동굴에서 약 7700년 전 거주하던 고대인들의 뼈를 이용했다. 악마문 동굴은 1973년 처음 발견됐는데 9000년 전에서 7000년 전 사이에 인간이 거주했던 곳으로 알려져 있다. 실제 이곳에서는 5명의 인간 뼈가 발견됐다. 연구진은 이 가운데 두 명의 두개골에서 게놈을 추출했다.

분석 결과 악마문 동굴에서 살던 인류는 현대 동아시아인들의 전형적 유전 특성이 있었다. 한국인처럼 갈색 눈과 삽 모양의 앞니 유전자를 가진 것이다. 이외에도 우유를 소화하지 못하는 유전변이, 고혈압에 취약한 유전자, 몸 냄새가 적은 유전자, 마른 귓밥 유전자를 가진 것으로 나타났다. 악마문 동굴인은 현대 동양인이 가진 얼굴이 붉어지는 유전변이

- 12장. 한민족이 인류 최고(最古)의 문명을?

는 갖고 있지 않았다. 이 유전변이는 외부에서 유입됐을 가능성이 큰 것으로 보인다.

특히 악마문 동굴인은 한국인의 조상과 거의 비슷했다. 악마문 동굴 근처에는 아직도 울지(Ulchi)족이라는 원주민이 살고 있는데 울지족은 악마문 동굴인의 후손으로 여겨진다.

그런데 동굴 근처 원주민을 제외하면 현대인 가운데 이들과 게놈이 가장 비슷한 게 한국인이었다. 악마문 동굴인의 미토콘드리아 게놈 종류도 한국인과 같았다. 미토콘드리아 게놈 종류가 같다는 것은 모계가 같다는 것을 의미한다. 전성원 UNIST 게놈연구소 연구원은 "악마문 동굴인은 한국인의 조상과 거의 비슷하다는 증거가 나온 것"이라고 설명했다.

또한 동아시아 현대인과 악마문 동굴인의 게놈을 비교하자 동아시아 지역 현대인들은 조상들의 유전적 흔적을 지속해서 간직해온 것으로 나타났다. 최근 수천 년간 이어진 인구 이동과 정복 및 전쟁으로 고대 수렵채취인의 유전적 흔적이 감소한 서유라시아인과는 대조되는 특징이다. 이를 통해 추측하면 동아시아에서는 적어도 8000년 전 이후로는 외부인 유입이 없었던 것으로 보인다.

연구진이 악마문 동굴인과 현존하는 아시아의 민족(ethnic group)의 게놈 변이를 비교 분석한 결과, 한국인의 뿌리는 수천 년간 북방계와 남방계의 아시아인이 융합하면서 만들어졌다는 증거도 나왔다. 악마문 동굴인과 현대 베트남 및 대만에 고립돼 사는 원주민의 게놈을 융합할 때 한국인의 게놈과 비슷한 것으로 나타난 것이다.

두 계열이 융합된 흔적이 분명히 나타났기는 했지만, 한국인의 실제 유전적 구성은 남방계 아시아인에 가까웠다. 이는 수렵채집이나 유목을 하던 북방계 민족보다 정착농업을 하는 남방계 민족이 더 많은 자식을 낳고 빠르게 확장했기

때문이다.226)

북위 40도를, 2만 5000년 전~1만 8000년 전의 마지막 빙기 최성기, 생명선이라고도 한다. 그 북쪽에서는 추위가 너무 심해서 사람이 살 수 없었다는 얘기일 것이다. 그러나 봄부터 가을 사이 비교적 날씨가 따뜻한 시기라면 먹을거리를 찾아 또는 잡아먹을 짐승을 따라 더 북쪽으로 올라가기도 하지 않았을까 하는 생각도 든다.

그런데 나에겐 이 빙하기의 일로 의문이 하나 있다. 우리 민족의 조상 일부가 바이칼호를 거쳐 왔다고 주장하는 사람도 있는데, 과연 극성 빙기에 이 바이칼호 주변에서 생명을 유지하며 살 수가 있었을까 하는 점이다. 물론 극성 빙기에는 살 수가 없었다고들 하지만, 바이칼호의 기후에 다른 지역과 다른 뭔가가 있는 듯이 보이기 때문이다.

바이칼호의 기후는 해양성 기후를 띄고 있어 주변 지역과 다른 기온 현상을 보여주고 있다. 즉 겨울에는 주위보다 좀 더 따뜻하며 여름에는 시원하다. 바이칼호에서 68km 떨어진 이르쿠츠크 도시와 비교할 때 기온 차가 8~10도다. 6월에는 이르쿠츠크 25~30도이며 바이칼 15~18도, 12월에는 이르쿠츠크 영하 20~25도이며 바이칼 영하 12~15도다. 또한 바이칼 주위는 일조량이 많기로 유명하다.227)

어째서 바이칼호 주변은 온난한 기후가 되는 것일까? 그것은 바이칼호 수온의 힘 때문이다. 바이칼호의 표면 수온은 한겨울에도 0.3도 정도이고 심층 수온은 3.2도 정도를 유지하고 있다. 모든 것을 얼려버리는 세계의 한가운데 있는 것에 비해서는 의외로 따뜻한 편이다. 이 수온의 영향으로

---

226) 목정민 기자, 「경향신문」, "한국인, 북방·남방계 '융합'…유전 구성 남방계 가까워", 2017. 02. 02.
227) http://www.culturetour.co.kr/tour_info/mongolia/baikal.htm

바이칼호 주변은 다른 지역보다도 따뜻해진다. 말하자면 바이칼호는 시베리아 대지를 덮어주는 거대한 난로와 같은 역할을 하는 것이다. 이것은 세계

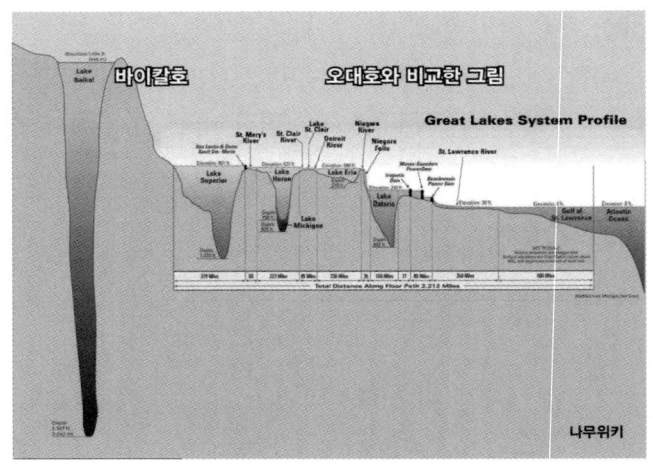

최대의 담수 호수인 바이칼호에서만 볼 수 있는 현상이다. 어쨌든 바이칼호는 크다. 심층 수온이 한겨울에도 3도 이상이나 된다는 것도 평균 수심 740미터, 가장 깊은 곳은 1,741미터나 되기 때문에 가능한 일이다. 이 바이칼호의 엄청난 크기가 기온마저 바꾸어놓는 것이다.228)

　　바이칼에 사는 사람들은 겨울이 되어야 비로소 자기들 세상인 것처럼 활동합니다. 오랫동안 긴 겨울에 익숙해져 있기 때문입니다. 그래서 그들은 겨울을 두려워하지 않고 오히려 그것을 이용하고 즐기는 지혜를 갖고 있습니다. 겨울이 오히려 살기가 좋다고 큰소리치는 그들의 말이 결코 호기를 부리는 소리가 아니라는 것을 깨달은 것은 몇 번의 겨울을 이곳에서 보낸 뒤였습니다.229)

바이칼호의 맑은 물과 다양한 생물, 많은 온천은 빙하기에 혹독한 추위와

---
228) 와이드맵, '바이칼호 주변이 다른 지역보다 따뜻한 이유는?' 2014. 12. 11.
229) 블로그 1930song, '바이칼 호수(위치, 날씨, 사계, 동식물, 바이칼 관광,,, 둘러볼만한 박물관)', 2005. 08. 13.

싸워야 했던 초기 도래인에게는 좋은 안식처가 됐을 것이다. 특히 호수 주변에는 온천이 많다. 1990년 미소 합동 조사단이 잠수함을 타고 수심 420m까지 내려갔는데, 그곳에서 뜨거운 물이 솟는 구멍을 발견했다고 한다.[230]

바이칼호에서 68km 떨어진 이르쿠츠크 도시보다 바이칼호의 기온이 10도 정도 높은데, 120미터 정도 수면이 내려간 빙기 최성기의 기온은 얼마나 더 높았을까? 10도보다 더 큰 차이를 보이지는 않았을까? 만일 그랬었다면 이 빙기 최성기에도 사람이 살 수 있었지 않았을까 하는 의문이 이는 것이다. 하지만, 이건 나의 개인적인 의문이다. 빙기 최성기에 바이칼호 주변에도 사람이 살 수 없었다고 하는 게 대부분 학자의 주장인 듯해서 괜한 의문을 나타낸 듯싶긴 하다. 그러나 다시 빙기가 찾아와서 수면이 120미터 이상 내려간다면 지금은 물속에 잠겨있을 법한 많은 유적이 나타날 것이고, 조사를 하게 되면 다른 판단을 할 수도 있지 않을까 하는 생각이 든다.

5. 최고(最古)의 문명이 일어난 '한대갑(한반도)'

마지막 극성 빙하기에는 이미 먼저 와서 살고 있었던 원주민들과 남쪽에서 올라온 사람들, 북쪽에서 추위를 피해 내려온 사람들이 함께 북위 40도 이남인 우리 한대갑과 서해 대초원, 함흥과 원산 동쪽 동한만 평원(학림 TV 참조) 등에 자리를 잡는다.

바닷가는 먹을거리가 많다. 이동도 편리하다. 그러나 들어가 쉬고 잠자야 하는 주거지가 필요하다. 또한 바닷물이 아닌 민물로 마실 물이 있어야 하고,

---

230) https://m.blog.naver.com/ahnjaewung/221520822832, 블로그-지구별 방방곡곡, '바이칼호수', 2019. 04. 23.

불을 피울 수 있는 땔감 구하기가 쉬워야 한다. 빙하기에, 비록 온난한 기후는 아닐지라도, 세계적으로 이런 조건을 갖춘 땅으로 한대갑만한 땅이 없었다.

동아시아의 북위 40도 이남 지역에서 구석기인들이 추위를 피해 들어갈 수 있는 '동굴'이 가장 많은 지역은 한대갑(한반도)이었다. 한대갑의 자연 동굴 총수의 90퍼센트 이상이 석회암 동굴이고, 다음이 제주도의 용암 동굴이다. 한대갑의 북위 40도 이남의 카르스트(karst) 지형 석회암지대는 충청북도·강원도·경상북도 일대에 잘 발달해있으며, 무려 1000여 개의 석회암 자연 동굴이 이 지역에 집중되어 있다. 이 지역이 한대갑 제1동굴지대다. 그다음이 평안남도와 황해도 접경지대의 석회암 제2동굴지대다. 차이나(중국)에서는 남방 양자강 유역과 광서성·귀주성 남방지역에나 가야 석회암 동굴 지대가 나온다.231)

1만 5000년경 마지막 빙하시대가 끝나고 서해 대초원이 바닷속으로 기어들며 이곳에서 살고 있었던 사람들도 여기저기 이동하게 된다. 차이나 쪽으로는 땅의 높낮이 차가 크지 않아 사람 살만한 지역까지의 거리가 아주 멀지만, 우리 한대갑 쪽으로는 그렇게 멀리 움직이지 않아도 사람 살기 좋은 땅이

---

231) 신용하, 위의 책, 24쪽 참조.

있어서 많은 사람이 모여들었을 것으로 생각된다. 또한 구로시오 해류의 영향을 받는 우리의 서해 연안류는 서해 연안을 타고 북으로 향해 갈 때는 따뜻한 편이지만, 발해를 거쳐 차이나의 동쪽을 타고 남으로 향하면서 차가워진다. 이 점도 한대갑에 사람이 모이는 하나의 원인으로 작용했을 듯싶다.

그러나 온난해지던 기후가 1만 2500년 전경 갑자기 추워지며 거의 빙하시대 수준으로 되돌아간다. 이 시기를 '영거 드라이아스(Younger Dryas)기'라 부르는데, 이는 건조한 툰드라 지역에 서식하는 드라이아스(Dryas, 담자리꽃)라는 꽃의 꽃가루가 이 시기에 유럽에서도 발견되었는데 그에서 유래한다. 영거 드라이

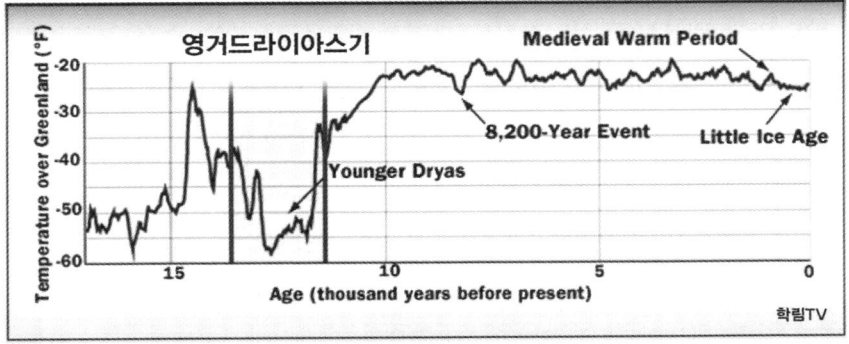

아스기는 약 1000년간 지속되다가 다시 현재의 상태로 급격히 되돌아왔다.[232]

이 1000년은 짧은 시간이 아니다. 이 영거 드라이아스기를 두루뭉술하게 넘기는 경우가 있는데, 이 시기에도 인류의 이동이 많았을 것이다. 서해의 많은 부분이 다시 뭍으로 변하면서 한대갑에 몰려 있던 사람들이 풀려나갔을 것이고, 날씨가 따뜻할 때 북으로 올라갔던 사람들도 다시 내려오는 일이 일어났을 것이다.

그러나 이 영거 드라이아스기가 끝나고 날씨가 따뜻해지면서 서해 대초원이나 동한만 평원 등이 다시 바다로 변하며 사람들이 한대갑으로 몰려들기도

---

[232] 노의근, 『기후와 문명』, 연세대학교 대학출판문화원, 2019, 31쪽.

하고 서북쪽, 북쪽, 동북쪽으로도 확산한다. 비로소 빙하기가 완전히 끝나고 새로운 세상, 신석기시대가 열리게 된다.

하지만, 차이나 동쪽, 황하 하류에서 사람들이 모여 살려면 1000년~2000년 정도의 세월을 더 기다려야 했다. 앞서 얘기처럼 황하 하류, 차이나의 동쪽 지역은 고도 차가 크지 않고 습지가 대부분이어서(학람TV 참조) 사람들이 모여 살기에 적절치 않았기 때문이다. 그래서 황하문명은 우리 쪽 한강, 대동강, 요하 등의 문명보다 뒤늦게 일어나게 된다.

이후, 기후 변동에 따라 북쪽으로 올라가기도 하고 남쪽으로 내려오기도 하며, 또한 일본으로 건너가기도 하면서 고비사막 북쪽, 동쪽, 차이나의 황하 하류 등 동북아시아에 하나의 거대한 족속을 형성해 나가는데, 이 족속이 바로 목적어+동사 순의 언어를 쓰는 바로 우리 한족(韓族)이며 그 중추를 한민족(韓民族)이 이어 내려오게 된다.

눈여겨 볼만한 재밌는 현상이 한 가지 있다. 이 책의 '제7장, 백두대간인가, 태백산맥인가?'에서도 거론한 바 있지만, 백두산 흑요석이다.

흑요석은 산지가 정해져 있고 방사성탄소연대측정법으로 연대를 추적하기가 쉬우며 부식되지 않아 흑요석 유적을 따라가면 그 옛날 교역 루트를 정확하게 확인할 수 있다. 연구에 따르면 한반도 전역이 이미 구석기시대에 활발하게 교류했다는 사실이 밝혀졌다. 한반도에서 흑요석이 출토된 유적은 110곳이 넘는다. 이 가운데 구석기 유적이 13개고 나머지는 신석기 유적이다. 단양, 홍천, 심지어 전라도 장흥에서도 구석기 시대 백두산 흑요석이 나온다. 시베리아의 알타이유적에서도 백두산 흑요석 세석기들이 발굴되었다. 홍익희 교수는 "백두산의 흑요석이 수만 리까지 운반된 것은 고대 한국인들의 생활 반경이 광대했다는 것을 보여준다"라고 말한다.

산과 바다 생태계가 제공하는 풍부한 식량과 최고의 소재인 흑요석을 보유한 한반도 사람들은 동아시아는 물론 훨씬 더 넓은 지역에까지 강력한 영향을 미칠 조건을 갖춘 상태였다.233)

6. 최고(最高)의 자질을 갖춘 한국인

어떤 민족이나 국민을 막론하고 자기들이 가장 뛰어난 두뇌를 가지고 있다고 주장한다. 자민족중심주의, 자민족 우월주의에서 나오는 어쩔 수 없는 자긍심일 테니까 그 부분은 애교로 보아주어야 할 일이다.

이스라엘 민족의 두뇌가 세계적으로 가장 뛰어나다고 하는 사람들이 있다. 그들이 이룬 업적이나 노벨상 수상 숫자를 염두에 두기 때문일 것이다. 한편으로는, 우리 한국 사람 중에서는 일제 침략기의 일본인이나, 이후 우리보다 앞선 기술문명을 익힌 일본인들을 보고 판단하기 때문인지, 일본인들의 두뇌가 우리보다 뛰어나다고 주장하는 사람들도 있다.

오늘날의 지능검사가 발달했다고는 하지만, 지능을 정확하게 규명하기는 어려운 일이다. 그런데도 이따금 세계의 각 민족이나 국민의 지능을 비교한 자료가 발표되곤 한다. 개인 간의 지능 차이를 쉽게 분별하기 어렵듯이 민족 간의 지능 차이도 쉽게 분별하기는 어려운 일이다.

그러나 인간의 진화과정과 특징, 환경, 신체 운용 능력을 살펴보면 어느 민족, 어느 국민의 지능이 뛰어난지를 대략이라도 알 수 있을 것이다. 먼저 우리 인간은 다른 영장류와 어떻게 다른지를 알아보자.

---

233) 이진아, 『지구 위에서 본 우리 역사』, 루아크, 2017, 181~182쪽.

01) 직립 자세.

02) 다른 영장류에 비해서 상당히 큰 뇌와 더욱 복잡한 신경조직.

03) 척추(spine)에서 허리 부분이 곡선으로 이루어져 있다는 점.

04) 넓고 오목한 형태의 골반.

05) 잘 발달한 엉덩이 근육(gluteus maximus).

06) 팔보다 긴 다리.

07) 아치(Arch)형의 발바닥.

08) 발에 뒤꿈치가 있다.

09) 엄지발가락이 다른 발가락과 나란하고 대향성(對向性)이 아니다.

10) 성숙한 수컷 고릴라나 침팬지와는 달리, 크고 둔탁한 눈썹 부분의 두덩뼈가 없고 두개골 꼭대기 부분에 길쭉한 형태의 돌출한 뼈가 없다.

11) 딱딱한 골질(骨質)의 콧마루 뼈와 연골질의 코끝(cartilaginous tip)을 가졌다.

12) 코의 양편 뺨에 있는 광대뼈에는 오목한 부분(caninefossa)이 있다.

13) 윗입술 중앙에 오목한 부분(philtrum)이 있다.

14) 막질(膜質, membranous)의 붉은 색깔을 띠는 입술을 앞으로 내밀어 둥글게 만들 수 있다.

15) 턱 끝(chin)이 있다.

16) 크지 않고 서로 마주 물리는 송곳니를 가졌다.

17) 현대 유인원에서 보이는 아래턱(하악, 下顎)의 막대기 모양 뼈(Simian shelf)가 없다.

18) 긴 U자형인 유인원의 치궁에 비해 V자형 혹은 포물선 모양의 치궁을 갖고 있다.

19) 뇌와 척수를 연결하는 두개골 밑바닥에 있는 구멍인 후두공

(foramen magnum)이 두개골 하부의 중앙에 있다.
20) 비교적 체모 수가 적다.
21) 여성은 다른 영장류 암컷보다 더욱 발달한 유방을 가졌다.
22) 남성은 다른 영장류보다 비교적 큰 성기를 가졌고 뼈가 없다.
23) 성장 기간이 길다.

상기한 인류의 여러 특징 중 척추의 허리 부분 굴곡, 특징적인 골반, 긴 다리, 발의 분화나 전문화와 같은 많은 특징은 직립 자세나 두 발로 걷는 것에 대한 적응을 나타내준다. 더욱 큰 뇌와 적은 체모 같은 몇 가지 특징은 정도의 문제다. 인류의 특징 중 몇 가지는 최근에 획득한 것이며 우리의 조상 격인 초기 인류계통들의 특징은 아니다. 초기 인류계통들은 턱 끝과 높은 콧마루를 갖고 있지 않았으며 흔히 둔탁한 눈썹 부분의 두덩뼈를 가지고 있었다.[234]

여기에 덧붙이자면, 엄지손가락이 다른 동물과 달리 다른 네 개의 손가락과 마주 보며 꼽짝꼽짝할 수 있는 점은 두뇌를 발달시키며 도구를 잘 활용할 수 있게 하여 인류 진화에서 아주 큰 몫을 해냈을 것이다.

그렇다면 인간의 두뇌가 발달하는 데에 어떤 환경이 좋을 것인가? 아울러 우리 한민족은 지리적, 역사적으로 두뇌 발달에 어느 정도의 좋은 여건을 갖추고 살아왔는지를 살펴보자.

01) 계절의 변화가 많다(부지런히 움직임).
02) 산과 강 그리고 들, 초목과 물이 조화를 이루고 깨끗하다(건강하고

---

[234] 임영모, 『인간의 생명과 물』, 도서출판 성문미술공사, 2003, 156~157쪽. "빅터 바노우, 권이구 · 김한석 역, 『형질인류학과 고고학』, 탐구당, 1990, 51~52쪽."에서 인용함.

청결함).

03) 약간의 혼혈(혼혈하지 않으면 발달이 더디다. 한민족은 북방계와 남방계가 적당히 섞임).

04) 일찍 자고 일찍 일어난다(인체의 활동 리듬에 적합함).

05) 말과 노래를 잘한다(두뇌 발달에 도움이 됨).

06) 손놀림이 좋다(손놀림은 두뇌 활동과 직결됨).

07) 저작근(음식물을 씹는 작용을 하는 안면근육으로, 뇌의 발달을 돕는다)의 작용이 활발하다.

08) 물을 많이 마신다(혈액순환이 좋고, 두뇌에 산소 공급이 원활함).

09) 좁은 땅에 많은 사람이 북적거리며 살면서 공동 작업을 많이 한다(벼농사는 어쩔 수 없이 공동 작업이 필요하다, 대신 땅이 좁아도 많은 사람이 모여 살 수가 있다.).

10) 경작지가 적고, 국토의 구조가 복잡다단하다(머리를 안 쓸래야 안 쓸 수가 없게 되어있다.)[235]

이와 같은 점으로 우리 민족이나 국민의 두뇌를 판단한다면 상당히 객관적이라고 할 수도 있지 않을까?

두뇌와 신체를 분리하여 따져본다는 건 좀 애매하긴 하지만, 신체 조건은 또 어떤가? 동양인으로는 가장 크고 가장 유연하다. 일제 침략기의 수탈로 졸아들긴 했지만, 다시 커지고 있다. 또한 춤추는 동작을 보자. 이렇게 유연한 몸을 가진 족속이 따로 있을까?

지난날 국토의 크기나 국민의 숫자가 어중간하여 외세의 침략에 힘들게

---

235) 임영모, 『마음 열고 스트레스 풀면 성공과 행복이 다가온다』, 도서출판 성문미술공사, 2008, 40~42쪽.

지낸 적이 있었고, 앞선 물질문명을 외부로부터 받아들이다 보니까 열등의식이 쌓여 그야말로 두뇌, 신체까지 열등으로 여기는 사람들이 많은데, 우리 한민족만큼 뛰어난 신체 조건을 가진 민족이 이 세상 어디에 또 있겠는가?

국토도 마찬가지다. 경작지가 적어 먹을거리도 적어서 인구 증가도 느렸다고 하지만, 별의별 것을 다 먹어 영양으로 삼는 후성유전(後成遺傳)의 복을 누린다. 산과 들과 강들이 조화를 이뤄 아름답게 펼쳐지니 사람들도 그에 따라 아름다운 성정을 지니며 아름답게 살게 된다. 국토의 영향인지 의성어(擬聲語), 의태어(擬態語) 등의 발달은 예술 감각을 뛰어나게 해준다. 더군다나 지진이나 태풍, 화산 폭발도 애써 피해 가는데, 거기에다 세계적 강대국들이 에워싸고 지켜주기까지 한다.

이 아름다운 강산과 신체와 성정을 물려주신 우리 조상은 얼마나 위대하신가. 또한 얼마나 감사해야 할 일인가.

다만 한 가지 아쉬운 점이 있다면 남북이 잘려있는 것이다. 하지만, 함께 힘을 모아 이루고자 한다면 머지않아 통일은 이루어질 것이며, 나아가 더욱더 큰 영광이 있을 것이다.

13장
코로나 팬데믹은 세계적인 大 사기극?
감기와 여러 질병의 예방과 치료~

나는 '감기' 등을 아예 없애버리고자 한다. 황당한 얘기라고? 이번 장의 얘기를 들어보고 판단하시길 바란다.

모든 질병은 물과 열이 좌우한다.

인류 역사, 또는 우리 역사에 거대한 사건의 하나로 기록될 것이 틀림없어 보이는 '코로나 사태'를 나는 '세계적인 대 사기극'이라고 의심한다.
코로나도 일종의 감기에 불과한데, 별것도 아닌 감기로 어떻게 그렇게도 무지막지한 사기를 쳤을까? 얼마나 큰 혼란을 겪었는가? 얼마나 많은 사람이 시달렸는가? 도대체 이런 사기극이 왜 일어났는가?, 이런 사기극이 계속해서 일어나야만 할 것인가? 등의 의문이 계속된다.

'코로나 사태'에 관해 조금이라도 다른 얘길 하면 '음모론자'라고 비난한다.

어떤 의사의 유튜브 방송이 몇 번이나 잘리는 일도 봤다. 한 묶음으로 돌아가는 듯싶은 주류(?) 학계나 의료계, 관리들의 논리에 반하는 주장을 펴면 인류를 파멸로 이끄는 놈이라고 비방한다.

엄청나게 많은 국가 재정을 퍼부었다. 하지만, 수많은 백성이 고통을 받고 수많은 사업자가 쓰러졌다.

문화가 바뀌었다. 사람 만나는 걸 꺼리는 사회가 돼버렸다. 친하게 지내던 친구에게 막걸리 한잔하자는 얘기를 쉽게 할 수 없게 됐다. 그나마 다행이라고 할 수 있는 점은, 언론에 나온 대로, 사기극 중에서도 우리나라가 방역 조치를 잘한 모범국가(?)라는 호평을 들은 정도다.

코로나바이러스는 엄연한 감기 바이러스가 아닌가. 단지 기존의 바이러스가 좀 변한 것이다. 바이러스가 변하지 않고 천년만년 그 모습을 똑같이 지켜 낼 거라고 믿는가? 그런데 왜 '감기'라는 말은 쏙 빼고, 감기와 갈라치기를 하며 무시무시한 바이러스인 양 포장했는가? 무엇을 바란 것인가? 무엇을 노린 것인가? 과연 백신(?)으로 감기 바이러스를 막는 것이 가능한 일인가?

대통령을 비롯하여 정치인이나 관리들은 이걸 몰랐을까? 가장 중요한 틀을 쥐고 흔드는 의사들은 진짜로 이걸 몰랐을까? 하기야 의사라 해도 어차피 못 고치는 '감기', 좋은 게 좋은 거라고 장단을 맞춘 걸까?

감기 바이러스의 일종인 코로나바이러스, 그로부터 일어난 '코로나 사태', 이걸 알아보려면 먼저 '감기'부터 알아야 할 것이다.

감기에 아주 취약한 체질인 듯싶은 데다 만성 비염, 인후통, 수족냉증, 허리 디스크 파괴, 무릎 관절 훼손 등으로 고통을 겪으며 살아온 나의 몸으로 실험하고 연구하며 겪는 감기와 더불어 다른 여러 질병을 알아본다. 독감(인플루엔자)은 감기와 어떤 차이가 있는지, 역사적으로 어떤 지독한 감기 유행병이 돌아 인류에게 치명타를 입혔는지 등도 추적한다.

물론, 이건 개인의 의견이다. 읽는 분께 믿으라고 강요하거나 애걸복걸할 일도 아니지만, 그럴 수도 없는 일이다. 하지만, 들여다보고 검토해보면 분명 느끼고 깨우치는 바가 있을 것이다.
덕분에 감기와 더불어 여러 질병에 안 걸리고, 이겨내며 사는 방법도 터득하게 될 것이라고 확신한다.

1. 의사는 감기를 치료할 수 있는가?

감기는 '병원 가면 7일, 안가면 1주일'이다. 이 말은 의사가 감기를 치료할 수 있는지에 대한 답이 될 것이다. 의사는 감기를 치료할 수 없단다. 특별한 치료 약이 없고, 고통의 완화만 가능하기 때문이라고 한다. 하지만, 쉽게 접할 수 있는 유튜브 방송을 보면, 수많은 의사나 약사가 감기 치료의 수많은 처방을 내놓는다. 헷갈린다.

20년 전쯤이었을 듯싶은데, 인터넷에 감기약에 관한 재밌는 이야기가 떠돈 적이 있다. 어떤 사람이 병원에서 감기 처방전을 받아 약국에서 그 약을 사서 들고 서유럽으로 갔다. 선진국이라는 이 나라 저 나라를 돌며 약국에 들러 약사들에게 그 약을 보여줬다. 약사들이 그걸 보고 '감기에 무슨 약이 이렇게 많이 필요하냐?'라며 다 놀라더란다.
미국에서 간호대학을 나와 50년 동안 간호사로 일한 지인에게 이 얘기를 했더니 '미국에서는 감기로 병원엘 잘 가지도 않지만, 설령 심하게 아파 병원엘 간다고 해도 그렇게 많은 약을 처방하지도 않는다.'라고 했다.

그런데 우리는 감기가 들었다 하면 병원과 약국을 찾는다. 어린 애들은 더욱 심하다. 여러 가지 약을 먹어야 하며 주사까지도 마다하지 말아야 한다. 왜 이럴까? 감기 환자가 쉽게 치료(?)받을 수 있는 병·의원이 널려 있고, 다른 질병으로 이어지나 하는 두려움 때문일까? 아니면 병원과 약국 망하는 걸 막아주려고?

물과 열이 인체에 미치는 영향을 공부하기 전에는 지겹게도 감기에 시달렸던, 그야말로 감기에 취약한 체질로 살아온 내가 최소한 9년은 감기를 앓지 않았다. 그 전에 언제까지 감기를 앓았는지는 기억이 희미하다. 최소한 9년이라고 한 점은, 어느 누가 따져도, 증빙할 수 있는 근거가 있어서다.

외손자를 돌본지가 9년째다. 아이를 돌보러 처음 딸네 집엘 갔을 때, 딸이 가장 크게 걱정했던 게 감기였던 것 같다. 당시에 딸은, 이미 아비가 감기에 잘 걸리지 않는다는 걸 알고 있었지만, 그래도 어쩐지 걱정되었을 성싶다.

이 아이를 돌보며 '외할아버지의 육아일기'라는 글을 써서 내 블로그에 간간이 올리곤 했다.

KBS한국방송에서 새 프로그램 '[국민의 마음] 한국사람'을 만들면서 담당 작가가 내 블로그 글을 보았던지 출연을 원해서 '제1호'로 나서기도 했다. 이 책의 표지에 실린 나의 자전거 타는 모습은 그때 방송국에서 홍보용으로 썼던 주된 사진이다. 방송국 프로그램을 기획하고 함께했던 사진작가 강영호 선생의 작품이다.

요즘은 아침에만 딸네 집엘 가서 아이를 밥 먹여 학교 보내고 온다. 그런데 아이가 이따금 감기를 앓는다. 아이 엄마가 원해서 병원엘 갈 때가 있는데,

이곳저곳 병원 구경을 자주 한다. 병원 갈 때마다 아이들이 왜 이렇게도 북적댈까 하는 의문을 품는데, 아무래도 감기가 가장 큰 원인인 듯싶다.

2020년에 들어서며 코로나 사태가 크게 터졌다.

나는, 방이 여러 개로 나뉘어 있고 큰 방은 80명 정도까지 앉아서 회의나 강좌 등을 할 수 있는 '채식식당(북)카페'를 운영하고 있다. 단체 위주로 손님을 받는다. 그해 1월 중순에 '벌써 2월 예약이 꽉 찼다'라는 말을 들을 정도로 북적댔다. 하지만, '코로나' 한 방에 깨끗하게 무너졌다. 모든 예약이 취소됐다.

그런데 뭔가 좀 이상했다. 그 전에, 물에 관한 공부를 하며 『인간의 생명과 물』, 『물과 건강』 등 물과 건강에 관한 여러 책을 쓰기도 했었다. 또한, 나의 만성 비염은 감기와도 관련된다는 생각으로 감기 바이러스를 공부하고, 내가 낸 책 중에 쓴 바도 있다. 하지만, 뉴스에 나오는 내용과 정부 시책이 내가 공부하고 아는 바에 어긋러진 것만 같고, 어쩐지 의문이 들었다.

이후, 구청에서 식품업소 영업을 하는 사람은 코로나 검사를 받아야 한다며, 받지 않으면 100만 원의 벌금을 물린다고 겁을 줘서 할 수 없이 검사를 받았다. 결과는 음성이었다.

얼마나 지났는지, 어린이집에 다니던 외손자가 검사를 받게 됐는데 보호자도 함께 받아야만 된다 해서 피할 수 없어 받았는데, 손자는 양성이 나왔으나 그때도 나는 음성으로 나왔다.

백신(?)이 나왔다. 백신을 개발하려면 10년은 걸린다는 얘기까지 있었는데 어떻게 뚝딱 만들어냈단다. 그 성능이나 효과에 믿음이 가지 않았지만, 그 백신을 맞지 않으면 큰일이라도 날 것처럼 공포까지 조성했다. 나는 독감 백신도 맞아본 적이 없는데, 코로나바이러스 백신이라고 맞을 턱이 없었다.

영감탱이가 겁도 없냐고 주위에서 잔소리들을 했지만, 맞지 않았다.

　우리 '채식식당(북)카페'는 단체 위주로 손님을 받지만, 개인이라도 일 년 열두 달, 하루 스물네 시간 누구든 책 읽고 공부하며 마음대로 이용할 수 있도록 완전히 무료 개방하고 있다. 그러나 코로나 사태 이후 거의 휴업 상태라고 할 정도다. 간간이 아는 사람들만이 찾는다.
　지금까지 우리 카페를 찾은 지인 가운데, 자신과 가까운 사람으로 코로나에 걸려 사망한 사람이 있어 직접 문상하였거나 부의금을 보냈다는 사람을 두 명 보았다. 그런데 해괴하게도, 백신을 맞고 사망하여 문상이나 부의금 보낸 것으로 인사했다는 사람은, 내 동서(아내의 언니 남편)가 세상 떠난 일을 포함하여, 열 명을 보았다.
　하지만, 나는 이분들이 정말 코로나 백신으로 인해 사망한 지에 관해서는 정확하게 알지 못한다. 그저 듣고만 말았지, 일일이 찾아다니면서 조사할 일도 아니고, 설령 조사한다고 해도 알아낼 수 있는 일도 아니다. 담당 의사도 정확히 모를 텐데, 아무 관련도 없는 내가 알아보겠다 해서 알 수 있는 일이겠는가. 또한, 의사들이 가장 좋은 핑계로 내세울 만한 '기저 질환자'일 수도 있어서 더더욱 알기 어려운 일이기도 하다.

　코로나에 대한 당국의 시책과 의사들의 처방이 어쩐지 미흡하다는 생각에 내 견해를 SNS 몇 군데에 올린 일이 있다. 하지만, 반응은 거의 없는 듯 보였고, 심지어 잘 아는 어느 의사는 비아냥거리기까지 했다. 하기야 내 자식들도 믿지 않는 마당에 의사도 아닌 나의 얘기를 들을 사람이 있을까 하는 의구심에 더는 떠들지 않았다. 그저 '나나 코로나에 걸리지 않고 살지 뭐.'라며 포기하고 말았다.

그러던 어느 날, 유튜브 방송에서 우리나라 최고의 병원이라는 서울대학교 병원 신경과 이승훈 교수의 감기 강의를 들었다. 그러고서 그가 지은 책, 『병을 무서워하지 않습니다』236)라는 책을 사서 읽게 됐다.

감기로 인해 학교를 1년 더 다니게 된 의대생을 비롯해 수험생이나 중요한 일정이 잡힌 사람들이 감기 때문에 낭패를 보는 얘기들이 실려있다. 아주 좋아 보이는 처방을 제시하지만, 감기 안 걸리고 사는 내 눈에는 어쩐지 아쉬운 부분이 있어, 아무래도 내가 좀 떠들어야겠다는 생각이 들었다.

2. 감기란?

감기 안 걸리고 사는 사람은 없을 터라 다들 잘 알고 있을 테지만, 인터넷에 올려있는 서울대학교병원의 글을 줄여 붙인다.

> 감기는 바이러스에 의한 코와 목 부분을 포함한 상부 호흡기계의 감염 증상으로, 사람에게 나타나는 가장 흔한 급성 질환 중 하나다. 재채기, 코막힘, 콧물, 인후통, 기침, 미열, 두통 및 근육통과 같은 증상이 나타나지만, 대개는 특별한 치료 없이도 저절로 치유된다.
> 200여 개 이상의 서로 다른 바이러스가 감기를 일으킨다. 그 가운데 30~50%가 리노바이러스(Rhinovirus)고 10~15%가 코로나바이러스(Coronavirus)다. 성인은 한 해에 2~4회, 소아는 6~10회 정도 감기에 걸린다.
> 특이적인 치료법은 없다. 세균에 의한 2차 감염을 방지할 목적으로

---

236) 이승훈, 『병을 무서워하지 않습니다』, 북폴리오, 2022.

항생제를 일률적으로 사용하는 것은 추천되지 않는다. 중이염, 폐렴, 부비동염 등이 세균성으로 증명된 경우에만 항생제를 사용하도록 한다. 또한, 진해제, 거담제, 항히스타민제가 감기에 효과가 있다는 증거는 없으며, 소아에게는 오히려 해가 될 수도 있다.

 급성 중이염, 부비동염(축농증), 폐렴 등이 동반될 수 있다. 어른의 경우, 상부 기도가 감기 바이러스에 감염되면 0.5~2.5%의 환자에게서 급성 세균성 부비동염이 발생할 수 있다. 감기가 폐렴으로 이어지기도 하는데, 소아, 노인, 면역억제제를 투여받는 환자에게서 더 잘 발생한다. 노인의 경우 감기에 걸리면 이미 앓고 있는 심부전이나 다른 만성 질환이 악화할 수 있다. 천식 환자의 경우 감기에 걸리면 40% 정도의 환자에게서 천식이 악화할 수 있다. 소아의 경우에는 감기의 합병증으로 급성 중이염이 발생하기도 한다. 감기는 보통 1~2주가 지나면 증상이 호전된다.

 독감은 감기와 일부 증상이 비슷할 수 있지만 원인 바이러스가 다르며, 증상이나 합병증, 치료법도 다르다.

감기를 일으키는 바이러스 중 30~50%가 리노바이러스고 10~15%가 '코로나바이러스'란다. '코로나바이러스'가 10~30%라고 주장하는 학자도 있다. 이승훈 교수는 "인플루엔자 바이러스는 독감 바이러스로 잘 알려져 있다. 인플루엔자에 걸리면 사실 독감으로 분류돼야 하지만 가벼운 감기 수준에서 그치는 환자도 적지 않다. 인플루엔자 바이러스는 감기의 원인 중 적게는 10%에서 많게는 30%까지 차지한다."[237]고 하며 아래 표를 제시했다.

특이한 건 인플루엔자(독감)를 똑같이 취급하자는 건 아니지만, 일반 감기와 같은 틀에 넣고 본다는 점이다. 다른 사람들은 감기와 독감을 구분하고 대처

---

237) 이승훈, 위의 책, 33쪽.

방법도 달라야 한다고 한다.

바이러스군	항원형	비율
리노 바이러스	100종류 이상	40~50%
코로나 바이러스	5종류	10~15%
파라인플루엔자 바이러스	5종류	5%
호흡기세포융합 바이러스	2종류	5%
인플루엔자 바이러스	3종류	25~30%
아데노 바이러스	57종류	5~10%
메타뉴모 바이러스	2종류	5%
기타: 엔테로 바이러스, 보카 바이러스 등		

감기 바이러스나 독감 바이러스가 어차피 콧구멍이나 목구멍을 통해 들어오고 두 바이러스의 구분도 어려우므로 이처럼 같이 취급하는 것도 무방하리라는 생각이 든다. 두 종류의 바이러스를 구분하지 못할 바엔 콧구멍이나 목구멍 입구에서부터 이것저것 다 맥을 못 추게 하는 게 현명한 방법이지 않나 싶기도 하다.

일반적으로 감기는 상기도 감염, 독감은 하기도 감염이라고도 한다. 공기를 흡입하는 기도는 상기도와 하기도로 나뉜다. 상기도는 코에서 인두까지를, 하기도는 후두에서 기관, 기관지까지를 말한다.

모든 사람이 똑같지는 않겠지만 대체로 호흡기관에서 상기도 입구, 곧 콧구멍 입구 온도는 33도, 하기도 온도는 37도 정도 된다고 하는데 대개 이보다 온도가 더 떨어졌을 때 문제가 생기기 쉽다고 한다.

병통을 일으키기 전의 감기 바이러스는 바람에 떠다니는 먼지와 같아서 살아 있는 생명체라고 할 수가 없다. 죽일 수 있는 약도 없다. 그런데 이게 우리 몸 안에 들어와 몸속 환경이 살기에 적합하면 생명체가 된다. 세포 속까지 들어가 소기관들을 이용해 물질대사도 하고 새끼도 치며 세력을 넓혀 질환을 유발한다.

이에 면역세포가 몰려들어 바이러스와 더불어 바이러스가 침범한 세포를 공격한다. 망가진 세포를 복구하기 위한 다양한 반응이 바로 '감기'다. 코의 점막 염증은 바이러스와 죽은 점막 세포를 씻어내기 위해 콧물과 재채기가 나오게 하고, 기관지의 염증은 기침과 가래를 일으킨다.

몸은 바이러스 활동을 저지하기 위해 열을 올리고 염증 부위에 수분을 모은다. 감기 바이러스는 열과 수분에 약하기 때문이다. 평소의 체온보다 적당히 더 오르면 면역세포 작용이 활발해져 병원균을 이겨내기 쉬워진다. 하지만, 많은 사람이 조금만 열이 올라도 무조건 해열제부터 먹거나 병원으로 줄달음질 친다. 몸은 바이러스와 잘 싸우기 위해 열을 올리는데 오히려 열을 내려 바이러스를 돕게 될 수도 있다. 해열제는 41℃ 이상 고 체온일 때만 사용하고 일상적인 발열 상황에는 쓸 필요 없다고 하는 사람도 있다.

그런데 이 면역계가 좀 멍청한지 열을 올리면서 너무 높게 올리는 경우가 있다. 너무 높은 열이 올라 몸의 다른 기능에 손상을 입히기도 한다. 이 점은 주의가 필요한 일일 것이다.

면역세포는 바이러스나 바이러스가 침범한 세포와 싸우며, 몸은 바이러스의 확장을 막는 항체도 만들어낸다. 그러면서 증세가 점차 누그러지며 낫게 된다. 이 기간이 대략 7~10일이다.

3. 감기 치료, 다른 질병들까지~

'감기는 수분과 열에 달렸다. 다른 질병도 마찬가지다.'
의사나 약사도 감기 치료를 못 한다는데, '치료'라는 말을 쓰는 게 맞냐고 할 수도 있을 것이다. 건방진 표현이긴 하다. 의사나 약사에게 좀 미안하기까지도 하다. 그러나 나는 감기에 잘 걸리지도 않지만, 설령 감기가 든다 해도 병원이나 약국에 가지 않고 초기에 쉽게 잡아버리기에 '감기 안 걸리는 사람'으로 여겨지고 있다. '치료'라는 말을 써도 지나치지 않을 거라는 생각이 든다.
감기 치료, 간단하다. 복잡하게 생각할 것 없다. 초기에 잡아버리면 된다.

대개는 아침에 일어나며 감기 기운을 느끼게 된다. 잠자며 수분이 빠져나가고 체온이 내려가면서 코와 목이 건조해진다. 저체온, 수분 부족, 이게 감기 바이러스가 발동을 걸기 좋은 조건이다. 이 문제를 해결해버리면 될 것 아닌가.
일어나자마자 따뜻한 물을 넉넉히 마시고 콧구멍과 목구멍 온도를 높인다. 아침이 아니라도 감기 기운이 있으면 어느 때든 하는 것이 좋다. 여름도 마찬가지다. 여름이라고 감기 안 걸린다는 보장이 없다.
갑자기 많은 물을 마시면, 많은 밥을 먹었을 때처럼, 사람에 따라 머리가 멍해지고 온몸에 기운이 빠지며 입안이 말라 칼칼해질 수가 있다. 혈액이, 위장에 무슨 할 일이 생겼나 하고, 위장으로 몰려들기 때문이다. 할 일이 없다는 걸 깨달은 혈액은 다시 제자리로 돌아간다. 하지만, 마른 입이 얼른 해결되지 않는 경우가 있는데, 각종 미네랄이 풍부한 굵은 소금 서너 알을 혀 위에 올려놓고 서서히 녹아들게 하면 해결된다. 물을 많이 마셔서 혈액이 묽어지는 걸 방지하는 방법이기도 하다.

콧구멍과 목구멍 온도를 높이고자 온몸 온도를 높일 필요 없다. 코와 입만 올리면 된다. 평상시 콧구멍 입구 온도는 33도 정도 된다. 감기 바이러스는 37도 이상이 되면 맥을 못 추며 사멸해간다. 그런데 몸은 코만 온도를 높일 수가 없다. 온몸 온도를 올려야 한다. 이게 얼마나 힘든 일인가. 까딱 잘못하면 지나친 고열로 혼이 날 수가 있다. 그래서 코와 입만 온도를 올리자는 것이다.

단순하게 계산해보자.

체온은 37도, 콧구멍 입구 온도는 33도다. 콧구멍 온도를 감기 바이러스가 맥을 못 추는 37도까지 올리려면 4도를 더 올려야 한다. 콧구멍 온도 4도를 더 올리기 위해 전체 체온을 4도 더 올려야 한다는 얘기다. 그렇게 되면 체온은 41도가 된다. 체온 41도는 위험신호일 수 있다.

머리 손질할 때 쓰는 전기 드라이를 활용하면 간단히 해결된다. 난로, 손난로나 핫팩(hot pack, hand warmer) 등을 쓰는 것도 괜찮을 것이다. 코와 입의 수분이 마르지 않을까 걱정할 필요 없다. 몸 안 다른 부위의 수분이 몰려든다.

막힌 코가 뚫릴 것이다. 그래도 시원치 않을 때는 마스크를 써서 수분과 열을 가두는 것이 좋다.

KF94 인증을 받은 마스크도 바이러스가 쉽게 통과한다. 바이러스가 들어오는 걸 막겠다고 굳이 촘촘하게 짠 걸 착용할 필요는 없다. 마스크가 너무 촘촘하면 오히려 호흡기 장애를 일으키기 쉽고 산소와 이산화탄소 교환이 어려워 여러 질병을 일으키게 된다. 또한, 이미 질병을 앓고 있는 사람의 치료를 더디게 할 수도 있다. 코와 입의 열을 올리는 정도면 충분하다. 코와 입이 적정한 온도로 오르면 바이러스가 장난을 쳐봐야 헛수고만 한다. 콧구멍과 목구멍에 어느 정도 열이 오르고 콧속이 깨끗해지면 마스크는 벗는 것이 좋다.

코 주위를 마사지해주는 것도 좋은 방법의 하나일 것이다. 마사지해줌으로 인해 수분과 열이 콧구멍으로 몰리기 때문이다.

그런데 나는 어렸을 적부터 비염에 시달려 오며 코 상태가 안 좋아서인지, 비염과 감기를 구분하기 힘들 때가 많다. 그래서 이상하다 싶으면 따지지 않고 무조건 위의 방법을 쓴다. 그러면 깨끗해진다. 이건, 비염도 이렇게 치료하면 된다는 믿음을 갖게 한다.

또한 나는, 이것도 만성 비염 때문인 것 같은데, 잠자면서 입을 벌리고 잘 때가 많다. 그래서 아침이면 입안이 바짝 마르고 목이 칼칼하며 기침까지 할 때도 있다. 밤에 자기 전, 입이 벌어지지 않게 테이프를 붙이고 자기도 한다. 입보다는 코로 숨 쉬는 게 좋다. 붙이기에 편리한 간단한 테이프를 약국에서 판다.

다시 또 이승훈 교수의 얘기를 들어보자.

현재 감기 바이러스를 물리칠 적절한 항생제가 없는 상황이다. 대체로 감기약들은 모두 환자가 힘들어하는 증상을 완화하기 위한 증상 치료 성분들로만 구성돼 있다. 이를 열거해보면 다음과 같다.
　(1) 열을 해소하기 위한 해열 성분(아세트아미노펜, 이부프로펜 등)
　(2) 염증에 의한 부종을 완화해 비충혈 제거, 기관지 확장(메틸에페드린, 슈도 에페드린 등)

(3) 기침 감소를 위한 성분(인산 디히드로코데인, 인산 코데인 등)
　(4) 가래 해소를 위한 거담제(N-아세틸시스테인, 암브록솔, 브롬핵신 등)
　(5) 재채기, 콧물, 코막힘 해소를 위한 항히스타민 성분(브롬페니라민, 클로르테니라민, 디펜히드라민 등).

　그런데 좀 이상하다는 생각이 들지 않는가? 사실 감기약으로 완화하려는 대부분의 증상이 우리 몸에서 감기를 이기기 위해 '일부러 발생시킨 증상들이다. 부종에 의한 기관지 협착, 코막힘 등은 염증에 수반되는 증상으로서 일부러 유발시켰다고 볼 수는 없으니 이것만 제외한다면 열, 기침, 가래, 재채기, 콧물은 모두 인체의 보호 작용이다. 그런데 이를 완화하는 약이 진짜 감기약이라 할 수 있을까?

　사실 감기에 걸린다고 해서 바이러스의 침투나 증식을 몸으로 느낄 수 있는 것은 아니다. 바이러스는 우리가 모르는 사이에 침투하고 체내의 면역 체계가 이를 감지해 일으킨 면역 반응으로 여러 증상이 발생한다. 이것을 우리가 감기라고 생각하는 것뿐이다. 그런데 하필 방어를 위해 발생한 여러 증상들 때문에 몸이 아프다고 느끼게 된다.

　초기 면역 반응을 힘들어하는 것은 아직 인간이 진화적으로 완전한 상태가 아님을 보여주는 증거 중 하나일지 모르겠다. 어찌 됐든 감기약으로 위와 같은 방어기제를 억제하면 감기가 더 오래갈 수 있다고도 알려졌다. 따라서 견딜 수 있는 수준의 감기는 약을 먹지 않고 견디는 게 오히려 빨리 낫는 방법이 될 수 있다. 하지만 열이 뇌전증을 유발하는 소아나, 기저 질환이 있는 환자들, 감기 증상이 다른 질환을 유발하는 등의 취약한 환자군에서는 적절한 수준으로 감기를 치료하는 것이 합리적이다.[238]

　감기와 형제뻘인 비염·아토피·천식 등의 알레르기 질환도 위에 제시한

---
238) 이승훈, 위의 책, 338~339쪽.

방법으로 깨끗하게 치료할 수 있다. 알레르기 질환은 수분과 열이 부족함에 따라 주로 신경전달 물질인 히스타민의 과잉 반응으로 일어난다. 그래서 이런 질환의 치료 약으로 항히스타민제가 들어간다. 몸에 좋을 리 없는 항히스타민제보다 더 좋은 치료제가 물과 열이다. 물과 열이 충분하면 면역 물질의 활동이 활발해져서 굳이 히스타민까지 설쳐댈 필요가 없어진다.

우리 몸이 탈수될수록 수분이 맡던 생리적 기능을 히스타민이 더 많이 떠맡는다. 미네랄 펌프 또는 양이온 펌프를 가동하고 나트륨(세포 밖에 머물러야 한다)과 칼륨(강제적으로 세포 안으로 주입해야 한다)의 밸런스를 조절할 수분이 체내에 충분하지 못할 때는 히스타민이 단백질 펌프에 시동을 걸 에너지 방출을 자극하며, 뇌에서는 아주 중요한 세포 환경의 삼투압 평형을 가져온다.

히스타민은 수분이 부족하고, 수력전기 에너지가 부족할 때 자연적으로 에너지 관리자로 행동한다. 인체에 수분이 부족할 때 히스타민 없이는 뇌 기능이 효율적이지 않다. 뇌가 오랫동안 물의 기능 대체물로 히스타민에 의존하는 것 또한 효율적이지 못하다. 본질에서 물의 부작위로 야기된 비효율적인 뇌 생리 상태가 바로 우울증이다.

히스타민은 세포 내의 이온 밸런스를 맡고 있다. 히스타민은 세포벽 밖으로 빠져나오는 칼륨 이온을 다시 세포로 밀어 넣는다. 히스타민은 이 공정에 관련된 펌프를 위해 에너지를 방출한다. 히스타민을 작동시키는 시동장치는 세포, 특히 뇌세포 주위 환경에서의 칼륨 농도 상승이다.

히스타민의 인체 내 작용은 물이 충분히 공급되어 본연의 기능을 수행할 때까지 생명을 보존하는 것이다. 따라서 물 자체가 더 나은 천연의 항히스타민제가 되므로 항히스타민약의 사용은 범죄 행위다. 삼환계 항우울제와 더 현대적인 항우울제도 매우 강력한 항히스타민제 기능을 한다.[239]

치료 약에 항히스타민제가 필수적으로 들어가는 아토피도 히스타민의 이런 행태를 이해하고 대처하면 쉽게 치료할 수 있다.

아토피의 원인으로 면역력 결핍과 물 부족을 들 수 있는데, 사람들은 이 '물'을 가볍게 생각한다. 임신 때의 엄마 몸에 물이 부족하면 면역력이 약한 아이로 탄생한다. 또한, 갓난아이가 모유를 먹지 않고 우유를 먹게 되면 그런 경향이 나타나기도 한다. 그 원인 중 하나는 송아지가 먹는 우유는 사람의 모유에 비해 농도가 높다는 점이다. 모유는 처음 나올 때 맹물부터 나온다. 이런 현상을 외면하고, 농도 높은 우유를 많이 먹이면 아이가 튼튼하게 잘 자랄 거라 판단해서인지 무턱대고 많이 먹인다. 그렇게 되면 아이의 면역력은 떨어질 수밖에 없다.

아이의 아토피 치료는 어떻게 물을 적절하게 먹이느냐에 달렸다. 성인도 마찬가지다. 성인이 된다 해서 아토피가 일지 않는 것은 아니다.

한 번 걸리면 평생 낫지 못한다는 천식은, 수분 부족으로 폐 속에 히스타민 작동이 늘어남에 따라, 세기관지가 경련을 일으키며 수축하고 막히면서 일어난다. 대개는 아침에 일어날 때 심하다. 히스타민 작동은 증발하는 수분을 보존하기 위한 인체의 의도적 행위 가운데 하나다. 충분한 수분이 공급되고 체온이 오르면 히스타민은 사라진다. 충분히 물을 마시고, 혀 위에 몇 알의 굵은 소금을 올려 천천히 녹아들게 하면 혈액이 묽어지는 걸 방지하고, 입안이 마르는 것을 막으며 수분·열과 조화를 이루어 막힌 세기관지를 열며 천식은 사라진다.

많은 경우 감기에서 비롯되기 쉬운 비염과 부비동염(축농증 포함), 결막염이

---

239) F. 뱃맨겔리지, 이수령 옮김, 『신비한 물 치료 건강법』, 2002, 136~138쪽.

나 중이염 등을 살펴보자.

물론 모든 게 감기에서 시작되는 건 아니다.

나는, 뒤에 다시 얘기하겠지만, 어렸을 적부터 만성 비염에 시달려 왔다. 시골에서 병원엘 가 진찰해볼 형편이 되지 못해, 이게 비염인지 축농증인지 구분하지도 못했다. 콧속이 답답할 때가 많아 '킁킁'거리게 되어 '킁킁이'라는 별명을 얻기도 했다. 요즘도 그런 사람을 많이 본다. 방송에 나와서 대담을 하는 중에도 '킁킁'거리는 사람을 자주 본다.

도시로 나오면서 병원을 찾아 치료하게 되지만, 그때뿐이었다. 물에 관한 공부를 하면서 좋아지게 되는데, 결국은 이것도 물과 열이 좌우한다는 걸 깨닫게 되었다.

대개는 감기로 인해 비염이 생기는 경우가 많다는데, 나는 감기에 걸리지 않아도 비염이 발작한다. 다행히도 부비동염이나 결막염, 중이염 등으로 확산하지는 않는 듯싶다. 나는 이런 질병들이 물과 열의 부족에서 일어나는 현상이라고 생각한다. 산소는 물, 곧 혈액이 운반한다.

김의신 교수는 물을 많이 마시는 것이 치매 예방에도 좋다고 한다.

나의 편도선염 등을 포함한 인후통 얘기다.

어려서부터 만성 비염에 시달렸지만, 목구멍 통증 때문에도 많이 시달리며 자랐다. 목구멍이 아프면 무조건 어머니께 얘기했다. 어머니는 참기름에 소금을 개어 입을 벌리라 하고 그걸 아픈 부위에 조심스럽게 묻혔다. 그렇게 치료했다. 참기름과 소금이 효과가 있는 건지는 잘 모른다.

내가 목구멍 통증 때문에 이비인후과의원엔 평생 두 번을 간 것 같다. 나이 오십이 넘어서였던 듯싶은데, 목구멍이 너무 아파 견디기가 어려워서 가까운 이비인후과를 찾았다. '이비인후과의원(耳鼻咽喉科醫院)'이라는 말이 너무 어려우니까 '귀코목구멍과의원'으로 바꾸면 어떻겠느냐고 물었더니 '대찬성'이라고 한 의사다.

 진찰 후, "별 이상 없습니다. 수분 부족입니다."라며 "물을 많이 드십시오." 한다. 그리고 "약 처방은 해드리지만, 못 견딜 정도가 아니면 드시지 마십시오." 한다. 5년쯤 지났을까, 또 비슷한 현상이 일어 혹시나 해서 그 의원을 또 찾았는데, 똑같이 처방한다. 의사의 말대로 약은 전혀 먹지 않고 물만 마시고 나왔다. 정말 신뢰가 가는 의사다. 이후에도 목구멍이 아프면 무조건 물을 마셔서 치료한다.

 수족냉증은 심혈관질환의 일종으로 말초 모세혈관까지 혈액이 잘 돌지 못해 일어난다. 운동을 하거나, 충분한 물을 마시고 전기 드라이나 뜨거운 물 등을 활용해 수족 말단에 열을 올려 모세혈관까지 혈액이 잘 돌게 하여 해결한다.

 비만도 몸 안의 수분 부족이 가장 큰 원인이다. 수분이 부족한데도 다른 음식이 부족해서 허기가 진 것으로 착각해 별로 필요치 않은 음식을 많이 먹게 되어 지나치게 살이 찐다. 요즘 젊은이들이 커피를 많이 마시거나 조제 음료, 단 음식 등을 많이 먹는데, 이것들은 술과 더불어 몸속의 수분을 빠지게 하며 비만이 되고 변비를 일으키기도 한다.

 비만으로 고생한다면, 뒤에 제시한 요령대로 물을 마시면 좋다. 밥을 천천히 먹는 것도 좋은 방법이다. 밥 먹기 전에 껌을 씹는 것도 좋다. 담배를 피우는 사람이라면 기분 좋게 한 대 피우고 밥을 먹는 것도 도움이 된다.

 다음으로 스트레스와 우울증 문제다.

과도한 스트레스가 만병의 근원이란 건 익히 알려진 사실이다. 스트레스나 우울증 해소에 여러 방법이 있겠지만, 물만큼 좋은 것은 없다.

인체에 물을 흡족하게 공급하지 못하면 고도의 스트레스를 주게 되어 히스타민 과잉 방출을 일으키고, 바소프레신과 엔도르핀, 프로락틴, 코르티손 방출인자의 방출뿐만 아니라 레닌-앤지오텐신 시스템도 관여하게 하는 강한 반응을 불러일으킨다.240)

히스타민은 수분이 부족하고, 수력전기 에너지가 부족할 때 자연적으로 에너지 관리자로 행동한다. 인체에 수분이 부족할 때 히스타민 없이는 뇌 기능이 효율적이지 않다. 뇌가 오랫동안 물의 기능 대체물로 히스타민에 의존하는 것 또한 효율적이지 못하다. 본질적으로 물의 부작위로 야기된 비효율적인 뇌 생리 상태가 바로 우울증이다.241)

다음으로 고혈압과 당뇨를 살펴보자.

주위를 둘러보면 고혈압과 당뇨로 인해 고생하며 사는 사람이 많다. 나이가 들수록 더 늘어나는 것처럼 보이는데, 언제 나도 겪을 일인지는 모르겠지만, 아직 이 문제에서는 자유로워 여러 사람의 부러움을 사기도 한다.

서서히 혈압이 상승한다는 것은 서서히 체내에 수분 부족이 자리잡고 있다는 신호이다. 혈관은 혈액 용적 내에서의 반복되는 파동과, 혈액을 공급받는 조직의 순환 요구를 감당하도록 설계되어 있다. 혈관에는 미세한 구멍이나 관강이 있어 열렸다 닫혔다 하면서 내부의 혈액 양을 조정한다.

몸의 수분 소실(그보다도 부족한 수분 섭취로 인한) 가운데, 66%는

---

240) 뱃맨겔리지, 위의 책, 246쪽.
241) 뱃맨겔리지, 위의 책, 137쪽

체내의 일부 세포들이 보유하고 있던 물(싱싱한 햇자두 같던 세포들이 말린 자두 모양으로 변하기 시작한다)이며, 26%는 세포 외부의 액체 환경의 액체에서 유실되고, 나머지 8%의 부족만이 혈액순환에 참여했던 물에서 유실된다. 순환계는 이 8%의 손실에 적응하기 위해 자신의 용적을 줄인다. 처음에는 말초의 모세혈관을 폐쇄하는 것으로 시작해서, 마침내 보다 큰 혈관이 스스로 혈관 벽을 조여 수분 유실로 인해 빈틈이 생기지 않도록 막는다.

이렇게 혈관 벽이 조여짐에 따라 동맥 내의 긴장은 측정할 수 있을 정도로 상승하기에 이른다. 이것이 바로 고혈압이다.[242]

이번에는 당뇨에 관한 얘기를 들어보자.

당뇨는 뇌의 수분 결핍으로 인한 최종 결과로서, 뇌의 신경전달 체계, 특히 신경전달 물질인 세로토닌이 조절하는 체계에 영향이 미칠 정도로 수분이 결핍된 데에 따르는 것이다. 세로토닌은 포도당 역치를 고정시키기 위해 뇌에 자동 설계되어 있어, 체내에 수분이 부족할 경우에 포도당 자체의 양과 에너지 필요량을 유지할 수 있도록 한다.

체내에 만성 탈수가 서서히 자리를 잡게 되면, 뇌는 더 많은 포도당을 에너지의 원천으로 쓰게 된다. 포도당으로부터 에너지도 얻고 대사 전환을 통해 물도 얻어야 하기 때문에 더 많은 포도당을 필요로 하게 되는 것이다.

스트레스에 의해 유발되는 응급상황 하에서는, 뇌에 필요한 보충 에너지의 85%까지가 오직 당만으로 충당되어야 한다. 스트레스를 받는 사람들이 단 음식을 찾는 이유도 바로 이 때문이다. 다른 모든 세포들은 인슐린의 힘을 빌려 자신의 세포벽을 뚫고 포도당을 차지하지만, 뇌는 인슐린에

---

[242] 뱃맨겔리지, 김성미 옮김 『물, 치료의 핵심이다』, 물병자리, 2007, 130~132쪽.

의존하지 않고 자신의 세포막을 가로질러 당을 운반해온다.

　탈수가 지속되어 뇌에 회복될 수 없을 정도의 손상을 입게 될 상황에서는, 생리적 메커니즘을 체내에 포도당 치가 더 높은 쪽으로 조종하도록 본래부터 뇌 속에 설계되어 있는 것 같다. 뇌는 의사가 환자에게 하는 것과 똑같은 방법, 즉 정맥 내에 당과 염분이 함유된 액체를 주입하는 방법을 통해 스스로를 소생시킨다. 주된 문제를 일으키는 매우 중요한 한 가지 요인은 체내에 수분이 부족하면 신체의 염분 대사 또한 부정적인 영향을 받게 된다는 점이다. 이러한 상태를 치료하기 위해서는 수분 섭취를 늘리고 미네랄과 아미노산 균형이 맞도록 식단을 조정하여, 뇌 조직을 비롯한 손상된 조직을 보수해야 한다.[243]

　지속적인 탈수는 몸의 전체적인 생리기능에 있어서 다음과 같은 다중체계 기능 장애를 야기한다.

　1. 세포핵 내의 DNA 손상
　2. 세포 내부의 DNA 회복 시스템의 비효율성 및 결과적인 소실
　3. 세포 수용체 이상과 호르몬 조절 체계의 균형 공정 소실
　4. 이상 세포에 대한 자각 능력의 부족과 그러한 세포들을 파괴할 능력의 부족, 체내의 정교한 유전자 풀(gene pool)에서 기형적이거나 미숙한 유전자를 제거하기 위한 여과 체계의 소실 등을 야기하는, 심지어 골수까지도 미치는 전반적인 면역체계 압박.

　요컨대, 인체에 이상이 있을 경우에는 그 정상적인 화학작용을 되찾기까지 임시 공정을 구성하게 된다. 이때, 탈수는 임시 구성된 화학적 결합의 단계적 붕괴에 맞서는 인체의 경쟁력을 서서히 잃게 만드는 것이다.

---

243) 뱃맨겔리지, 위의 책, 145~147쪽.

인체는 화학적 정련소라 할 수 있다. 몸은 충분한 물과 그 외의 음식에 함유된 성분에 좌우되는 화학반응의 가장 정교한 패턴에 의한 결과물이다.

    몸이 그 효율성을 유지하고, 평생 시시각각의 수많은 화학 공법을 운영하기 위해서는 물을 필요로 한다. 이러한 물이 부족하게 공급될 경우, 새로운 화학 경로를 생성하게 하는 원인이 되며, 그에 따라 통증과 질병, 조기 사망이 유발되는 것이다. 암은 조기 사망을 향한 그러한 일련의 화학 공법과 경로의 결과로서 형성되는 것이다. 즉, 앞서 언급한 4가지 경로의 결과라 할 수 있다.[244]

물은 언제 어떻게 마시느냐가 중요하다.

물 활용 방법은 여러 서적이나 강좌를 통해 배우고 책들을 내기도 했지만, 특히 이란 출신 미국 의학자 F. 뱃맨겔리지의 『물, 치료의 핵심이다』 등을 통해 배우고 내 몸으로 실험하며 깨친 것이다. 물론 이 책이 나온 지 상당히 됐고, 그동안에도 의학이나 생리학 등이 발전해서 더욱 좋은 이론이나 건강 요법이 나오기도 했으리라고 보는 바도 있다.

① 아침에 일어나자마자 한두 컵 - 잠자며 빠져나간 수분을 보충한다.

② 밥 먹기 30분 전에 한두 컵 - 30분이면 수분이 위(胃)로 돌아와 점막을 부드럽게 해서 소화를 돕고 위벽이 상하는 것을 막는다.

③ 밥 먹고 2시간 30분 정도 뒤 한두 컵 - 음식을 먹으면 위의 소화 과정이 대략 2시간 30분 정도 걸린다. 그리고서 장으로 넘어간다. 이때 많은 양의 수분이 필요하다.

위에서 약 2시간 정도 소화를 시킨 후 십이지장으로 내려올 때 위산을

---

[244] 뱃맨겔리지, 위의 책, 262~263쪽.

중화하기 위해 췌장에서 중화물질(bicarbonate)을 분비해 pH 8.2~9.3으로 조절하는데, 이러한 pH조절이 실패하면 위산으로 십이지장 궤양이 발생하게 된다. 따라서 식사 후 2시간 뒤에 물을 200~300mL 정도 마시면 위산을 희석해 췌장에서 중화물질이 적게 분비되도록 도와주는 것이다. 그래서 췌장을 도와주려면 식사 후 2시간 후에 물을 한 컵 마셔야 한다. 꼭꼭 씹고 식사 2시간 후에 물을 한 컵 마시고 단 음식을 적당하게 소량 섭취하는 것이 바로 췌장을 도와주는 일이다.[245]

④ 갈증을 느끼면 늦다. 갈증이 일기 전에 수시로 마신다.

인체는 끊임없이 물을 필요로 하는 상태에 있다. 숨을 내쉴 때마다 폐를 통해 물을 빼앗기며, 발한과 소변 배출, 매일의 장관 운동을 통해 물을 빼앗긴다. 몸에 물이 필요한지를 알 수 있는 훌륭한 계측기는 바로 소변의 색깔이다. 몸이 충분히 수화되어 있을 경우에는 무색의 소변을 배출한다. 물론 색깔이 있는 비타민제의 복용이나 색소가 첨가된 음식의 섭취는 고려하지 않은 경우이다.
어느 정도 탈수된 상태의 소변은 노란색이며, 완전히 탈수된 상태의 소변은 주황색에 가깝다.[246]

나는 60여 년 전 초등학교 4학년 때, 신장염을 앓았다. 산골에 병원이 있을 턱이 없었다. 약국만 있어서 약을 지어 먹고 낫기는 했는데, 약사는 내게 '될 수 있는 한 물을 먹지 말라.'라고 했다. 이게 머리에 박히고 무의식 속에 잠재된 듯도 싶다. 이후 운동도 많이 하고 육체노동도 많이 했다. 몸이

---

245) 이계호·석혜원, 『태초먹거리』, ㈜한국분석기술연구소, 2023, 226~227쪽.
246) 뱃맨겔리지, 위의 책, 281쪽.

어떻게 되었겠는가.

  물과 열에 관해 집중해서 공부하고 내 몸으로 실험하면서 몸 안에 수분이 부족해 여러 질환이 생겼다는 것을 알게 됐다. 감기, 만성 비염, 편도선염을 비롯한 인후통, 수족냉증, 어쩔 수 없이 한 군데밖에 수술하지 못했지만, 주르륵 튀어나온 허리 디스크 등은 모두 다 수분 부족으로 생긴 것이다.

  2012년 6월부터 9월까지 어떤 의원에서 허리 교정 치료를 받은 적이 있다. 그러면서, 뒤에 알게 됐지만, 스테로이드제와 진통제의 혼합물인 소위 '뼈주사'니 '연골주사'니 하는 트리암주(?) 주사를 맞았다. 염증과 통증 완화에 효과가 뛰어나지만 동반되는 합병증이 많아 일반적인 의사들은 꼭 필요한 경우에만 제한적으로 사용한단다.

  스테로이드의 주입 시 2차 감염의 가능성이 크고, 일단 감염되어 화농성 또는 결핵성 관절염 등이 합병되면 이것이 해당 관절을 파괴함과 동시에 환자의 생명에도 위험을 초래할 수 있다[247]고 한다. 1년에 3~4회 이상 맞으면 안 된다고도 하는데, 나는 석 달에 20번을 맞았다.

  하지만, 처음에는 이게 문제가 됐던 건 아니었다. 당시 한꺼번에 60여 명의 환자가 발생했는데, 더 큰 문제는 이 주사제에 비정형 결핵균(비결핵항산균, Non-tuberculous mycobacteria)이 섞여 있어 감염되고 병통을 일으킨 것이다. 그런 주사를 내가 가장 많이 맞았다. 이후 7개월의 입원 치료를 받았는데, 몇십 번의 양쪽 무릎 수술을 했다. 그 통증이 헤아리기 어려울 정도로 컸는데, 동네 선배 한 분은 그 고통으로 인한 스트레스나 우울증이었던지 병원 퇴원 후 스스로 세상을 등졌다.

  이 '비정형 결핵균'이라는 게 쉽게 죽지 않고, 긁어내면 부풀어 오르고,

---

247) 대한정형외과학회, 『정형외과학 1권』, 2006, 260쪽.

또 긁어내면 또 부풀어 오른다. KBS 방송국 뉴스팀에서 내 무릎을 촬영, 방영했는데 TV에서 그걸 보다가 어찌나 처참하던지 눈을 감아버리고 말았다. 무릎에 구멍이 뻥 뚫려 반대쪽이 훤히 보일 정도였다. 연골은 남아있을 턱이 없었고 무릎뼈가 다 으스러져 정상인으로 살기는 글렀다는 생각까지 했다.

그러나 다행히도 지금은 정상인으로 살고 있다. 연골이 한 번 손상되면 회복이 안 된다는데, 무릎 연골이 아예 다 없어진 건지, 다시 살아난 건지 알 수는 없고, 뼈가 제대로 붙어있는지도 알 수 없다. 불편하지 않으니까 정상으로 되돌아왔다고 생각하며 산다. 단 날씨가 추울 때, 돌아다니면서는 잘 모르지만, 가만히 앉아 있으면 무릎이 시리고 아플 때가 있다. 이때는 따뜻한 물을 마시고 전기 드라이나 난로 등으로 따뜻하게 하면 풀어진다.

연골은 연골세포와 연골아세포로 구성되어 있으며, 무게의 65~80%가량은 물로 이루어졌단다. 허리 디스크를 포함하여 인체의 여기저기에 들어있다. 단단한 다른 뼈들과 달리 물렁물렁해서 '물렁뼈'다. 가장 많이 포함되는 게 물이기 때문에 '물 관리'를 잘하는 것이 중요하지 않을까 싶다.

그런데 치료과정에, 많은 사람, 의사들까지 나의 체력이 대단히 강하다는 얘기들을 했다. 심지어 어떤 의사는 나 같이 체력이 강한 사람은 처음 봤다고도 했다. 나로서는 알 수 없는 일이다. 남들이 좋다고 하는 음식을 애써 찾아 먹지도 않으며 그저 골고루 먹자는 정도고, 운동도 많이 하지 않는다. 그래서 될 수 있으면 몸을 따뜻하게 하고 '물 관리'를 잘한 덕분이 아닐까 하고 생각하긴 한다.

암에 관한 얘기를 좀 해보자.

불행하게도, 암 연구 분야의 의료 전문가들은 지속적인 탈수 때문에 면역체계가 억제될 수 있다는 것을 이해하지 못하고 있다. 히스타민이 직접, 또한 간접적으로 면역체계를 억제할 수 있다는 사실을 인정하지 않고 있다. 히스타민이 체내의 고갈 관리 프로그램에 참여할 경우, 자체의 직접적 영향력을 면역체계에 행사하며, 그 영향력은 골수에까지 미칠 정도다. 이는 아주 중요한 과정이다. 만약 그렇지 않다면, 고갈 관리 프로그램에서의 히스타민의 역할로 인해 면역체계가 끊임없이 과잉 반응을 하게 될 것이다. 동시에, 면역이라는 보호장치의 효율성이 떨어지면서, 림프종이나 골수종, 백혈병 등의 증세가 나타나게 되는 것이다.

암세포들은 어느 정도는 무기성 생물이어서 산소를 좋아하지 않는다. 사실, 암세포를 죽이는 것은 산소라고 한다. 체내에 유효 수분이 있어서, 이 물과 함께 온갖 방어 능인과 필요 성분이 공급된다면, 더불어 산소 역시 암세포에 공급될 것이다. 이것이 바로 물이 훌륭한 암 치료제라고 할 수 있는 또 한 가지 이유다.[248]

이번에는 혈액암으로 세상을 떠난 내 아내 얘기다.

나보다 두 살이 더 적었다. 생각하면 너무 가슴이 아파 20년이 다 되어가는데도 아무에게도, 심지어 내 가족에게도 말하지 못하고 지금까지 묻어두고 지내 온 얘기다. 혹시 이 글을 읽는 분이나 건강을 염려하는 분들께 도움이 될 수도 있지 않을까 싶어 적는다.

2007년 말쯤이었을 것이다.

웬만하면 큰소리를 내지 않던 우리 부부가 약간의 언쟁을 벌였다. 원인은 '물'로, 어쩐지 아내가 물을 잘 마시지 않는다는 느낌이 들었기 때문이다. 아내는, 내가 물 관련 책들을 내고 강의도 다니던 터라, 사람들에게 물 마시기를

---

[248] 뱃맨겔리지, 위의 책, 265~267쪽.

권장하고 자신도 적절하게 물을 잘 마셨다. 그런데 그때는 이상하게도 물을 잘 마시지 않는 것 같았다. 아내의 결론은 물이 잘 먹히지 않는다는 것이었고, 나는 그래서는 안 되지 않느냐고 언쟁을 벌인 것이다. 하지만, 몸에 특별히 이상이 생긴 것도 아니어서 어떻든 물을 자주 마시라는 말로 끝을 내고 말았다. 그때만 해도 나의 물 공부가 모자랐었던 것 같다.

서예와 성악으로 활동을 하던 아내는 한국방송통신대학교 중어중문학과를 다녀 졸업했다. 나보다 1년 선배다.

어린 나이의 첫아들을 교통사고로 잃었었다. 이후로 나는 술과 담배로 살다시피 했지만, 담배는 물론이고 술을 한 잔도 하지 못하는 아내는 가슴이 응어리진 채로 살았을 것이다. 더군다나 돈 모으는 데는 무능한 남편의 사업도 엉망이라 스트레스가 많이 쌓였을 법하다.

그 '물 언쟁'이 있고 나서 두 달쯤 지나서였다. 아내가 어쩐지 몸이 좀 이상해서 나에게 얘기도 없이 우리 동네 대림동의 한 내과의원에서 진찰을 받았단다. 그런데 그 의원의 젊은 의사가 남편과 함께 와보라고 했다고 한다. 그래서 함께 갔는데, 그 의사는 혈액에 이상이 있는 듯하다며 큰 병원에 가서 정밀 진단을 받아야 할 것 같다고 한다. 두 병원을 추천해주는데, 세브란스 병원과 여의도 성모병원이었다.

마침 가까이 지내는 고향 친구 동생이 천주교 수녀로 여의도 성모병원의 간호부장을 맡고 있어서, 덕분에 입원과 진찰 등은 일사천리로 진행되었다.

결과는 혈액암, 이른바 백혈병이었다. 이후 장기간 치료를 하고 골수 이식까지 받았지만, 2009년 쉰여섯의 젊은 나이로 돌아오지 못할 길을 갔다.

나는 일찍 술을 배워 즐겨 마셔왔지만, 어린 아들을 잃고서는 더욱 술로 살다시피 해왔는데, 아내를 잃고 나서는 그야말로 밤낮없이 마셔댔다. 워낙

술꾼으로 소문이 나서, 문밖엘 잘 나가지 않으니까, 지인들이 술과 안주를 싸 들고 오기도 했다. 그렇게 1년을 마셔대고 아내의 기일이 돌아와 가족, 친지들이 모여 들이붓다시피 했더니, 아는 의사였지만, 내가 찾은 병원의 그 의사의 말대로 그야말로 죽을 지경에 이르게 됐다.

죽는 건 두렵지 않았다. 차라리 죽어버리는 게 좋겠다는 생각까지도 들었다. 하지만, 정신이 번쩍 드는 일이 생각났다. 늙은 어머니가 계셨던 것이다. 아차 싶었다.

'어머니 앞에 죽어서는 안 된다.' 나도 어린 아들을 잃고 긴 세월 고통 속에서 사는데, 내가 죽으면 우리 어머니는 어떠시겠는가 하며 술을 끊었다. 술을 한 모금도 마시지 않고 16년의 세월이 흘렀다.

아내와 '물 언쟁'을 했던 그때, 나의 물 공부가 더 깊었더라면 그냥 그렇게 단순하게 넘기지 않았을 것이고, 바로 병원을 찾기라도 했을 텐데, 그저 나 자신을 원망할 수밖에 없는 일이 되었다.

또한 나는 아내가 떠난 뒤 1년 동안 눈만 뜨면 마셔댔으니 몸이 어떻게 되었겠는가. 더군다나 술은 이뇨 현상을 일으켜 몸 안의 수분이 빠져나가게 한다는데….

지금, 이런저런 일들을 이겨내고 건강하게 이런 글을 쓰고 있는 것은 먼저 간 아내가 자기의 못다 한 인생을 대신해서 알차게 살라고 빌어주는 덕으로 여기며 산다.

내가 존중하는 어느 선배 작가의 암 얘기다. 나보다 세 살이 더 많다. 고 이오덕[249] 선생의 정신을 계승하고, 지금은 중단됐지만, 충주시에 있는

---

[249] 이오덕(李五德, 1925년 11월 14일 ~ 2003년 8월 25일)은 대한민국 교육자이자 아동문학가다. 한자말과 외래어, 외국어의 거센 물결 속에서도 아주 고집스레 한국말을 지키고 되살리는 일에 평생 온몸을 바쳤다.

'이오덕학교'를 되살리자는 취지로 함께 협동조합을 만들기도 했었다.

6년 전 어느 날, 이 선배에게서 전화가 왔다. 자기가 서울대학교 병원에서 폐암 말기 진단을 받았는데, 나를 만나고 싶다는 것이다. 만나서 얘길 들어보니, 실제로 자기가 죽어서 들어갈 묏자리를 보러 다녔다고도 한다. 암 치료에서 '물과 열'의 연관성에 관한 얘기를 듣고 싶어서 나를 찾았단다.

어떤 사람이 이 선배에게 '물과 열'로 치료할 수밖에 없다고 하며 방법을 가르쳐주었는데, 이 방법이 괜찮은지 알고 싶다고 했다. 듣고 보니 좋은 방법이라는 생각이 들어 찬성하며 권고까지 했다.

경기도 여주, 공기 좋은 어느 골짜기에 나의 지인들이 만든 작은 공동체가 있다. 선배 작가는 이 공동체에 합류해 지내면서 '물과 열'로 암 치료를 했다. 물론 병원 치료를 겸하면서다. 아무튼 지금까지, 암 덩어리가 완전히 사라진 것은 아니지만, 아무 불편 없이 땀 흘리며 일하면서 잘 먹고 잘살고 있다. 병원 의사들에게는 그걸 얘기하지 않았는데, 의사들은 암 상태가 이렇게 좋아진 건 불가사의한 일이라고 한단다.

소문을 들은 몇 사람이 찾아와 치료하고 갔는데, 특히 활동이 많은 두 사람이 완치됐다고 방심하며 행동을 함부로 한 탓으로 세상을 등졌다고 안타까워한다.

이걸 일반화하기에는 쉬운 일이 아니라고 본다. 그러나 건강한 사람도 '물과 열'을 중시해야 하지만, 환자도 '물과 열'을 어떻게 활용하느냐에 따라 치유의 효과가 갈린다는 생각이다. 암세포는 물과 열을 싫어한단다.

4. 독감은?

아랫글은 인터넷에 올려있는 분당서울대병원의 독감에 관한 글을 짜깁기 한 것이다.

감기와 독감은 다른 질환이다.

독감은 인플루엔자 바이러스가 호흡기로 감염되는 늦가을에서 봄 사이 유행하는 질환이다. 또 감기는 서서히 증상이 발전하지만, 독감은 갑자기 발생한다. 두통, 발열, 오한, 피로감, 식욕부진과 같은 전신 증상이 갑자기 발생하면서 인후통, 기침, 콧물 등의 호흡기 증상이 동반된다. 환자가 느끼는 증상들은 가지각색이기 때문에 전형적인 독감 증상을 찾기는 어려우나, 일반적으로 고열과 호흡기 증상을 동반하는 경우가 많다. 하지만, 감기와 유사하게 발열 증상 없이 호흡기 증상만을 보이는 일도 있어서 무조건 감기에 걸렸다고 속단해서는 안 된다.

특히, 65세 이상의 노인과 심폐질환, 당뇨, 만성 신장 질환 등을 가지고 있는 환자에게서는 합병증 발생 위험이 크다.

산모나 2세 미만의 영아 역시 합병증이 발생할 위험성이 크다. 폐렴이 가장 심각한 합병증으로 나타나게 된다.

아이의 경우 감기와 독감의 증상이 명확하게 구분되기 어려우니 병원에 가서 정확한 질환명을 진단받아야 한다. 무턱대고 일반적인 감기 증상으로 오해해 소아에게 아스피린을 먹일 경우, 갑자기 구토나 흥분 상태가 나타나 경련과 같은 중증의 뇌장애 증상이 나타나고, 심할 경우 사망에까지 이를 수도 있다. 또한, 근육 및 심장근육의 염증, 심장을 둘러싸고 있는 심낭에도 염증이 생길 수 있으며, 뇌염과 같은 신경계 합병증도 일으킬 수 있다.

　독감은 예방 접종으로 70~90%까지 예방할 수 있다. 적절한 때에 인플루엔자 접종을 통해 독감 합병증을 줄이는 것이 좋다. 독감은 매년 일부 유전자 변화나 돌연변이를 통한 새로운 유형의 인플루엔자에 의해 발생하기 때문에 매년 다시 접종을 받아야 한다. 접종 후 항체 생성 기간이 2주 이상 걸리므로 유행 시기에 앞서 10월~12월 사이 접종하는 것이 바람직하다. 65세 이상 노인은 보건소에서 무료로 접종하고 있다.

　독감의 치료로 항바이러스제를 복용하는데, 증상 시작 48시간 이내에 복용하면 효과적이다.

　이처럼 독감을 감기와 구분하며 예방과 치료 방법까지 제시하지만, 일반인들이 어떻게 구분할 것인지는 어려운 문제다. 감기 기운이 있을 때마다 병원으로 달려가 알아내야 할까? 아니면 10월쯤부터 코와 목에 이상이 생기면 무조건 독감으로 여기고 그에 알맞은 처방을 해야 할까?

　이승훈 교수는 "인플루엔자에 걸리면 사실 독감으로 분류돼야 하지만 가벼운 감기 수준에서 그치는 환자도 적지 않다."라고 한다. 가벼운 감기 수준에서 그치기도 하고 구분하기 어려운 바엔, 내가 위에서 제시한 방법으로, 독감도 초기에 잡아버리면 될 게 아닌가 하는 생각이 든다. 독감이라 해서 상기도를 건들지 않고 하기도로 내려가 질병을 일으키는 건 상상하기 어려운 일이기 때문이다.

　내 개인의 인식이나 예방, 치료 방법, 효과를 대중에게 살포하는 것은 '부당한 일반화의 오류'라고 비판할 수도 있을 것이다. 물론 그럴 수 있다. 하지만, 내 말처럼 시행해 보고 나서 비판해도 늦지는 않을 것이다.

5. 역사적인 유행성 감기, 독감

인간에게 가장 흔한 질환인 감기는 그 발병 원인이 1950년대에 이르러서야 규명되었다. 인류 최초의 의학서인 에베루스 파피루스(Eberus Papyrus)는 기원전 1550년경 이집트의 신관(神官) 문자체로 기술돼 있는데 감기에 대한 증상과 치료 방법이 상세하게 적혀있다. 이렇듯 감기는 먼 고대로부터 인간과 함께 해왔다.250)

감기는 역사적으로 끊임없이 인류를 괴롭혀온 질병 중의 하나다. 보통 감기는 대수롭지 않은 질병이지만, 간헐적으로 유행하는 유행성 독감의 경우, 역사적으로 큰 문제를 일으키기도 하였다. 지난 한 세기 동안 세계를 긴장으로 몰아간 대대적인 유행성 감기(인플루엔자)는 네 차례 발생하였다.

지난 1918년에 발생한 스페인 독감을 비롯해 1957년의 아시아 독감과 1968년의 홍콩 독감, 1977년의 러시아 독감 등을 꼽을 수 있다.

1918년부터 1919년 서양을 강타했던 스페인 독감은 2차대전이라는 혹한 상황과 겹쳐 세계적으로 2천만 명의 목숨을 앗아간 것으로 악명이 높다. 2차대전의 직접적 피해를 보지 않았던 미국에서조차 1918년 무려 50만 명이 이 독감으로 인해 사망하였다.

1998년 홍콩에서는 6명의 목숨을 앗아간 독감이 발생하여, 그 원인 바이러스가 밝혀졌다. 이 독감은 스페인 독감과 그 특성이 비슷했고, 원인 바이러스의 연구 결과, 인간 독감의 바이러스와 조류 인플루엔자의 바이러스의 특징을 모두 가지고 있었다. 따라서 조류 인플루엔자 바이러스라 알려지게 되었는데, 과학자들은 이러한 바이러스가 주기적으로 유행하는 유행성 감기의 원인이

---

250) 안태환 브런치 프레쉬이비인후과 대표원장 May 28 20071.

아닐까 의심하고 있다.

　동양에서는 감기를 예로부터 고뿔·감모(感冒)·외감(外感)·풍한감모(風寒感冒)·사시상한(四時傷寒)·감숭(感崇)·감한(感寒)·풍사(風邪) 등으로 표현하였으며, 추위 등의 기상 변화에 적응하지 못함으로써 풍한사(風寒邪)가 외부의 피모기능(皮毛機能)이 부실한 틈을 타서 피모공(皮毛孔)·비강(鼻腔) 등으로 침범, 발생하는 것으로 생각하였다.

　감기의 순우리말 표현인 '고뿔'은 '코'의 옛말인 '고'(鼻)와 '불'(火)의 합성어로 감기에 걸리면 코끝에서 뜨거운 기운과 함께 콧물이 나오는 증상을 의미한다. 16세기 문헌에는 '곳블'로 표기됐다. 감기의 역사만큼 오래전부터 그렇게 불려 왔을 것이다. '곳블'은 '코에서 나는 불'로 해석해도 무방하다.

　조선 시대에 독감에 해당하는 병을 천행수(天行嗽)·윤수(輪嗽)·상한(傷寒)·시행감기(時行感氣)라고 하여 보통 감기와 구별하였으나, 어느 정도의 큰 유행과 인명의 손상이 있었는지는 문헌상 분명하게 고증하기 어렵다.

　『향약집성방(鄕藥集成方)』권5의 상한문(傷寒門) 중에 상한시기(傷寒時氣)라고 나와 있는 것을 보면 '감기에 걸린 첫날에는 머리가 아프고 심한 열이 나며, 4일째는 몸에 열이 나고 사지가 아프며 가슴이 답답하다. 5일째는 머리가 아프고 심한 열이 나며 구역질이 나고, 8~9일째는 가슴이 답답하고 배가 부른 것도 알 수 없으며, 몸이 아프고 열이 있으며 구역질이 나고 불안하다.'라는 증상이 나와 있다.

　또 '유행성 전염병이 돌면 심한 열이 나고 머리와 몸이 아프며, 코는 차가워지고 목구멍이 마르며, 가슴이 답답하고 한기와 열이 오르내린다. 또 가래가 심해지며 해수가 되어 콧물과 침이 매우 끈끈하여진다.' 등의 증상도 기록하고 있다. 물론 이와 같은 증상만으로 유행성 감기라고는 단정하기 힘들다 하더라도 '가래가 심해지면 해수가 되어 콧물과 침이 매우 끈끈하여진다.'라는 표현으로 미루어 보아 유행성 감기가 틀림없을 것으로 추측된다.

『동의보감(東醫寶鑑)』 또는 『급유방(及幼方)』 등에 나오는 천행수의 기록도 대체로 유행성 감기의 표현으로 볼 수 있다. 1771년(숙종 43)에서 1719년에 이르는 염병(染病) 창궐에 관한 내용이 『숙종실록(肅宗實錄)』에 기록되어 있는데, 그 당시 일본의 기록과 대조하여 보면 유행성 감기의 대유행이었을 것으로 인정하는 학자도 있다(한국민족문화대백과사전).

스페인 독감의 유행은 일제 침략기 한국에도 이어졌다. 당시 한국에서도 740만여 명이 감염되었으며 감염된 이들 중 14만여 명이 사망한 것으로 알려져 있다.[251]

6. 코로나바이러스감염증-19

최근 우리나라에 여러 종류의 전염병이 유행했다. 사스SARS, 신종플루, 메르스MERS-CoV 등이 그것이다.

사스는 사스-코로나바이러스가 인간의 호흡기를 침범하여 발생하는 질병이다. 2002년 11월에서 2003년 7월까지 유행하여 8096명의 감염자가 발생하고 774명이 사망했다. 신종플루는 신종 인플루엔자 A형 바이러스가 변이를 일으켜 생긴 새로운 바이러스로, 2009년 전 세계적으로 유행했다. 214개국 이상에서 신종플루 확진자가 나타났고 전 세계적으로 1만 8500명의 사망자를 발생시켰다. 신종플루의 치료에 결정적인 역할을 한 것은 타미플루였다.

메르스는 새로운 유형의 코로나바이러스 감염으로 인한 중증 급성 호흡기

---

251) 신병주, 『우리 역사 속 전염병』, 매경출판(주), 2023, 26쪽.

질환으로, 주로 중동 지역의 아라비아반도를 중심으로 감염환자가 발생하여 '중동 호흡기 증후군'으로 명명되었다. 2012년 사우디아라비아에서 처음 발견된 이후 주로 중동 지역에서 유행했으나 2015년 한국에서 대유행하게 된다. 낙타가 매개체인 것으로 밝혀졌으며 높은 치사율로 많은 사람을 공포에 떨게 했다. 특히 우리나라는 사우디아라비아에 이어 전 세계에서 감염자와 사망자 2위를 기록하면서, 한동안 메르스 감염환자는 우리나라 전역에서 톱뉴스로 보도되었다. 2015년 우리나라에서 186명이 발병, 이 중 39명이 사망하여 21%의 치사율을 보였다. 메르스 환자가 입원한 병원은 격리시설이 되었고, 메르스 환자가 발생한 병원이라면 그 주변을 가는 것이 꺼려지기도 했다.

21세기에 들어와 몇 차례 전염병의 도전을 받으면서, 의료시설 또는 기술개발과 전염병에 대응하는 매뉴얼 확보 등 여러 대처가 이루어졌지만, 2020년 초에 갑자기 나타난 코로나19는 기존의 대응 방식을 거의 무력화하고 있다. 기존의 어떤 바이러스와도 비교가 안 되는 코로나19는 21세기에 들어와 인류를 공격한 최악의 바이러스로 기억될 것 같다. 전염병과 인류와의 전쟁은 절대로 끝나지 않는 것일까?[252]

과연 이 코로나19가 기존의 어떤 바이러스와도 비교가 안 되는 21세기 최악의 바이러스일까? 어떤 의도된 난리는 아니었을까? 의문스러운 점이 한둘이 아니다.

- 코로나바이러스가 정말 위험한 바이러스가 맞는지부터 시작하여
- 면역력이 약한 영아나 유아는 왜 이 질병에 안 걸리는지
- 병은 젊은 사람들이 걸리는데 사망자들은 왜 고령자에서 나오는지

---

[252] 신병주, 위의 책, 26~28쪽

• 고령의 사망자들은 대부분 암, 당뇨, 고혈압 등 기저 질환자들이고, 심지어는 90대 노인들도 많은데 이들이 과연 코로나바이러스 때문에 사망한 것인지

• 사회적 거리 두기를 강조하는데 아침마다 사람들이 꽉 차는 지하철이나, 지난여름 수십만의 인파가 몰렸던 해운대 해수욕장, 수천 명이 방문하고 입원실이 꽉 차 있는 대형 종합병원, 시청과 구청, 국회 등 관공서에서는 어떻게 확진자가 한 명도 발생하지 않는지

• 확진자 동선 찾기에서 왜 이러한 시설과 장소는 제외되는지

• 사람들은 커피를 마실 때도 마스크를 쓰고 있는데 왜 방송국 출연자나 드라마 연기자들은 마스크도 안 쓰고 연기하는지

• 의료인들은 치료제가 없다고 말하면서도 땀을 뻘뻘 흘리며 치료에 전념한다고 하는데 도대체 이들은 어떤 약으로 무엇을 치료하는지

• 언론에는 수많은 치료제가 오르내렸는데 정말 이 질병을 치료할 수 있는 약은 없는 것인지

• 백신 개발이 한창인데 백신은 정말 효과가 있는지, 부작용은 걱정하지 않아도 되는지

• 1년 내내 온 국민이 마스크를 쓰고 다니는데 정말 이것이 효과가 있는지, 혹시 건강에 해롭지는 않은지

• 사스·메르스도 같은 바이러스라는데 어떻게 이것들은 소리 소문도 없이 사라졌는지

• 무증상 감염자는 정말 병에 걸린 환자인지, 그리고 그들이 이 질병을 옮기는 슈퍼전파자가 될 수 있는지

• 아이들을 학교에는 보내지 않으면서 학원은 매일 보내는 것이 가능한 일인지

• 아이들이 학교에 가는 것보다 집에 있는 것이 더 안전한지

- 확진자가 갑자기 늘었다 줄었다 하는 것이 가능한 일인지
- 많은 사람들이 후유증을 호소하는데 그것이 정말 코로나바이러스에 의한 것인지253)

등등 수많은 의문이 줄을 이었지만, 세계보건기구나 우리나라 질병관리청은 확실한 해답을 내놓지 않았다. 무조건 따르라고 했다. 따르지 않으면 제재를 가했다.

많은 사람이 코로나바이러스를 신종이라고 생각하지만, 사실은 코로나바이러스는 이미 우리에게 많이 알려진 감기 바이러스의 일종이다. 그래서 가까이에서 코로나바이러스를 보았던 서주현 명지대 응급의학과 교수는 이런 충격적인 말을 남겼다.

"확진자의 99%는 경증만 있을 뿐 환자라고 볼 수 없는 경우가 많았고, 심지어 양성 판정을 받고도 격리가 해제될 때까지 증상이 없는 사람도 많았다. 이 사태를 가장 짧게 정리하라고 한다면 '감기 바이러스가 벌인 대국민 사기극'이라고 말하고 싶다."254)라고까지 했다.

정은경 질병관리청장의 얘기를 들어보자.

방역에 가장 크게 기여한 것은 우리 국민의 솔선수범과 일선 보건의료진의 헌신이었습니다. 방역 당국이 잘한 점은 첫째, 초기에 진단검사 체계를 다른 나라보다 신속하게 도입한 점이라고 생각합니다. 둘째, 신속한 역학

---

253) 김상수, 『코로나 미스터리』, 에디터, 2020, 10~11쪽.
254) 박다니엘, 『백신, 미친 짓이다.』, 은혜와 진리, 2020, 23쪽.

조사로 접촉자를 격리하여 추가 전파를 차단하였기에 유행 초기 확산 속도를 지연할 수 있었다고 봅니다.

과거 호흡기 감염 대유행은 2009년 신종 인플루엔자를 제외하면 모두 코로나바이러스 유행으로 중국의 사스(중증급성호흡기증후군, SARS), 중동의 메르스(중동호흡기증후군, MERS), 그다음으로 코로나19가 세 번째입니다. 그런데 사스나 메르스는 미국, 유럽에서는 크게 유행하지 않아 대응 경험이 제한적이었습니다. 사스는 주로 동남아 주변에서 유행했고, 메르스는 중동을 중심으로 유행이 진행되었습니다. 우리나라에서는 사스 확진자가 발생하지 않았지만, 발열 감시 등 검역과 의료기관 대응 경험이 있었으며, 메르스는 병원 감염으로 유행을 겪은 경험이 있었죠. 그래서 사스, 메르스 이후에 개선된 감염병 대응체계가 이번에 큰 도움이 되었습니다.[255]

이 얘기를 액면 그대로 받아들여야 할까?
내가 직접 겪은 일 하나를 소개한다.

앞에서도 거론한 바 있는, 미국에서 50년 동안 간호사를 지낸 지인이 국내에서 코로나 검사를 받았는데 양성 판정이 나왔다. 병원에서 처방전을 들고 왔는데, 특별히 지정된 약국에서 약을 받아야 한단다. 우리 동네의 길을 잘 모르는 지인은 나에게 약을 받아다 달라고 부탁했다. '몸 상태는 어떤가?'라고 물었더니 '열이 약간 올라 걱정돼서 병원을 찾은 것'이라고 했다. 그 약국에 들러 약을 받는데, 약사가 "이 약은 60만 원이 넘는 겁니다."라고 묻지도 않은 말을 한다. 기절할 뻔했다. 분명 수입 약일 텐데, 이게 말이 되는 소린가? 이게 '코로나 19'에 대처를 잘한 우리 정부가 한 짓인가? 우리

---

[255] 김민석, 『코로나 방역에서 글로벌 백신 허브까지』, ㈜메디치미디어, 2022, 20~21쪽.

정부도 따를 수밖에 없는 어떤 거대한 힘이 설치는 건 아닐까?

코로나바이러스를 죽이거나 몰아내는 약은 없다. 치료제라고 쓰는 것들은 바이러스에 작용하는 약물이 아닌 사이토카인[256]의 분비에 관여하여 면역 반응을 억제하거나 조절하는 약물들이다.

사스 이후 전염병이 유행할 때마다 공통적으로 사용된 대표적인 약물은 면역억제제인 스테로이드와 항암제 또는 항바이러스제로 쓰이는 인터페론 그리고 아스피린, 부루펜, 타이레놀과 같은 해열 진통소염제다. 이외에도 에이즈 치료제인 칼레트라, C형 간염 치료제인 리바비린, 말라리아 치료제인 하이드록시클로로퀸, 면역 혈청 주사인 IVIG 등 듣기에도 생소한 많은 약물들이 사용되고 또 사라지기도 했으나 스테로이드, 인터페론, 해열진통소염제는 전염병이 있을 때마다 빠지지 않고 사용되는 약이었다. 그리고 이 약들은 코로나바이러스에 작용하는 약이 아니라 면역계를 조절하는 데 작용하는 약물이다.[257]

이런 약들이 코로나바이러스를 죽이거나 몰아내는 치료제가 아니고, 그 바이러스를 퇴치하기 위해 분비된 면역 물질, 또는 그로 인해 생긴 다른 물질들을 없애거나 작용을 억제하기 위한 약이라는 것이다. 그 투입된 약물들의 부작용으로 인해 더 큰 질환이 생길 수도 있는 점이 너무 소홀히 다뤄지고 있다는 생각도 든다.

---

[256] 사이토카인(cytokine), 사이토카인 폭풍(cytokine storm) : 사이토카인은 혈액 속에 함유된 비교적 작은 크기의 면역 단백질 중 하나다. 사이토카인 폭풍은 외부에서 침투한 바이러스에 대항하기 위한 인체 내 면역계의 과도한 반응이 정상 세포까지 공격하여 일어나는 과잉 면역 · 염증 반응이며 급성 면역 이상 반응이다.

[257] 김상수, 위의 책 50쪽.

20세기의 인플루엔자 대유행 중에서 가장 피해가 컸던 사건이 제1차 세계대전이 끝날 무렵 닥쳤던 스페인 독감258)일 것이다. 이 독감은 여느 인플루엔자 대유행과 다른 특징이 있는데, 바로 20~40대의 젊은이에게서 높은 사망률을 보여주었다는 것이다. 얼마 전까지도 스페인 독감에서 젊은 성인층의 피해가 컸던 이유는 수수께끼로 남아있었다.

    그런데 2009년에 이 수수께끼를 푼 논문이 나온다. 아스피린이 라이증후군과 관련이 있다고 발표한 최초 논문의 저자 중 한 명인 가렌 M. 스타코(Karen M. Starko) 박사는 당시 해열제로 사용된 아스피린의 과다 복용이 이들의 사망과 관련이 있음을 밝히는 논문을 발표했다. 당시 초기 사망자들을 부검한 결과, 그들의 폐는 마치 익사한 것처럼 물이 차 있었다고 했는데, 이는 사스, 메르스, 코로나19에서 언급되는 증상과 유사하다. 심지어는 사체를 부검한 부검의의 소견도 코로나 사태 초기 기사에 나왔던 사망자의 부검 소견과 내용이 유사한데, 당시 젊은 군인 사망자를 부검했던 군의관 웰치 대령은 "이것은 새로운 종류의 감염 또는 전염병이다. 마치 익사한 폐와 같으며 내가 지금까지 봐오던 폐렴과는 전혀 다르다"고 말했다. 젊은 군인은 호흡 곤란을 호소하며 입원한 지 4일 만에 사망했으며, 폐에는 거품이 많고 피 섞인 액체가 차 있었다고 한다. 당시에는 사인을 결론짓지 못하다가 1960년대가 되어서야 과학자들은 아스피린이 갖고 있는 약물의 특성 때문에 이 약을 과다 복용하면 이 같은 증상이 생긴다는 것을 확인했다.259)

---

  258) 스페인 독감 : 제1차 세계 대전 최후반부터 종전 직후까지인 1918년~1920년 사이에 인플루엔자 A형 바이러스의 변형인 H1N1 바이러스에 의해 유행한 독감이다.
  259) 김상수, 위의 책, 133쪽.

자가면역질환의 치료는 쉬운 일이 아닐 뿐만 아니라, 심지어 회복하지 못하는 예도 있다. 이들 질환을 극복하기 위해서는 산 알칼리 균형의 중요성은 물론, 일련의 아미노산 소실, 아연이나 마그네슘과 같은 필수 미네랄의 흡수 부족이나 소실, 필수 비타민과 지방산의 절대 부족 등 탈수와 관련된 신진대사의 중요성에 대한 깊이 있는 이해가 필요하다.260) 이 얘기는 몸에 수분이 부족한 상태, 곧 탈수가 정상적인 신체 활동을 가로막는 가장 큰 요인으로 작용한다는 것이리라.

위의 뱃맨겔리지 박사의 얘기처럼 자가면역질환의 가장 큰 원인은 탈수다. 몸에 물이 부족해 생긴 질환이다. 그리고 적절치 못한 체온 관리다. 그렇다면 이왕에 생긴 질환은, 더 큰 질환으로 이어질 수도 있는, 약물로만 치료하려고 할 게 아니라 적절한 수분 보충과 체온 관리가 더 중요하지 않을까?

7. 코로나바이러스 백신

2020년 12월 8일, 영국에서 세계 최초로 코로나바이러스 백신 접종이 시작되었다. 코로나바이러스감염증-19의 백신 개발은 세계 과학사에 기록될 것이 분명하다. 코로나-19 백신 개발의 속도, 자원 투입, 방식 등의 모든 분야에서 인류의 과학기술이 얼마나 발달했는지를 보여주고 있다. 한국을 포함한 각국 의과대학에서도 커리큘럼에 그 원리 정도는 새롭게 포함하고 있다. 백신의 신속한 개발을 위해 기존의 임상 체계를 많이 생략하였다. 기존의 전통적인 백신의 개발 과정은 다음과 같다.

---

260) F. 뱃맨겔리지, 위의 책, 102쪽.

백신 개발 → 사전임상 단계(15~30개월) → 1차 임상(보통 수십 명의 참가자, 30개월 소요) → 2차 임상(수백 명, 30개월) → 3차 임상(수천 명, 30개월) 후 승인 및 접종.

이러한 단계를 거쳐서 개발하지만, 코로나바이러스감염증-19 백신의 개발 과정은 사전임상을 생략하고 1, 2차 임상만 6개월씩 시행하였다. 긴급 승인은 덤이고, 사실상 3차 임상은 실제 접종으로 수행한 셈이다. 대중들에게 널리 알려진 백신으로 화이자 & 모더나, 아스트라제네카 & 얀센은 각각 mRNA 백신, 바이러스를 벡터로 사용하는 DNA 백신이다(나무위키).

부랴부랴 백신을 만들었다. 번갯불에 콩 구워 먹듯 만들었다. 감기 바이러스에 백신이 꼭 필요할까, 또는 그거 만들 수는 있는 건가 하는 의심이 갔지만, 어떻든 뚝딱 만들었단다.

독감 백신은 이미 만들어 많이 사용하고 있고, 어린아이나 노인들은 무료로 맞기도 한다. 이 독감 백신부터 살펴본다.

미국 CDC(질병관리본부)의 보고서에 의하면 2001년 독감과 폐렴으로 6만 2000명이 사망했다고 발표했다. 하지만 사망자 중 독감으로 인한 사망이 확인된 수는 18명밖에 되지 않았다. 이점에 대해서 CDC가 독감과 폐렴을 같이 묶어서 발표하는 점은 과학이라기보다는 독감의 위험성에 대해 과장하는 PR이라는 것이다. 양로원에서 일하는 의사나 간호사가 독감 백신을 맞는 것이 노인이 독감에 걸리는 확률을 낮추지 않는다는 조사가 있었다.

1996~2006년 261명이 독감에 걸렸는데 독감 백신을 맞은 아이들은 맞지 않은 아이들보다 3.67배나 더 많이 병원에 입원하는 것으로 나타났다.

......

이와 비슷한 문제가 제약업체에도 있다. 다국적 제약회사의 마케팅에 지출되는 돈이 연구 개발에 사용되는 비용의 2배가 된다. 2004년 기준 제약회사는 제정의 24.4%를 홍보에 사용이고 13.4%를 연구 개발비로 지출했다. 안전하고 효율성이 있는 제품을 만드는 것보다, 효율성이 있다고 홍보하는데 2배 많이 사용하는 것이다. 백신의 경우에는 엄청난 부작용으로 수많은 사람이(특히 어린이들) 피해를 보고 있는 상황에서 안전한 백신의 개발보다는 안전하다고 광고하는 데 훨씬 더 집중하는 것은 백신의 모순을 드러냄이다.261)

이건 코로나 사태가 터지기 이전의 보고다. 음모론이라고 공격하는 사람들이 있다. 제약회사나 의료계의 주장과 광고를 의문시하거나 부정적인 견해를 펼치면 무조건 음모론으로 몰아붙이곤 한다. 정당하게 갖는 의문이라면 그에 대한 합당한 답을 내놓으면 될 텐데, 제약회사와 의료계가 온통 음모론으로 몰아 아예 기부터 죽여놓으려고 한다.

『백신, 미친 짓이다』의 일독을 권하며, 저자 박다니엘의 얘기를 더 들어보자. 상당히 많은 양을 따 붙였다.

백신에 대한 자료들을 들여다보면 미친 짓이었다는 것이 드러난다. 우선 백신의 부작용에 관한 연구는 백신으로 인해 천문학적인 돈을 긁어모은 자들은 많은 사람의 요구를 무시하고 시도조차 하지 않았다.
그런데 이 일은 백신 부작용을 가진 아이들의 부모들이 만든 미국의 여러 단체가 모금을 해서 잭슨 스테이트(Jackson State) 대학교에 연구비

---

261) 오로지, 『백신주의보』, 도서출판 눈솔시나브로, 2022, 114~115쪽.

를 제공해서 결과를 얻었다. 그 결과가 2017년 저널 오브 트랜스레이션 사이언스(Journal of Translation Science)에 실렸다. 나는 혹시 이것이 음모론이 아닌가를 알아보기 위해서 인터넷을 통해서 저널 오브 트랜스레이션 사이언스(Journal of Translation Science)를 찾아보았다. 그 결과 이것은 음모론이 아니라 과학적 연구를 통해서 밝혀진 사실이라는 것을 다시 한번 확인했다.

연구 결과에 따르면 백신을 맞은 아이들이 맞지 않은 아이들보다 비염 30배, 알레르기 3.9배, ADH 4.2, 자폐증 4.2배, 아토피 2.9배, 신경 발달장애 3.7배, 학습장애 5.2배, 만성 질환 2.4배에 더 걸렸다.

그렇다면 백신의 효과는 없었나? 그렇지는 않았다. 문제가 많은 백신도 많았지만 어떤 백신은 효과가 있었다. 예를 들어 수두백신을 맞으면 수두에 걸릴 확률이 3.2배 적어졌고, 백일해에 걸릴 확률도 3.4배 적어졌고, 풍진에 걸릴 확률은 6.3배 적어졌다.

그런데 놀라운 반전이 있었다. 백신이 주는 긍정적인 면이 있었지만, 백신으로 인해 더 좋은 긍정적인 면들을 빼앗기는 결과가 나타났다. 예를 들어 8살 되기 전에 수두에 걸리면 천식에 걸릴 가능성이 8배 적었고 아토피 걸릴 가능성은 거의 반 수준이 되었다. 즉 수두에 걸리면 면역체제가 강화되어서 장기적인 측면에서는 더 좋았는데 백신으로 인해 긍정적인 면을 빼앗긴 것이었다. 그뿐만 아니라 백신으로 인해 전염병을 피해갈 수 있어서 질병 중 인류의 가장 큰 적인 암을 예방할 확률이 크게 줄어들었다. 1988년 메디컬 하이포테시스 (Medical Hypotheses)에 따르면 전염병은 우리가 암에 걸릴 확률을 낮추었다. 홍역, 볼거리, 풍진, 수두, 백일해, 성홍열 중 1가지고, 4가지 이상 걸리면 75% 낮추었다. 결론적으로 보면 백신은 우리의 건강을 돕는 것이 아니었다. 오히려 면역력을 망가뜨려서 수많은 질병을 이기지 못하게 만드는 것이었다.

2020년 10월에 폴 토마스 의사(Paul Thomas, M.D)가 운영하는 미국 오리건주의 통합소아과 의원에서 3300명의 아이를 대상으로 지난 10년 동안 백신 접종 및 미접종 아이들을 대상으로 한 조사 결과가 반포되었다. 토마스 박사는 1만 3000명이 넘는 아이들을 진료하며 관찰했는데 예방 접종을 받지 않은 아이들이 가장 건강하다고 결론을 내렸다. 다음은 그가 발표한 내용이다.

- 백신 접종을 하지 않은 아이가 백신 접종을 한 아이보다 훨씬 건강하다.
- 백신 접종을 할수록 열로 인한 병원 방문 횟수가 많고 소아청소년과 진료 방문이 25배 많다.
- 백신 접종을 한 아이는 그렇지 않은 아이에 비해 천식, 알레르기, 부비동염 관련 방문 가능성이 3~6배 높다.
- 백신 접종하지 않은 아이들은 ADHD가 없다.
- 백신 접종한 아이들은 호흡기 감염 가능성이 70% 더 높다.

좀 더 깊이 있는 연구들을 살펴보면 경악할 만한 내용도 나온다. 나는 이 일로 인해 백신에 관해서 연구한 여러 사람이 말한 내용이 결코 음모론이 아니라 사실이란 것을 깨닫게 되었다. 백신을 깊이 연구한 사람들은 한결같이 백신으로 인해 오히려 다양한 질병이 유발된다고 고백했다. 빌 게이츠와 앤써니 파우치의 코로나바이러스 계획을 폭로한 주디 마이코비츠(Dr. Judy Mikovits) 박사도 그중의 한 명이다.
주류언론에서 그녀의 주장을 음모론으로 치부했지만, 시간이 지나면서 밝혀지는 사실이 주류언론이 거짓말을 했고 그녀가 진실을 이야기했다는 것이다.[262]

---

262) 박다니엘, 위의 책, 59~62쪽.

우리나라 백신 피해자 가족 모임인 '사단법인 코로나19백신피해자가족협의회(이하 코백회)에서 밝히고 추진하는 얘기를 들어보자.

"코로나19가 남긴 숫자입니다. 2021년 2월 코로나19 백신 접종이 시작된 이후 현재까지 총 48만 4617건의 부작용 신고가 있었고, 이 중 2767명의 사망자를 포함하여 1만 9920명의 중증 피해자가 발생했습니다. (* 출처 : 질병관리청 제169주차 코로나19 이상사례 보고서 공식 통계, 2024.5.30.)"

하지만 이 숫자가 정확할까? 내가 듣기로는 백신을 접종하고 사망한 사람의 가족이, 사망의 원인을 백신으로 보지만, 그걸 규명한다는 게 너무 어려운 일이라 아예 포기하고 만다는 얘기를 듣기도 했다.

코백회 가족은 '백신 피해자 모두는 정부의 백신 정책과 부작용이 생기더라도 책임진다는 약속을 믿고 백신을 맞았다.'라고 한다. 하지만, 이런 불행한 피해를 본 것이다. 피해자가 모여 정부가 약속했던 <백신 피해 국가 책임제>를 이행하고, 백신 피해자의 치료와 일상 회복을 위한 특별법 제정을 촉구, 노력의 결과로 지난 21대 국회에서 백신 피해 보상과 지원을 위한 20개의 특별법 제정안과 감염병예방법 개정안이 발의되었다. 하지만 여·야의 정쟁과 질병관리청의 반대 등으로 인해, 백신 피해자를 위해 발의되었던 20개의 법안은 지난 5월 29일 21대 국회 임기 만료와 함께 자동 폐기되고 말았단다.

앞에 나온 얘기지만, 코로나 사태 기간에 우리 북카페에 들러 코로나로 사망한 분 문상을 했다는 사람은 두 명, 백신을 맞고 사망한 분 문상을 했다고 얘기한 사람은 열 명이다. 이 말을 들으면 오히려 반박하며 음모론을 들고나올 사람들이 있을 것이다. 그러나 그저 전해 들은 얘기지만, 아주 이상하다. 담당 행정기관이나 의료기관에서는 코로나 사망자를 늘리고, 백신 사망자는 줄이는 게 당연한 일일 텐데, 의문을 가지지 않을 수가 없다.

우리나라 질병관리청의 보도에 따르면, 2021년 2월 26일부터 백신 접종을 시작하여 2023년 9월 4일 마지막 데이터를 제공했다. 1차 접종은 인구의 87.95%, 2차는 87.11%, 3차는 65.72%, 4차는 14.81%가 맞았다. 백신 접종이 계속되고 있어서 마지막 통계를 확정할 수 없지만, 갈수록 백신에 대한 신뢰가 떨어지는 듯싶다.

8. 코로나가 팬데믹이라고?

지난 3년간의 팬데믹 위기는 큰 인적 피해는 물론 측정하기 어려울 정도의 경제적 피해와 손실도 가져왔다. 팬데믹 기간 중 전 세계 79억 인구의 9.6%에 달하는 약 7.6억 명이 감염되었었다. COVID-19 감염병은 감염성이 높은 바이러스의 일반적인 특징이라 할 수 있는 낮은 치사율(0.9%)을 가졌기는 했지만, 그 사망자는 687만 명에 달하고 있다. 국내에서는 3월 10일 현재 약 5천2백만 인구의 59%인 3058만여 명의 누적 감염확진자를 기록하고 있으며 그중 0.1%인 3만4천여 명이 사망했다.

COVID-19 감염병에 의한 한국의 인명 피해 상황은 다른 주요 국가들의 사례와 비교할 때, 상대적으로 높은 감염률과 낮은 치사율이라는 특이점을 보인다. 한국을 제외한 주요 10개국들의 평균에 비해 한국의 인구 대비 감염률은 2배 가까이 높았으나, 치사율은 8배 이상 낮았다. 낮은 치사율은 우리나라의 효과적인 의료시스템, 고령자 및 고위험군 환자의 선제적 격리, 높은 백신 접종률 등에 기인하는 것이라 평가받을 수 있다. 특히 2009년 신종인플루엔자(A/H1N1)와 2015년 중동호흡기증후군(MERS-CoV) 당시의 경험을 통해서 격리 외래환자를 관리하면서 격리중

환자실과 음압병실을 운영하는 지역별 거점병원의 시설표준을 완비하고 운영 제도를 마련하는 등 선제적으로 정책적 대비를 해두었던 것은 COVID-19 팬데믹 대응의 의료현장에서 중증화를 예방하고 치사율을 낮추는데 매우 긍정적인 성과를 가져왔다. 그러나 한국 국민의 높은 보건 의식에 기초한 여느 국가보다 높았던 마스크 착용률이나 사회적 거리두기 시행 준수 등을 고려할 때, 여타 국가들보다 상대적으로 높은 감염률을 보였던 것에 대해서는 그 원인에 대해 관련 분야에서의 연구와 분석이 필요하다.263)

위와 같은 논문의 정보는 일정 부분 궁금증을 풀어주는 데는 도움을 주지만, 정확하게 상황을 인식하기에는 부족하지 않을까? 오히려 혼동을 주는 것은 아닐까? 질병에 관한 논문이 대개는 이와 비슷하지 않나 싶기는 하다.

코로나바이러스 검사에 주로 사용된 PCR(polymerase chain reaction, 중합효소연쇄반응)은 1983년 캐리 멀리스(Kary B Mullis)에 의해 고안됐다. 유전물질을 조작하여 실험하는 거의 모든 과정에 적용하는 검사법으로, 검출을 원하는 특정 표적 유전물질을 증폭하는 방법이다. 염기 순서가 같은 소량의 유전물질을 많은 양으로 증폭할 수 있다. 인간의 DNA를 증폭하여 유전 질환을 진단하거나 세균이나 바이러스, 진균의 DNA에 적용하여 감염질환의 진단에도 이용한다.
위의 논문에서는 "79억 인구의 9.6%에 달하는 약 7억 6000만 명이 감염되었다. 그 사망자는 687만 명에 달하고 있다."라고 한다. 이게 79억 인구를 모두 다 검사했다는 건가? 아니면 일부만 검사했다는 건가?
국내에서는 '3월 10일 현재 약 5200만 인구의 59%인 3058만여 명의

---

263) 최현정 선임연구위원, 「COVID-19 팬데믹 위기 대응의 평가와 정책적 시사점」, 아산정책연구원, 2023.

누적 감염확진자를 기록'하고 있다는데, 이 정도의 감염확진자를 가려냈다면 전 인구를 검사했다고 봐야 하는데, 과연 그랬을까?

듣기에는 PCR 검사 제품이 여러 회사에서 나오기 때문에 다양하다고 한다. 다양하지만, 만드는 방법이 똑같아서 성능이 일정하다고 치자. 증폭 횟수는 어떻게 되는가? 증폭 횟수가 늘어나면 확진자 수도 당연히 늘어난다. 이것도 모든 검사 기관에서 일정하게 했는가? 의문이 가지 않을 수 없는 일이다.

확진자와 사망자를 발표한 우리나라가 제대로 된 검사를 하려면 어찌해야 좋을지를 살펴보자.

첫째, 전 국민 대상으로 합리적인 일정한 PCR 검사의 증폭 횟수.

둘째, 수검자 숫자와 지역 · 나이에 따른 구분.

셋째, 사망자의 기저 질환 유무와 사망 원인의 순번.

더 세분하고 정확한 검사 기준이 적용되고 발표되면 좋겠지만, 최소한 이 정도는 돼야 통계의 자세를 갖췄다고 할 수 있지 않을까?

『플랜데믹(PLANDEMIC)』[264]을 쓴 미키 윌리스는 '지난 2년 동안 전 세계에 공포를 불러온 코로나19 팬데믹은 기획되었다!'고 한다.

나는 이후의 글 대부분을 이 『플랜데믹(PLANDEMIC)』 책에서 따서 쓰고자 한다. 자세한 내용을 알고자 하는 분에겐 이 책의 일독을 권한다.

'플랜데믹'은 '계획'이라는 뜻의 '플랜(Plan)'과, 사람들이 면역력을 갖고 있지 않은 질병이 전 세계로 전염 · 확산되는 현상을 이르는 팬데믹(Pandemic)의 합성어다.

---

[264] 미키 윌리스 공저 · 이원기 옮김, 『플랜데믹』, 에디터, 2022.

『환자혁명』의 저자 조한경 선생이 쓴 추천사 일부를 들어보자.

"인류가 현 코로나 팬데믹 사태를 뚫고 나가는 힘은 WHO나 CDC, 질병관리청 같은 보건 당국으로부터 오지 않는다. 왜냐하면 이번 코로나 사태는 단순히 바이러스에 의한 의학적인 사건이 아니기 때문이다. 과학적인 사고만으로는 지금의 현상을 이해할 수 없다. 현 코로나 팬데믹 사태를 진두지휘하고 있는 한 줌의 의학계 엘리트들이 전 세계인들을 바라보는 시선과 태도는 한마디로 무시다. '너네들이 뭘 알아?' 하는 태도다. 얼마나 무시하는지 거짓말에 성의도 없다. 중세 타락했던 기독교가 일반 평민들에게 라틴어로 된 성경을 읽는 것조차 금지하고, 그들을 교육하기보다는 무식하게 남겨두며, 모든 신의 메시지를 대리하여 전달했듯이, 코로나 사태를 이끄는 이들은 바이러스, 면역, 백신을 둘러싼 과학이 마치 너무 어려워서 일반인들은 알아들을 수 없으니 자기들이 알려주는 대로 따를 것만을 강요한다.

하지만 인류의 역사를 통틀어 자유로운 정보의 공개는 늘 백성들에게 힘이 되었고, 권력자들에겐 위협이 되었다. 그래서 지금의 코로나 사태를 이끄는 이들도 정보 공개를 두려워한다. 그 때문에 어느 때보다 극심한 검열이 자행되고 있다. 그들이 공개하고 싶어 하는 메시지는 시종일관 공포다. 그리고 공포를 전달하는 이들은 주로 목적이 있다. 자유를 억압하거나 무언가를 팔 거나, 둘 중 하나다. 공포야말로 진정한 바이러스고, 진실이 곧 진정한 치료다."

앤서니 파우치(Anthony Fauci)는 미국뿐만 아니라 전 세계의 코로나19 관리를 쥐락펴락하는 인물이다. 미국 국립보건원 산하 국립알레르기·전염병 연구소(NIAID[2])의 소장을 40년 가까이 맡은 의료인이자 과학자다. 지카, 에이즈, 에볼라 시기에도 활동하였으며 현재 미국의 코로나19 관련 최고 권위자로 그의 영향력은 절대적이다. 하지만, 『플랜데믹』에서는 코로나19

플랜데믹의 한 사람으로 의심한다. 그가 한 이상한 짓들을 보고하기도 한다.

파우치 박사가 감염병 검사 도구로 신뢰하는 것은 PCR(중합효소연쇄반응)이다. 몇 시간 만에 개별 DNA를 증폭시킬 수 있는 PCR는 현재 코로나19 검사의 국제적인 표준으로 자리 잡았다.

PCR를 개발한 공로로 1993년 노벨 화학상을 받은 캐리 멀리스 박사는 그 기술이 감염병 진단에 사용되어선 안 된다고 여러 차례 공개적으로 밝혔다. 멀리스 박사는 1997년 7월 캘리포니아주 샌타모니카에서 열린 '기업의 탐욕과 에이즈'라는 행사에서 동영상을 통해 이렇게 설명했다. "PCR 방식을 사용하면 누구에서나 거의 모든 것을 발견할 수 있다. 예를 들면 PCR는 불교에서 말하듯, 모든 것이 다른 모든 것에 들어있다고 믿게 만든다. PCR는 하나의 분자를 측정 가능한 수준까지 증폭할 수 있다. 계속 증폭할 때 누구의 체내에서든 분자를 최소한 하나는 찾을 수 있다. 그것을 두고 의미 있다고 주장하는 것은 오용이라고 말할 수 있다."

윌리스는 그 문제와 관련해 다음과 같이 덧붙였다. "PCR의 큰 문제는 손쉬운 조작이 가능하다는 점이다. 매회 분자가 증폭되는 순환 과정을 통해 이루어지는 방식이기 때문이다. 분자 차원에서 보면 우리 대다수는 체내에 코로나바이러스와 유사한 DNA 조각을 아주 조금씩이라도 갖고 있다. 이런 과정의 순환을 반복하면 음성 결과가 양성으로 바뀌어 확진으로 이어질 수 있다. CDC와 WHO 같은 보건 관리 기구는 감염병 검사 기관에 CT 값을 높이거나 낮추라고 지시함으로써 확진 건수를 조절할 수 있다." CT(Cycle Threshold) 값이란 유전자 증폭을 몇 차례 거쳤을 때 바이러스 감염을 확정할 수 있는지를 수치화한 것으로 유전자 증폭 횟수라고 이해하면 된다.

2020년 8월 《뉴욕 타임스》는 이렇게 보도했다. "PCR의 CT 값이 34 이상 되면 살아 있는 바이러스를 감지하는 경우가 아주 드물고 대부분 감염성이 전혀 없는 죽은 뉴클레오타이드(핵산의 성분)만 확인할 수 있다. CDC와 WHO의 지침에 따라 미국의 코로나19 검사 기관 다수는 CT 값을 40 이상으로 설정해 검사를 실시한다. 우리 신문은 매사추세츠, 뉴욕, 네바다주의 데이터를 검토한 결과, 양성 판정을 받은 사람의 약 90%가 어떤 바이러스도 갖고 있지 않았다."

여기서 90%라는 의미를 한번 생각해보라! 실제로 90%가 그렇다면 검사 결과를 어떻게 믿을 수 있겠는가?

2021년 5월 CDC는 백신 접종자의 경우 코로나19 검사를 할 PCR의 CT 값을 40에서 28로 낮추도록 했다. 그렇게 하면 당연히 양성 반응이 크게 줄어든다. 따라서 백신 옹호론자들은 이 하나의 작은 수정만으로 백신이 큰 성공이라고 자랑할 수 있었다.

2020년 4월 온라인 매체 '언커버 DC'의 셀리아 파버 기자는 캐나다의 생물학자로 '에이즈를 다시 생각하자' 단체의 대표인 데이비드 크로와 인터뷰를 했다. 그 자리에서 크로는 "PCR의 CT 값을 20으로 줄이면 검사받는 모든 사람이 음성으로 나오고, 50으로 늘리면 모두가 양성으로 나올 수 있다"라고 말했다.

1996년 5월 멀리스 박사는 토크 라디오 진행자 게리 널과 가진 인터뷰에서 자신이 개발한 PCR가 에이즈 확진 건수를 조작하는데 이용되었다고 주장했다. "PCR 검사가 도입되면서 확진자 수가 기하급수적으로 증가했다. 검사 건수가 그만큼 많아졌기 때문이다."

멀리스 박사는 개탄을 금치 못했다.

"이 모든 것이 사기극이다."[265]

---

265) 미키 윌리스, 위의 책, 91~94쪽.

빌 게이츠는 시애틀 태생의 독일계 미국인 기업인으로 마이크로소프트(Microsoft)의 창업주다. 억만장자의 대명사다. 은퇴 이후에는 투자자 겸 자선사업가로 활동하고 있다. 현직에 있을 때까지만 하더라도 어둠의 군주, 세계를 뒤에서 조종하는 사람 등 두려움의 대상으로 묘사되곤 했다. 2000년 CEO 자리에서 내려온 이후에는 파격적인 자선 사업을 진행하며 그간 축적해온 부정적인 이미지에서 어느 정도 탈피하고 있는 것으로 보인다. 대표적으로 운용금 기준 세계 최대 규모의 빌&멀린다 게이츠 재단[266]을 운영하고 있다.

빌 게이츠의 이 재단은 자산 510억 달러인 세계 최대의 규모로 주된 목표 중 하나가 '의료 증진'이다. 게이츠 부부에게 그 표현은 주로 백신을 의미한다. 예를 들어 2009년부터 2015년까지 이 재단으로부터 가장 많은 지원(40억 달러 이상으로 알려졌다)을 받은 기구가 세계백신면역연합(GAVI)이었다. GAVI는 빌&멀린다 게이츠 재단이 설립된 해인 2000년 세워졌는데, 이 역시 게이츠 부부가 설립자. 출범 당시 기부금이 7억 5000만 달러였다. GAVI는 홈페이지에서 "세계 최빈국 어린이 8억 2200만 명에게 백신을 접종시켜 앞으로 1400만 건 이상의 사망을 방지할 수 있게 되었다"라고 자랑한다.

GAVI와 게이츠는 기존 질병 외에 '아직 유행하지 않은' 질병의 백신 개발에도 뛰어들었다. 예를 들어 2017년 GAVI는 "팬데믹을 예방하기 위한 사상 최대의 연합"을 결성했다고 발표했다. 그 명칭이 '감염병 대비 혁신 연합(CEPI)'이다. CEPI는 당연히 빌&멀린다 게이츠 재단의 재정 지원을 받지만, 그 외 독일, 노르웨이, 일본 정부의 지원도 받는다.

---

[266] 1994년에 세운 빌 게이츠 부친의 "윌리엄 H. 게이츠 재단"과 1997년에 빌 게이츠가 세무사의 조언을 토대로 절세 목적으로 세운 "게이츠 도서 재단"이 1998년 합병했다. 2000년 부인 멜린다 게이츠가 참여하여 "빌 & 멀린다 게이츠 재단"으로 개명했다. 2021년 5월, 게이츠 부부가 결혼 생활을 끝내기로 합의했으나 재단은 이혼과 상관없이 계속 같이 운영하기로 한다.

GAVI와 게이츠 부부의 팬데믹 예방 백신 프로젝트에 합류한 또 다른 재단이 웰컴 트러스트다. 영국의 대형 제약사가 설립한 이 재단은 세계 각지의 과학과 의학 연구를 지원한다. 그 결과, 그들은 미국에서만 10여 개의 특허를 소유하고 있다. 그중 하나가 코로나19 팬데믹이 시작된 직후인 2020년 2월에 승인된 분무형 로타바이러스 백신이다. 2개월 뒤 인디애나 대학(블루밍턴 캠퍼스)의 한 연구자는 이 로타바이러스 백신을 재설계하면 코로나19를 예방할 수 있을지 모른다는 견해를 제시했다. 특히 어린이에 접종하면 가능성이 크다는 주장이었다. 우연일까? 다음과 같은 사실을 따져보면 우연은 아닌 듯싶다.

문제는 백신 개발 사업이 실행에 옮겨졌을 때 백신 개발을 주창한 사람들이 막대한 이익을 얻는다는 사실이다. 그들이 특허권을 소유하고 있기 때문이다. 그것이 엄연한 현실이지만 전 세계의 일반인들은 그런 사실을 잘 모른다. 백신 개발 주창자들은 눈앞의 수익 때문에 자신들이 아무리 윤리를 중시한다 해도 설득력이 떨어질 수밖에 없다. 자신이 개발한 약으로 수익을 올릴 수 있다면 아무리 선의를 갖고 있다 해도 그 약의 효과를 불편부당하게 공표하기는 거의 불가능하다고 해도 과언이 아니다. 다른 산업에서는 바로 그것이 기업 윤리의 기본이다. 그러나 어찌 된 영문인지 의료 산업에서는 그런 이해 충돌 구조가 버젓이 자리 잡고 있다. 비윤리적이지만 대부분 무시된다.

게다가 이런 이해 충돌에 의문을 제기하는 사람은 철저히 제재받는다. 재갈 물림을 당하고, 공격받으며, 명예를 훼손당하고, 완전히 쫓겨나지 않는다고 해도 뒷전으로 밀려난다. 의사들과 과학자들은 인류와 사회에 큰 영향을 끼치는 그 직업의 성격상 세밀한 감시와 조사를 받아야 마땅한데, 대다수는 아무런 비난을 받지 않는다. 그들에게 따져 묻는 사람도 없다. 어쩌다 이런 지경이 되었을까?

전형적인 사례를 보자. 2020년 4월 코로나19가 기승을 부릴 때 빌 게이츠는 언론에 자주 등장했다. 인터뷰 요청을 받으면 마다하지 않았다. 의학 교육을 받은 적이 없으면서도 그는 "세계 인구 전체가 대부분 백신 접종을 받아야 팬데믹 이전의 일상으로 돌아갈 수 있다"라며 대중에게 일상 회복을 위한 자신의 처방을 자신 있게 제시했다. 그때는 이미 빌&멜린다 게이츠 재단이 코로나19 백신 개발에 수백만 달러를 지원한 상태였다. 예를 들어 한국의 SK바이오사이언스에 360만 달러, 중국의 상하이저룬(上海澤潤) 생명공학에 100만 달러, 인도의 바이올로지컬 E. 리미티드에 400만 달러 이상을 지원했다. 그들의 성과가 특허를 받으면 빌&멜린다 게이츠 재단이 수익을 올릴 수 있다.

전통적인 특허 소유권은 발명자가 갖지만 '양수인(assignee)'에 이전될 수도 있다. 양수인은 해당 특허에 재산권을 가진 법인으로서 특허 사용에 따른 로열티를 받는다. 빌&멜린다 게이츠 재단은 미국에서 그들이 지원한 연구에서 비롯된 여러 건의 특허에 이미 양수인으로 등록되어 있다. 따라서 빌 게이츠가 의학적인 지식과 배경이 없으면서도 백신을 해결책으로 강하게 밀어붙인다면 그의 동기는 뻔하지 않을까?

CNBC 방송 인터뷰에서 베키 퀵 기자는 빌 게이츠에게 이렇게 물었다. "지난 20년 동안 백신 사업에 100억 달러를 투자하면서 그 막대한 투자에 대한 수익을 계산했을 것 같은데요. 나로선 그 수익이 얼마나 될지 잘 모르겠어요. 어떻게 계산하면 되는지 쉽게 설명해줄 수 있나요?" 그러자 게이츠는 이렇게 대답했다. "수익률은 20대 1이 조금 넘습니다. 따라서 경제적인 이득으로 따지면 다른 어떤 사업보다 수익률이 아주 좋은 편이죠."

자신이 홍보하는 치료제나 백신과 이해관계가 있는 인물은 빌 게이츠 외에도 많다. 의료계와 산업계 전반에서 의사들과 과학자들이 자신의 이름으로 낸 특허가 수천 건에 이른다. 이를 통해 그들은 정기적으로 꼬박꼬박 수익을 챙긴다.

미국에서 돈과 과학과 정치와 언론과 권력이 어떻게 서로 엮이는지를 단적으로 보여준다.267)

실제로 코로나19 팬데믹이 미국을 덮쳤을 때까지도 신임 백악관 세계보건안보 담당 정책관 자리는 공석이었다. 임명조차 하지 않았다. 연방 정부 차원의 리더십이 보이지 않고 주 정부들이 자기 주민 보호에만 초점을 맞추는 상황에서 과연 누가 팬데믹에 대한 세계적인 대응을 이끌 수 있을까?

세계보건기구(WHO)는 1948년 바로 그런 명분으로 설립되었다. 유엔의 전문 기구인 WHO는 "세계의 모든 사람이 가능한 한 최상의 건강을 누릴 수 있도록 하는 것"을 목표로 내세웠다 실행적인 측면에서는 미국의 CDC와 비슷한 역할을 맡도록 되어 있다. 지침을 발표하고, 유행병을 추적하며, 공중 보건을 감독하는 일이다.

그러나 현실적으로는 WHO도 다른 대부분의 기구와 미찬가지로 이익 충돌에 취약하다. 무슨 일이든 하려면 외부의 재정 지원이 필요하기 때문이다. 원칙적으로 WHO는 인류의 보건과 웰니스(wellness)를 이끌고 보호하는 독점적인 권한을 부여받은 기구지만 대부분 민간의 기부금으로 유지된다. 특히 WHO를 지원함으로써 이득을 볼 수 있는 제약사와 생명공학 기업들이 기부금의 많은 부분을 떠맡는다.

예를 들어 2018~2019년 회계 연도 동안 WHO에 자발적으로 가장 많은 기부금을 낸 단체들은 다음과 같다.

---

267) 미키 윌리스, 위의 책, 100~104쪽.

- 빌&멜린다 게이츠 재단: 5억 3100만 달러
- 세계백신면역연합(GAVI, 게이츠 부부가 설립했다): 3억 7100만 달러
- 로터리 인터내셔널(10년 이상 빌&멜린다 게이츠 재단의 파트너다): 1억 4300만 달러
- 세계은행(2018년 이래 빌&멜린다 게이츠 재단의 파트너다): 1억 3300만 달러
- 유럽연합(EU) 집행위원회(EU의 행정 기구로 2019년 빌&멜린다 게이츠 재단으로부터 4500만 달러 이상을 지원받았다): 1억 3100만 달러
- 미국 국립자선신탁(빌&멜린다 게이츠 재단으로부터 수백만 달러를 지원받았다): 1억 800만 달러[268]

특허 전문가인 데이비드 마틴 박사는 이렇게 설명했다. "지금 우리는 불행하게도 리더십이 무력화되고 실종된 시대를 살고 있습니다. 지도자 위치에 오르는 사람들이 능력이 뛰어나서가 아니라 드러나지 않는 실세에 의해 쉽게 조종될 수 있는 특성 때문에 그런 자리를 차지한다는 뜻입니다. 지금의 WHO보다 그런 상황을 더 명확히 보여주는 리더십은 없어요."

그런 지도자들을 내세우고 뒤에서 그들을 조종하며 막강한 영향력을 행사하는 사람들이 실세 '리더'다. 바로 WHO 같은 기구를 지원할 자금이 충분한 사람들이나 집단을 말한다. 마틴 박사는 그런 집단을 두고 "WHO, CDC, NIAID 그리고 그들에게 자금을 대는 위장 자선 단체들의 의사 결정에 두루 참여하는 인사들"이라고 설명했다. 빌&멜린다 게이츠 재단이 백신 프로젝트를 위해 설립한 GAVI가 '위장 자선 단체'의 대표적인 예다.

그들로부터 재정 지원을 받거나 또는 다른 방식으로 그들과 연결된 단체들이 보유한 특허가 1300건이 넘는다. 조금만 깊이 조사하면 현재 거의 모든

---

[268] 미키 윌리스, 위의 책, 190~191쪽.

의학 연구와 혁신에서 빌 게이츠와 앤서니 파우치의 지문을 찾아보는 것이 어렵지 않다.

바이러스 진단 키트를 개발하는 중국의 셜록 바이오사이언스의 경우 빌&멜린다 게이츠 재단으로부터 상당한 지원을 받고 있다. 우한 바이러스 연구소의 파트너였던 에코헬스 얼라이언스는 NIH의 재정 지원을 받았고, 빌&멜린다 게이츠 재단의 이사 한 명이 그 회사의 과학 자문 이사회에서 활동했다. 코로나19 백신의 개발을 이끈 회사 중 하나인 모더나는 빌&멜린다 게이츠 재단으로부터 수백만 달러를 지원받았고, 백신 임상 시험을 위해 NIH, NIAID와 제휴했다.

끼리끼리 얽히고설킨 복잡한 관계다. 영향력을 행사하는 그들에게 악의가 없다고 믿는다고 해도 우리는 최소한 그들이 서로 어떻게 얽혀 있는지는 알고 있어야 한다. 미국 역사의 대부분 기간에 미국인들은 이런 기업들이 휘두르는 거대한 영향력을 막기 위해 큰 노력을 기울였다.

예를 들어 과거에는 제약사가 특정 의약품이 위험하다는 사실을 알고도 판매하거나, 그 약이 공중 보건을 위태롭게 하는 증거를 은폐하면 최고경영자가 고발되어 징역형을 선고받았다. 그러나 안타깝게도 거대 제약사에 대한 그런 견제가 갈수록 희미해졌다. 요즘은 그런 범죄 행위도 벌금 형태의 가벼운 처벌로 끝나는 경우가 많다.[269]

게이츠는 '무자비한 기술 독점주의자'에서 '세계에서 가장 관대한 자선사업가'로 탈바꿈을 시도했다. 2000년 그는 아내와 함께 종잣돈 1억 달러를 투입해 빌&멜린다 게이츠 재단을 설립했다. 그 후 20년 동안 이 재단은 세계 각지의 의료기관과 단체, 정부 기구, 바이오테크 회사들에 거액을 지원했다.

---

269) 미키 윌리스, 위의 책, 194~196쪽.

그러나 지금 전부가 게이츠 부부의 주머니에서 나온 것은 아니다. 빌&멜린다 게이츠 재단은 지원하는 회사들의 주식에 집중하여 투자한다. 머크, 릴리, 화이자를 비롯한 대형 제약사들이 그 대상이다. '지원'을 고도의 지능적인 투자로 활용한다는 뜻이다.

그러면서 빌&멜린다 게이츠 재단은 수직적으로 통합된 방대한 다국적 기업으로 매우 **빠르게** 확대되었다. 이제 그들은 시애틀에 있는 이 재단의 임원 회의실에서부터 아프리카와 아시아의 작은 마을들에까지 이르는 백신 공급 사슬의 모든 단계를 관리하고 통제한다.[270]

코로나바이러스가 유행하기 전부터 이미 의학계는 백신 개발 연구에 공을 들였다.

……

미국의 의학적 의제는 사실상 빌 게이츠가 설정한다. 그로써 세계의 의제도 결정된다. 빌&멜린다 게이츠 재단의 공적인 사명이 인류의 건강을 증진하고 보호하는 것이라는 사실, 그럼에도 그 재단의 설립자들이 우리 지구와 우리 몸을 가장 많이 오염시키는 것으로 알려진 회사들의 주요 투자자라는 사실은 심각한 의문을 제기한다.[271]

로버트 멀론 박사는 mRNA 백신 기술의 주요 개발자 중 한 명이며, 백신과 임상 전 연구, 유전자 요법, 생물 방어, 면역학 분야에서 세계 최고 전문가로 꼽힌다. 그런 그가 다음과 같이 미국 정부의 코로나19 백신 접종 프로그램에 반대하고 나서자 과학계는 큰 충격에 **빠졌다**.

---

270) 미키 윌리스, 위의 책, 207~208쪽.
271) 미키 윌리스, 위의 책, 217~218쪽.

불필요하게 불안을 조장할 생각은 없지만 현재 진행 중인 mRNA 백신 접종은 최악의 시나리오일지 모른다. 접종 효과가 감퇴하는 단계에서 이 백신이 바이러스 복제를 가속화할 수 있기 때문이다. 이를 전문 용어로는 '항체 의존 면역 증강'이라고 부른다. (……) 간단히 말해 백신 접종을 받지 않았을 때보다 바이러스의 감염성이 더 강해진다는 뜻이다. (……) 백신 학자들에게는 최악의 악몽이 그것이다.

지금까지 여러 감염병 유행을 겪었지만, 이번 같은 상황은 처음이다. (……) 이것은 한마디로 행동 조종이다. 현재 진행 중인 것은 사실상 심리 작전이다. 사람들의 행동을 제어함으로써 이 백신 제품을 받아들이도록 하는 응용 심리 작전이라는 뜻이다. 더구나 이 백신은 이처럼 대규모로 사용된 적이 없는 기술을 바탕으로 개발되었고, 아직 실험 단계에 있다. 지금 나오고 있는 데이터를 보면 이 백신이 전적으로 안전하지는 않다는 사실이 갈수록 확실해지고 있다. (……)

현재 나는 백신 거부자로 취급받으며 허위 정보를 유포한다는 비난을 받고 있지만, 내가 보기에는 정부가 실태의 진상을 애매하게 흐리고 있다. (……) 분명히 말하건대, 나는 백신 거부자가 아니라 백신의 과학을 확신하는 사람이다. 하지만 그와 동시에 나는 안전과 건전한 과학을 추구한다.

2021년 1월 마틴 박사는 이렇게 말했다. "내가 여러 차례 강조했듯이 mRNA 기술로 만들어진 제품은 백신이 아닙니다. 엄밀히 말하자면 기만적인 의료 행위 아래 시판되는 유전자 요법이라고 할 수 있죠. 현재 백신으로 통용되고 있지만, 법적인 정의에 따르면, 이 제품은 백신과 아무 상관이 없어요. 법률상으로 백신은 자체적으로 면역을 활성화하고 병원체의 전염을 막아야 하는데 이 유전자 요법은 그런 역할을 하지 않거든요."

그렇다면 그것을 왜 백신이라고 부를까? 마틴 박사는 '백신'이라는 용어를 갖다 붙인 이유가 뻔하다고 설명했다. "이를 두고 유전자 요법이나 화학 요법이라고 하면 사람들이 겁을 먹기 쉬워요. 하지만 그렇다고 이를 백신이라고 부르면서 공공의 혜택이 있다고 여기도록 사람들을 오도한다면 그것은 수많은 사람을 속이는 행위입니다."272)

사람들은 알렉산더나 칭기즈칸, 나폴레옹 등을 영웅(英雄)이라고 칭송한다. 수많은 사람의 생명까지 마음껏 휘두르며, 시대를 바꾸고 세상을 바꿀 수도 있어서 그게 멋있다고 여기기 때문일까? 하지만, 달리 생각하면 '역사적, 세계적인 살인마'들 아닌가. 그런데 왜 이런 살인마들을 우러러보며 이들처럼 되고자 노력하는 걸까? 타고난 본능인 '권력의지' 때문일까?

'권력'은 남을 움직이는 힘이다. 남의 마음과 몸을 움직이게 한다. 돈과 함께한다. 사람뿐만 아니라 모든 동물이 모두 다 가지고 있는 본능 중 하나이기도 할 것이다. 건전하고 정의로운 방법으로 얻는다면 칭송받는 게 마땅하다. 그러나 그렇지 못한 경우가 많다.

사람의 권력의지는 다른 동물들과는 다르다. 다른 동물의 권력 본능은 한정(限定)이 있다. 좁은 지역, 작은 패거리에 한정한다. 사람은 다른 동물과 달리 우주까지 지배하고자 할 정도로 영역을 넓히는 동물이어선지 한정이 없다. 한정 없는 권력의지여선지 지나치기 쉽다.

권력은 공포와 동행한다. 권력은 외부에 드러나기라도 하지만, 공포는 누구나 가지고 있으면서도 잘 드러나지 않는다. 감추고 포장한다. 이 공포를 가리고 누르고자 또다시 권력을 찾는다. 하지만, 아무리 큰 권력을 가진다 해도 공포가 완전히 사라지게 할 수는 없다. 더 큰 권력을 가져서 공포를

---

272) 미키 윌리스, 위의 책, 242~244쪽.

없애고자 하지만, 오히려 더 큰 공포를 떠안게 된다.

　인류는, 다른 사람도 존중하면서 권력의지를 누그러뜨리고, 함께 '협동'하며 나누면서 살아왔기에 다른 동물보다 유능한 진화를 해왔다. 협동이나 나눔을 외면하고 자신만의 막강한 권력과 부를 제멋대로 휘두르고자 한다면 온 인류가 부화뇌동할 수도 있어서 끝내 돌이킬 수 없는 마지막 길로 들어서고 말 것이다.

　나는 이번의 '코로나 대 사기극'을 '공포가 이끄는 권력의지와 권력 행위'라고 하지 않는다면 달리 설명할 길이 없다.
　이 사기극은 인류 역사에서 가장 더러운 大 사기극이 될 것이다.

서예가 · 작가 임영모의
한국사 다시 보기

초판 1쇄 발행 2025년 2월 17일

지은이 : 임영모
발행인 : 임영모
발행처 : 도서출판 눈솔시나브로
　　　　서울시 영등포구 시흥대로 183길 10
　　　　(010-2761-6887)
ISBN : 979-11-978598-3-0(03910)

정 가 : 25,000원

공급처 : 도서출판 들꽃(010-5308-6833)